# 힐러리 클린턴
## HILLARY CLINTON

# 힐러리 클린턴

## ──HILLARY CLINTON──

### 페미니즘과 문화전쟁

강준만 지음

인물과
사상사

# 차
# 례

자'를 원한 힐러리의 야망 • 워싱턴 변호사 시험에서 낙방한 힐러리의 좌절 • "내 남자 친구는 미국의 대통령이 될 거라구요!" • 아칸소는 워싱턴으로 돌아가기 위한 경유지 • "남편의 성을 따르지 않고 힐러리 로댐으로 남을 거예요" • 왜 힐러리는 돈에 집착하게 되었는가? • 주지사 선거전 내내 '우리'를 사용한 클린턴과 힐러리 • 힐러리의 여성해방주의가 가로막은 주지사 재선 • "나는 이혼을 원해, 나는 이혼을 원해" • 자포자기한 클린턴을 다시 일으켜 세운 힐러리 • 공화당 의제를 공화당보다 강력하게 밀어붙인 '상식 파괴' • 돈에 대한 힐러리의 불안감과 불만족 • 왜 클린턴은 1988년 대선 입후보를 포기했는가? • 클린턴의 정치 생명을 위협한 32분간의 연설 • "만일 내가 주지사 선거에 출마한다면 어떻게 될까?"

상대 후보의 유세장에까지 뛰어든 힐러리의 전투성 • '제3의 길'로 알려진 중도 노선의 원조는 클린턴 • "하나를 사면 하나는 공짜" • 12년간 관계를 맺어온 제니퍼 플라워스 스캔들 • "나는 그저 내 남자 곁에 서 있는 그런 여자가 아니에요" • "다른 대통령 후보자와도 동침할 계획이 있나요?" • "이번 도전은 내 평생의 목표입니다" • "저도 집에서 쿠키나 굽고 차나 마실 수 있었겠지만……" • 클린턴의 '빤질이 윌리' 이미지 • 자신을 입증해야 한다는 클린턴의 강박관념 • 중도층의 마음을 얻은 '시스터 술자 모멘트' • '아칸소의 레이디 맥베스'라는 힐러리의 별명 • "바보야, 중요한 건 경제야" • '지옥에서 온 여피의 아내'라는 힐러리의 별명 • 미국 정치는 "두 개의 우익 정당으로 이루어진 1당 체제"인가?

워싱턴을 경멸한 클린턴과 '아칸소 마피아' • 힐러리의 언론에 대한 반감과 적대감 • 백악관을 대학 캠퍼스나 기숙사처럼 생각한 참모들 • "이 나라는 클린턴 부부에게 투표했습니다" • "우리 편이에요, 반대편이에요?"라고 묻는 선악 이분법 • "코뿔소 같은 피부를 키우라" • '정치자금 마케팅'의 도구가 된 백악관 접근권 • 힐러리의 편 가르기가 낳은 '트래블게이트'

• 언론과의 화해를 위해 기용된 '닉슨 맨', 데이비드 거겐 • "클린턴과 힐러리가 빈센트 포스터를 죽였다"는 음모론 • 주 경찰관을 채홍사로 쓴 '트루퍼게이트' • '클린턴 죽이기'를 위한 우익의 '아칸소 프로젝트' • '캐틀게이트'와 '화이트워터게이트' • "혼란, 절대적 혼란"에 빠진 클린턴의 백악관 • 우익 라디오의 밥이 된 힐러리와 클린턴 • 힐러리의 독선이 좌초시킨 의료보험 개혁 • '보수주의자들의 쿠데타'를 성공시킨 '깅리치 혁명' • 왜 라디오 토크쇼의 '톱 10' 호스트는 모두 보수파였는가?

정말 어렵다" • "미국식 자본주의와 미국식 문화의 종말"인가? • '클린턴 구하기'에 나선 '무
브온'과 여성운동 진영 • '포르노 왕' 래리 플린트와 역사학자들의 지원 사격 • '흑자 예산
편성'이 가져온 중간선거 승리의 기적 • "네 이웃을 심판하지 말라"는 '열한 번째 계명'

"좌파는 문화전쟁에서 승리했지만……" • 샌더스 지지자들의 힐러리에 대한 반감 • "모든 미국인을 위한 대통령이 되겠다" • 무슬림 전사자 부모를 모욕한 트럼프의 '자살골'

머리말
★
# 힐러리는 누구와 싸우는가?

## '정치 근육'과 '후안무치'

「도널드 트럼프 정신감정 해야 하나 말아야 하나」. 2016년 8월 9일자 『한겨레』에 실린 기사 제목이다. 극단적인 막말과 기행을 일삼는 미국 공화당 대통령 후보인 도널드 트럼프Donald J. Trump, 1946~의 정신감정을 해야 한다는 주장이 빗발치는 가운데 미국정신의학회가 성명을 내 '개인에 대한 정신감정은 비윤리적'이라며 자제할 것을 촉구했다는 내용의 기사다.

트럼프는 유별난 경우긴 하지만, 보통 사람의 상식 기준에서 보자면 정신감정을 의뢰하고 싶은 정치인이 어디 한둘이겠는가. '섹스 중독증'에 걸려 백악관을 포르노의 무대로 만들었던 빌 클린턴Bill Clinton, 1946~ 전 대통령은 물론 그의 아내이자 현재 민주당 대통령 후보인 힐러리 클린턴Hillary Clinton, 1947~ 역시 보통 사람 상식의 기준에 비추어 도무지 이해할 수 없는 언행을 많이 보인 인물이다.

최근 영국 옥스퍼드대학 정신분석학자 케빈 더턴Kevin Dutton, 1967~은 정신병적 특성을 분석해 비교한 결과 힐러리는 나폴레옹처럼 권모술수에 능한 자기중심주의machiavellian egocentricity, 트럼프는 히틀러에 버금가는 이기적 충동성self-centered impulsivity을 갖고 있다며, 두 사람 모두 일종의 사이코패스 성향이 있다고 주장했다. 더턴은 그러나 이 같은 정신적 특성이 '모 아니면 도'의 문제가 아니라 대통령 직무 수행에 유익할 수도 있고, 파멸의 길로 치닫게 할 수도 있다고 했다.[1]

사실 말이야 바른 말이지 일종의 사이코패스 성향이 있는 정치인이 어디 한둘이겠는가. '보통 사람의 상식 기준'은 아름다운 말이지만, 정치인을 평가할 땐 위험한 기준일 수 있다. 필요 이상의 정치 냉소와 혐오를 낳는 주범 중 하나이기 때문이다. 정치인은 보통 사람과는 전혀 다른 종류의 동물로 보는 게 옳다. 정치인을 비하하는 게 아니다. 정치가 아무리 더럽고 고약해도 누군가는 정치를 해야 하는데, 정치라는 직업의 속성은 '보통 사람의 상식 기준'으론 결코 감당할 수 없는 것임을 이해하는 동시에 평가의 근거로 삼을 필요가 있다는 뜻이다.

몇 년 전 조국 서울대학교 교수가 자신은 '정치 근육'이 없어 정치판에 뛰어들 수 없다고 말해 많은 사람의 공감을 산 적이 있다.[2] 정치근육이란 무엇인가? 그걸 구성하는 수많은 요소가 있겠지만, 가장 중요한 한 가지만 들라고 하면 나는 '후안무치厚顔無恥'를 꼽으련다. 얼굴이 두껍고 부끄러움이 없다는 뜻이다. 보통 사람은 가져선 안 될 악덕이지만, 정치인에겐 필요악必要惡이다.

정치의 본질은 갈등이다. 모두를 만족시킬 수 없는 이상 욕을 먹는 건 피해갈 수 없다. 남에게 욕먹지 않고 사는 걸 삶의 목표로 삼는 사람은 감당할 수 없는 형벌이다. 따라서 이런 사람은 정치를 할 수도 없고 해서도 안 된다. 정치를 하려면 그 어떤 비판과 비난에도 의연하게 대처하면서 자신의 소신을 지켜나가야 한다. 이게 바로 '정치 근육'의 핵심이다.

그렇긴 하지만 '의연'과 '무시', '소신'과 '아집'의 차이를 구분하긴 쉽지 않다. 다른 사람들이 볼 때엔 징그러울 정도로 미련한 독선·오만·아집에 사로잡힌 정치 지도자일지라도 그 사람은 자신이 숭고한 대의를 위한 의로운 소신을 지켜나간다고 생각하기 십상이다. 자신을 열성적으로 지지하는 사람들도 적잖은 만큼 그런 착각이나 환상에서 빠져나오긴 쉽지 않다.

## 미국 대선은 후안무치 경쟁

수많은 실험 결과, 권력을 갖게 되면 다른 사람들이 세상에 대해 어떤 생각을 하고 어떻게 느끼는지를 이해하는 데에 둔감해진다는 것이 밝혀졌다.[3] 정치인들에겐 당연한 일이다. 사실 우리는 정치인에게 상충되는 두 가지 덕목을 동시에 요구하고 있는 셈이니 말이다.

우리는 정치인에게 민심을 따르라고 말하는 동시에 포퓰리즘에 휘

둘리지 말라고 말한다. 소통과 경청을 강조하면서도 흔들리지 않는 '뚝심'을 예찬한다. 권력의지와 맷집이 있어야 한다고 말하면서도 '권력욕'은 버리라고 말한다. 낮은 곳에 임하라고 말하면서도 높은 곳에 있기를 바란다. 그런 원초적 모순 상황에서 정치인이 직업적 행동양식으로 택한 것이 바로 후안무치다. 이는 의도적인 선택이라기보다는 세월이 흐르면서 형성된 직업적 습속 또는 방어기제라고 보는 게 옳겠다.

지금 미국 대선은 후안무치 경쟁이다. 그간 힐러리 클린턴을 따라다닌 부정적 꼬리표는 '극단, 독선, 분열, 탐욕'이었는데, 트럼프와 맞붙으면서 그 꼬리표가 트럼프에게 고스란히 넘겨졌으니 말이다. 힐러리로선 대진 운이 좋은 셈이지만, 트럼프는 이해할 수 없다는 듯 고개를 갸우뚱거린다. 최근 자신의 막말을 후회한다고 했지만, 주변의 압박에 따른 것일 뿐 진심 같진 않다. "나의 기질 덕분에 여기까지 오게 됐다"고 믿어온 그가 그 기질을 바꿀 수 있을까?

성공의 이유가 실패의 이유로 급전환하는 것을 이해하지 못하겠다는 이야긴데, 사실 바로 이게 많은 정치 지도자가 실패하는 최대 이유이기도 하다. 트럼프의 트위터만 해도 그렇다. 그는 대부분의 기성 미디어를 적으로 돌린 가운데 트위터를 통한 유권자들과의 직거래로 공화당 대선 후보의 자리에 오를 수 있었다. 그러나 본선 게임은 다르다. 공화당 지지자들만 바라보던 경선과 달리, 본선에서는 과거 버락 오바마 지지자와 투표에 참여하지 않았던 유권자 등을 상대해야 하는데, 이들은 대부분 트럼프의 '화끈한' 언어에 열광하기보다는 불편해한다. 그럼에도 트럼프는 옛 버릇을 버리지 않아 "트위터로 뜬 트럼프

가 트위터로 망한다"는 말까지 나오게 된 것이다.[4]

상황이 달라지면 게임의 법칙도 달라지는 법인데, 시종일관 "내가 해봐서 아는데"라거나 "내가 어떻게 해서 여기까지 왔는데"라는 식으로 나가면 그게 바로 독약이 되고 만다. 정치권의 세대교체나 물갈이는 늘 '밥그릇 싸움'의 일환으로 이루어지긴 하지만, 후안무치에 덜 중독된 사람들을 원하는 사회적 요청의 결과라고도 볼 수 있다.

후안무치해지더라도 적정 수준을 지키는 게 좋겠지만, 그게 쉬운 일은 아니다. 그건 늘 결과에 의해 소급 판단될 뿐, '적정 수준'을 무슨 수로 판별할 수 있단 말인가? 미국 언론은 2016년 8월 하순 힐러리와 트럼프의 지지율 격차가 12퍼센트포인트까지 벌어진 것을 두고 트럼프가 완전히 끝난 것처럼 대서특필해댔지만, 9월 초순에 트럼프가 힐러리를 다시 앞서는 여론조사 결과가 나오고 이어 힐러리의 '건강 이상설'이 크게 불거지면서 힐러리가 위기에 처하는 등 엎치락뒤치락하는 걸 보면 대선일인 11월 8일까진 계속 두고 봐야 하는 게 아닌가 싶다.

## 미국 정치를 지배하는 문화전쟁

힐러리가 대통령이 된다면 그녀 역시 새로운 게임의 법칙에 적응해야겠지만, 별로 달라질 것 같진 않다. 그녀가 평생 싸워온 '문화전쟁 Culture War'이 계속되는 가운데 그녀의 독선과 호전성 역시 예전처럼 발휘될 가능성이 높다.

미국에선 공화-민주 양 진영의 당파주의가 극단화되는 정치적 양극화political polarization를 가리켜 '두 개의 미국The Two Americas'이니 '제 2의 남북전쟁The Second Civil War'이니 하는 말까지 나올 정도였고,[5] 미국 인의 97퍼센트가 이런 정치적 양극화를 심각하게 여기고 있다.[6] 이런 정치적 양극화의 문화적 토대를 가리켜 '문화전쟁'이라는 말이 쓰이 고 있다. 양극화된 당파 싸움의 밑바탕에 가치관이 서로 크게 다른 보 수파와 진보파의 문화적 갈등이 자리 잡고 있다는 이야기다.

1992년 대선 과정에서 전국적 인물로 부상한 빌 클린턴과 힐러리 클린턴은 전국의 우익 진영이 혐오했던 과거 30년간의 모든 사회적 변화를 지칭하는 은유로 자리매김되었기에, 이들의 투쟁은 곧 문화전 쟁 자체였다고 해도 과언이 아니다. 게다가 공화당은 지난 24년 가운 데 20년 동안이나 백악관을 지배했기에 민주당, 그것도 힐러리의 집 권을 결코 용납할 수 없는 증오와 적개심으로 대했다.[7]

1992년 대선의 공화당 경선에서 패배한 패트릭 뷰캐넌Patrick Buchanan, 1938~은 공화당 전당대회에서 빌 클린턴과 힐러리 클린턴을 비난하면서 대선을 '문화전쟁'으로 규정했다. "미국의 영혼을 틀어쥐 기 위해 현재 종교전쟁이 우리나라에서 벌어지고 있다. 냉전만큼 우 리의 존재 의미를 규정할 매우 중요한 문화전쟁이 진행 중이다. 이런 미국의 영혼을 위한 전투에서 클린턴 부부는 반대편이고 조지 부시는 우리 편이다."[8]

문화전쟁을 본격적으로 다룬 최초의 저서라 할 수 있는『문화전쟁: 미국을 정의하기 위한 투쟁Culture Wars: The Struggle to Define America』 (1991)의 저자인 사회학자 제임스 데이비슨 헌터James Davison Hunter, 1955~는 문화전쟁의 본질은 미국의 정의定義, 즉 국가적 정체성을 둘러싼 투쟁이라고 주장한다.[9] 사정이 그런 만큼 이 문화전쟁의 심판은 없다. 심판 역할을 맡아야 할 언론도 이 전쟁에 직접 뛰어들었기 때문이다. 2016년 대선은 그런 문화전쟁의 극단을 보여주고 있다. 이와 관련,『중앙일보』워싱턴 총국장 김현기는 다음과 같이 말한다.

"자신들 논조에 맞는 후보를 지지한다는 건 일찍이 알고 있었다. 하지만 이 정도로 편파 보도를 대놓고 하는지 몰랐다. 교묘하지도 세련되지도 않다. CNN 앵커가 TV에 나와 트럼프 편을 드는 출연자를 향해 '부끄러운 줄 알아라'고 면박을 주는 걸 보고 깜짝 놀랐다. '아, 이제 게임 끝나겠구나'란 생각이 들 정도의 클린턴 관련 대형 의혹이 터져도 관련 기사는 뒷전이다. 트럼프에 비판적인 내 눈에조차 『뉴욕타임스』·『워싱턴포스트』·CNN은 '언론인'이라기보단 클린턴과 함께 '트럼프와의 전쟁'을 치르는 '전사'처럼 보인다."[10]


## '정치적 올바름'과 '백인 기독교도 미국의 종언'

이 문화전쟁의 한복판에 '정치적 올바름PC, Political Correctness'이 있다. PC는 다문화주의multiculturalism를 주창하면서 성차별이나 인종차별에 근거한 언어 사용이나 활동에 저항해 그걸 바로잡으려는 운동인데, 이를 놓고 미국의 보수파와 진보파는 지난 40년간 치열한 전쟁을 벌여왔다.

PC 운동의 취지는 좋았을망정 지나친 점이 있었다. PC를 주장하는 사람들은 자신들의 운동에 반대하거나 공감하지 않는 사람들에 대해

'인종차별주의자'나 '성차별주의자'라는 딱지를 남용하는 경향이 있었다. 그래서 반대자들은 그들의 그런 행태가 죄 없는 사람을 공산주의자라고 부르는 것과 무엇이 다르냐며 '새로운 매카시즘'이라고 비난했다. PC 운동가들을 '언어경찰language police'이나 '사상경찰thought police'이라고 부르는 목소리도 높았다.[11]

힐러리는 PC의 신봉자인 반면 트럼프는 PC에 반대한다. 아니 트럼프는 PC에 반대하는 정도가 아니다. 큰 논란을 빚었던 그의 막말들은 거의 대부분 PC의 원칙에 반하는 수준을 넘어서 모욕적인 것이었다. 『뉴욕타임스』·『워싱턴포스트』·CNN 등 주요 언론이 힐러리와 함께 '트럼프와의 전쟁'을 치르는 '전사'로 활약하는 이유도 바로 그것 때문이다. 주요 언론이 PC의 신봉자는 아닐망정 트럼프가 해도 너무했다고 보기 때문이다.

PC에 민감한 밀레니얼 세대(1980년대 이후에 태어난 18~34세 젊은이들)의 트럼프 지지도가 가장 낮은 것도 바로 그런 이유 때문이다. 『USA투데이』가 청년 유권자 투표 독려 단체인 '록 더 보트'와 공동으로 8월 5~10일 18~29세 유권자를 대상으로 실시한 여론조사 결과에 따르면, '오늘 투표한다면 누구를 택하겠느냐'는 질문에 응답자의 50퍼센트가 힐러리를 택했다. 트럼프를 찍겠다는 응답은 18퍼센트에 불과했다. 이 조사는 제3후보를 포함한 다자 대결 구도로 진행되었다. 『USA투데이』는 "젊은층에서 공화당 후보가 이렇게 인기가 없었던 것은 전례가 없다"고 평했다.[12]

트럼프의 공약을 같은 공화당 후보 또는 역대 공화당 출신 대통령들과 비교할 경우 이민 정책을 제외하면 대체로 중도적인 것으로 나타났으며, 이민 문제를 제외하고 트럼프는 심지어 진보적으로 보이기도 한다는 건 무엇을 말하는가?[13] 그건 트럼프를 둘러싼 모든 논란의 핵심은 '이념'이 아니라 'PC'라는 걸 말해주는 것이다.

PC는 2016년 대선에서 그 어느 때보다 큰 의미를 갖게 되었다. 인구 구성의 변화 때문이다. 미국 인구조사국US Census Bureau에 따르면 2015년 기준 미국 전체 인구 중 백인은 61.6퍼센트로 과반을 차지했지만, 2010년에 비해서는 2.1퍼센트포인트 줄었다. 반면 같은 기간 히스패닉 인구는 16.3퍼센트에서 17.6퍼센트로, 흑인 인구는 12.6퍼센트에서 13.3퍼센트로 각각 늘었다.[14]

이런 변화를 반영해 종교 전문가 로버트 존스Robert P. Jones는 『백인 기독교도 미국의 종언The End of White Christian America』(2016)에서 미국에서 백인 기독교인이 240년 넘게 주류였던 시대는 끝났다면서 자신의 책은 이에 대한 부음 기사이자 애도사라고 했다. 존스는 1992년 대선에서 전체 유권자의 73퍼센트를 점했던 백인 기독교도는 20년 만인 2012년 대선에서 57퍼센트로 급감했으며, 2016년 대선에선 55퍼센트, 2020년 대선에선 52퍼센트, 2024년 대선에선 절반 이하로 떨어질 것이라며, 지금 미국은 '백인 주류 시대' 장례식을 치르고 있는 중이라고 주장한다. 장례식장 앞줄에 앉은 사람들(백인)은 대성통곡하는데 뒷줄에 앉은 사람들(유색인종)은 환호하고 있는바, 이 혼돈이 지금 미국 대선의 배경이고, 이 단계를 어떻게 지나느냐가 중요한 과제라는 것이다.[15]

같은 맥락에서 안병진도 『미국의 주인이 바뀐다』(2016)에서 이번 대선을 "미국 문명의 대전환기"로 봐야 한다고 주장한다. 그는 미국이 거대한 문명 전환기에 있고, 이행기를 이끌 주인(주체)이 단순한 백인 중심에서 진보적 백인과 소수계의 다인종 연합으로 바뀌고 있는 상황에서 트럼프 현상은 "지금 퇴조해가는 백인 문명의 최후 단계에서 나오는 절망적 복고 운동"이라는 것이다.[16]

이런 진단들은 그 타당성과는 별개로 2016년 대선이 그 어느 때보다 격렬한 문화전쟁의 마당이 될 것이라는 점을 말해준다. 제로섬게임 양상으로 전개되는 문화전쟁에선 누군가의 절망은 누군가의 희망이 될 것이기에 양쪽 모두 희망의 끈을 부여잡고 투쟁할 테니까 말이다.

## '힐러리학'의 핵심은 페미니즘과 문화전쟁

우리가 2016년 미국 대선과 관련해 누가 이기고 지는가 하는 승패의 문제를 넘어서 좀더 많은 의미를 끌어내고자 한다면, 힐러리의 '문화전쟁'에 주목해보는 게 좋을 것 같다. 그간 미국에서 문화전쟁은 주로 좌우左右 이념적 차이 중심으로 다루어져왔지만, 나는 여기서 그 의미를 확장시켜 힐러리가 투쟁해온 문화전쟁의 전선은 모두 5개였다는 논지를 펴고자 한다.

첫째, 진보-보수 갈등의 이념 전선이다. 둘째, 남녀 차별을 넘어서려는 페미니즘 전선이다. 셋째, 매우 강한 권력의지 또는 권력욕을 충족시키려는 권력 전선이다. 넷째, 자신을 아웃사이더로 간주해 좌우를 막론하고 기득권 체제에 도전한다고 믿음으로써 독선을 정당화하는 소통 전선이다. 다섯째, 고위 공직자로서 공적 봉사와 자신의 '리무진 리버럴limousine liberal' 행태 사이에 아무런 갈등이 없다고 믿는 위선 전선이다.

이 5개의 전선에 대해선 본문과 맺는말에서 자세히 다루겠지만, 모든 전선이 상호 연결되어 있는 동시에 페미니즘과 관련되어 있다. 1990년대에 수많은 대학에서 페미니즘의 관점에서 팝스타 마돈나 Madonna, 1958~를 다룬 대중문화 강좌가 열리고 마돈나를 주제로 한 논문이 쏟아져나오면서 '마돈나학'이 정립되었듯이,[17] '힐러리학'은 그이상의 가치가 있으며 '힐러리학'의 핵심은 그녀의 페미니즘과 그에 따른 문화전쟁이라는 게 내 생각이다.

물론 힐러리의 비판자들, 특히 진보적 비판자들은 그녀가 페미니즘을 자신의 권력욕 충족을 위해 오남용한다고 비판한다.[18] 이런 비판엔 상당한 근거가 있기에 이 책에서 쓰는 페미니즘이란 말은 남녀 차별에 반대하는 최소주의적 정의를 따르고자 한다.

나는 힐러리의 어떤 점에 대해선 비판적이지만 페미니즘엔 적극적인 지지를 보내는바, 이 책에서 그녀를 '힐러리'로 부르고자 한다. 모든 언론이 그녀를 클린턴으로 부르고 있어 인용문에는 '클린턴'을 사용하기도 하겠지만, 나는 그녀를 힐러리로 부르는 게 그녀가 남편의 성을 따르는 걸 거부할 정도로 투쟁해온 페미니즘의 대의에 더 적합하다고 믿는다. 물론 그녀를 '클린턴'이 아니라 '힐러리'로 부르는 것이 오히려 여성 차별적이라는 주장도 있긴 하지만(남자는 성으로 부르는 반면 여성은 이름으로 부르는 경향이 있다는 점에서),[19] 나의 문제의식은 이보다 근원적인 것이다. 즉, 여자가 남자의 성을 따르는 것이 잘못되었다고 본다는 것이다.

'그녀'라는 3인칭 대명사 역시 나의 옹호 대상이다. 세간엔 '그'와 '그녀'를 구분하지 않고 '그'로 통일하는 것이 남녀평등의 원칙에 부합한다는 상식이 지배하고 있는데, 나는 이 상식에 반대한다. 그 상식은 이른바 '정치적 올바름'의 산물로서 지나치게 단순하고 경직된 운동의 논리라는 게 나의 생각이다. 일부 여성학자들은 '차이 드러내기'라는 차원에서 언어에서 성을 차별하는 게 진짜 성차별적 언어들에 저항하는 길이라는 이유로 '그녀'의 사용을 지지하는데, 나는 이런 생각이 옳다고 본다.[20]

이 책은 '힐러리의 문화전쟁'이라는 주장을 담고 있기는 하지만, 동시에 힐러리와 그녀의 파트너인 빌 클린턴의 일생에 대한 기록적 가치에도 큰 의미를 두고자 했다. 일종의 역사 서술 방식을 택한 것도 바로 그런 이유 때문이다. 내가 앞서 출간한 『도널드 트럼프: 정치의 죽음』처럼, 깊이 있는 생각은 나중에 하더라도 일단 독자들께서 이 책을 부담 없이 즐기면서 미국 대선일인 2016년 11월 8일까지 미국 대선과 정치를 이해하고 평가하는 데 조금이라도 도움을 얻으면 좋겠다. 더 나아가 이 책이 미국 정치는 물론 미국 사회에 대한 이해를 풍요롭게 하고 미국 못지않게 격렬한 문화전쟁을 벌이고 있는 우리의 현실을 되돌아보게 하는 기회가 된다면 더욱 좋겠다.

2016년 10월

강준만

제1장
★
# "여성 차별은 나에게 깊은 상처를 주었다"
***
1947~1969년

## 가족에겐 공포의 대상이었던 아버지

힐러리 로댐 클린턴Hillary Rodham Clinton은 1947년 10월 26일 일리노이 주 시카고의 평범한 중산층 가정에서 1녀 2남 중 장녀로 태어났다. 아버지 휴 엘즈워스 로댐Hugh Ellsworth Rodham, 1911~1993은 작은 섬유업체를 운영했고, 어머니 도로시 로댐Dorothy Rodham, 1919~2011는 가정주부였다. 힐러리 밑엔 두 남동생 휴 에드윈 로댐Hugh Edwin Rodham, 1950~과 토니 로댐Tony Rodham, 1954~이 있었다.

도로시가 딸의 이름을 힐러리라고 지은 것은 '힐러리'라는 이름이 마음껏 펼치지 못했던 자신의 갇힌 삶에 대한 반발처럼 어딘지 이국적으로 느껴졌기 때문이라고 한다. 힐러리는 훗날 백악관 시절 자신의 이름이 에베레스트산을 최초로 등반했던 에드먼드 힐러리Edmund Hillary, 1919~2008의 이름을 따서 지은 것이라고 했는데, 이는 말도 안 되는 주장이었다. 에드먼드가 등정에 성공한 것은 1953년으로 힐러리가 태어난 이후였으며, 그 이전엔 이름이 전혀 알려지지 않은 인물이었기 때문이다. 이는 나중에 힐러리를 '거짓말쟁이'로 몰아붙이는 사람들이 자주 제시하는 증거로 활용된다.

힐러리 가족은 힐러리가 3세 때 시카고 교외인 파크리지Park Ridge의 번듯한 집으로 이사를 했는데, 파크리지는 부유한 중상류층 지역으로 백인 일색이었으며, 그것도 대부분 앵글로색슨계 백인, 영국이나 독일계였다. 주민 대부분은 공화당을 지지했으며, 행여 누가 민주당에 표를 던지겠다고 하면 동네가 발칵 뒤집힐 것 같은 그런 분위기가 감도는 동네였다.

영국 웨일스Wales에서 건너온 이민 1세대의 아들인 휴는 펜실베이니아주 스크랜턴Scranton에서 태어나 펜실베이니아주립대학 재학 시절 체육교육을 전공하면서 미식축구 대표팀 선수로 뛰었다. 그는 대공황 탓에 대학 졸업장이 있었음에도 직조공으로 일하다가, 더 나은 일자리를 찾아 홀로 시카고로 떠났다. 그는 시카고에서 장식용 휘장이나 차양, 레이스 커튼 등을 만들어 호텔, 극장, 항공사 등에 납품하는 1인 사업체를 운영했는데, 뛰어난 말주변이 있어 세일즈에 능했다. 휴는 단 한 명의 직원만 둔 채 날염부터 재단에 바느질은 물론 배달과 설치까지 모두 혼자 해냈다. 매일 14시간씩 일했던 사업 초기엔 아내가 경리를 맡기도 했다. 대량 주문이 있으면 아이들을 동원해 주말에 작업을 했는데, 그 대가로 용돈을 주는 법은 없었다. 아이들을 자동차에 태워 시카고의 부랑자들이 모여 사는 곳을 지나가면서 지금의 생활에 감사하라고 교육하는 게 대가라면 대가였다.

휴는 제2차 세계대전 당시 해군의 신병을 훈련시키는 하사관으로 복무했는데, 그때 몸에 밴 군 훈련 조교 버릇을 가정에까지 이식해 집안에서 무서운 독재자로 군림했다. 그는 별안간 폭발하기도 해 가족에겐 공포의 대상이었다. 특히 아내에게 자주 폭언을 퍼부었는데, 아내는 혼잣말로 남편을 '구두쇠'나 '짐승'이라고 부르는 게 유일한 저항이었다.

휴는 아이들에게도 칭찬하는 법 없이 늘 야단만 치고 매를 들었다. 힐러리가 학교에서 한 과목을 제외한 전 과목에서 A를 받아오자 학교 수준이 낮은 것 아니냐며 왜 나머지 한 과목마저 A를 받지 못했느냐고 묻는 식이었다. 아들 휴가 고등학교 미식축구팀에서 쿼터백으로 뛰었을 때 11개의 패스 중에서 10개를 성공시키고 4~5개의 터치다운을 기록하며 최고의 경기 실적을 올린 날에도 그는 언제나처럼 아들에게 "그 나머지 하나도 성공했어야지"라고 말하는 아버지였다.[1]


## "절대 물러서면 안 된다"고 가르친 어머니

휴는 신앙심은 강해 감리교회에 열심히 나갔지만 흑인들에 대한 모욕적인 편견을 그대로 드러냈고, 워낙 고집스럽고 괴팍한 성격 탓에 이웃과 전혀 어울리지 못했다. 그는 음울하고 인색한 구두쇠로 오직 돈

버는 방법에만 몰두했다. 휴를 포함해 로댐가家의 남자들은 모두 우울증 증세를 갖고 있었는데, 힐러리도 나중에 이 증세를 보인다. 휴는 언제나 신형 링컨이나 캐딜락을 몰았는데, 일부 저자들은 이걸 '허세와 허풍'이 심한 증거로 보았다. 그러나 영업을 위해선 자신을 돋보이게 할 필요도 있었으므로 그렇게만 보기 어려운 점도 있었다.

휴는 정치적으론 완고한 보수 공화당원이었다. 노동조합운동을 경멸하고 대부분의 정부 지원 정책에 반대하며 높은 세금을 맹렬히 비난했다. 1947년 이권 쟁취를 위해 민주당 성향을 지닌 무소속 의원으로 시카고 시의원에 출마했다가 민주당 후보에게 대패한 이후 더욱 민주당에 반감을 갖게 되었다. 반면 도로시는 겉으로 드러내진 않았지만 민주당 지지자였다.

힐러리는 어린 시절 아버지를 기쁘게 하고 아버지에게서 인정을 받기 위해 온갖 수단과 방법을 가리지 않고 노력했다. 그때의 버릇이 남은 탓인지 힐러리는 훗날 자서전에서도 아버지를 감싸기에 바빴다. 그녀는 아버지가 화를 낼 때조차도 아버지의 사랑을 한 번도 의심한 적이 없다고 했다. 아버지의 매에 대해서도 "아버지는 매를 아끼는 사람은 아니었다"고만 썼다.

힐러리가 말한 아버지의 사랑이 근거가 없는 건 아닌데, 그건 휴가 가족애를 엄청 강조하는 것으로 나타났다. 자신은 폭군 지위를 고수하면서 강조하는 가족애라 좀 이상하긴 하지만, 사실 우리 주변에도 그런 아버지가 많잖은가. 그런데 휴의 가족애는 좀 이해하기 어려울 정도로 과도한 수준이었다. 힐러리가 나중에 빌 클린턴과 결혼해 1975년 멕시코 아카풀코Acapulco로 신혼여행을 갔을 때 그녀는 부모와

두 남동생, 남동생의 여자 친구까지 데리고 가서 일주일을 같이 보내기도 했다. 나중에 두 남동생은 아칸소대학에 진학하고, 종국엔 전 가족이 아칸소로 이사해 살게 된다.

진짜 가족애가 강한 사람은 어머니 도로시였다. 늘 남편에게 모욕을 당하면서도 도로시는 '이혼 절대 불가'를 자식들에게 외치면서 살았다. 그럴 만한 트라우마가 있었다. 도로시의 어머니 델라 머리 하웰 Della Murray Howell, 1902~1960은 17세에 도로시를 낳았는데, 남편은 소방대원이던 에드윈 하웰Edwin Howell, 1897~1946로 당시 22세였다. 이 어린 부부는 도로시가 8세, 여동생 이자벨Isabelle이 3세일 때 이혼했다. 도로시와 이자벨은 친할머니 집으로 보내졌지만, 그곳에서 학대를 당하고 공포에 떨며 자랐다. 14세 때 홀로 집을 나온 도로시는 가정부 생활을 하는 등 고생을 많이 하다가 휴를 만나 1942년에 결혼했다.

고생을 많이 한 어머니는 "절대 물러서면 안 된다"는 식의 전투적인 삶의 태도를 힐러리에게 주입시켰다. 어린 힐러리가 덩치 큰 여자아이인 수지에게 늘 괴롭힘을 당하자, 도로시는 어느 날 집으로 도망쳐 들어온 힐러리에게 이렇게 말했다. "다시 나가거라. 수지가 너를 때리거든 너도 수지를 때려도 좋아. 너는 네 스스로 지켜야 돼. 겁쟁이는 이 집에 발을 들여놓을 수 없어." 이 말을 들은 힐러리는 큰 여자아이에게 사나운 기세로 달려들어 주먹을 날림으로써 모든 문제를 해결했는데, 이때 어머니는 이 장면을 몰래 지켜보았다고 한다.

그렇게 단련된 힐러리는 어린 시절부터 남동생들의 보호자였으며, 남동생들은 누나를 경외하면서 누나의 인정을 받아야 한다는 강박까지 갖게 되었다. 훗날 막내인 토니는 "누나는 정말 찔러도 피 한 방울

안 나올 것 같이 냉정한 사람이에요. 사람들이 누나 보고 이렇다 저렇다 하는데요, 그중에서 틀린 말이 하나도 없어요"라고 말했다.

1987년 휴와 도로시가 거의 평생을 산 시카고를 떠나 힐러리가 있는 아칸소주 리틀록Little Rock으로 이사를 한 것도 딸과 손녀와 가까이 살기 위해서였다. 자식들에게 '돈을 벌기 위한 배움learn to earn'을 강조한 남편과는 달리 '지식을 얻기 위한 배움learn to learn'을 강조한 도로시는 아칸소주에서 60대 후반의 나이에 평생의 꿈이던 대학에 입학해 심리학으로 학사학위를 받았다.[2]


## "여성 차별은 나에게 깊은 상처를 주었다"

힐러리는 얼굴은 예뻤지만 초등학교 시절부터 심한 근시로 두꺼운 안경을 썼다. 옷 따위에 돈과 시간을 낭비하면 큰일이 난다고 여긴 아버지 탓에 옷차림도 늘 엉망이었다. 헤어스타일도 마찬가지였다. 워낙 뻣뻣해 말을 듣지 않는 머리카락 때문이었는데, 이는 평생 두고두고 그녀를 괴롭힌다. 웃음소리도 듣기에 좋은 편은 아니어서 훗날 힐러리를 증오하는 사람들은 그녀의 웃음소리를 '마녀의 웃음소리witch's cackle'에 비유하기도 한다.

안경, 옷차림, 헤어스타일, 웃음소리 등은 힐러리의 여성적 감각을 크게 훼손시키는 결과를 초래했다. 고교 시절 데이트 신청을 딱 두 번 받았지만 그마저도 애프터 신청을 받지 못했다고 하니, 이 또한 그런 여성적 감각의 훼손에 일조했으리라. 그녀는 여자 친구들에겐 인기가 있었지만 남자들은 그녀가 차갑다고 생각했다. 오죽하면 고교 시절 별명이 '냉장고 수녀Sister Frigidaire'였을까.

힐러리는 이미 그때부터 느끼고 있던 남녀 차별에 대한 강한 문제의식으로 여성적 감각을 키우는 걸 멀리했는지도 모르겠다. 그녀는 어린 시절 꿈이던 우주비행사가 되기 위한 안내서를 구하려고 항공우주국NASA에 편지를 썼다가 여자는 우주비행사가 될 수 없다는 답장을 받고 크게 실망했다. 이 사건에 대해 힐러리는 이렇게 말한다. "내가 노력과 결심으로도 극복할 수 없는 장애물에 부닥친 것은 난생 처음이었다. 나는 분개했다.……여자를 싸잡아 일률적으로 거부한 것은 나에게 깊은 상처를 주었다." 남녀공학 고교에서 당한 성차별도 그런 분노를 키웠다. 힐러리는 고교 시절 졸업 앨범에 등장하는 거의 모든 특별활동에 참여할 정도로 매우 적극적인 학생이었지만, 고교 3학년 때 학생회장직에 입후보했다가 남학생 후보에게 패배를 당하는 아픔을 겪었으니 말이다. 여학생이 학생회장에 출마한 건 힐러리가 처음이었기에 그리 상처 받을 일은 아니었지만, 힐러리로선 "여학생이 학생회장으로 뽑힐 수 있을 거라고 믿다니 정말 어리석구나"라는 비아냥을 견디기 어려웠다.

어려서부터 힐러리의 주된 관심은 정치였기에 정치에 관심이 없는 다른 소녀들과 달리 힐러리의 좌절은 더 컸다. 힐러리가 14세이던 1961년 가장 친한 친구인 벳시 존슨Betsy Johnson의 할아버지가 힐러리의 부모 몰래 벳시와 힐러리를 시카고 선데이 이브닝 클럽에서 열린 마틴 루서 킹Martin Luther King Jr., 1929~1968 목사의 연설에 데려갔다. 이게 힐러리가 자신이 삶에 적잖은 영향을 미친 마틴 루서 킹을 처음 본

경험이었다.

그해 여름 파크리지 감리교회 청년부 담당 목사로 26세의 돈 존스 Don Jones가 부임했다. 존스는 신학자 라인홀드 니부어Reinhold Niebuhr, 1892~1971의 '행동이 있는 믿음Faith in action'을 강조하는 목사였다. 킹 목사가 시카고를 다시 방문하자 존스 목사와 힐러리를 포함한 청년부 학생들이 그 집회에 참석했다. 내심 민주당 성향인 엄마는 허락했지만, 아빠에겐 비밀로 했다. 행사가 끝난 후 존스는 경이감에 사로잡힌 학생들을 무대 뒤로 데려가 킹 목사를 직접 만나게 해주었다.


## "『뉴욕타임스』는 동부 기득권층의 앞잡이"라고 외친 '골드워터 걸'

존스 목사가 힐러리를 왼쪽으로 이끄는 영향을 미쳤다면, 고등학교 역사 교사인 폴 칼슨Paul Carlson은 그녀를 오른쪽으로 이끄는 영향을 미친 인물이었다. 아버지와 마찬가지로 극보수인 칼슨은 늘 공산주의의 위험을 강조했다. 힐러리는 칼슨에게 완벽한 모범생이었다. 학기말 과제로 15~20쪽 분량의 리포트를 써오라고 하면 힐러리는 75쪽 분량의 리포트에다가 50쪽의 참고문헌 카드와 150쪽이나 되는 주석 카드까지 달아서 제출하는 학생이었으니, 어찌 아끼지 않을 수 있었으랴.

언젠가 칼슨은 학생들에게 "공산주의자가 되느니 차라리 죽음을 택하라!Better to be dead than Red!"고 가르쳤다. 힐러리의 바로 앞에 앉은 리키 리케츠Ricky Ricketts가 "그래도 난 차라리 살 테야!"라고 속삭이면서 웃자 힐러리도 같이 킬킬대는 바람에 두 학생은 교실 밖으로 쫓겨났다. 이는 힐러리가 고교 시절 처음이자 마지막으로 받은 질책이었다. 힐러리는 너무도 충실한 학생이었기에 칼슨은 배신감을 느꼈는지도 모르겠다.

칼슨도 파크리지 감리교회에 다녔는데, 그는 사사건건 자유주의적인 존스 목사와 부딪혔다. 결국 칼슨의 주동으로 존스는 2년 만에 교회에서 쫓겨나 드루Drew신학대학 교수로 옮겨갔다. 힐러리는 자서전에서 두 사람의 갈등에 대해 이렇게 말한다. "나는 이제 존스 목사와 칼슨 선생의 갈등이 지난 40년 동안 미국 전역에 생겨난 문화적 · 정치적 · 종교적 단층을 보여주는 초기의 지표라고 생각한다. 나는 개인적으로 두 분 다 좋아했고, 그때나 지금이나 그들의 신념이 정반대라고 생각하지 않는다."

칼슨은 힐러리를 포함한 학생들에게 공화당 정치인 배리 골드워터Barry Goldwater, 1909~1998의 저서인 『보수주의자의 양심The Conscience of a Conservative』(1960)을 읽도록 했다. 힐러리는 고2 때인 1964년 대선 때 골드워터를 지지하면서 선거 유세를 돕는 '골드워터 걸'로 활동했다.

사실 힐러리의 정치 활동은 1960년 대선으로 거슬러 올라간다. 힐러리는 자서전에서 아버지를 '진정한 보수주의자'라고 했지만, 아무리 봐도 그 이상이었던 것 같다. 리처드 닉슨Richard M. Nixon, 1913~1994이 존 F. 케네디John F. Kennedy, 1917~1963에게 패배한 것을 견딜 수 없었던 그녀의 아버지는, 민주당의 선거 부정 증거들을 찾아내는 데 협조해줄 것을 부탁하러 시카고 시내를 돌아다니는 자원봉사단에 어린 딸을 참여시켰다. 13세의 힐러리와 그녀의 친구는 기차를 타고 시카고 시내를 집집마다 돌아다니며 "투표했나요?", "누구를 찍었죠?"라는 질문을 던졌다고 한다.

그러나 힐러리에게 중요한 건 '닉슨'이나 '골드워터'라기보다는 '정치' 그 자체였다. 고교 시절 같은 학급 친구인 아트 커티스Art Curtis는 "우리는 학급에서 성취동기가 제일 강했던 두 사람이었다"고 했다. 커티스는 나중에 의사가 되었지만, 힐러리는 이미 그때부터 정치를 꿈꾸었다. 커티스는 이렇게 회고했다. "그녀는 일찍부터 정치에 대한 관심이 지대했다. 그때는 정치를 그렇게 멋지게 생각하던 시절이 아니었는데도 말이다."[3]

1965년 가을 상위 5퍼센트 성적으로 고등학교를 졸업한 힐러리는 너무 많이 읽어 너덜너덜해진 골드워터의 『보수주의자의 양심』이 들어 있는 여행 가방을 들고 집에서 1,500킬로미터나 떨어진 매사추세츠주 보스턴Boston 근처에 있는 웰즐리대학Wellesley College에 도착했다. 전공은 정치학이었다. 고교 시절 『뉴욕타임스』를 읽으라고 추천한 선생님에게 "하지만 그 신문은 동부 기득권층의 앞잡이예요!"라고 외쳤던 반공 소녀가 이제 그 동부 기득권층의 산실 중의 하나에 입성한 셈이었다.[4]

## 베티 프리댄의 『여성의 신비』

그런데 왜 고교 상위 5퍼센트의 좋은 성적을 갖고 있는 데다 야심만만한 힐러리가 아이비리그 대학이 아닌 여자 대학을 선택했을까? 당시 미국 사회의 남녀평등 수준과 아이비리그가 얼마나 남존여비男尊女卑 사상에 찌들어 있었는지 그걸 자세히 살펴보는 게 좋을 것 같다. 그래 야 힐러리의 투쟁에 대한 온전한 이해도 가능할 테니 말이다.

남녀평등과 관련, 미국 사회에 엄청난 반향을 불러일으킨 베티 프리 댄Betty Friedan, 1921~2006의 『여성의 신비The Feminine Mystique』라는 제목의 책이 출간된 해는 힐러리가 16세이던 1963년이었다. '여성의 신비'는 미국 여성들의 삶의 현실과 여성들이 맞추어 살려고 애쓰는 이미지 간의 불일치를 의미한다. 프리댄은 이 책을 통해 미국 백인 중산층에 서 가사를 전담하고 있는 여성들의 무력감과 우울증의 원인이 무엇인 지에 대해 '이름 없는 문제the problem that had no name'라는 이름으로 그 진상을 파헤쳤다. 우선 대중매체가 문제였다. 프리댄이 보기에 대중 매체는 "행복한 여성은 오직 가정에 만족하고 사는 가정주부일 뿐"이 라는 신화를 유포한 주범이었다. 프리댄은 이 책에서 이렇게 말했다.

"교외의 멋진 저택에서 사는 주부, 이것이 젊은 미국 여성들이 꿈꾸 는 자화상이며, 전 세계 모든 여성들이 부러워하는 여성상이었다. 미 국의 가정주부들은 과학과 편리한 기계 설비로, 단조롭고 고된 일, 출 산의 위험과 늙은 할머니의 병구완에서 자유로워졌다. 그네들은 건강 하고, 아름답고, 유식하며, 자기 남편과 아이, 그리고 집에만 관심을 두었다. 이렇게 함으로써 그네들은 진정한 여성으로서 자기실현의 만 족감을 느꼈다. 그들은 가정주부이며 어머니로서, 남자의 세계에서 남자에게 만족할 만하고 어울리는 상대자로서 존경받았다."[5]

프리댄은 자신이 행한 조사를 바탕으로 하여 '행복한 가정주부'라 는 여성의 신비는 일종의 '기만'이며, 이를 극복하기 위해서는 남녀평등이 이루어져야 한다고 주장했다. 그녀는 남녀평등을 이룩하기 위해서는 여성들이 가정이라는 사적 영역에서만 머물러서는 안 된다며, 공적 영역으로 나아가야 한다고 말했다. 아울러 그녀는 이를 통해 자신의 능력을 발휘해 경제력을 획득하면 여성으로서 자유와 정체성을 찾을 수 있다고 역설했다.

300만 부가 팔려나간 『여성의 신비』가 일으킨 파장은 실로 엄청난 것이었다. 프리댄 앞으로 쇄도하는 편지들 중엔 "나는 기쁩니다. 왜냐하면 학문과 성취를 위해 투쟁하는 삶 속에서 느껴야만 했던 고독감을 당신이 몰아내주었기 때문입니다"라는 감사의 편지도 많았지만, 이 책을 비난하는 편지도 많았다. 흥미로운 건 그녀의 책에 비판적인 사람들은 남성보다는 여성이 많았다는 사실이다. 미국 가정을 '편안한 강제수용소'로 묘사했으니, 자괴감을 느낀 여성들이 반발할 만도 했다.[6]

이 책이 불러일으킨 반향으로 인해 프리댄은 어린 시절 유대인이라는 이유로 겪어야 했던 사회적 '왕따' 체험을 다시 한 번 겪어야만 했다. 이웃들의 저녁 파티에 프리댄은 더는 초대 받지 못했고, 프리댄의 자녀들 또한 학교에서 프리댄과 비슷한 처지에 놓이게 되었다. 일부에서는 그녀에게 '정신 치료'가 필요하다는 말을 하는가 하면, "프리댄은 미국 내에서 소련인들보다 더 위험한 인물"이라는 극언까지 쏟아붓기도 했다.[7]

## 여성에게 문을 닫은 아이비리그 대학들의 야만

오늘날엔 당연한 상식 수준의 말로 여겨질 주장이 그런 거센 반발을 불러일으켰다는 것은 당시 남녀평등의 한심한 수준을 말해주며, 이는 아이비리그 대학에서도 마찬가지였다. 1960년 16세 이상 여성의 35퍼센트가 노동에 참여한 가운데 여성은 전체 학부생의 36퍼센트, 박사 과정의 10퍼센트를 차지했지만, 코넬대학을 제외한 아이비리그는 여전히 금녀禁女 구역이었다. 이 대학들은 공식 홍보물에서도 "사나이가 될 것To Be a Man"을 강조했다.

여자 입학을 가장 반대한 사람은 아이비리그 동문들이었는데, 그들의 아들들인 학생들도 반대가 우세했다. 1961년 예일대학 신입생의 15퍼센트, 4학년의 40퍼센트만 남녀공학에 찬성하는 것으로 나타났다. 1961년 예일대학 교수진 가운데 여성은 단 한 명도 없었으니 남녀평등에 대해 무엇을 배웠으랴. 이들이 남녀공학을 반대한 이유는 여성은 힘든 공부를 육체적·정신적으로 견뎌낼 수 없다, 남녀가 섞이는 건 도덕의 타락을 가져온다, 결혼율과 출산율의 하락을 초래한다 등이었다.[8]

아이비리그 대학들은 남녀공학을 거부하는 야만적인 작태를 저지르면서도 여성 차별 혐의에서 벗어나려는 편법을 썼다. 예컨대, 여자 대학인 래드클리프대학Radcliffe College 학생들은 1943년부터 하버드대학 학생들과 같이 수업을 들을 수 있게 됨으로써 하버드대학은 이론적으론 남녀공학이 아니지만 실제적으로는 남녀공학인 그런 이상한 모양새를 유지했다. 하버드대학과 래드클리프대학은 1963년부터 공동 학위를 수여했으며, 1970년부터 공동 졸업식을 했다. 1970년 영화 〈러브스토리Love Story〉는 래드클리프대학 학생과 하버드대학 학생의 연애를 다룬 작품이다.

예일대학은 1956년 대학원 전문 과정에 400명의 여성을 입학시켰지만, 학부는 여전히 문을 굳게 걸어 잠그고 여성을 받아들이지 않았다. 1966년 예일대학은 하버드대학을 흉내내 여자대학인 바서Vassar대학과의 연합을 모색했지만, 바서대학의 거부로 뜻을 이루지 못했다. 프린스턴대학은 1961년에서야 최초의 대학원 여학생을 뽑았지만, 학부는 예일대학처럼 여학생을 거부했다. 그러나 1960년대 전반 여성운동이 활발하게 전개되고 1968년 신좌파운동이 남녀공학을 주장하면서 분위기가 바뀌기 시작했다.

프린스턴대학은 1967년 여자대학인 세라로런스대학Sarah Lawrence College과의 합병을 시도하다가 거부당하자 1968년 학부의 남녀공학을 검토하기 시작했다. 외부의 따가운 시선도 문제였지만, 시대가 달라져 학생들이 남녀공학을 선호함으로써 남녀공학을 하지 않는 예일대학과 프린스턴대학의 경쟁력이 하버드대학에 비해 더욱 뒤처지고 있다는 사실이 작용한 결과였다. 이 문제로 내심 초조해하던 예일대학은 프린스턴대학에 선수를 빼앗길까봐 1969년 가을 학기부터 학부에 여학생을 받아들인다고 발표했다. 선수를 빼앗긴 프린스턴대학도 곧장 남녀공학으로 전환했다.

프린스턴대학에 여학생이 들어오자 일부 졸업생들은 "프린스턴대학에 여자가 들어오다니 말세로다"라거나 "학교를 매춘굴로 만드는 게 더 효율적일 것"이란 악담을 퍼부었으며, 프린스턴대학의 첫 여성 졸업자는 '동물'이란 조롱을 받기도 했다.

예일대학과 프린스턴대학에 이어 다른 아이비리그 대학들도 이들의 뒤를 따르기 시작했다. 하버드-래드클리프의 관계처럼 브라운대학은 펨브로크대학Pembroke College, 컬럼비아대학은 바너드대학Barnard College과 그런 오누이 관계를 맺고 있었다. 브라운대학과 펨브로크대학의 합병은 1971년에 이루어졌으나, 컬럼비아대학은 바너드대학과의 합병 협상이 어려워지자 1983년에서야 여학생 입학을 허용했다.

여학생 입학을 허용했다고 해서 곧장 아이비리그 캠퍼스에서 남녀평등이 이루어진 것은 아니었다. 일부 학생 클럽들은 오직 남학생만 받아들였다. 예컨대, 프린스턴대학의 식사클럽eating club들은 남학생들에게만 허용되었다. 이런 차별에 대해 1979년 소송이 제기되어 오랜 법정 투쟁 끝에 이 클럽들은 1991년부터 여학생들을 받아들였다.

사정이 이와 같았던바, 힐러리가 대학에 진학한 1960년대 중반까지도 공부를 잘하는 여학생들은 북동부에 있는 7개 명문 여자대학을 가리키는 이른바 '7자매Seven Sisters' 대학에 진학하는 길을 택했다. 이들은 바너드대학Barnard College, 브린모어대학Bryn Mawr College, 마운트홀리요크대학Mount Holyoke College, 래드클리프대학Radcliffe College, 스미스대학Smith College, 바서대학Vassar College, 웰즐리대학Wellesley College 등으로 모두 1837~1889년 사이에 개교한 대학들이다(이 가운데 바서대학은 1969년 남녀공학으로 전환했고, 래드클리프대학은 1999년 하버드대학과 합병함으로써 '7자매'는 '5자매'로 줄었는데, 이 5개 대학은 그냥 'The Sisters'로 불린다).[9]

## "장관이 되려 하지 말고 장관의 아내가 되어라"

1960년대 중반 똑똑한 여학생들은 웰즐리대학으로 몰려들긴 했지만, 이때까지만 해도 웰즐리 여대생들의 궁극적인 목적은 똑똑한 하버드대학 혹은 예일대학 남학생을 만나 결혼해 상류사회로 진입하는 것이었다. 웰즐리대학의 좌우명은 "섬김을 받으려 하지 말고 섬기도록 하라"였는데, 당시 학생들은 이 말뜻을 이렇게 해석했다. "장관이 되려 하지 말고 장관의 아내가 되어라."

웰즐리대학이 단지 여학교라는 이유만으로 웰즐리대학을 택한 학생도 많았다. 한 졸업생은 "똑똑한 여자아이라는 이유로 인기가 떨어지는 것이 두려워서 수업시간에 발표도 못하고 앉아 있지 않아도 됐거든요." 힐러리도 자서전에서 그러한 평가에 동의하며 캠퍼스에 남자가 없으면 묘한 '심적 여유'가 형성된다고 썼다.[10] 논란의 소지가 있긴 하지만, 한국에서도 서울대학교 여학생보다 이화여자대학교 여학생이 훨씬 더 적극적이고 능동적이라는 속설과 통하는 말이라 할 수 있겠다.

1968년 힐러리는 웰즐리대학 학생회장으로 선출되었다. 힐러리의 전기를 쓴 칼 번스타인Carl Bernstein, 1944~은 "그녀는 인정받고 칭찬받고자 하는 야망을 숨기지 않았고, 집안과 배경이 좋은 친구들, 영향력 있는 교수들이나 학교 직원들과 좋은 관계를 유지했다"고 말한다.[11]

1968년은 전 세계적으로 학생운동이 거세게 일어났던 시기였으며, 미국에선 인종 갈등까지 더해져 대학가는 시위의 몸살을 앓고 있었다. 1968년 4월 4일 마틴 루서 킹 목사가 멤피스Memphis에서 백인 암살자의 총에 살해당하는 사건이 일어났다. 범행을 자백한 제임스 얼레이James Earl Ray, 1928~1998가 투옥되었지만, 1963년의 존 F. 케네디 암살 때처럼 의혹과 소문이 무성한 가운데 다시 폭동의 물결이 미국 전역의 도시들을 덮쳤다. 전국적으로 168개 도시에서 흑인 폭동이 일어나 흑인 34명과 백인 5명이 죽었다.[12]

힐러리는 킹 목사의 암살 소식을 듣자마자 자신의 기숙사 방에서 부들부들 떨며 소리를 질러댔고, 가방을 벽에다 집어던지며 흥분했다. 이를 지켜본 한 친구에 따르면 그녀는 책을 내던지며 "더이상 못 참겠어! 이건 아니야!"라고 고함을 쳤다고 한다.[13]

킹이 죽은 지 19일 후, 컬럼비아대학의 학생들은 5개 대학 건물에 대한 점거를 시작했다. 점거 이유는 베트남전쟁 반대와 더불어 흑인 빈민 거주지에 대학 체육관을 세우려는 '인종차별' 반대였다. 점거 농성 일주일 만에 경찰이 덮쳐 150여 명이 중상을 입었고, 700명이 체포되었다.

대학 점거 농성이 오하이오주립대학 등으로 번져나가는 가운데, 웰즐리대학에서도 온건하게나마 더 많은 흑인 교수 채용과 흑인 학생 입학 등의 요구 조건을 내건 시위가 벌어졌다. 힐러리는 학생회장으로서 학생 측과 학교 측의 중재자 역할을 해 타협을 시키는 데에 성공했다.

힐러리는 킹의 암살에 울부짖었지만 아직 완전한 정치적 개종은 이루어지지 않았다. 그녀는 이젠 골드워터와 결별하고 유진 매카시Eugene McCarthy, 1916~2005 계열의 민주당 지지자가 되어 그의 선거운동을 도왔지만, 1968년 여름 공화당 하원의원실에서 9주간 인턴 생활을 했고, 인턴 과정이 끝나갈 무렵 리처드 닉슨이 아닌 공화당 내 온건파였던 넬슨 록펠러Nelson Rockefeller, 1908~1979를 지지하기 위해 공화당 전당대회에 자원봉사자 자격으로 참가했다. 이에 대해 칼 번스타인은 다음과 같이 말한다.

"이는 일종의 양다리 걸치기와도 같았는데, 그녀는 이미 고등학교 시절에도 돈 존스 목사의 청년부에서 활동하면서 동시에 역사 선생님의 반사회주의 모임의 회원이기도 했다. 상당한 주목할 만한 패턴이다." [14]

## 급진좌파 솔 알린스키와의 만남

힐러리는 당시 전 미국을 강타하고 있던 학생 시위에 자극을 받아 졸업논문 지도 교수 앨런 셰터Alan Schechter, 1936~에게 논문 주제를 '거대한 사회 속의 빈곤 구제 정책에 대한 고찰'로 하겠노라고 선언하듯 말했다. 진보적 성향의 셰터는 "빈곤 구제 정책에 대한 논문을 쓰겠다면 너는 공화파가 아니다. 그 말은 네가 증권시장의 동향이나 부의 축적, 혹은 세금 감면의 이데올로기에 대한 관심을 접고 빈곤 문제에 관심을 보인다는 말처럼 들린다"며 힐러리를 놀리듯이 말했다.

방학 중 시카고에서 빈민 운동을 하는 솔 알린스키Saul Alinsky, 1909~1972를 만났던 힐러리는 자신은 빈민들을 돕기 위해 고안된 프로그램에 '빈민들을 최대한 참여시키는 일'에 관심이 많다고 말했다. 그러자 셰터가 아이디어를 냈다. "알린스키가 해온, 시카고 빈민층의 참여와

연대를 이끌어내는 지역사회 연구가 어떨까?" [15]

1968년 가을 힐러리는 알린스키의 이론을 중심으로 '빈곤과의 전쟁 양상'에 대한 졸업논문을 쓰기 위해 자료를 모았다. 힐러리는 현장답사와 알린스키를 비롯한 다양한 사람들과의 인터뷰를 통해서 논문을 완성시켰는데, 이는 약 40년 후 미국 대선에서 뜨거운 쟁점 중의 하나로 떠오른다. 알린스키는 마피아가 설치던 1930년대부터 시카고 도시 빈민 운동에 투신했던 급진좌파였기 때문이다.

1970년 『타임』은 1960년대 미국 대학 급진주의 학생운동의 영웅으로 떠오른 그에게 '인민권력의 예언자'란 칭호를 붙여주었지만, 그는 독단적 교리dogma를 혐오하고 지역 현장과 풀뿌리 참여를 중시하는 '작은 민주주의'를 추구했다는 점에서 다른 급진주의자들과 비교해 독보적인 차별성을 갖는 인물이었다. 『플레이보이』는 "알린스키야말로 미국이 낳은 가장 위대한 비사회주의 좌파 지도자의 한 사람" 이라고 했다. [16]

40년 후의 이야기를 미리 해보자. '2008년 대선'을 향한 예비선거가 치열하게 전개되고 있던 2007년 3월 25일 『워싱턴포스트』는 「클린턴과 오바마의 공통된 이념의 시금석」이란 기사에서 민주당의 유력 대선 후보인 힐러리와 버락 오바마Barack Obama, 1961~ 두 사람이 정치에 입문하기 전 솔 알린스키와 인연을 맺은 놀라운 공통점이 있다고 보도해 화제가 되었다.

힐러리는 알린스키에게서 조직운동가로 활동할 것을 제안 받았지만 거절했다. 그녀는 시스템을 바꾸더라도 시스템 밖이 아닌 안에서 바꾸는 게 더 낫다고 생각했기 때문이다. 힐러리는 백악관 안주인이 된 직후인 1993년 『워싱턴포스트』 인터뷰에서 "기본적으로는 알린스키가 옳았다" 면서 정부의 빈민 구제 프로그램이 당사자 개개인이 아닌 관료계급만 살찌운다는 점을 비판했지만, 졸업논문이 좌파적이라고 비난받자 웰즐리대학 쪽에 논문 비공개를 요청했다. 졸업논문은 2001년 뉴욕주 상원의원 선거 때도 우익 계열 『폴리티컬USA』에 의해 인터넷 경매 사이트 이베이eBay에 경매 물품으로 게시되어 힐러리를 괴롭혔다. 힐러리는 2003년 자서전에서 "사람들을 스스로 힘을 갖도록 돕는 알린스키의 일부 생각엔 공감한다" 고 말했다.

반면 1985년 23세의 컬럼비아대학 졸업생 오바마는 알린스키 조직의 제안을 받고 박봉(연 1만 3,000달러)을 무릅쓰고 시카고 흑인 공동체 운동에 참여한 뒤 이를 발판으로 정치에 입문했다. 오바마는 대통령 출마 선언 당시에도 "당시 활동으로 생애에서 최고의 교육을 받았다" 고 밝힐 정도로 알린스키와의 인연을 강조했다. 『워싱턴포스트』는 힐러리에게 알린스키의 영향은 지적인 수준에 그쳤지만, 오바마에게는 더 체화된 요소로 작용했다고 분석했다.

두 사람의 대선 전략에서도 알린스키의 유산이 드러났다. 공허한 이상에 기울기보다 대중 개개인에 접근하려는 알린스키의 조직 전략을 사용한 것이다. 이합집산과 타협을 통해 정치적으로 가능한 한 방안을 찾으려는 '이상적 현실주의자'의 면모 역시 '알린스키적'이었다. 차이가 있다면 오바마는 '행동'을, 힐러리는 '이론'을 알린스키에게서 배웠다는 점이다.

하지만 두 사람은 알린스키와 관련한 언론의 인터뷰를 거부했다. 선거 국면에서 급진적 좌파로 오인 받는 것을 피하기 위해서였다. 『워싱턴포스트』는 둘 다 알린스키의 이상주의에 영향을 받았지만, 이후 사회 발전을 위해서는 체제 내부의 정치도 중요하다는 것을 깨닫게 되었다고 결론 내렸다. 오바마를 지도했던 시카고 조직 운동가 그레고리 갈루조Gregory Galluzzo는 알린스키가 두 사람에게 미친 영향을 긍정적으로 평가하며 "둘 중 누가 백악관에 들어가더라도 우리는 보통 사람들에게 더 민감하게 반응하는 정부를 갖게 될 것"이라며 기대감을 표했다. 하지만 반대파들은 힐러리가 알린스키의 '범죄적 수법(주로 공갈과 협박)'을 배워 그걸 정치에서 그대로 써먹고 있다는 식으로 두고두고 비난해댄다.[17]

## 대학 졸업식 연설로 유명 인사가 된 힐러리

1969년 3월 31일 졸업식에서 힐러리는 웰즐리대학 최초의 학생 졸업 연사로 선정되었다. 그간 웰즐리대학엔 졸업생이 졸업 연설을 하는 전통이 없었지만, 전국적인 학생 시위가 추구했던 대학 개혁의 일환으로 이루어진 것이었다. 당시 웰즐리대학에선 베트남전쟁 반대 시위가 한창이었다. 힐러리에 앞서 연사로 나선 이는 공화당 상원의원이자 상원 의회의 유일한 흑인이기도 했던 에드워드 브룩Edward Brooke, 1919~2015이었다. 힐러리는 1966년 공화청년회 회장으로 그의 선거운동을 도운 적이 있었다.

브룩이 시위에 참가한 학생을 비판하자 힐러리는 준비한 연설문 대신 브룩의 말을 반박하며 그를 기득권 수호자로 비판하는 즉흥 연설을 했다. 학교 관계자들과 학부모들은 너무 놀라 할 말을 잃을 지경이었지만, 학우들은 자리에서 벌떡 일어나 환호하거나 펄쩍펄쩍 뛰면서 7분 동안이나 우레와 같은 기립 박수를 보냈다고 한다.

『뉴욕타임스』·『워싱턴포스트』 등 주요 언론에 힐러리의 이름이 등장한 첫 번째 '사건'이었다. 특히 『라이프Life』는 브룩의 연설에 대한 힐러리의 당돌한 비판과 반전에 대한 열정적 주장이 그해 여름의 대학가를 상징적으로 나타내는 좋은 예라고 여겨 힐러리의 연설을 특집으로 다루어 힐러리가 널리 알려지는 데에 큰 기여를 했다. 힐러리의 연설에 대해 사람들은 아주 좋아하거나 싫어하는 양극화된 반응을 보였는데, 이미 이때부터 그녀의 '양극화 정치'가 시작된 셈이다. 40년 후 인터뷰에서 브룩은 담담하게 힐러리가 자신의 주장을 돋보이게 하기 위해 자신의 연설을 이용했다면서도 자기 세대의 좌절을 아주 잘 표현했다고 말했다.[18]

힐러리는 1969년 가을 예일대학 법대에 입학했는데, 여학생은 전체 235명 중 27명에 불과했다. 당시 미국의 전체 변호사 가운데 여성이 차지하는 비율은 3퍼센트였다. 힐러리는 하버드대학 법대에서도 입학 허가를 받아 두 대학을 저울질하다가, 하버드대학 답사에서 한 법대 교수에게서 들은 말 때문에 예일대학을 선택했다.

하버드대학에 다니는 친구가 법대의 저명한 노 교수에게 "이 친구는 우리 학교로 올까, 아니면 우리의 맞수 대학으로 갈까 고심 중"이라고 소개하자, 그 교수는 힐러리에게 차갑고 경멸하는 눈길을 던지면서 거만하게 이렇게 말했다고 한다. "글쎄, 우선 우리 학교와 겨룰 맞수는 없고, 여학생도 더이상 필요가 없네." 힐러리의 비판자들은 힐러리가 그 교수의 이름을 밝히지 못하는 것은 이 이야기가 꾸며낸 것일 수 있다고 주장하지만, 비판자들이 좀 '오버'하는 게 아닌가 싶다.

졸업 연설 덕분에 그녀는 이미 예일대학에서 유명 인사가 되어 있었다. 동창인 캐럴린 엘리스Carolyn Ellis는 "힐러리는 입학과 동시에 이미 리더 취급을 받았어요. 3개월 전 잡지에서 보았던 친구와 같은 클래스에서 공부하게 되었으니까요"라고 말했다.

어디 그뿐인가. 힐러리의 졸업 연설 소식을 들은 여성유권자연맹 League of Women Voters이 힐러리를 청년자문위원회Youth Advisory Committee로 끌어들였고, 힐러리는 이 활동을 통해 예일대학 법대 출신의 흑인 여성으로 아동보호 운동가인 메리언 라이트 에덜먼Marian Wright Edelman, 1939~과 친분을 쌓으면서 아동보호 운동에도 참여하게 되었다. 또한 힐러리는 전국적으로 방송되는 어브 쿠프치넷Irv Kupcinet, 1912~2013의 텔레비전 토크쇼에 출연했고, 그녀에 대한 기사가 자신의 고향과 뉴잉글랜드 지역신문에 나기도 했다.[19] 이렇듯 명성에 눈을 뜨면서 명성의 힘을 알게 된 힐러리의 야심은 점점 더 커져만 간다.

제2장
★
# "내 남자 친구는 미국의 대통령이 될 거라구요!"
★★★
1970~1989년

### "전 힐러리 로댐인데, 당신 이름은 뭐죠?"

1970년 9월 힐러리는 같은 법대생 빌 클린턴Bill Clinton, 1946~과 운명적인 만남을 갖게 된다. 두 사람은 개강 첫날 법대 구내식당에서 로버트 라이시Robert Reich, 1946~의 소개로 인사를 나누었지만, 그땐 둘 다 다른 일에 정신이 팔려 상대에 대해 별 관심을 두지 않았다. 나중에 클린턴 행정부의 노동부 장관을 맡게 되는 라이시는 학부 시절 힐러리와 알던 사이였고, 클린턴과는 같은 동갑내기에 로즈Rhodes 장학생으로 영국 옥스퍼드대학을 함께 다닌 사이였다.

　힐러리와 클린턴은 토머스 에머슨Thomas I. Emerson, 1907~1991 교수의

'시민의 자유'라는 과목을 같이 수강하면서 상대방에 대해 조금씩 관심을 갖게 되었다. 클린턴은 다른 학생들에게 자신의 고향인 아칸소주 이야기를 자주 늘어놓았다. 어느 날 힐러리가 법대 학생 휴게실에서 클린턴 옆을 지나가는데 이런 말이 들렸다. "그뿐인 줄 알아? 우린 세계에서 제일 큰 수박도 키워!" 힐러리가 다른 학생에게 물어보았다. "쟤 누구니?" "빌 클린턴. 아칸소 출신인데, 아칸소 얘기밖에 안 해."

클린턴은 이미 조지타운대학Georgetown University 시절부터 아칸소를 이야기 소재로 활용했는데, 나중에야 친구들은 클린턴이 약점을 감추기 위해 오히려 역으로 시골의 가난한 주州인 아칸소를 들먹인다는 것을 알게 되었다. 그것은 사람들로 하여금 자신을 친근하게 느끼거나 얕보도록 만드는 책략인 면도 있었다.

어느 날 법대 도서관 독서실에서 클린턴이 힐러리를 흘깃흘깃 쳐다보았던가 보다. 그러자 힐러리가 클린턴에게 다가가 이렇게 말했다. "이봐요, 저를 계속 쳐다보려면, 그리고 저도 그 시선을 피하지 않으려고 하니, 서로 통성명이라도 하는 게 어떻겠어요. 전 힐러리 로댐인데, 당신 이름은 뭐죠?" 이게 그들의 실질적인 첫 만남이었다는데, 클린턴은 나중에 너무 놀라서 자기 이름도 생각나지 않았다고 했다. 여자가 먼저 대시하다니, 두 사람의 만남부터 성에 대한 고정관념을 뒤엎었던 셈이다.[1]

클린턴이 아칸소 이야기를 책략으로 사용했다는 것이 시사하듯이, 클린턴을 이해하기 위해선 먼저 아칸소를 이해할 필요가 있다. 아칸소는 19세기에 면화 생산으로 번영을 누렸을 땐 'Land of Opportunity (기회의 땅)'라는 별명을 내걸었는데, 남북전쟁 이후 쇠락의 길을 걷기 시작하면서 '기회의 땅'이라는 말이 영 무색해졌다. 아칸소주는 스스로 생각해도 멋쩍었던지 별명을 'The Natural State(자연 그대로의 주)'로 바꾸었다. 미국 50개 주 가운데 소득 수준이 바닥권에 속하는 주州가 생각해낸 궁여지책窮餘之策이었다.[2]

힐러리의 전기를 쓴 역사학자 길 트로이Gil Troy, 1961~는 아칸소주를 "미국에서 가장 미개한 2개 주의 하나"라고 하면서 "아칸소가 얼마나 덜 문명화된 곳인지는 아칸소 주민들이 '미시시피에 감사한다'고 말하는 것을 보면 짐작할 수 있다"고 말한다.[3] 한국에선 학자가 특정 지역에 대해 이런 식으로 글을 쓰면 난리가 날 일이지만, 힐러리와 클린턴을 다룬 책이나 글에선 쉽게 볼 수 있는 표현들이다.

## 클린턴의 불우한 어린 시절

클린턴은 1946년 8월 19일 아칸소주 호프Hope에서 윌리엄 제퍼슨 블라이스William Jefferson Blythe 4세로 태어났다. 자동차 세일즈맨이었던 그의 아버지 윌리엄 블라이스 3세(1910~1946)는 교통사고로 사망했는데, 이는 클린턴이 태어나기 4개월 전이었다. 그의 어머니 버지니아 델 캐시디Virginia Dell Cassidy, 1923~1994는 클린턴이 4세 때 자동차 딜러인 로저 클린턴Roger Clinton Sr., 1908~1967과 재혼했는데, 클린턴은 이 의붓아버지의 성을 따랐다.

클린턴 가족은 클린턴이 6세 때 호프를 떠나 핫스프링스Hot Springs로 이사했다. 호프는 인구 5,000명의 작은 도시였지만, 핫스프링스는 휴양지로 사람들이 꽤 북적거리는 도시였다. 클린턴 전기를 쓴 데이비드 매라니스David Maraniss, 1949-는 "몇몇 교회는 도박장에서 흘러나온 자금으로 운영되고 있었다. 핫스프링스는 매우 순수한 미국의 이상과 현실적인 부패가 적당히 섞여 있는 환상의 도시였다"며 다음과 같이 말한다.

"버지니아는 짙게 화장을 하고, 흰 머리를 검게 염색한 데다, 눈썹 화장도 짙은 편이었다. 그리고 팔말PALL MALL 담배를 하루에 두 갑씩 피웠으며, 움푹 들어간 욕조에서 목욕을 하고, 술을 마시며, 억누를 수 없는 바람기를 풍기면서 온천 유원지인 핫스프링스의 경마장이나 마사지 집과 나이트클럽을 찾아다니는 여자였다.……빌이 아빠라고 부르는 로저는 술을 너무 많이 마셨다. 아빠는 다른 남자들과 가깝게 지내는 엄마 때문에 격분했다."

버지니아의 그런 헤픈 행실 때문에 클린턴의 진짜 아버지는 블라이스가 아니라는 의문이 제기되기도 했다. 수년 동안 호프에서는 누가 클린턴의 진짜 아버지인지를 놓고 사람들이 수군댔는데, 3~4가지 가설이 동네 사람들의 입방아에 오르내렸다. 설사 클린턴이 블라이스의 아들이 아니라 하더라도, 그건 버지니아만 탓할 일은 아니었다. 블라이스는 버지니아와 만나기 전 이미 3번 이상 결혼을 해서 적어도 두 아이까지 낳은 사실을 속였다는 게 나중에 밝혀졌으니 말이다.

클린턴은 의붓아버지인 로저 클린턴을 잘 따랐으나, 의붓아버지는 걸핏하면 폭력을 휘두르는 알코올중독자였다. 한 번은 의붓아버지가 폭력을 심하게 휘두르자 15세의 어린 나이인데도 클린턴은 어머니와 이부異父 남동생을 가리키며 "저들을 또 때리지 마라. 차라리 나를 때리라"고 의붓아버지에게 경고해 그를 물러서게 만들었다.

클린턴의 어머니인 버지니아는 흔히 하는 말로 팔자가 센 여자였다. 1992년 대선 당시엔 브로커 회사 중역인 리처드 켈리Richard Kelley, 1915~2007와 살고 있었던 그녀는 30년의 마취 전문 간호사 생활로 가족을 부양한 억척스러운 여자였지만, 그간 4명의 남자와 5번이나 결혼했으며 이 중 3명의 남자와 사별했다.

로저와는 1962년 5월에 이혼했다가 그해 8월에 재혼했는데, 흥미로운 건 빌 클린턴이 어머니가 로저와 이혼했던 시기에 법원에 가서 자신의 이름을 빌 클린턴으로 바꾸었다는 점이다. 정작 로저 클린턴은 자기 성을 빌 클린턴에게 주는 걸 이미 오래전에 거부했는데도 말이다. 나중에 그는 사랑하는 동생과 같은 성을 갖고 싶었기 때문이라고 설명했다.[4]

## 고민이 생기면 격리시켜 외면해버리는 버릇

버지니아의 험한 인생 역정은 아들 클린턴을 강인하게 만드는 동시에 매사에 적극적이게끔 만들었다. 버지니아는 나쁜 일이 생길 때마다 자신을 세뇌시켜서 그 나쁜 일을 마음속에서 몰아내라고 아들을 훈련시켰다. 클린턴이 세뇌라는 어려운 말을 이해하지 못하자, 그녀는 안전한 '하얀 상자'라는 아이디어를 생각해냈다. 나쁜 것은 죄다 몰아낸 자기만의 진실을 그 하얀 상자 속에 감추어 꼭 채운 뒤에 나머지는 상자 밖의 어둠 속으로 몰아내라고 일러주었다.

어찌나 그 교육이 철저했던지 훗날 클린턴은 어떤 인터뷰에서 자신의 성추행 의혹을 "작은 상자에 넣어버렸다"고 말했고, 그의 아내인 힐러리조차 "고민이 생기면 격리시켜버린다. 다른 사람의 주장 때문에 절대로 자신의 삶을 방해받아서는 안 되니까. 사생활이건 책임이건 마찬가지다. 내 남편은 매일 이런 식으로 생활한다"고 했다.

클린턴은 학생 때 말이 너무 많은 것이 탈이었다. 다른 사람의 환심을 사려고 아무 말이나 주워섬기기도 했다. 초등학교 때부터 다른 사람의 발표 기회를 무시하고 설쳐대는 통에 선생님에게서 시민정신이 모자라다고 꾸지람을 듣기도 했으며, 공민예절 과목에서 한 차례 낙제 점수를 받기도 했다. 물론 이는 선생님이 클린턴을 교육시키려고 일부러 그렇게 한 것이었다.

클린턴에게는 늘 잘난 척한다는 뜻에서 '핫도그Hot Dog'란 별명이 붙었으며, 교내 주요 인물이 되었다. 너무 설쳐대는 흠이 있긴 했지만, 클린턴은 재능이 많은 데다 늘 뛰어난 성적을 올려 교사들의 사랑을 독차지했다. 그는 음악에도 재능이 있어 고교 시절에 밴드부 부장을 맡았으며, 친구들과 3인조 재즈 악단을 만들기도 했다.

1963년 7월 전국 고교 우등생들의 모의 연방정부인 소년 연방정부 Boys Nation 구성원 100명이 백악관을 방문하는 기회가 있었는데, 아칸소주 대표로 뽑힌 클린턴은 이때에 존 F. 케네디John F. Kennedy, 1917~1963 대통령과 악수를 나눈 후 목사나 교사 혹은 음악가가 되겠다는 평소의 생각을 포기하고 대통령이 되겠다는 꿈을 갖게 되었다. 그는 후일 이때가 그의 인생의 전환점이라고 말했다.

클린턴은 고등학교를 327명 가운데 4등으로 졸업했는데 몇몇 음악

대학에서 주겠다는 장학금을 거절하고 1964년 가을 정치의 본고장이라 할 워싱턴에 있는 조지타운대학에 입학했다. 워낙 사교성과 붙임성이 좋은 그는 1학년 학생회장으로 당선되었는데, 그 비결은 밤마다 기숙사 방들을 돌아다니면서 한 선거운동이었다. 그는 2학년 때도 학생회장을 했지만, 3학년 때는 일부러 쉬고, 4학년 학생회장에 출마했다가 패배하는 아픔을 맛보았다. 클린턴이 학교 재단인 예수회의 가부장적 학교 운영 방식에 대해 긍정적인 자세를 취한 것이 주요 패배 이유였다.

클린턴은 조지타운대학 시절 서양 문명사를 가르친 괴짜 교수 캐럴 퀴글리Caroll Quigley, 1910~1977에게서 위대한 지도자들은 하루에 4~5시간밖에 자지 않았다는 말을 들은 후로 실제로 그렇게 생활하기 시작했다. 이 버릇은 나중에 대통령이 된 후에도 지속되어 늘 수면 부족이라는 적잖은 문제를 낳는다. 클린턴은 책을 읽거나 공부하는 스타일도 짧게 깊이 몰두하는 유형이었다.

이와 관련된 많은 사람의 증언이 있다. 예컨대, 예일대학 법대 시절의 학우인 돈 포그는 이렇게 말한다. "그는 매우 빨랐다. 나는 그가 얼마나 빨리 읽는지 알고 싶었다. 그는 한 시간의 집중된 노력으로 내가 이제껏 보아온 어떤 사람보다 많이 읽는다. 그는 결코 잠을 자는 법이 없다. 만일 그가 하루에 네 시간 반 이상 잤다면 내가 놀랐을 것이다."[5]

## 아칸소대학 ROTC를 이용한 징집 기피

1968년 클린턴은 조지타운대학을 졸업한 후 매년 32명의 미국인에게 주어지는 로즈 장학금을 받아 영국 옥스퍼드대학에 진학했다. 월남전이 한창이던 시절이라 징집 문제가 불거졌는데, 그는 지역 연줄을 이용해 1년 동안 입대 연기를 받았다. 1년 연기가 끝난 후 클린턴은 아칸소대학 대학원의 ROTC에 입대한다는 조건으로 징집 유예 기간을 연장했는데, 그사이 반전운동의 열기가 고조되면서 상황 변화가 생겼다. 클린턴이 징집 유예를 포기하더라도 결코 징집되지 않을 가능성이 높아진 것이다.

클린턴은 ROTC 유예를 포기하고 징집되지 않을 성공 확률이 높은 징집 추첨제에 응하는 도박을 감행했는데, 결과는 그의 뜻대로 이루어졌다. 문제는 그간 징집 유예를 가능케 해주었던 아칸소대학 ROTC와 특히 자신에게 개인적인 도움을 주었던 학군단장 유진 홈스Eugene Holmes 대령이 느낄 배신감을 어떻게 할 것인지였다. 그는 1969년 12월 3일 자신이 ROTC에 등록하지 않은 이유를 설명하는 장문의 편지를 홈스 대령에게 보냈다. 그는 자신을 반전주의자 비슷하게 묘사하면서 다음과 같이 말했다.

"저는 저의 믿음에도 불구하고 징집을 받아들이겠다고 결정한 이유가 하나 있습니다. 그것은 이 체제 내에서 저의 정치적 생명을 유지하고자 하는 것입니다.……제가 편지를 드리는 이유는 당신이 저에게 잘해주었고 그래서 제가 무엇을 생각하고 느끼는지 알 권리가 있다고 생각하기 때문입니다."

그 무렵 클린턴은 미국에 다른 편지를 보냈는데, 그것은 예일대학 법대 지원서였다. 이에 대해 데이비드 매라니스David Maraniss, 1949~는 이렇게 말한다. "그는 징집에 저항함으로써 자신의 정치적 꿈을 위태롭게 하기를 원하지 않았으며, 징집되어 월남에서 싸우는 일도 원하지 않았다. 그는 ROTC의 안전지대에서 3년을 보내고, 현역 장교로 그 후 2년을 보내기도 원하지 않았다. 많은 로즈 장학생 친구들이 예일 법대로 갈 때 자신은 아칸소 법대로 가게 되는 것도 원하지 않았다. 그리고 유예에 대한 죄의식도 크게 느끼기를 원하지 않았다."

클린턴의 징집 회피를 위한 이런 책략은 나중에 두고두고 그를 괴롭히지만, 그에게 많은 시간을 벌어 주었다. 수십 년 후 군 복무를 하지 않고 이 기간을 어떻게 빠져나올 수 있었느냐는 기자들의 집요한 질문을 받게 되었을 때, 클린턴은 "그것은 행운이었을 따름이다"고 답한다. 하지만 그건 결코 행운만은 아니었다. 행운이 있었다면 그건 10퍼센트의 비중에 불과했고, 나머지 90퍼센트는 주도면밀한 책략이었다.

아칸소대학 ROTC는 클린턴의 편지에 분노해 ROTC의 불순분자 목록에 클린턴의 이름을 올렸다. 홈스 대령은 클린턴에 대해 처음은 호의적이었다가 중립적으로 변했으며 나중엔 적대적으로 변했다. 미리 이야기를 하자면, 그는 1978년 아칸소 주지사 선거에서 클린턴의 징집 회피 문제가 불거졌을 때 "기억나지 않는다"고 답함으로써 이 문제가 큰 이슈로 떠오르지 않게 하는 데에 큰 기여를 했다.

하지만 홈스는 클린턴이 출마한 1992년 대선 유세 초기엔 『월스트리트저널』(2월 6일자) 인터뷰에서 자신이 클린턴에게 당했다는 느낌이라고 했고, 선거 유세의 막바지인 9월 16일 클린턴의 '애국심과 신의'를 의심하는 긴 발표문을 내 클린턴이 징집을 기피하기 위해 자신을 속였다고 말했다. 이 발표문은 공화당 운동원인 그의 딸 린다 버넷 Linda Burnett이 작성한 것이었다.

클린턴은 옥스퍼드대학에서 3년째 되던 해에 로즈 장학금을 포기하고 변호사 자격증을 따기 위해 장학금 혜택을 준 예일대학 법대로 옮겼다. 1968년도 미국인 로즈 장학생 32명 중 클린턴을 포함한 9명은 옥스퍼드대학 학위를 받지 못했는데, 이는 제2차 세계대전 후 가장 높은 수치였다.[6]

## '대통령을 꿈꾸는 남자'를 원한 힐러리의 야망

190센티미터의 키에 100킬로그램이 나갈 정도로 체격이 좋았던 클린턴은 긴 머리에 지저분한 턱수염을 기르고 있어 '바이킹' 같았고, 청바지에 샌들을 신고, 머리는 어깨 밑으로 늘어뜨린 채 두꺼운 안경을 쓰고 있던 힐러리는 '히피' 같아 보였다. 도서관에서 만난 게 계기가 되어 나중에 클린턴과 사랑에 빠진 힐러리는 "내가 만나본 남자들 중 나를 두려워하지 않는 유일한 남자였어요"라고 말했다. 반면 클린턴은 "그녀는 내가 일찍이 남자든 여자든 어느 누구에게서도 찾아보지 못했던, 강인하고 침착한 분위기를 뿜어내고 있었다"고 했다.[7]

힐러리가 클린턴과 인사를 나누었을 때 힐러리에게 이미 동거를 할 정도로 친한 남자 친구 데이비드 루퍼트David Rupert가 있었기 때문에 두 사람이 가까워지는 데엔 시간이 좀 걸렸지만, 힐러리가 루퍼트와 헤어지는 건 어려운 일은 아니었다. 그녀의 친구들이 증언하듯이, 그녀는 늘 권력 지향적이었으며, 그래서 정치하는 남자, 그것도 대통령을 꿈꾸는 남자와 사귀고 싶어 했으니까 말이다.

게일 시히Gail Sheehy의 표현에 따르자면, "이제 그녀에게는 클린턴의 마음속에 타오르는 불길에 비하면 루퍼트의 야망이란 한 자루 나약한 불에 지나지 않아 보였다." 힐러리의 야망을 잘 아는 루퍼트도 괴로웠지만 순순히 힐러리를 놓아주었다. "네가 그를 좋아한다면 가서 잘해봐라. 얘기는 끝난 거다. 멋지게 살아라."[8]

힐러리와 클린턴은 1971년 가을부터 한 작은 아파트에서 같이 살았다. 힐러리는 1972년에 졸업할 예정이었으나 한 학년 아래인 클린턴이 공부를 마칠 때까지 예일대학 소재지인 뉴헤이븐New Haven에 머무르면서 예일어린이연구센터에서 일했다. 1972년 여름방학 중엔 텍사스주로 건너가 민주당 대선 후보로 출마한 조지 맥거번George McGovern, 1922~2012을 지원하는 선거운동을 하기도 했다. 예일어린이연구센터에서 한 활동에 근거해 힐러리는 1973년 11월 처음으로 『하버드교육평론Harvard Educational Review』에 「법의 보호를 받는 아이들Children Under the Law」이라는 논문을 발표했다.

힐러리는 이 논문에서 당시 어린이에게는 거의 아무런 법적 권리가 없던 것에 도전해 "18세 혹은 21세 미만의 사람을 모두 미성년자로 분류하는 것은 도식적이고 인위적이다. 이 단순한 분류는 나이마다 다른 아이들의 커다란 차이점과 나이가 많은 어린이와 성인들 간의 뚜렷한 유사점을 외면한 것"이라고 주장했다. 그녀는 아이들은 법적인 권리를 누릴 수 있는 자격이 없다는 가정하에 붙여진 '미성년자'라는 법적 지위는 폐지되어야 하며, 그 대신 '어린이 시민'이라는 새로운 개념을 도입해야 한다고 역설했다.

"나는 미국 어린이들의 대변자가 되겠다"고 선언한 힐러리는 이 논문을 시작으로 이후 몇 년간 여러 학술 잡지에 논문을 게재했다. 힐러리의 법대 교수였던 제이 카츠Jay Katz, 1922~2008는 "그녀는 어린이의 권리에 대해 처음으로 문제 제기를 한 최초의 법학자 가운데 하나"라고 했으며, 역사학자 게리 윌스Garry Wills, 1934~는 힐러리를 "지난 20년을 통틀어 가장 중요한 학문적 행동주의자 중의 한 사람"이라고 높이 평가했다.

하지만 역사학자 크리스토퍼 래시Christopher Lasch, 1932~1994는 그 논문이 부모의 역할을 과소평가하고 정부에 대한 맹목적 믿음을 갖고 있다고 비판하면서 "무자격 부모를 비판하는 것은 항상 아동보호자들의 상투적 수단이었다"고 경고했다.

힐러리의 논문들은 1992년 대선에서 '반가족주의자'라는 왜곡 비난의 표적이 된다. 예컨대, 당시 공화당 예비 후보였던 패트릭 뷰캐넌Patrick Buchanan은 힐러리를 "12세 난 어린아이도 부모를 고소할 수 있는 권리"를 가져야 하며, "결혼은 노예제도와 같다"라고 주장한 여자라고 비난한다.[9]

## 워싱턴 변호사 시험에서 낙방한 힐러리의 좌절

1973년 봄 힐러리와 클린턴은 예일대학 법대를 졸업하고 함께 영국 여행을 갔다. 클린턴은 여행 중 힐러리에게 청혼했지만 거절당했다. 하지만 여운을 남긴 거절이었다. "아니, 지금은 안 돼." 클린턴은 이후에도 몇 번이고 구혼을 되풀이했지만, 그때마다 답은 "아니, 지금은 안 돼"였다. 마침내 클린턴이 말했다. "이제 더이상 결혼해달라고 말하지 않겠어. 나와 결혼하고 싶다는 결심이 서거든 나한테 말해줘."[10]

클린턴은 정치를 해보겠다고 고향으로 내려가기로 했지만, 이렇다 할 뾰족한 수가 있는 건 아니었다. 아칸소대학 법대에 교수 자리가 하나 비었다는 예일대학 법대 교수의 귀띔을 받았던 그는 아칸소로 내려가던 중 고속도로변 공중전화 박스에서 아칸소대학 법대 학장실로 전화를 걸어 면접을 보기로 했다. 클린턴의 당돌한 태도에 몹시 놀란 학장이 27세인 그의 나이가 너무 어리다는 이유를 들어 부정적인 반응을 보이자, 클린턴은 이렇게 말했다. "글쎄요, 제가 어리기는 합니다. 하지만 지금 그 학교에서 필요한 것이면 아무거나 가르칠 수 있어요. 종신교수 자리 같은 건 관심 없습니다.……한 해만 계약하자는 거지요."

클린턴은 아주 운 좋게 5월 하순 교수로 채용되었다. 클린턴은 학생들에겐 아주 인기가 좋은 교수였다. 강의 시간 동안 책상 사이를 오가며 토크쇼의 사회자처럼 행동했으며, 강의록 없이 대화체로 강의를 했다. 다른 교수들은 불만스럽게 생각했지만, 학생들에게 학점도 후하게 주어 학생들 사이에선 '학점을 잘 주는 재미있는 교수'로 소문이 나서

학생들이 그의 강의에 몰려들었다. 그러나 느슨한 구석도 많아 학기 말의 채점과 학점 발표가 매우 늦어 때로는 학생들을 곤란하게 만들었다. 기말고사 답안지를 잃어버려 학생들 모두에게 B학점을 주겠노라는 제안을 했다가 일부 학생들에게서 거센 반발을 사기도 했다.[11]

1973년 6월 영국에서 돌아온 지 얼마 지나지 않아 힐러리는 처음으로 아칸소를 방문했다. 1972년 예일대학을 방문했을 때 힐러리를 만난 적이 있던 클린턴의 어머니 버지니아는 힐러리의 몰골이 여전히 끔찍하다고 생각했다. 머리는 엉망으로 커트된 상태였고 화장기 없는 얼굴에 콜라병 같은 안경을 끼고, 청바지 차림이었으니 그럴 만도 했다. 클린턴의 남동생 로저 클린턴Roger Clinton, 1956~은 어머니의 평가에 동의하는 동시에 힐러리가 형을 공처가로 만들 것 같다는 생각을 했다.

1973년 11월 3일 워싱턴 D.C.를 관장하는 컬럼비아특별구법조협회는 힐러리가 변호사 시험에 불합격되었음을 통지했다. 힐러리로선 태어나서 처음 맛보는 큰 좌절이었다. 817명의 응시자 중에 551명이 합격했고, 그들 중 대부분은 예일대학보다 못한 법대 출신들이었기에 힐러리가 느낀 충격은 컸다. 그녀는 이 일을 30년간 비밀로 했으며, 이후 여러 번의 기회가 있었지만 다시는 그곳의 변호사 시험에 응시하지 않았다. 반면 클린턴의 강력한 권유로 1973년 2월에 응시했던 아칸소 주 변호사 시험은 합격했다. 힐러리는 나중에 자서전에서 "아칸소주 변호사 시험에는 합격했지만 워싱턴에서는 불합격한 것을 보고, 이 시험 점수가 나에게 뭔가를 말해주는 것이라고 생각했다"고 썼다.[12]

## "내 남자 친구는 미국의 대통령이 될 거라구요!"

1974년 힐러리는 워싱턴에서 하원법사위원회의 탄핵 조사단의 일원으로 일했다. 총 90명을 거느린 조직이었는데, 44명의 변호사 중 힐러리를 포함한 여자 변호사는 3명뿐이었다. 전 법무부 차관을 지낸 버나드 누스바움Bernard Nussbaum, 1937~은 힐러리의 직속상관이었는데, 어느 날 자동차로 힐러리를 집까지 데려다주면서 그녀와 대화를 나누다가 힐러리에게 봉변을 당했다.

누스바움이 클린턴에 관한 이야기를 듣고 "남자 친구가 하원의원에 출마하려면 경력을 좀더 쌓는 것이 필요하다"고 조언하자, 힐러리는 이렇게 외쳤다. "모르시는군요. 그는 미국의 대통령이 될 거라구요!" 힐러리의 어린아이 같은 이 말에 어이가 없어진 누스바움은 "그 생각은 조금 황당한 것 같다"고 했다. 그러자 힐러리는 "나는 알아요. 그는 분명히 대통령이 될 거예요. 말도 안 된다고 여길지 모르지만, 사실이에요"라면서 화를 벌컥 냈다.

누스바움도 화가 나서 "어떻게 너는 네 남자 친구가 미국 대통령이 될 거라고 말할 수 있는 거지? 그건 미친 소리야!"라고 외치자, 힐러리는 "당신이 멍청이야"라고 반격하면서 자동차에서 내릴 때 차문을 쾅 닫아버렸다. 나중에 누스바움은 힐러리와 클린턴의 백악관에서 법률고문으로 일하게 된다.

힐러리가 워싱턴에서 일하는 동안 클린턴은 1974년 2월 28일 아칸소의 4개 주요 도시에서 기자회견을 열어 아칸소 제3의회구에서 하원의원 입후보를 공표했다. 힐러리는 주말이면 아칸소로 돌아와 선거운동에 참여했고, 힐러리의 부탁으로 아버지와 남동생들까지 선거운동에 가세했다. 아버지 휴 엘즈워스 로댐Hugh Ellsworth Rodham, 1911~1993은 자신의 딸이 클린턴과 연인 사이라는 걸 입 밖에 내지도 않고 사람들한테 다가가서 "보아하니 공화당원이신 것 같은데, 나도 그렇소. 나는 민주당이 공산당이나 진배없다고 생각하는 편이지만, 이 친구는 정말 쓸 만합니다"라고 선거운동을 했다.[13]

1974년 8월 8일 리처드 닉슨Richard M. Nixon, 1913~1994은 결국 대통령 사임을 발표했다. 이는 텔레비전 연설 후 공화당 의원들이 탄핵과 유죄판결 가능성에 대해 닉슨에게 경고한 뒤에 나온 것이었는데, 닉슨은 사임 연설에서 여전히 항변하는 듯한 도전적인 자세를 드러냈다. 8월 9일 닉슨은 사임하고 부통령 제럴드 포드Gerald R. Ford, 1913~2006가 8월 10일 제38대 대통령에 취임했다.

닉슨의 사임으로 졸지에 실직자가 된 힐러리는 자신의 폭스바겐에 짐을 싣고 클린턴이 있는 아칸소를 향해 출발했다. 이미 제안이 있었던 아칸소대학 법대의 교수로 일하면서 클린턴을 돕기로 결심한 것이다. 친구들은 그런 촌구석에서 어떻게 살려고 그러느냐, 왜 미래를 망치려고 하느냐, 미친 것 아니냐며 한사코 반대했지만, 힐러리는 "나는 그를 사랑해"라는 한마디로 일축했다.[14]

힐러리의 강의 방식은 클린턴과는 대조적이었다. 클린턴은 산만하고 대체적으로 쉽게 넘어갔지만, 힐러리는 빈틈없고 지속적으로 학생들에게 많은 것을 요구했다. 클린턴은 학생들과 자유분방한 대화가 이루어질 수 있도록 학생들을 유도했지만, 힐러리는 법률적 쟁점들에 대한 분명한 의견을 제시했으며 논의할 여지를 남겨두지 않았다. 힐러리는 학생들에게 엄격한 시험을 요구했으며, 학점도 클린턴에 비해 짜게 주었다. 외부 재정 지원을 학교로 끌어오는 등 행정 처리 능력도 힐러리가 훨씬 뛰어났다. 법대 교수들은 기교에만 치중하는 클린턴보다는 힐러리가 훌륭한 교수라고 생각했다.[15]

## 아칸소는 워싱턴으로 돌아가기 위한 경유지

클린턴은 선거운동을 하기에도 바쁜 데다 힐러리까지 왔음에도 자원봉사 여대생과 바람을 피우고 있었다. 힐러리가 아버지와 남동생들을 아칸소에 불러들인 것은 그 여대생 문제 때문이기도 했다. 힐러리는 남동생 휴 에드윈 로댐Hugh Edwin Rodham, 1950~에게 그 여대생을 쫓아다녀달라는 부탁을 했다고 한다. 클린턴의 선거를 도왔던 친구 폴 프레이Paul Fray는 다음과 같이 말한다.

"휴는 그녀를 날마다 쫓아다니면서 구애했다. 그녀가 가는 데는 어디나 따라다녔다. 급기야 그녀가 나를 찾아와서는 '이 나쁜 놈이 귀찮게 굴지 않게 제발 손을 좀 써줘요'라고 부탁하기에 이르렀다. 나는 '너도 이제 스스로 그를 떨쳐낼 만큼 자랐지 않느냐'고 응수해주었다. 시월 말쯤이 되자 그녀는 떠나버렸다. 갑자기 기운을 차리더니 다른 남자와 결혼해버렸다."[16]

힐러리도 놀랍지만, 클린턴은 정말 못 말리는 사람이었다. 이름 없는 보통 사람으로 살아가면서 그런다면 동네 사람들만 알면 그만인 일이었겠지만, 공직을 탐하면서 엽색 행각도 겸하겠다니 이만저만한 과욕이 아니었다. 훗날 전 세계를 떠들썩하게 만든 그의 성 스캔들은 이미 이때부터 시작되고 있었던 셈이다. 데이비드 매라니스David Maraniss, 1949~는 클린턴의 성욕이 그의 어머니와 연결되어 있다는 가설을 제시한다.

"클린턴은 억누를 수 없는 정치적 야망의 소유자이기 이전에 매우 성적 본능이 강한 인물이었다. 그것은 바람기 있는 그의 어머니에 의해 길러졌다. 그녀는 몸에 꼭 끼는 웃옷과 짧은 반바지 차림으로 돌아다녔고, 날마다 거의 대부분의 시간을 자신을 성적으로 매혹시키도록 하는 데 소비했다."[17]

클린턴은 11월 5일 하원의원 선거에서 공화당 후보인 존 폴 해머슈밋John Paul Hammerschmidt, 1922~2015에게 패배했지만, 4번이나 하원의원을 지낸 사람과 총투표수 17만 표 가운데 6,000표 차이(48퍼센트 대 52퍼센트)라는 박빙의 승부를 연출했다. 그때까지 해머슈밋에 대한 민주당의 도전 중 최고 성적이었기에 클린턴은 이제 아칸소 민주당의 가장 촉망받는 존재가 되었다. 패배 후 클린턴은 아칸소대학 소재지인 페이엣빌Fayetteville 시내 중심가의 광장으로 나가 "도와주셔서 감사합니다"라고 인사하면서 사람들과 악수를 나누었다. 무슨 선거이건 다음 선거를 위한 준비에 들어간 것이다.[18]

이제 문제는 힐러리였다. 폴 프레이는 힐러리가 처음부터 아칸소를 워싱턴으로 돌아가기 위한 경유지로 생각했다고 말한다. "힐러리가 진심으로 아칸소에 내려오고 싶었다고요? 이것 보세요! 힐러리의 옹골찬 목표는 애시당초 워싱턴으로 되돌아가는 것이었단 말이지. 여기 내려와 산다는 거, 행여나 안중에도 없었어요. 어느 날 클린턴과 그 애기를 했었지요. 그는 '우리는 이 선거에서 꼭 이겨야 해. 난 그녀가 다시 그곳 워싱턴으로 올라가기를 바라'라고 하더라니까요."[19]

그런데 선거에서 패배함으로써 그 길이 사라졌으니 힐러리가 느꼈을 좌절감은 이만저만이 아니었을 것이다. 이와 관련, 게일 시히Gail Sheehy는 이렇게 말한다. "선거에 이길 동안만이라도 자기 성욕 하나 참지 못하는 한심한 남자를 위해 자기 인생을 던져버린 것은 아닐까? 만일 힐러리가 그날 밤의 참패로 그녀가 어떤 대가를 치러야 하는지 알았더라면 훨씬 더 분개했을 것이다. 앞으로 18년이나 아칸소로 돌아가야 했으므로."[20]

## "남편의 성을 따르지 않고 힐러리 로댐으로 남을 거예요"

진실이 무엇이건 힐러리가 아칸소에 머무르는 기간은 길어질 수밖에 없었으며, 힐러리도 그 점을 수긍했다. 클린턴은 1975년 10월 11일 자신이 페이엣빌에 새로 마련한 집에서 힐러리와 결혼식을 올렸다. 어머니 버지니아는 자신과 힐러리 중에서 양자택일을 하라며 결혼을 반대했지만, 클린턴은 "힐러리가 아니면 나는 아무하고도 결혼하지 않겠어요. 그것만은 분명해요"라고 읍소하는 동시에 이런 말도 했다.

"보세요, 엄마. 뛰어난 미모이거나 성적 매력이 넘치는 그런 여자랑 결혼할 이유가 내겐 없어요. 나는 공직에 몸담고 정치를 하면서 평생을 불태울 거예요. 그러려면 소매를 걷어붙이고 나를 위해 일해줄 누군가가 필요하단 말이에요."[21]

클린턴의 말이 맞았다. 그는 4년 후 CBS-TV의 〈60분60 Minutes〉에 출연해 이렇게 말했으니 말이다. "우리가 4년 전 결혼을 포기했더라면 난 오늘날의 절반도 안 되는 인물이 되었을 것이다." [22]

버지니아는 결국 아들의 뜻에 따르기로 했지만, 그녀가 놀랄 일은 아직 더 남아 있었다. 힐러리는 피로연장에 모인 사람들 앞에서 "남편의 성을 따르지 않고 힐러리 로댐으로 남을 거예요"라고 선언해 사람들을 깜짝 놀라게 만들었다. 클린턴은 결혼식 당일 아침 그걸 어머니에게 미리 말해두었는데, 버지니아는 그 말을 듣자마자 울음을 터뜨렸다. 프레이는 클린턴에게 "힐러리 로댐이 너의 전쟁터가 될 거야"라고 말했다. 신혼부부는 아직 학기 중이라 신혼여행은 두 달 뒤에야 멕시코의 아카풀코로 떠났다. [23]

1976년 1월 클린턴은 아칸소주 법무부 장관 입후보를 위해 아칸소대학에서 무급 휴가를 받고 주도州都인 리틀록Little Rock에 선거 본부를 차렸다. 3월 17일 선거 출마를 공식적으로 발표한 클린턴은 5월 26일 민주당 예비 선거에서 55.6퍼센트의 득표를 얻어 상대 후보 2명을 누르고 승리했다. 11월 승리는 보장된 것이나 다름없었다.

7월 클린턴과 힐러리는 뉴욕에서 열린 민주당 전당대회에 참석했다. 지미 카터Jimmy Carter, 1924~가 대통령 후보로 지명된 이 대회에서 카터를 비롯한 그의 참모들과 친분을 쌓기 위해 간 것이었다. 카터의 대선 승리를 위해 클린턴은 아칸소주 대표로, 힐러리는 인디애나주의 주요 선거요원으로 활동해 카터의 대통령 당선에 기여했다.

11월 선거에서 클린턴도 아칸소 총 75개 지역 중 69개 지역에서 승리를 거두며 압도적인 표차로 법무부 장관에 당선되었다. 1977년 2월

1일 클린턴이 법무부 장관으로 취임한 이후 클린턴과 힐러리는 카터가 백악관에서 여는 만찬의 고정 초대 손님이 되었고, 클린턴은 종종 워싱턴을 오가며 대통령 보좌관들과 민주당 전국위원회Democratic National Committee에 브리핑을 했다.

## 왜 힐러리는 돈에 집착하게 되었는가?

아칸소대학이 있는 페이엣빌과 주도州都인 리틀록은 자동차로 4시간 거리라 어쩔 수 없이 대학교수직을 그만둔 힐러리는 아칸소주 최고의 로펌인 로즈Rose Law Firm의 변호사가 되었다. 연봉은 2만 5,000달러로 법대 교수 연봉 1만 8,000달러보다는 많았다. 법무부 장관 연봉은 2만 6,000달러였다. 클린턴이 돈에 무관심해 사실상 가정경제를 책임진 힐러리로선 그 정도의 수입으론 아이를 낳아 키우기가 어렵다고 생각해 추가 수입을 얻을 수 있는 길을 적극적으로 모색했다.

힐러리는 웰즐리대학 졸업식 연설에서 "널리 행해지고 있는 탐욕스럽고 경쟁적인 우리의 타협적 생활"을 비판했지만, 그녀는 사실 체질적으로 '탐욕과 경쟁'에 익숙한 인물이었다. 그녀는 예일대학 법대 졸업 후 고액 연봉을 받는 일자리를 거부하고 비영리적인 활동을 했고, 클린턴의 하원의원 선거 때 돈을 로비스트들에게서 받아선 안 된다는 강경론을 밀어붙여 클린턴의 패배에 일조할 정도로 '청렴'을 실천했다.

하지만 점차 정치에 눈을 뜨면서 '정치=돈 싸움'이라는 현실론으로 기울어갔는데, 이런 변화엔 어려서부터 아버지에게서 주식시세표 보는 법을 배웠을 뿐만 아니라 돈을 미덕으로 여기게끔 한 가정교육도 일조했다. 그녀는 자서전에 "정치는 본질적으로 불안정한 직업이기 때문에 나는 돈을 저축할 필요가 있다고 생각했다"고 썼다.

힐러리는 1978년 10월 가축 선물거래先物去來로 몇 백만 달러를 벌어들인 바 있는 짐 블레어Jim Blair를 따라 1,000달러를 투자해 짧은 기간 내에 10만 달러를 벌어들였다. 그녀의 계정에 충분한 돈이 없었음에도 그 투자를 할 수 있었던 것은 부부 동반으로 휴가를 같이 갈 정도로 친한 짐 블레어 덕분이었다. 이는 나중에 이른바 '캐틀게이트 Cattlegate' 스캔들로 비화된다.

이어 힐러리는 잘 알고 지내던 짐 맥두걸Jim McDougal, 1940~1998, 수전 맥두걸Susan McDougal, 1955~ 부부와 함께 50대 50의 비율로 투자해 화이트강White River을 낀 땅 93만 제곱미터(약 28만 평)를 구입한 후 총 42구역으로 분할한 후 은퇴 노부부들을 위한 집을 지어 되팔 계획으로 화이트워터 부동산개발주식회사Whitewater Development Corporation를 설립했다. 이를 위해 힐러리는 20만 달러를 대출받았지만, 이 대출금의 대부분을 반환한 쪽은 맥두걸 부부였다.

힐러리는 1981년 짐 맥두걸에게 보낸 편지에서 "레이건의 경제정책이 순조롭게 진행된다면 화이트워터는 서반구의 메카가 될 거예요"라고 썼지만, 그녀의 그런 꿈은 1970년대 후반 이자율이 급상승해 은퇴자들이 집 장만을 포기하면서 무산되고 말았다. 힐러리 부부는 이 투자로 돈만 잃고 성과를 보지 못한 것을 알게 되어 사업에서 발을 뺐다.

그런데 문제는 맥두걸이 자기 소유의 매디슨저축대부은행Madison Guaranty의 공금을 횡령한 데다 이 모든 일이 클린턴이 아칸소주 법무부 장관과 주지사를 지낼 때, 그리고 힐러리가 로즈법률회사 소속으로 맥두걸과 그의 회사를 대변하는 수임 변호사일 때 일어난 것이었다는 점이다. 그래서 이는 나중에 공직 윤리와의 '이해상충conflict of interest'과 두 사람의 사욕을 위한 내부 거래 문제가 쟁점이 된 '화이트워터게이트Whitewatergate' 스캔들로 비화된다.[24]

## 주지사 선거전 내내 '우리'를 사용한 클린턴과 힐러리

1978년 클린턴은 32세의 나이에 63퍼센트의 득표율로 아칸소 주지사에 당선됨으로써 1938년 31세에 미네소타 주지사에 당선된 해럴드 스태슨Harold Stassen, 1907~2001 이후 전미 최연소 주지사가 되었다. 선거 기간 중 클린턴이 베트남전쟁 징병을 고의로 회피했다는 의혹, 힐러리가 남편의 성을 따르지 않는다는 문제, 힐러리의 변호사 업무와 관련된 공직 윤리 이해상충 문제 등이 불거졌지만, 클린턴의 승리를 가로막을 정도는 아니었다.

클린턴은 자신의 승리를 주요 사건으로 다룬 『뉴욕타임스』 인터뷰에서 자신의 승리를 "더이상 뒤처져 있다는 취급을 받지 않고자 하는 아칸소 사람들의 소망을 대변한 것"이라고 했다가 논란을 빚었다. 클린턴과 힐러리가 아칸소 주민들을 무시하고 있다는 인상을 주었기 때문이다.[25]

실제로 주지사 취임 후 클린턴이 주민들을 무시한다는 비판의 소리가 높았는데, 이는 주로 그의 느슨하거나 무책임한 일처리 방식과 관련된 것이었다. 그의 참모였던 루디 무어Rudy Moore에 따르면, "클린턴은 친근미가 있는 사람이라 그가 눈에 띄기만 하면 사람들이 쫓아와 자기 고충을 털어놓는다. 그러면 그는 '다음 주 내 사무실로 오세요' 해버린다. 그러고선 그것을 깨끗이 잊어버린다."

클린턴은 모든 약속을 그런 식으로 얼렁뚱땅 대하는 못된 버릇을 갖고 있어, 그의 참모들은 이른바 '클린턴 시간Clinton time'이라는 것을 시행했다. 참모들은 클린턴이 약속 시간을 잘 지킬 수 있도록 실제 시간보다 이른 시간을 거짓으로 알려주었다. 그럼에도 하루 일정이 끝날 때쯤이면 그는 1~2시간 정도 약속 시간에 뒤늦는 등 거의 병적 수준이었다. 이 못된 버릇은 나중에 대통령이 되어서도 지속되어 외교 의전에서 적잖은 문제를 일으키게 된다.

하지만 클린턴에겐 그런 단점을 상쇄하고도 남을 다른 정치적 장점이 많았다. 그는 경쟁심이 강했고 도전을 갈구했다. 그는 늘 전화통을 붙들고 살 정도로 인맥 관리에 철저했고, 짧은 시간 내에 많은 정보를 이해하고 흡수할 수 있을 정도로 총명했고, 동시에 여러 가지 일을 해치우는 탁월한 멀티태스킹 능력을 갖고 있었다.[26] 더 놀라운 건 뛰어난 기억력이었고, 이 점에선 클린턴과 힐러리가 맞수였다. 저널리스트 케이티 마턴Kati Marton, 1949~은 다음과 같이 말한다.

"두 사람은 거의 모르는 사람들에 대해서도 그들의 이름은 물론이고 아주 희미한 세부사항까지도 기억해내는 무서운 능력을 지니고 있었다. 그들은 유치원 시절부터 지금까지 살아오면서 알게 되었던 수천 명의 사람들을 기억해낼 수 있었다. 클린턴과 힐러리는 누가 더 많은 이름과 사소한 개인적 사항들을 기억해내는지 시합을 벌였다."[27]

클린턴과 힐러리는 주지사 선거전 내내 1인칭 복수를 주어로 사용했다. 클린턴은 『뉴욕타임스』 인터뷰에서 "우리가 얻은 표는 아칸소를 위해 아내와 내가 했던 일과 앞으로 하고자 하는 일에 대한 지지의 표시입니다"라고 말했다. 이들의 이런 자세로 인해 경탄과 경멸의 의미를 동시에 담은 '빌러리Billary'라는 별명이 생겨났다.[28]

## 힐러리의 여성해방주의가 가로막은 주지사 재선

1980년 2월 27일 힐러리 부부는 그들이 간절히 원하던 딸을 출산했다. 자궁내막염 때문에 아이 갖는 게 힘들었던 처지라 부부는 '기적의 아이'라며 기뻐했다. 유복자인 클린턴은 의사에게 간절히 부탁해 제왕절개의 순간을 모두 지켜보았는데, "내 아버지는 경험하지 못했을 내 인생에서 최고로 행복한 순간이었다"고 말했다.

둘은 1978년 런던에서 크리스마스를 보낼 때 이미 딸의 이름을 지어놓았다. 그들이 런던의 첼시Chelsea 지역을 걷고 있는데, 마침 조니 미첼Joni Mitchell, 1943~의 원곡 〈첼시 모닝Chelsea Morning〉을 주디 콜린스Judy Collins, 1939~가 리메이크한 노래가 흘러나오고 있었다. 클린턴은 힐러리에게 만일 그들이 딸을 낳으면 이름을 '첼시'라고 짓자고 이야기했다. 클린턴 부부의 백악관 시절 주디 콜린스는 종종 백악관에 초청되었는데, 그럴 때면 어김없이 〈첼시 모닝〉을 불렀다.

1980년은 힐러리와 클린턴에게 천당과 지옥이었다. 첼시의 출산이 천당이라면, 지옥은 1980년 주지사 재선 패배였다. 클린턴 측 사람들이 당시 실시한 출구조사에 따르면 클린턴을 지지했다가 돌아선 유권자들의 가장 큰 불만은 힐러리의 '여성해방주의'였다는 점이 여실히 드러났다. 여성해방주의는 클린턴 부부가 아이를 갖기 전에는 유권자들이 그다지 염두에 두지 않았지만, 이제 아이를 가진 유부녀가 그런다는 것은 용납하지 않겠다는 것이다.

선거 패배의 원인이 힐러리 탓으로 돌려졌기에 힐러리로선 더욱 괴로울 수밖에 없었다. 사실 경쟁자인 프랭크 화이트Frank D. White, 1933~2003는 힐러리가 자신의 성을 고집한 것을 비난하면서 선거운동 수단으로 이용함으로써 큰 재미를 보았다. 어디 그뿐인가. 클린턴은 힐러리를 의료보험자문위원회의 위원장으로 임명했는데, 힐러리는 그런 일은 원하면서도 정치인 아내 역할은 영 서툴렀다. 아니 원치 않았다. 고위직 인사들의 부인들과 함께하는 점심 모임에도 참석하지 않는 등 주지사 부인으로서 해야 할 일은 한사코 피했다.

클린턴의 엽색 행각 소문도 부정적 영향을 미쳤겠지만, 그 전모는 나중에 드러난다. 클린턴은 너무도 천연덕스럽게 여자를 밝혔기에 기자들은 그걸 치기 어린 장난쯤으로 생각했다. 클린턴의 선거 유세에 동행했던 기자 존 브루멧John Brumett은 클린턴을 '추파 던지는 사람'이라고 했다. 클린턴은 큰 슈퍼마켓을 돌아보다가도 기자들에게 달려와서는 "30번 통로에 꼭 가봐. 아주 죽이는 여자가 있단 말이야"라고 떠들어대는 사람이었기에 그 심각성을 미처 생각하지 못했다는 것이다.

힐러리는 바람피우기에 바쁜 남편 대신 같은 로펌에 근무하는 빈센트 포스터Vincent Foster, Jr., 1945~1993에 정서적으로 의존했다. 힐러리는 포스터 앞에서는 경계심을 풀었다. 회사가 야유회라도 가면 다른 사람들이 골프나 테니스를 치는 동안 힐러리와 빈센트는 항상 뒤에 남아 산책을 하거나 와인을 마시며 토론을 즐기고 함께 소리 내어 웃었다. 그래서 두 사람의 불륜 관계 소문까지 떠돌았는데, 이에 대해 두 사람을 잘 아는 친구는 다음과 같이 말했다.

"그는 힐러리를 사랑했어요. 나는 오히려 그들이 불륜 관계였기를 바랍니다. 그래도 된다고 생각하거든요. 둘 다 골치 아픈 배우자와의 결혼에 문제점을 가지고 있었으니까요. 누구나 결혼생활 중 배우자와 멀어지는 그런 때가 오지 않습니까. 그런 때에 빈센트와 힐러리는 서로에게서 특별한 위안을 받았어요."[29]


## "나는 이혼을 원해, 나는 이혼을 원해"

클린턴의 패배 이유는 힐러리 문제만은 아니었다. 자동차 등록세 문제와 쿠바 난민 문제도 큰 영향을 미쳤다. 우선 자동차 등록세 문제를 보자. 아칸소의 도로는 엉망진창이었다. 그래서 클린턴은 고속도로와 도로 보수 공사를 위한 계획을 세웠는데, 문제는 330만 달러라는 자금 마련을 위해 어리석게도 트럭 수송업과 가금家禽 산업자들에게 자동차 등록세 인상 방법을 고안하는 문제에 관한 권한을 주고 말았다는 점이다.

그로 인해 등록세는 등록 차량의 가치가 아닌 무게를 기준으로 정해졌다. 당시 아칸소에는 오래된 픽업트럭과 고물 자동차가 많았는데, 이 기준은 결국 빠르고 가볍고 비싼 신형 자동차들보다 오래된 고물차가 더 높은 세금을 내야 하는 꼴이 되고 말았다. 아칸소 전역의 차량관리국에서는 높아진 세금을 내려고 줄지어 선 사람들이 너나 할 것 없이 클린턴을 욕했다.[30]

쿠바 난민 문제는 10만 명의 쿠바인이 플로리다에 도착하면서부터 시작되었다. 피델 카스트로Fidel Castro, 1926-가 내쫓은 이들은 대부분 감옥과 정신병원에 수용되어 있던 사람들이었다. 5월 중순 카터 행정부는 그들을 4개의 군부대로 보냈는데, 그중 1만 8,000명을 아칸소 북서부에 있는 포트 채피Fort Chaffee로 보냈다. 그런데 6월 1일 포트 채피의 1,000명도 넘는 난민들이 폭동을 일으켜 재정착 수용소를 탈출했고, 그 가운데 수백 명이 몽둥이와 병을 들고 고속도로로 난입하는 사건이 벌어졌다. 클린턴은 주지사로서 이 문제를 잘 처리했지만, 프랭크 화이트는 폭동 사건의 사진과 동영상을 선거 광고에 사용하면서 클린턴을 무정부주의자로 몰아갔다.

게다가 더는 포트 채피로 난민들을 보내지 않겠다던 약속을 카터가 어기고 8월 1일 플로리다, 위스콘신, 펜실베이니아 재정착 수용소에 남아 있는 난민들을 포트 채피로 보내기로 결정하면서 이 사건은 클린턴의 선거에 최대 악재가 되었다. 화이트의 네거티브 광고는 "빌 클린턴은 아칸소보다 지미 카터를 더 걱정한다"는 슬로건을 썼기에 클린턴에겐 공개적으로 카터를 비난하는 최후의 수단이 남아 있긴 했다.

그러나 그는 그 수단을 쓰지 않았을 뿐만 아니라 카터의 재선 활동을 지지하는 일도 그만두지 않았다. 이유는 단 하나, 자신의 정치적 미래를 위해서였다. 사실 카터의 배신에 대해선 힐러리가 더 분노했다. 그녀는 12년 후 백악관에 입성했을 때 카터의 측근이었던 사람들을 클린턴 행정부에 단 한 명도 남겨두지 않았다.[31]

1980년 11월 4일 대선은 로널드 레이건Ronald Reagan, 1911~2004의 압승으로 끝났다. 레이건은 총투표수의 50.7퍼센트를 얻어 44개 주에서 489개의 선거인단을 획득하는 실적을 기록했으나, 카터의 득표율은 41퍼센트로, 6개 주(조지아, 미네소타, 메릴랜드, 웨스트버지니아, 로드 아일랜드, 하와이)와 워싱턴 D.C.에서 획득한 49개의 선거인단에 그치고 말았다. 남북전쟁(1861~1865) 이래로 민주당을 계속 지지해왔던 남부도 카터에게 등을 돌려 카터는 자신의 출신주인 조지아주를 제외하고 남부의 단 한 주에서도 승리를 거두지 못했다.

사실상 카터 때문에 주지사 선거에서 덩달아 떨어진 클린턴은 친구와의 전화에서 "그자는 나를 망쳐놓고 고칠 생각도 하지 않는다"며 카터를 비난했다. 그는 자서전에 "만일 쿠바 난민에 관한 약속을 깨지 않았다면, 카터는 이길 수도 있었을 것이다"고 썼다. 패배의 더 큰 충격은 카터보다는 클린턴이 받았던 것 같다. 클린턴은 재선에 실패하자 리틀록의 법률회사인 '라이트 린지 & 제닝스'에 일자리를 얻긴 했지만, 정서적으로 완전히 무너졌고, 인생이 끝난 것처럼 파괴적으로 변해가기 시작했다. 엽색 행각도 더욱 심해졌으며, 힐러리가 듣는 줄 알면서도 첼시와 놀면서 "나는 이혼을 원해, 나는 이혼을 원해"라고 노래하기까지 했다.

## 자포자기한 클린턴을 다시 일으켜 세운 힐러리

자포자기自暴自棄한 클린턴을 다시 일으켜 세운 건 힐러리였다. 힐러리는 호된 꾸지람을 퍼부으며 클린턴을 자극했다. 패배 직후 클린턴을 만나러 왔던 한 친구는 문 앞에서 클린턴이 얼굴을 두 손으로 가린 채 등 뒤에서 힐러리가 "정신 차려! 사람들은 당신을 뽑은 게 잘못이었다고 믿은 거라고! 그걸 모르겠어?"라고 고함치는 걸 잠자코 듣고 있는 모습을 목격하기도 했다.

주지사 2년 임기는 너무 짧았지만, 패배자로선 그 짧은 임기가 다행이었다. 미국은 주지사 임기가 주마다 다른데, 4년씩 2번 연임 제한을 두는 곳도 있었고 아칸소주처럼 2년 임기에 무제한 출마가 가능한 곳도 있었다. 클린턴은 1982년 2월 8일부터 내보낸 '우리 아빠는 절대로 두 번씩 야단치지 않아요'라는 텔레비전 광고에 나와 어릴 때 아버지에게서 똑같은 일로 두 번 혼나본 적이 결코 없었다고 말하면서 유권자들에게 다시 한 번 기회를 달라고 호소했다. 기회를 준다면 다시는 같은 실수를 저지르지 않겠다는 것이다.

클린턴은 첼시의 두 번째 생일인 2월 27일 자신의 입후보를 공식적으로 발표하고 본격적인 선거운동에 나섰다. 이번에 패배하면 모든 게 끝장이라고 생각한 걸까? 힐러리도 달라졌다. 그녀는 그간 고집해온 '힐러리 로댐'에서 '힐러리 클린턴'으로 이름을 변경했다고 선언했다. 그러나 완전히 바꾼 건 아니었다. 기자가 "이름을 법적으로 바꾼 건가요?"라고 묻자 힐러리는 어색하게 대응했고, 법적으로 바꿀 계획이 있느냐는 추가 질문에 "없다"고 대답했다.

기자의 질문이 없었더라면 그녀는 끝까지 버텼겠지만, 나중에 느낀 바가 있었던 것인지 5월 3일이 되어서야 이름을 바꾸는 공식 절차를 밟았다. 이에 대해 힐러리는 자서전에 이렇게 썼다. "나는 결혼 전의 성을 고집하는 것보다 빌이 다시 주지사가 되는 것이 더 중요하다고 판단했다."

힐러리는 경쟁자인 현직 주지사 프랭크 화이트Frank D. White, 1933~2003 의 선거 유세에까지 직접 참여할 정도로 전투성을 보였다. 그녀는 화이트가 연설 중 클린턴을 공격하자 큰소리로 반격을 하기도 했다. 화이트의 회고다. "그녀는 내가 그녀 남편과 그의 이력에 대해 진실을 왜곡하고 있다며 몹시 비난했어요. 아칸소 정치계에서는 볼 수 없던 일이죠. 그녀는 상대방 유세장에 뛰어들어 초토화를 시켰어요. 아시겠지만 그 상황에서 여자를 어떻게 할 수도 없는 노릇 아닙니까."

화이트가 클린턴과의 토론을 거부하자 힐러리는 이렇게 비아냥거리기도 했다. "프랭크 화이트는 첼시와 한 방에 있는 것도 피하려고 할 겁니다. 첼시도 그와 토론하면 이길 테니까요." 결국 클린턴은 55대 45로 재선에 성공했다. 아칸소주에서 한 번 패배했던 주지사가 재선에 성공한 경우는 처음이었다. 클린턴은 역경을 딛고 신속하고 능란하게 정상으로 되돌아가는 사람이라는 뜻으로 '컴백 키드Comeback Kid'라는 별명을 얻게 되었는데, 이는 이후의 그의 정치 역정에 딱 어울리는 말이었다.

하지만 그 승리의 주역은 힐러리였다. 클린턴이 선거 유세 기간 중 하루에 20번 전화를 한다고 할 때 그 전화의 반은 힐러리에게 하는 것이었다. 안부 전화가 아니라 선거와 관련된 지시나 조언을 듣기 위해서 한 전화였다. 폴 프레이는 힐러리가 프랭크 화이트를 무찔렀다는 것이 절대적인 여론이었다고 말한다. "그녀는 화이트가 어디서 연설을 할 예정인지 알아내고는 그곳에 나타나서 사람들이 보는 앞에서 그의 내장을 다 도려내고 빈껍데기로 만들어버리는 것이다. 프랭크는 언젠가 나에게 '내게는 그녀가 있는지 두리번거리는 버릇이 생겼다'고 무심코 말했다."[32]


## 공화당 의제를 공화당보다 강력하게 밀어붙인 '상식 파괴'

힐러리와 클린턴은 1980년 패배의 경험을 통해 아무리 좋은 아이디어라도 프랭크 화이트 같은 인물이 나타나 네거티브 광고로 좋은 점들을 가려버리면 아무 소용도 없다는 걸 깨달았다. 그들은 그런 깨달음의 결과 선거나 정치에선 반드시 악역을 만들어야 한다는 전략을 철칙으로 삼게 되었고, 이 원칙을 아칸소 주지사 제2기 임기부터 적용했다.

1983년 교육을 '아칸소의 경제 부흥에 핵심'이라고 본 클린턴 부부가 선택한 최대 악당은 아칸소주교사협의회Arkansas State Teachers Association였다. 힐러리는 교육개혁위원회 위원장으로 임명되었는데, 당시 아칸소의 교육 수준과 체계는 전국에서 최악이었다. 90퍼센트 이상의 아칸소 주민은 대학 졸업장이 없었으며, 일부 지역의 교사 연봉은 생활보호 대상자로 분류될 만한 수준인 1만 달러 이하였다.

교육 혁신을 위해선 돈이 필요했고, 그러기 위해선 세금을 늘려야 했는데, 주의회의 완강한 반대가 문제였다. 그래서 교사들의 보수를 크게 올리는 조건으로 교사를 채용하는 자격 요건을 강화하겠다는 방안을 내놓았다. 아칸소 전역을 돌아다닌 힐러리는 만나는 사람들에게서 "이 교사들은 읽지도 못하고 철자법도 제대로 모른다. 할 줄 아는 게 하나도 없다"는 불평을 듣기도 했기에 교사의 자질 문제가 중요하다고 본 것이다.

힐러리는 아칸소의 죽어가는 교육제도를 살리기 위한 여러 조치를 취했는데, 가장 큰 쟁점은 '교사능력시험'이었다. 이건 그간 공화당은 지지하고, 민주당은 반대해온 것이었는데, 오히려 민주당 주정부가 공격적으로 밀어붙이겠다고 나선 것이다. "교사능력시험은 교사라는 직업에 대한 모욕"이라는 반발이 거세게 일었지만, 힐러리는 "학교의 가장 우선적인 목적은 교육이지 즐거움과 사교의 기회를 제공하는 것이 아니다"고 반박했다.

사실상 흑인 교사들이 주요 대상이었기에 교사들은 모욕적이며 인종차별적이라고 비난했다. 힐러리는 교사들의 원수가 되었다. 어느 학교의 사서는 힐러리를 가리켜 '뱀보다 교활한 인간'이라고 비난하기까지 했다. 그런데 교사들의 비난이 거세질수록 클린턴 부부의 지지도는 올라가는 이상한 일이 벌어졌다. 유권자들 역시 교사들의 능력에 문제가 많다고 느낀 게 틀림없었다. 한 여성은 선생이 아이 편에 들려 보낸 쪽지 한 장을 클린턴에게 보여주었는데, 쪽지에 쓰인 단어 22개 중에 철자 표기가 잘못된 것이 3개나 있었다.

힐러리는 결국 아칸소주에서 거둬들이는 모든 세금에서 70센트씩 교육 프로그램에 투자할 수 있도록 의회를 구슬리는 데에 성공해 교사들의 월급을 인상하게 됨으로써 나중엔 교원노조를 자기편으로 끌어들일 수 있게 되었다. 그런 일련의 개혁 조치로 인해 4년 만에 고교 졸업생들의 대학 진학률은 38퍼센트에서 50퍼센트로 증가했고, 그밖에 여러 긍정적 결과가 나타났다. 지금도 그 효과에 대해선 논쟁 중이지만, 공화당 의제를 공화당보다 강력하게 밀어붙인 '상식 파괴' 효과 덕분에 클린턴은 레이건 시대에 다 죽어가는 민주당을 살릴 수 있는 후보로 부각되기에 이르렀다. 새로운 일자리 창출도 전국 평균을 능가해 클린턴은 1984년 선거에서도 승리했다.[33]

## 돈에 대한 힐러리의 불안감과 불만족

1985년 힐러리는 딸 첼시를 위해 주지사 관저에 수영장을 만들고 싶어 했다. 정치 컨설턴트인 딕 모리스Dick Morris, 1946~가 "나중에 그 일 때문에 곤란해질 것이다"고 주의를 주었지만, 힐러리는 많은 사람이 수영장을 갖고 있다고 우겼다. 힐러리가 정치 여론에 이토록 둔감하다는 사실에 경악한 모리스는 아칸소 사람들 가운데 집에 수영장을 갖춘 이가 얼마나 되는지 여론조사를 해보는 게 어떻겠느냐고 빈정거리자, 화가 머리끝까지 난 그녀는 "왜 우리는 보통 사람들처럼 살 수가 없다는 거지?"라면서 투덜거렸다. 이와 관련, 게일 시히Gail Sheehy는 다음과 같이 말한다.

"그녀는 오래전에 공인의 삶을 스스로 선택한 사람이었다. 그런데 수영장을 만들려는 자신의 입장을 고수하기 위해 이제 자신을 중상류층 전문직 종사자들과 비교했다. 빈센트 포스터도 수영장이 있다며 그녀는 불만스러워했다. 이 말다툼을 듣고 있던 브루멧 기자는 일반인들의 정서에 무지한 힐러리에게 두 손을 들어버렸다."[34]

주지사의 연봉은 3만 5,000달러로 전문직 종사자들과 비교해 박한 편이었지만, 클린턴 부부는 현금 쓸 일이 거의 없는 호사를 누리고 있었다. 약 930제곱미터(281평)가 넘는 주지사 공관에 무료로 살고 있었고, 정원 관리·파티용 출장 음식·각종 공과금 명목으로 5만 1,000달러를 제공받았다. 주민이 내는 세금으로 보수를 지급하는 요리사가 음식을 늘 준비했고, 교도소에서 파견된 하인도 거느릴 수 있었고, 24시간 대기 중인 보모도 있었고, 운전기사가 딸린 고급 링컨 타운카에 마음대로 쓸 수 있는 판공비로 1만 9,000달러가 더 제공되었다. 클린턴은 세 군데 컨트리클럽에서 제공한 회원권의 특전을 마다하지 않았으며, 어머니가 즐겨 찾는 장소인 핫스프링스의 오크론Oak Lawn 경마장 1년 입장권도 기꺼이 받았다.

이처럼 돈을 쓸 일이 없으니 자신들이 버는 돈은 오직 첼시의 교육과 노후 자금으로 투자하면 될 일이었다. 그래서 클린턴은 한 번도 돈 걱정을 한 적이 없었지만, 힐러리는 늘 불안감을 느끼면서 한 번도 충분한 재산을 갖고 있다고 만족한 적이 없었다. 그녀가 로즈법률회사에서 받는 연봉은 17만 5,000달러(1991년 기준)에 이르렀지만, 자기 수준의 잘나가는 뉴욕 변호사의 연봉인 50만 달러와 비교해 돈에 대해 늘 불만족스러워했다.

힐러리가 월마트와 TCBYThe Country's Best Yogurt를 비롯한 아칸소 내 주요 기업의 이사회에 이름을 올린 대가로 매년 6만 4,700만 달러를 받았을 뿐만 아니라 두 기업은 로즈법률회사에 별도로 75만 달러의 수수료를 지급함으로써 나중에 논란이 되게 만든 것도 그 뿌리를 캐고 들자면 바로 힐러리의 그런 불만족에서 비롯된 것이었다.[35]

## 왜 클린턴은 1988년 대선 입후보를 포기했는가?

아칸소주 헌법 개정으로 1986년부터 주지사 임기는 4년으로 바뀌었는데, 클린턴은 이 선거에서도 승리했다. 클린턴은 1986년 8월 26일 전국주지사협의회 회장으로 선출되었고, 이해에 『뉴스위크』가 실시한 여론조사에서 미국에서 가장 유능한 주지사 5명에 들어가는 등 클린턴의 지명도는 점점 높아졌다. 클린턴이 1988년 대선에 출마하고 싶어 한 건 당연한 일이었다. 그러나 그는 결국 포기했는데, 결정적인 이유는 '게리 하트 사건'이었다.

1988년 대통령 선거를 한참 남겨둔 1987년 초부터 미국 언론은 민주당 대통령 후보 유망주로 게리 하트Gary Hart, 1936~에게 지대한 관심을 기울였다. 그러나 그의 섹스 스캔들에 관한 보도는 곧 그의 몰락을 가져오고 말았다. 1987년 5월 1일 익명의 전화 제보를 받은 『마이애미헤럴드』의 기자 4명은 그날 밤부터 이틀 밤을 꼬박 워싱턴에 있는 하트의 집 근처에 잠복해, 모델인 도나 라이스Donna Rice, 1958~가 1일 밤 11시 30분 하트의 집에 들어가 그 다음날 저녁 8시 40분 뒷문으로 빠져나가는 장면을 잡아내 대서특필했다. 하트는 기자회견에서 자신의 혼외정사를 강력하게 부정하는 등 뻔히 들통이 날 거짓말을 함으로써 사태를 더욱 악화시키고 말았다. 결국 5월 7일 그는 사퇴 성명을 발표했다.

『마이애미헤럴드』의 보도 행위는 언론의 기본적 윤리 문제를 야기시켰다. 『뉴욕타임스』의 전 편집국장 에이브러햄 로젠탈Abraham Rosenthal, 1922~2006은 이 신문 5월 7일자에 기고한 칼럼을 통해 "한밤중 남의 집에 기자를 몰래 들여보내 망을 보게 하는 행위는 신문으로서 가장 수치스러운 일이다. 내가 만일 기자였다면 그런 명령엔 고개를 돌렸을 것이다"고 말했다.

또한 기자회견에서 하트에게 "간통을 범한 적이 있습니까"라고 물은 『워싱턴포스트』의 폴 테일러Paul Taylor 기자는 『뉴욕타임스』의 칼럼니스트들에게서 호된 비판을 받았다. 앤서니 루이스Anthony Lewis, 1927~2013는 그 질문이 '저질'이라고 했고, 윌리엄 새파이어William Safire, 1929~2009는 "언론의 품위를 떨어뜨렸다"고 했으며, 에이브러햄 로젠탈은 "구역질 날 정도로 천박한 질문"이라고 했다. 테일러 기자는 『뉴욕타임스』의 5월 22일자 독자투고를 통해 자신을 비판한 이 3명의 칼럼니스트의 '위선'을 공박한 후 자신의 질문이 정당하다고 주장했다.[36]

『워싱턴포스트』의 간판 칼럼니스트 데이비드 브로더David Broder, 1929~2011는 『마이애미헤럴드』에 지지를 보냈다. "당면한 문제는 하트의 진실성과 자기 절제, 다른 이들에 대한 책임감, 즉 어려운 결정과 현실에 직면하려는 자발성이다. 이 사건에 있어서 하트의 행동에 의해 제기되는 근본적인 성품의 문제는 바뀐 것이 없으며, 만일 그 문제들이 대통령 후보의 자질을 판단하는 데 중대한 기준이 아니라고 한다면, 무엇이 그 기준이 될 것인가."[37]

이 기준에 따른다면, 클린턴은 '절대 불가'였다. 이는 클린턴도 알고 힐러리도 인정할 수밖에 없는 사실이었다. 하트의 낙마 이후 시선이 클린턴에게 쏠렸고 출마하라는 압박이 강해졌지만, 7월 15일 클린턴은 힐러리와 기자회견장에 나란히 앉아 눈물을 훔치며 1988년 대선에 입후보하지 않겠다는 의사를 공식적으로 밝혔다. 모든 사람이 너무 놀라 할 말을 잃었다.

클린턴은 자서전에서 자신의 출마 포기의 결정적 이유가 딸 첼시와 많은 시간을 보내기 위해서였으며, 힐러리는 자신의 최종 결정에 안도하는 것 같았다고 썼지만, 이는 사실과 전혀 다른 주장이다. 클린턴의 출마 포기를 강력하게 종용한 이는 가신 그룹 참모라 할 수 있는 벳시 라이트Betsey Wright, 1943~였다. 이틀 전날 밤 벳시는 클린턴을 자기 집에 불러다 놓고 자신이 조사한 '클린턴의 여자들' 리스트를 내밀고 한 명씩 사실관계를 추궁했다.

상호 신뢰하는 사이인지라 클린턴은 비교적 솔직하게 답했고, 벳시는 이렇게 불결한 기록을 그대로 갖고 대선에 뛰어든다면 정치가로서 자기 파멸을 부르는 것일 뿐이라고 단언했다. 클린턴은 그 여자들을 아는 사람들이 그리 많지 않다는, 말도 안 되는 반론을 폈지만, 벳시는 클린턴에게서 대선 출마를 포기하겠다는 약속을 받은 뒤에야 그를 놓아주었다. 이 사실은 1995년에 출간된 데이비드 매라니스David Maraniss의 『백악관 가는 길: 빌 클린턴 미국 대통령 전기』를 통해 밝혀진 것인데, 이 책을 통해서 뒤늦게 그 사실을 알게 된 힐러리는 대학 시절에 앓았던 우울증이 도질 정도로 비통해하면서 격분했다.[38]

## 클린턴의 정치 생명을 위협한 32분간의 연설

1988년 7월 20일 애틀랜타에서 열린 민주당 전당대회에서 클린턴은 매사추세츠 주지사인 마이클 듀카키스Michael Dukakis, 1933~를 위해 후보자 지명 연설을 하게 되었다. 1980년 대회, 1984년 대회에 이어 3번이나 연속 연설자로 채택되는 드문 기회였지만, 클린턴은 이 좋은 기회를 완전히 망치고 말았다. 클린턴은 텔레비전의 황금시간대에 16~20분이라는 시간제한을 넘겨 장장 32분 동안 지루한 연설을 했다. 클린턴은 단 1분도 청중의 관심을 끌지 못했다. 그가 드디어 '결론적으로'라고 말하자 우레와 같은 함성이 터져나왔다.

클린턴은 나중에 듀카키스 측에 분통을 터뜨렸다. 여태까지 그의 연설은 즉흥적이고 원고 없이 이루어졌으나, 이날의 연설은 이전의 연설과는 전혀 다른 장르의 연설을 요구받았기 때문이다. 듀카키스와 그의 보좌관들이 계속해서 새로운 제안을 하는 바람에 클린턴은 연설문 초안을 9번이나 다시 작성해야 했고, 듀카키스 측이 혼란스러운 전당대회장 내 분위기를 그대로 방치하는 바람에 엉망이 되었다는 것이다.

NBC와 CBS는 중계석에서 빨간불을 켜 보내면서 클린턴에게 연설을 중단하라는 사인을 보냈고, ABC는 아예 중간에 방송을 중단하고 대신 녹화된 다른 보도 화면을 내보낼 정도였다. 그의 연설 실패는 다음날 신문과 방송의 도마 위에 올라 조롱거리가 되었다. 『워싱턴포스트』의 칼럼니스트 톰 셰일스Tom Shales, 1944~는 그 연설을 '멍청함과 불안함'이라고 표현했다. 그는 '수다스러운 클린턴의 전형적인 실패'라고 부르면서 "화요일에 제시 잭슨Jesse Jackson이 대회장을 감전시킨 반면, 수요일 밤에 클린턴은 대회장을 화석으로 굳혀버렸다"고 썼다.

이러다가 클린턴의 정치 생명마저 끝나는 게 아니냐는 우려까지 나왔다. 며칠 후 클린턴 부부의 친구이자 방송국 프로듀서인 해리 토머슨Harry Thomason, 1940~은 클린터에게 조니 카슨Johny Carson, 1925~2005이 진행하는 〈투나잇쇼Tonight Show〉에 출연해 스스로 당시의 사건을 웃음거리로 만들어버리는 것은 어떻겠냐고 제안해 이를 성사시켰다.

카슨은 클린턴을 소개하면서 "걱정 마십시오. 로비에 커피와 간이 침대가 마련되어 있습니다"라고 말하며, 탁자 위에 모래시계를 올려놓았다. 클린턴이 카슨과 함께 자신을 비하하는 농담을 주고받은 이날의 출연은 대성공을 거두었다. 클린턴이 팝송 〈서머 타임Summer Time〉을 색소폰으로 연주한 것도 시청자들에게서 점수를 땄다.

이 방송의 효과는 컸다. 특히 아칸소에서는 말이다. 클린턴은 자서전에 이렇게 썼다. "내가 주 의사당으로 들어가자, 그곳에 있던 고향의 군중은 박수를 치고, 환호하고, 끌어안아 주었다. 적어도 아칸소에서는 카슨 쇼 덕분에 애틀랜타의 대실패가 과거의 일이 되었다."[39]


## "만일 내가 주지사 선거에 출마한다면 어떻게 될까?"


그러나 클린턴의 엽색 행각은 달라지지 않았다. 대선 출마 포기 발표 이후 주지사 업무에 무관심했고 태만하게 임했으며 모든 정력을 메릴린 조 젱킨스Marilyn Jo Jenkins라는 여성에게 쏟고 있었다. 힐러리와 또래인 젱킨스는 남부 미녀로 두 아이의 엄마이자 가스회사의 마케팅 담당자로 1984년 15년간의 결혼생활 끝에 남편과 헤어진 이혼녀였다.

클린턴과 젱킨스의 관계는 이전의 엽색 행각과는 달리 클린턴이 힐러리와의 결혼생활을 끝내고 젱킨스와 결혼해야겠다는 생각을 할 정도로 제법 심각한 바람이었다. 젱킨스 역시 진지했다. 클린턴은 밤 늦게, 그리고 아침에 일어나면 제일 먼저 그녀에게 전화를 했다. 그녀와 통화하는 횟수는 많게는 하루에 18통까지 했으며, 어떤 전화는 1시간 반 이상 지속되기도 했다.

게일 시히Gail Sheehy는 두 사람의 관계에 대해 이렇게 말한다. "어린 시절에는 어머니의 삶에 빛나는 존재가 되어야 했고, 성인이 되어서는 아내의 기대를 만족시키기 위해 대통령이 되어야 했던 클린턴은 비로소 자신이 무엇이 될 수 있어서가 아니라 그냥 있는 그대로 사랑받는 기쁨이 어떤 것인지 알게 되었다."[40]

힐러리도 심각해지지 않을 수 없었다. 힐러리의 절친인 다이앤 블레어Diane Blair에 따르면, "힐러리는 그동안 돈을 많이 모아두지 못한 것을 걱정했어요. 첼시가 있었으니까요. 그녀는 만일 혼자가 된다면 어떻게 하는 것이 첼시에게 가장 좋은 방법일지를 고민했어요." 힐러리와의 관계가 어느 정도 회복된 후에도 클린턴은 젱킨스와의 관계를 끊지 않았다.

클린턴은 정치 컨설턴트인 딕 모리스Dick Morris, 1946~에게 전화를 걸어 정치적으로 이혼이 가져올 파장에 대해 알고 싶어 했다. 그는 1990년 주지사 선거에 출마하는 문제를 놓고 고민했다. 클린턴이 선거 출마를 포기하는 가능성이 떠오르자 힐러리는 친구인 도로시 스턱Dorothy Stuck에게 전화를 걸어 "만일 내가 주지사 선거에 출마한다면 어떻게 될까?"라고 물었다.

이어 힐러리는 1989년 말 모리스에게 자신이 독자적으로 주지사 후보로 출마했을 때의 승산 가능성에 대한 여론조사를 주문했다. 여론조사 결과는 매우 부정적이었다. 유권자들은 그녀를 주지사의 부인으로만 보았을 뿐이다. 결국 힐러리가 클린턴에게 결혼생활을 지켜가자고 설득해서 두 사람은 다시 이전처럼 파트너 관계를 유지할 수 있게 되었다.[41] 힐러리가 이 부정적인 여론조사 결과를 통해 절감한 것은 '홀로서기'의 필요성이었다. 주지사 부인으로 머무르고 있을 때라도 자기만의 역할과 브랜드를 가져야 한다는 필요성을 절감한 힐러리는 과거에 비해 더욱 전투적인 자세를 가다듬게 된다.

제3장

★

## "나는 그저 내 남자 곁에 서 있는
## 그런 여자가 아니에요"

★★★

1990~1992년

## 상대 후보의 유세장에까지 뛰어든 힐러리의 전투성

빌 클린턴의 당면 현안은 1990년 주지사 선거였다. 1992년 대선을 준
비하려면 주지사를 하지 않는 것이 유리할 수도 있는 데다 아칸소 유
권자의 50퍼센트가 새로운 주지사를 원하고 있다는 여론조사 결과도
부담이었다. 떨어질 경우 대선 준비에 치명타가 될 것이기에 고민은
깊어질 수밖에 없었다. 결국 클린턴은 주지사 재선 출마 선언이라는
결론을 내리고, 선거전의 막차를 탔다.

　다시 힐러리가 선거의 전사戰士로 나섰다. 민주당 예비선거에서 클
린턴의 호적수였던 톰 맥레Tom McRae가 기자회견을 자청하고 나서서

그때 타지로 출장 중이었던 클린턴을 거세게 비난하고 있었다. 클린턴을 '토론을 하지 않으려는' 비겁자라고 비난하는 맥레의 방송용 발췌 소견이 발표되고 있던 와중에 힐러리가 뛰어들어 맥레에게 큰소리로 반격을 가했다. 힐러리는 이전에 맥레가 클린턴의 정책을 칭찬했던 보도자료를 읽어 내려가면서 맥레를 당황하게 만들었다.

맥레를 54퍼센트의 지지율로 간신히 이긴 클린턴은 본선에서 공화당 후보 셰필드 넬슨Sheffield Nelson, 1941~과 맞붙었다. 클린턴을 증오한 넬슨은 클린턴이 흑인 창녀와의 사이에 아이를 낳았다는 소문이 사실이라는 걸 증명하겠다고 나서는 등 선거를 전례 없이 추잡한 양상으로 몰아갔다(이 혐의는 1999년 1월에 DNA 대조를 통해 최종적으로 거짓임이 밝혀졌다).

선거 막판 클린턴에게 악재가 터져나왔다. 래리 니컬스Larry Nichols, 1951~라는 사람이 선거일 4주 전 클린턴을 고소하겠다고 기자들에게 알린 것이다. 이것 역시 여자 문제였다. 고소의 이유는 클린턴이 5명 이상의 여자들과의 불륜을 은폐하기 위해 부정 자금을 사용했다는 것인데, 나중에 클린턴의 여자로 유명해진 제니퍼 플라워스Gennifer Flowers, 1950~도 그중 하나였다.

니컬스는 넬슨이 기용한 사람인지라 정치적 음모의 성격이 농후한 사건이었다. 결국 참모들이 나서서 문제의 여자들에게 클린턴과 성관계를 가진 적이 없다는 진술서에 서명을 받아냄으로써 이 사건을 마무리지었고, 클린턴은 11월 선거에서 57대 43으로 압승했다.[1]

## '제3의 길'로 알려진 중도 노선의 원조는 클린턴

1991년 5월 클린턴은 오하이오주 클리블랜드Cleveland에서 열린 민주당지도부협의회DLC, Democratic Leadership Council 전국대회에서 그의 정치생활에서 가장 중요한 연설을 했다. DLC는 민주당의 새로운 방향을 모색하는 민주당 중도파들의 모임으로, 2년 전 힐러리의 적극적인 권유로 클린턴이 참여하게 된 것이었다.

이 모임은 민주당의 경직성을 비판하는 '뉴데모크래츠New Democrats' 운동의 산실이었다. 대부분 남부 출신 의원들이 이끈 이 운동은 민주당이 외교와 국방 정책에서는 강경한 자세를 지키고, 사회 정책에서는 온건한 노선을 취하며, 정부 지출의 균형을 유지하고 정부의 탈선에 제동을 거는 정당으로 다시 태어나도록 해야 한다고 중산층에 호소하고 나섰다.

클린턴은 힐러리와 함께 밤새도록 기조 연설문 작성에 심혈을 기울였는데, 사실 연설의 대부분은 친구인 로버트 라이시Robert Reich의 저서인 『국가의 일The Work of Nations』(1991)에서 인용한 것이었다. 주요 메시지는 '기회, 책임감, 공동체'였다.[2]

클린턴은 '모두에게 제공되는 기회'를 내세우는 식으로 저소득층 지지 세력의 사회적 상향 이동을 약속한 민주당의 장기적 어젠다를 추진해나가겠다고 했으며, '저마다의 책임'을 옹호함으로써 정당 간의 경계를 넘어 범죄 퇴치와 복지제도 개혁과 같은 공화당의 전통적 이슈까지 끌어안았고, '모든 사람의 공동체'를 내세워 사회의 모든 부문을 자극해 사람들로 하여금 자신의 삶을 변화시킬 수 있도록 만드는 촉매제로 정부의 역할을 재규정하겠다고 했다.

클린턴은 1980년대에 진보 노선을 고수한 당내 정통파를 비판하면서 중산층 문제에 새로이 포커스를 맞춰야 한다고 주장했다. "이제 우리의 새로운 선택은 낡은 범주와 그에 따른 그릇된 대안을 배격한다. 진보와 보수? 사실 이 새로운 선택은 진보와 보수를 다 같이 아우른다. 그런 점이 다른 것이다. 이 선택은 공화당의 공격뿐만 아니라 새로운 대안 검토를 주저한 민주당의 종래 입장도 배격한다."

이는 이른바 '제3의 길'로 알려진 중도 노선의 원조였다. 훗날 영국 신문 『가디언』이 클린턴 정부의 활동을 밀착해 연대순으로 기록한 미국 저널리스트 조 클라인Joe Klein, 1946~에게 영국 선거와 미국 선거의 차이점을 분석해달라고 요청했을 때 그는 두 선거가 대단히 비슷하다며 다음과 같이 말했다.

"클린턴은 1991년에 기회, 책임감, 공동체라는 세 단어로 독자적인 제3의 길을 선언했습니다. 그런데 1997년 영국에서 토니 블레어Tony Blair, 1953~가 마치 자신이 고안해낸 것인 양 그 삼대 원칙을 열심히 반복하는 것을 보고 대단히 놀랐습니다."[3]


## "하나를 사면 하나는 공짜"

1991년 다른 주지사들은 클린턴을 최고의 주지사로 뽑았다. 이제 클린턴에게 남은 건 1992년 대선 출마였다. 하지만 민주당 내 유력 후보가 많아 클린턴의 가능성을 점친 사람은 거의 없었다. 1991년 8월 하순 어느 날, 그런 이유로 여전히 망설이고 있던 클린턴에게 출마를 재촉한 건 바로 힐러리였다.

"당신은 꼭 나가야 해요."

"정말 그렇게 생각해?"

"그럼요."

"왜 그렇게 생각하지?"

"당신은 가장 잘 어울리는 대통령감이니까."[4]

1991년 10월 3일 아칸소주 리틀록 주 의사당에서 클린턴은 드디어 대선 출마 선언을 하고 본격적인 선거운동을 개시했다. 그는 대선 출마 발표 연설에서 '중산층'이라는 말을 10번이나 사용하면서 "중산층의 잃어버린 희망을 되돌려주겠다"고 했다. 그는 11월 20일 조지타운대학 연설에선 '중산층'이란 말을 15번이나 되풀이하면서 중산층의 감세를 실시하겠다며, 기존 민주당 노선과는 다른 뉴데모크래츠의 자세를 보여주었다. 그는 중산층의 권익 옹호를 도덕적 당위성의 수준까지 끌어올리면서 "이것은 단순히 경제적인 제안이 아닙니다. 바로 우리나라의 정신을 구원하는 길입니다"라고 주장했다.

클린턴이 말하는 리더십도 전혀 새로운 것이었다. 그는 대선 출마 발표 연설에서 힐러리를 '아내이자 친구 그리고 아칸소와 미국의 어린이와 가족의 보다 나은 미래를 건설하기 위한 노력의 동반자'라고 소개하면서 '새로운 형태의 리더십'을 약속했다. 그는 아주 태연하게 할인 세일 구호까지 동원해가면서 "하나를 사면 하나는 공짜Buy One, Get One"라고 했다. 힐러리가 워낙 똑똑하니 자신을 찍으면 대통령 하나를 거저 더 얻는 것이라는 이야기였다.[5]

클린턴은 1992년 1월 초 중산층에 대한 10퍼센트 감세를 실시하는 것을 포함한 6페이지 분량의 '미국의 장래를 위한 계획'을 발표했지만, 반응은 영 신통치 않았다. 민주당 내 좌파는 클린턴을 '내부의 공화당원'이라고 비난했다. 민주당 후보들 중 선두 주자인 폴 송거스Paul E. Tsongas, 1941~1997는 중산층 감세는 정략적인 공약 남발의 대표적 예라고 공격하면서 클린턴의 말대로 감세를 하더라도 국민에게 돌아가는 금액은 하루 평균 1달러에 불과하다고 비웃었다. 송가스의 주장이 더 지지를 받자, 클린턴은 흔들렸다. 그러자 선거 참모인 제임스 카빌 James Carville, 1944~은 클린턴을 나무라면서 다음과 같이 말했다.

"잘못된 생각을 가진 사람들이 모두 반대하고 있으니, 그건 올바른 정책이라는 사실이 명백합니다. 예를 들면 당신의 예일대 친구들과 저명한 신문의 논설위원, 그리고 칼럼니스트들이 중산층 감세에 반대하며, 송거스를 정치가로서 용기 있는 사람이라고 칭찬하고 있는데, 중산층 사람들에게 채찍질하는 것이 어떻게 정치적 용기입니까?"[6]


## 12년간 관계를 맺어온 제니퍼 플라워스 스캔들

클린턴은 나이는 어릴망정 이젠 5선 경력의 아칸소주 주지사였다. 물론 아칸소주는 310만 명에 이르는 연방정부의 관료 수에도 못 미치는, 인구 250만 명의 작은 주에 불과했다. 사실 그렇게 따진다면 그가 주의회를 성공적으로 다루어왔다는 실적도 무의미한 건지도 모른다. 아칸소주가 공화당 의석이래야 주 상원 의석 35석 가운데 4석, 하원

100석 가운데 9석에 불과한, 민주당 일당 독재의 주정부 형태라는 걸 감안한다면 말이다.

나중에 이걸 집중적으로 문제 삼은 이는 제3후보인 로스 페로Ross Perot, 1930~였다. 그는 같은 남부인 텍사스 출신이면서도 300만 달러나 들인 30분짜리 텔레비전 '정보 광고'를 통해 아칸소주를 쓰레기 취급하듯 비하했다. 아칸소주가 모든 주 가운데 최하위에 가까운 순위를 차지한 32개 영역을 나열한 이 광고는 아칸소주의 인구는 텍사스주의 댈러스Dallas와 포트워스Fort Worth의 인구보다 적고, 기업으로 치면 『포브스』가 선정한 500대 기업 중 248번째며, 50개 주 중에서 빈곤층 비율은 47위, 환경의 질은 48위, 1인당 교육 지출비는 49위, 어린이 사망률은 50위라는 점을 강조하면서, 클린턴의 대통령 자격을 문제 삼았다. 이 광고는 "지난 12년 동안 아칸소주에서 만들어진 일자리 5개 중 하나는 닭고기 가공업종이었다"며 "만약 이런 식의 일자리 창출을 전국에 적용하면 우리 모두는 먹고살기 위해 닭털을 뽑고 있어야 할 것"이라고 주장했다.[7]

그러나 처음부터 클린턴의 발목을 잡은 건 아칸소주의 크기나 특성이 아니라 그의 못 말리는 취미라고 해도 좋을 엽색 행각이었다. 저널리스트 로널드 케슬러Ronald Kessler, 1943~는 클린턴의 엽색 행각을 이렇게 요약했다. "주지사 시절 클린턴은 부인 힐러리 여사가 시내에 나가거나, 한밤중 자는 틈틈이 여색을 즐겼다. 이 중 1주일에 두세 번씩 정기적으로 만나는 대상만도 줄잡아 6명. 이 중에는 판사 부인, 지역신문 기자, 백화점 점원 등이 포함되어 있었다. 당연히 그의 경호원들은 그의 외도를 힐러리에게 철저히 숨기는 역할을 해야 했다."[8]

그간 클린턴의 엽색 행각은 소문으로만 떠돌거나 확실한 증거 없이 문제 제기 수준에만 그쳤지만, 대선은 그렇게 호락호락 넘어갈 수 있는 무대가 아니었다. 드디어 제1탄이 1992년 1월 23일에 터져나왔다. 전직 나이트클럽 가수에 전직 지방 텔레비전 기자이며 아칸소 주정부 직원인 30대의 제니퍼 플라워스Gennifer Flowers가 슈퍼마켓에서 배포되는 황색 주간지 『스타』의 관련 기사(「빌 클린턴은 지금도 나의 연인」)를 통해 1977년부터 1989년까지 12년간 클린턴과 남몰래 호텔 등에서 관계를 맺어왔다고 주장하고 나선 것이다.

　　플라워스는 클린턴이 섹스를 하기 위해 조깅하는 척하고 자기 집에 들어왔으며, 힐러리가 관저에 있는 동안 남자 화장실에서 섹스를 하자고 제안하기도 했고, 자신 때문에 힐러리와 이혼하고 싶지만 정치 생명이 지장 받는 게 두려워서 못하겠다는 말을 했다고 밝혔다. 이는 곧 언론에 떠들썩하게 보도되었다. 유럽에선 이 소동에 대해 "여인 속옷 고무줄이 정치 생명 좌우"한다며 비웃었지만, 미국에서 이 스캔들은 클린턴의 정치 생명을 좌우할 수 있는 큰 사건으로 받아들여졌다.[9]


## "나는 그저 내 남자 곁에 서 있는 그런 여자가 아니에요"

1992년 1월 26일 클린턴은 CBS-TV의 〈60분60 Minutes〉에 힐러리와 함께 출연해 법적으론 문제가 되지 않게끔 하는 선에서 보도 내용을 부인하면서도 참회하는 듯한 발언을 했다. "내 잘못을 아내에게 말했어요. 고통을 준 것을 사죄했어요. 그 어떤 미국 정치인도 아직까지 말한 적이 없는 것을 털어놓았습니다. 오늘 밤, 이 프로그램 시청자들은 우리 부부의 심정을 이해할 것입니다. 우리가 매우 솔직하다는 것도 인정할 것입니다. 계속하여 폭로 보도를 할지, 언론이 결정해야 한다고 생각합니다."

힐러리가 말을 이어받았다. "결혼생활에 문제가 있는 부부가 고통스러워서 말하고 싶지 않다고 합시다. 그들이 이런 문제에서 빠져나올 수 없는데도 여러분은 이들의 문제를 공개하겠습니까?" 사회를 맡은 스티브 크로프트Steve Kroft, 1945~가 "두 분이 줄곧 함께 지냈고, 문제를 함께 해결했고, 어떤 합의와 타협에 도달한 것처럼 보이는 것은 높이 평가할 만하다는 데 대다수 미국인들은 동의할 겁니다"라고 말하자, 클린턴이 가로막고 나섰다. "잠깐만요. 우리는 서로 사랑하고 있습니다. 이건 타협이나 합의가 아니라 결혼생활이에요. 그건 전혀 다른 겁니다."

'타협arrangement'이라는 말에 화가 난 힐러리도 거들었다. "아시겠지만 나는 태미 위넷Tammy Wynette, 1942~1998처럼 그저 내 남자 곁에 서 있는stand by my man 그런 여자들처럼 이곳에 앉아 있는 것이 아닙니다. 나는 그를 사랑하고 존경하고 그동안 겪어온 것들과 우리가 함께 겪어온 일들을 존중하기 때문에 이 자리에 있는 것입니다. 만일 그것으로 충분치 않다면, 그럼 빌을 뽑지 마세요."

이유는 좀 다를망정 누구 못지않게 남자 곁을 끈질기게 지켜온 힐러리가 그런 말을 한다는 건 좀 어폐가 있었지만, 그런 당당한 태도까진 좋았다. 그런데 문제는 태미 위넷을 거론한 것이었다. 위넷은 1968년에 나온 불멸의 히트곡 〈스탠 바이 유어 맨Stand by Your Man〉을 부른 여가수다. 이 노래엔 이런 대목이 나온다. "오, 당신은 힘든 시간을 가졌어요. 그는 당신이 이해 못하는 것을 하며 즐거운 시간을 가질 거예요. 그러나 그를 사랑한다면 그를 용서하세요. 그를 이해하기 어렵더라도 말이죠." 이 노래로 인해 페미니스트들에게서 비난을 받게 된 위넷은 여성들에게 남성의 둘째 지위에 서라는 것이 아니라, 다만 진정 사랑하는 사람을 위해서 그의 단점과 잘못을 너그럽게 보아 넘기라는 제안일 뿐이라고 자신의 노래를 방어했다.

그런데 그 노래가 24년 만에 다시 경멸조로 거론되었으니, 위넷은 물론 그녀의 지지자들의 기분이 좋았을 리 만무했다. 성난 항의가 빗발쳤다. 힐러리가 그녀와 그녀의 히트곡을 구분 짓지 않은 것에 감정이 상한 위넷이 힐러리에게 공개 사과를 요구하자, 힐러리는 위넷에게 전화를 걸어 사과했고 나중에 다른 텔레비전 인터뷰에서도 공개 사과를 했다.

그럼에도 인터뷰 결과는 대성공을 거두었다. 약 3,400만 명이 이 인터뷰를 시청했고 나머지 5,000만 명도 다른 프로그램에서 하이라이트를 보았다. 인터뷰 직후 ABC뉴스의 여론조사에서 80퍼센트가 클린턴이 대선 경쟁에 계속 참여해야 한다고 대답했다. 조지 부시George H. W. Bush, 1924~ 대통령의 보좌관이던 메리 마탈린Mary Matalin, 1953~은 나중에 "클린턴 대선 팀이 이 스캔들에 대처하는 것을 보고 우리는 놀랐다"고 했다.[10]

## "다른 대통령 후보자와도 동침할 계획이 있나요?"

그렇지만 아직 모든 게임이 끝난 건 아니었다. 다음 날인 1월 27일 플라워스는 뉴욕에서 변호사를 대동하고 기자회견을 자청, 클린턴의 해명은 완전한 거짓이라고 되받아쳤다. 플라워스는 다시 자신과 클린턴 사이의 전화 내용을 담은 녹음테이프까지 갖고 있다면서 자신의 불륜을 강력히 주장했다. 기자회견장에서 어느 기자는 "클린턴 지사가 콘돔을 사용했나요?"라고 묻기까지 했다. "다른 대통령 후보자와도 동침할 계획이 있나요?"라는 질문마저 나왔다. 사실 언론의 이런 저질성이 오히려 클린턴을 도왔다.[11]

공개된 녹음테이프는 플라워스가 괜한 말을 한 건 아니라는 걸 입증해주기에 충분했지만, 클린턴 캠프는 힐러리의 지시에 따라 플라워스를 집중적으로 공격하는 강공책을 폈다. 그녀가 『스타』에서 10만 달러를 받았다는 걸 밝히면서 그 돈 때문에 거짓말을 했다는 이미지를 유권자들에게 심어주었다. 또한 그녀가 공개한 테이프를 전문가에게 의뢰해 그것이 선택적으로 편집되었다는 사실을 강조했다. 하지만 클린턴은 그 녹음테이프에서 뉴욕 주지사 마리오 쿠오모Mario Cuomo, 1932-2015가 마피아처럼 행동했다고 말했던 것에 대해 쿠오모에게 사과해야 했다.[12]

힐러리의 적극적인 옹호와 플라워스에 대한 공격 덕분이었는지 여론은 클린턴에게 우호적이었다. 뜻밖에도 『뉴욕타임스』와 『워싱턴포스트』 같은 일부 권위지들도 과거와는 달리 이 스캔들의 보도에 매우 자제하는 모습을 보였다. 이 권위지들은 그런 스캔들에 모든 관심을 쏟는 것이 미국 정치의 질을 떨어뜨리는 직접적인 원인이라며 이를 '타블로이드 정치'라고 비판하기까지 했다.[13]

언론은 클린턴의 정면 대응으로 클린턴에게 유리하게 형성된 여론에 편승했던 것인지도 모른다. ABC-TV의 앵커맨 피터 제닝스Peter Jennings, 1938~2005는 언론이 클린턴의 스캔들을 폭로한 플라워스에게 몰두하고 있을 때, 막상 국민들은 경제 문제를 가장 심각하게 걱정하고 있었다는 사실을 깨닫고 충격을 받았다고 술회한 바 있는데, 일부 권위지들도 그런 생각을 했던 건 아니었을까?[14]

플라워스 사건이 일단락되자 클린턴 캠프는 샌프란시스코에서 활동하는 사설탐정인 잭 팔라디노Jack Palladino, 1950~에게 10만 달러를 주면서 앞으로 말썽을 일으킬 수 있는 클린턴의 다른 여자들의 뒷조사를 의뢰했다. 팔라디노는 사생활이 폭로될지 모른다고 겁을 주어서 문제의 여성들이 클린턴과 성관계를 맺지 않았다는 자술서에 서명하게 했다.

플라워스 사건과 관련, 전 대통령 리처드 닉슨은 2월 초 『뉴욕타임스』의 모린 다우드Maureen Dowd, 1952~와의 인터뷰에서 "여자가 너무 강해 보이면 남자가 유약한 남자wimp처럼 보이게 만든다"며 힐러리를 에둘러 비판했다. 이에 대해 힐러리는 나중에 "내가 닉슨 탄핵 팀에서 일했던 것에 대해 닉슨이 복수한 것이며, 그게 아니라면 앞으로 나에 대한 공격을 위해 미리 던져본 말이다"며 불쾌감을 표시했다.[15]

## "이번 도전은 내 평생의 목표입니다"

1988년 민주당 대통령 후보 게리 하트Gary Hart, 1936~가 여성 문제로 침몰했던 것에 비추어 클린턴이 '제2의 하트'가 되는 게 아니냐는 우려가 있었지만, 클린턴은 결국 살아남았다. 여러 이유가 있었지만, 한 가지 분명한 건 하트는 소극적으로 대응했던 반면 클린턴은 적극적으로 대응했다는 점이다.

클린턴의 정면 대응은 2월에 잇따라 터진 그의 병역 기피 논란에서도 잘 나타났다. 2월 6일 『월스트리트저널』을 필두로 언론이 클린턴의 병역 기피 의혹을 제기하면서 그의 지지율은 눈 깜짝할 사이에 33퍼센트에서 16퍼센트로 떨어졌다. 클린턴은 언론의 '그릇된 주장'과 그 배후에 공화당이 있다고 비난하면서 정면 대응했다. 그는 뉴햄프셔주 도버Dover에서 열린 한 유세장에서 "이번 도전은 내 평생의 목표입니다"라고 간절히 호소했다. 목소리는 감정에 젖어 있었지만, 그의 태도는 당당했다.[16]

클린턴의 속어 중심의 말투도 그러한 정면 대응에 큰 도움이 되었다. 클린턴이 대통령이 되고 나서 나온 것이지만, AP통신이 역대 대통령들의 말투를 분석한 바에 따르면, 클린턴의 말투는 좋게 말해서 역대 대통령 중 가장 서민적이고 나쁘게 말하면 대통령의 말투로서는 상스럽기도 한 것으로 나타났다.[17]

클린턴은 언론에 대해서도 정면 대응했다. 그의 핵심 참모 제임스 카빌James Carville은 만나는 기자마다 '돈으로 쓰레기를 사는' 저널리즘이라고 강도 높게 비난했으며, 그런 호된 질책이 먹혀들어간 것인

지 언론은 더는 클린턴의 사생활을 물고 늘어지지 않았다.[18]

클린턴의 정면 대응은 치밀하게 계산된 전략이었다. 그건 이른바 '초점 집단focus group'을 활용해 얻은 것이었다. 이 초점 집단은 보통 사람들로 구성되었는데, 전문적인 여론조사원이 자유스러운 분위기에서 주요 이슈에 관해 그들을 심층 면접했다. 면담자들의 모든 발언은 숨겨 놓은 녹음기에 의해 녹음되며 동작 또한 반투명 유리 뒤에 설치한 비디오카메라에 낱낱이 녹화되었다. 그다음 며칠 동안 약 2시간짜리 면담을 녹음한 것을 풀어쓰고 전문가들이 이것을 연구 분석하여 보고서를 작성했다.

클린턴의 참모들은 『스타』가 클린턴과 플라워스의 염문을 보도한 후 몇 시간도 지나기 전에 클린턴이 손상당한 정도를 분석하기 위해서 초점 집단을 소집하고 있었다. 사건이 터진 당일 저녁 뉴스마다 한결같이 클린턴이 플라워스와의 염문을 쉰 목소리로 부정하며 운집한 기자들을 헤치고 뉴햄프셔의 한 공장으로 들어가는 장면을 보도했다. 클린턴의 참모들은 그러한 뉴스 보도로 치명타를 맞을까봐 떨고 있었다. 그러나 초점 집단을 열어 그날 저녁 뉴스를 녹화한 것을 보여주고 분석한 결과는 의외로 나타났다. 사람들은 클린턴이 기자들을 향해 똑바로 걸어나간 것에 감명을 받고 있었다. 그래서 클린턴의 참모들은 언론과 정면 대결하는 전략을 채택한 것이다.

그러나 초점 집단의 지나친 활용이 갖는 문제는 유권자들의 눈치를 너무 본다는 점이었다. 미리 말하자면, 클린턴이 당선 이후 지나칠 정도로 여론조사를 많이 한 것도 초점 집단의 활용으로 본 재미에 대한 미련을 버리지 못했기 때문이다. 그는 당선 이후 1994년 3월까지 여론조사에 200만 달러를 썼다. 이는 조지 부시George H. W. Bush, 1924~ 대통령이 집권 후 2년간 21만 6,000달러를 지출한 것에 비해 10배가량이 되는 돈이었다. 클린턴처럼 여론조사를 자주 하고 또 그 결과에 큰 의미를 부여하는 대통령은 없었다.[19]

## "저도 집에서 쿠키나 굽고 차나 마실 수 있었겠지만……"

클린턴은 2월에 치러진 첫 예비선거인 뉴햄프셔주 선거에서 폴 송거스Paul Tsongas에게 '33퍼센트 대 25퍼센트'로 패배해 2위를 기록했지만, 그를 엄습했던 스캔들을 감안한다면 그건 매우 성공적인 결과였다. "첫 예비선거지에서 패배한 인물은 대통령 선거에서 승리할 수 없다." 미국 정치에서 지난 30년간 통용되어온 그 불문율은 클린턴에 이르러 깨지고 만다.

하지만 아직 갈 길은 험난했다. 섹스 스캔들 외에 앞서 말한 화이트 워터 사건이 기다리고 있었다. 1992년 3월 8일 『뉴욕타임스』 1면에 제프 거스Jeff Gerth 기자가 쓴 「클린턴 부부, 오자크Ozark 지역 부동산 투자를 위해 대부업 개입」이라는 헤드라인 기사가 실렸다. 이 기사는 힐러리가 재직하고 있는 로즈법률회사가 맥두걸의 대부업 회사 법률고문이었다는 점을 지적하면서, 당시는 클린턴이 아칸소주 법무부 장관과 주지사를 지낼 때였음을 강조했다. 클린턴이 그 땅을 구입했던 당시에는 맥두걸 부부가 아직 대부업 회사를 시작하기 전이었기에 기사에 오류는 있었지만, 이것이 대선 이슈로 크게 다루어지면서 클린턴은 큰 곤경에 처하게 되었다.

3월 15일 민주당 후보 토론회에서 다른 후보들, 특히 전 캘리포니아 주지사 제리 브라운Jerry Brown, 1938~이 화이트워터 사건에 대해 클린턴을 집중 공격하고 나섰다. 그는 클린턴이 아내의 수입을 늘리기 위해 로즈법률회사에 주정부의 일거리를 몰아주었다고 비난하면서 클린턴의 '이해상충'과 '선출 가능성 문제'를 물고 늘어졌다. 이에 클린턴은 남부 악센트까지 써가면서 "당신이 나를 욕하는 것에는 신경 쓰지 않겠어. 하지만 내 아내를 욕하는 것은 참을 수 없어!"라고 분노를 감추지 않았다.

다음 날 아침 힐러리와 클린턴이 시카고의 한 커피숍에서 주문을 하는데 기자들이 따라 들어와 힐러리에게 브라운의 비난을 어떻게 생각하느냐고 질문 공세를 폈다. NBC 기자 앤드리아 미첼Andrea Mitchell은 주지사의 아내가 주정부 관련 일을 하는 법률회사에 근무한 것이 윤리적으로 문제가 없는지 물었다.

이에 힐러리는 "저도 집에서 쿠키나 굽고 차나 마실 수 있었겠지만……" 하고 말을 시작했는데, 방송 뉴스에선 앞뒤를 자른 채 쿠키와 차만 인용되면서 힐러리가 가정주부들을 비하한 것처럼 묘사되었다. 이게 바로 그 유명한 '쿠키와 차' 사건이다. 클린턴 비판자들은 이것이야말로 힐러리가 전통적 가치를 무시하는 과격 페미니스트라는 증거라고 떠들어댔으며, 워싱턴 선거 본부엔 항의 전화가 빗발쳤고 실제로 쿠키를 보낸 사람도 많았다.

위넷 사건에 이은 힐러리의 두 번째 실언이었다. 힐러리는 자서전에서 "일부 기자들은 '쿠키와 차'와 '태미 위넷처럼 남편 곁에 서 있는 여자'를 하나의 인용문으로 통합하여, 사실은 51일의 간격을 두고 한 말을 마치 동시에 한 것처럼 보이게 했다"며 다음과 같이 말한다.

"이 논쟁은 공화당 전략가들에게는 굴러들어온 호박이었다. 공화당 지도자들은 나에게 '과격한 남녀동권론자'니 '호전적인 페미니스트 변호사'니 하는 딱지를 붙였고, 심지어는 나를 '급진적 페미니즘 정책을 밀어붙일 클린턴-클린턴 행정부의 이념적 지도자'라고 부르기까지 했다. 나는 '쿠키와 차'에 대해 수백 통의 편지를 받았다. 지지자들은 내가 여성의 선택권이 확대되는 것을 옹호했다면서 나를 격려하고 칭찬했다. 비판자들은 독살스러웠다. 나를 '적그리스도'라고 부른 사람도 있고, 내가 미국의 모든 어머니를 모욕했다고 비난한 사람도 있었다."[20]


## 클린턴의 '뺀질이 윌리' 이미지

1992년 3월 29일엔 클린턴이 곤경에 빠졌다. 그는 그날 뉴욕의 WCBS 텔레비전 방송이 주최한 후보들의 포럼에서 옥스퍼드대학 시절 마리화나를 피워본 적이 있느냐는 기자의 질문에 이렇게 답했다. "영국에 있을 때 마리화나를 한두 번 시험해보았지만 맞지 않았다. 나는 그것을 빨아들이지는 않았고, 다시 시도하지 않았다." 이 말은 선거 기간 내내 비판적 코멘트와 농담거리의 소재가 되었다.[21]

클린턴을 괴롭힌 또 하나의 문제는 그의 유들유들하고 매끄러운 처세술이 지나치게 영리하고 계산적이라는 이른바 '뺀질이 윌리Slick

Willie'라는 이미지였다. 보수파 논객인 플로이드 브라운Floyd Brown, 1961~은 『뺀질이 윌리: 왜 미국은 빌 클린턴을 신뢰할 수 없는가Slick Willie: Why America Cannot Trust Bill Clinton』(1992)라는 책까지 출간하면서 이 이미지를 확산시키려고 애썼다.

사실 클린턴은 주지사로 일하면서 '타협의 천재'라는 찬사와 더불어 '기회주의자'라는 비난을 동시에 들었다. 그 어느 쪽이든지 간에 클린턴에게 타협은 성장 과정에서 터득한 생존의 법칙이었다. 그는 "식구와 싸우고 집을 뛰쳐나오는 것보다 타협하고 협력하는 방법이 더 낫다고 생각했다"고 말한 바 있다.

클린턴은 타협에 대한 강박관념 때문에 모든 사람을 다 즐겁게 해주려고 발버둥치는 것처럼 보일 정도였다. 그는 무엇이든 너무 많이 알고 있고 척척 대답하는 훈련이 잘 되어 있었다. 그게 얄미울 정도로 잘되어 있어 오히려 믿음성이 없다는 것이고, 그건 너무 닳고 닳아서 미꾸라지처럼 된 게 아니냐는 것이었다. 한마디로 이야기해서 그는 기름을 바른 듯 미끄러지게 교활하고 말솜씨가 번지르르한 회피형이라는 비판이었다.[22]

이 별명은 그가 대통령 예비선거를 치르면서 불거져 나왔는데, 클린턴은 1992년 3월 선거 유세 도중 그러한 비난에 대해 기자들과의 인터뷰에서 "내 비판자들은 나를 '뺀질이 윌리'라고 부르곤 한다. 내가 항시 미소를 띠고 여유 만만한 태도를 보이기 때문일 것이다. 또 내가 자란 환경 탓일 수도 있다"며 다음과 같이 말했다.

"어린 시절 어려움이 무척 많았지만 털어놓고 이야기할 상대가 없었다. 나는 고통과 어려움을 드러내지 않고 언제나 행복한 표정을 지어야 하는 그런 환경에서 자랐다. 고통이나 괴로움은 남들과 나누는 것이 아니었다.……나는 평화주의자로 지나친 갈등을 싫어했다. 그것은 어린 시절 내게 큰 고통을 안겨주었다. 상대에게 악감정을 심어주지 않고 세상이 끝장나거나 내 삶의 기반이 흔들릴 것을 걱정하지 않으면서 어떻게 갈등에 대처하고 그것을 표현하며 반대 의사를 표명할까를 배우는 것이 성장 과정에서 겪은 가장 큰 문제였다. 극단적인 환경에서 자라났으므로 일상생활에서 흔히 있는 대립과 갈등을 삭이지 못했다. 이 점이 내 약점이다. 정치 초년생 시절 사람들과 좋은 관계를 유지하려 애썼고 반대 세력과도 잘 지내야 한다는 필요성을 인식했다. 다른 한편으로 볼 때 그 점에 너무 매달리지 않았나 싶다."[23]

## 자신을 입증해야 한다는 클린턴의 강박관념

클린턴은 자신을 입증해야 한다는 강박관념을 갖고 있었다. 그는 어려서부터 어떤 자리든지 기회만 있으면 후보로 나섰다. 클린턴은 1987년 자신이 13년 동안 15차례 선거를 치렀다고 말한 적이 있는데, 성인이 된 이후 그의 인생 전체가 선거와 유세의 연속이었다고 해도 과언이 아니다.[24] 그는 대중에게 인정받기를 갈망했고 그것을 추구하는 정열을 갖고 있었다. 이와 관련, 『뉴스위크』 칼럼니스트 조너선 알터Jonathan Alter, 1957~는 "그에 대한 불안은 부분적으로는 그가 직선적이지 못하다는 데 기인한다"며 다음과 같이 말했다.

"여러 문제에 관한 그의 답변은 속 시원하게 자세하긴 했지만 아주 솔직했다고 볼 수는 없다. 많은 부분에서 정곡을 회피했다. 많은 베이비붐 세대처럼 그도 자기에게는 모든 것이 가능하다고 늘 생각해왔다. 징집을 피하면서도 학군단장의 칭찬을 듣는 것, 훌륭한 부인을 얻고 정치가로 입신하면서 다른 여인들과 재미도 보는 것, 가난한 진보주의자들과 부유한 보수주의자들 모두의 지지를 얻는 것, 이라크에 대한 경제제재 조치와 부시의 강경책 모두를 지지한 공로를 인정받는 것 등이 그것이다. 그런 계산된 행동은 옳을 때도 있고 정치적으로 효과적일 때도 있지만 단순히 약삭빠른 행동으로 비쳐지기도 한다."[25]

그러나 선거에서 '뺀질이 윌리'처럼 구는 건 인성人性의 문제가 아니라 과학이었다. 클린턴의 참모들은 중요한 위기 때마다 초점 집단을 소집했다. 민주당 예비선거의 경쟁자인 폴 송거스Paul Tsongas의 초기 성공으로 위협 받았을 때에도 클린턴의 참모들은 초점 집단을 사용해 송거스의 약점을 분석했다. 그들은 '재계를 옹호하는' 송거스를 깎아내리는 최고의 방법은 대중에게 호소하는 것이라는 결론을 얻었다. 클린턴의 참모들은 '국민을 우선하는' 클린턴의 메시지를 송거스의 엄격한 경제계획에 대비시킨 내용의 광고를 남부와 중서부 지역에 방송했다. 졸지에 피고가 된 송거스는 북동부에서 벗어나자 자신에 대한 지지를 회복하지 못했고 일리노이와 미시건 예비선거 중 경선에서 탈락하고 말았다.

클린턴은 초점 집단의 면담 내용을 기초로 유세 내용을 다듬었을 뿐만 아니라 자신의 이력을 말하는 방법도 초점 집단을 통해 터득했다. 초점 집단은 드라이로 결을 살린 클린턴의 머리 모양을 싫어했다. 너무 모양을 냈고 끝이 부자연스럽다는 것이었다. 클린턴은 결국 모양을 덜 부린 새로운 커트 형태로 머리 모양을 바꾸었다. 그러자 이번에는 클린턴의 미소를 문제 삼았다. 초점 집단은 비디오를 보면서 그가 가끔 억지로 웃는 것 같다고 지적했다. 클린턴은 웃는 것도 연습했다. 그런가 하면 클린턴의 참모들은 클린턴이 다소 뚱뚱하게 보이는 것을 의식, 여성 표를 겨냥해 클린턴이 조깅을 하는 모습을 텔레비전 광고를 통해 자주 내보냈다.[26]

## 중도층의 마음을 얻은 '시스터 술자 모멘트'

1992년 4월 29일 로스앤젤레스 폭동이 일어나면서 인종 문제가 선거 이슈로 부각되었다. 흑인 폭동 사흘 동안 53명이 사망하고, 4,000여 명이 다쳤고, 1만 4,000명이 체포되었고, 건물 600동 이상이 불탔으니 결코 작은 사건이 아니었다. 이 사건과 관련, 유명한 여성 흑인 래퍼이자 과격 흑인 운동가인 시스터 술자Sister Souljah, 1964~는 5월 13일 『워싱턴포스트』 인터뷰에서 "(흑인들의 폭력 행위가) 현명하다고 보느냐?"는 질문에 이렇게 말했다.

"그렇다. 흑인은 매일 흑인을 죽이는데, 한 주 정도 백인을 죽이는 게 왜 안 되는가. 로스앤젤레스에서 갱단 폭력으로 매일 흑인이 흑인 손에 죽는다. 흑인이 흑인을 죽이는 건 괜찮고, 흑인이 백인을 죽이면 문제가 되나? 백인은 우월하기 때문에 죽이면 안 되는가?"

시스터 술자는 격한 비난과 논란에 휩싸였지만, 흑인 지도자인 재시 잭슨Jesse Jackson, 1941~ 목사가 이끄는 무지개연합은 6월 12일 밤 그녀를 위한 공개 토론회를 개최했다. 다음 날 이 무지개연합 행사의 연설에서 클린턴은 시스터 술자는 물론 무지개연합이 그녀를 위한 공개 토론회를 개최한 것을 정면 비판했다. 클린턴은 "그녀의 발언은 오늘날 우리가 도저히 자랑으로 여길 수 없는 악의로 가득 차 있다"고 비난했다. 잭슨이 그녀는 단지 공개 토론회에 참석했을 뿐이라고 말하자, 클린턴은 "만약 그 발언에서 '백인'과 '흑인'을 뒤바꾸기만 하면, (미국의 극우 백인 우월주의자인) 데이비드 듀크의 연설과 다를 게 없다"고 말했다.

클린턴의 발언은 면밀하게 준비된 것이었다. 흑인 행사에서 흑인 강경파를 비판함으로써 반발에 부닥쳤지만, 그 대신에 당내 온건파와 중도층의 마음을 얻었다. 이후 당내 강경파의 반발을 감수하고라도 과격한 행동을 강하게 비판하는 것, 그럼으로써 다수 유권자의 지지를 얻는 순간을 가리켜 '시스터 술자 모멘트Sister Souljah moment'라 부르게 되었다.

클린턴이 자신의 환대를 이용해 백인 유권자들을 노린 선동적인 발언을 했다고 생각한 잭슨은 술자가 공동체 봉사 활동을 해온 훌륭한 사람이며 클린턴이 그녀에게 사과해야 한다고 말했다. 잭슨은 클린턴을 지지하지 않겠다고 위협했고, 심지어 로스 페로를 지지할 수도 있다고 암시하기까지 했지만, 클린턴은 그런 반발까지 염두에 두고 있었다.

1960년대 이후 민주당은 흑인, 히스패닉, 페미니스트 문제, 노동조합 문제 등을 주장하는 활동가들의 보금자리가 되었으며, 일부 비평가들은 민주당이 그들의 인질이 되었다고 비판해왔다. 시스터 술자 모멘트는 클린턴이 민주당의 그런 관성과 단절하는 '새로운 민주당'의 노선을 보여주는 상징적 조치인 셈이었다.[27]

결국 민주당 예비선거는 취재 기자들 사이에서 '엘비스 프레슬리'로 불린 클린턴의 승리로 끝났다. 1992년 7월 13일부터 16일까지 뉴욕에서 열린 민주당 전당대회는 3,800만 달러를 들여 성대하게 치러졌으며, 마지막 날엔 전국에서 4,000만 명이 텔레비전을 통해 전당대회를 지켜보았다. 클린턴은 대선 후보 지명 수락 연설에서 자신의 선거 구호로 '새로운 맹약New Covenant'이라는 말을 10회나 사용하면서 다음과 같이 선언했다.

"국민과 정부 간에 다지는 신성한 맹약, 즉 단순히 우리 개개인이 무엇을 얻을 수 있을까 생각하는 것이 아니라 우리 모두 미국을 다시 움직일 수 있도록 무엇인가를 해야 한다는 태도를 바탕으로 한 맹약, 나는 이를 '새로운 맹약'이라고 부르고자 한다."[28]

그러한 선언은 레이거니즘Reaganism의 종언을 의미하는 것이었다. 레이건은 12년 전 취임 연설에서 "정부는 우리가 안고 있는 문제들의 해결책이 아니다. 정부가 바로 문제다"고 선언했다. 그러나 클린턴은 다시금 미국의 문제를 해결하기 위한 정부의 역할을 강조한 것이다. 『타임』 칼럼니스트 월터 아이작슨Walter Isaacson, 1952~은 "만약 클린턴의 선언이 실현된다면, 그건 1900년 테디 루스벨트Teddy Roosevelt의 진보주의progressivism, 1932년 프랭클린 루스벨트Franklin Roosevelt의 뉴딜New Deal, 1960년 존 케네디John Kennedy의 뉴프론티어New Frontier에 비견될 만한 것이다"고 평가했다.[29]

## '아칸소의 레이디 맥베스'라는 힐러리의 별명

그러나 아직 클린턴이 넘어야 할 장벽은 많았다. 클린턴은 섹스 스캔들뿐만 아니라 마리화나 흡연 경험의 인정, 징병 기피 등으로 공화당의 집중적인 공격을 받고 있었다. 힐러리도 주요 공격 대상이었다. 여자가 권력욕이 강하고 너무 설쳐댄다는 이미지 때문에 힐러리에겐 '아칸소의 레이디 맥베스'라는 별명이 생겼고, 『뉴욕포스트』에는 무시무시한 얼굴을 한 힐러리가 꼭두각시 얼굴을 한 클린턴을 조종하는 내용의 사설 논평 만화가 실리기도 했다.

윌리엄 셰익스피어William Shakespeare, 1564~1616의 『맥베스Macbeth』에서 남편과 공모해 국왕을 살해한 맥베스 부인Lady Macbeth이 힐러리의 이미지라는 건 가혹한 비방이지만, 클린턴의 정적들은 그런 식으로 클린턴을 집중 공격했다. 조지 부시George H. W. Bush 선거 진영의 참모 로저 에일스Roger Ailes, 1940~는 "앞치마를 입은 힐러리 클린턴은 탱크를 탄 마이클 듀카키스 같다"며 비난했다.

클린턴이 뉴햄프셔 합동 연설회장에서 자랑스레 선언했던 '공동 집권'이라는 개념은 이후 선거에 불리하게 작용하자 슬그머니 자취를 감추었지만, 이는 두고두고 두 사람을 따라다니는 꼬리표가 되었다. '공동 집권'을 내세우지 않는 전술 변화에 따라 힐러리는 부드럽고 푸근한 인상을 보이려고 애썼다. 각각 머리, 화장, 의상을 담당하는 스타일리스트 3명의 도움을 받고, 트레이드마크인 헤어밴드를 착용하지 않고, 입을 다물고 눈으로만 그것도 사랑스러운 눈으로 남편을 바라보는 모습을 연출하는 등 안간힘을 썼다. 대선 운동의 막바지엔 심지어 빗속에서 연설하는 클린턴을 위해 연설 내내 그의 머리 위에 우산을 받쳐주는 모습을 보여주기도 했다.[30]

동시에 클린턴은 '힐러리 때리기'에 대해 정색을 하고 이렇게 받아치기도 했다. "그들은 힐러리를 반대합니다. 기본적으로 모든 무소속(민주당이나 공화당에 등록하지 않은 유권자들)과 직업여성을 윌리 호턴처럼 보이도록 만들려고 애쓰고 있지요. 이는 내가 진심으로 유감스럽게 생각하는 방향으로 흐르는 것입니다."

윌리 호턴Willie Horton, 1951~이라니, 그는 1988년 대선에서 민주당 후보 마이클 듀카키스Michael S. Dukakis, 1933~에게 치명타를 먹였던 강간·살인범이 아닌가. 듀카키스가 매사추세츠 주지사 시절에 시행한 재소자 휴가 프로그램은 강력범죄 13퍼센트 이상 감소, 마약사범 체포율 5배 이상 증가라는 성과를 거두었지만, 선거 기간 중 살인범으로 종신형을 선고받은 호턴이 재소자 휴가 프로그램으로 휴가를 나가 메릴랜드의 한 가정에 침입해 부녀자를 강간하고 그녀의 남편을 살해한 사건이 벌어졌다. 이는 공화당의 집중적인 공격 대상이 되었고, 듀카키스의 패배 이유 중 하나가 되었다.

이상한 일이었다. 1992년 대선에선 정반대로 호턴이라는 이름이 민주당에 의해 자주 거론되었으니 말이다. 이에 대해 1992년 8월 『뉴욕타임스』는 이렇게 말했다. "민주당에 투표하는 것을 꺼림칙하게 만들었던 윌리 호턴의 이미지를 잘 이용하는 사람들은 공화당 사람들이 아니다. 윌리 호턴은 민주당의 가장 유력한 수사학적 무기로 사용되고 있다. 빌 클린턴의 지지자들은 그들이 부시 대통령의 '새로운 세금은 없다'는 공약을 상기시키는 것만큼 자주 호턴이라는 이름을 기꺼이 입에 올리고 있다."

왜 그런 일이 벌어졌을까? '호턴'은 1988년 대선에서 공화당에 유리한 단기적 효과는 있었지만, 선거가 끝난 후 냉정이 회복된 상황에선 '비열한 수법'이었다는 인식이 널리 확산되었기 때문이다. 그래서 그런 수법을 뜻하는 '호턴화Hortonization'라는 용어마저 생겨났다. 『보스턴글로브』의 칼럼니스트 데이비드 나이한David Nyhan, 1940~2005은 부시의 적敵 사담 후세인Saddam Hussein, 1937~2006을 "4년마다 열리는 제1회 윌리 호턴 탤런트 찾기 대회의 금메달 수상자"라고 부르기까지 했다.

이런 되치기 전략이 먹혀 들어가면서 이상한 일이 벌어지기 시작했다. 클린턴의 섹스 스캔들마저 '유약한 남자wimp'라는 부시의 이미지와 비교되면서 '강한 남자'의 증거인 양 여겨지는 이변이 나타나기 시작한 것이다. 미디어 비평가 더글러스 러시코프Douglas Rushkoff, 1961~에 따르면, "클린턴은 존 F. 케네디처럼 좀더 건강한 성욕을 가진 것처럼 보였다. 특히 부시와 비교할 때 말이다(코미디언들은 부시가 자기 엄마처럼 보이는 여성과 결혼한 것을 비웃었다). 공화당은 클린턴을 '스커트체이서skirtchaser(여자 꽁무니를 쫓는 사람)'라고 부른 것이 오히려 그의 성적 능력이 뛰어날 것 같은 이미지만 더해줄 뿐이라는 점을 깨달았다."[31]

## "바보야, 중요한 건 경제야"

그러나 수많은 선거 이슈와 현란한 각종 이벤트들에도 1992년 대선의 핵심 의제는 과거 그 어느 때보다 '경제'였다. 클린턴은 1992년 7월

16일 민주당 대통령 후보 지명 수락 연설에서 "미국 경제가 독일에 뒤지고 일본 총리가 동정을 느낄 정도가 됐다"고 개탄하고 이같이 실추된 미국의 위신을 끌어올리겠다고 다짐하면서 "잊힌 중산층을 형성하는 근면한 미국 국민의 이름으로 민주당의 대통령 후보 지명을 받아들인다"고 했다.

클린턴의 참모인 제임스 카빌James Carville이 그간 사용했던 슬로건 '국민이 우선인 국가Putting People First'가 진부하다고 판단해 새로 만들어낸 선거 슬로건 "바보야, 중요한 건 경제야It's the economy, stupid"는 확실히 약효를 발휘하고 있었다. 여기에 클린턴이 아칸소의 호프Hope시 출신인 것과 연결시키는 '희망을 가지고 온 사람Man from Hope' 광고를 제작해 '경제'와 '희망'을 연결시켰다.[32]

그럴 만도 했다. 1989년 1월부터 1992년 9월 말까지 조지 부시George H. W. Bush 행정부의 집권 3년 9개월간 '경제 성적표'는 국내총생산GDP 성장률 2.2퍼센트, 고용 증가율 0.9퍼센트, 가처분소득 증가율 3.8퍼센트였고 미국인들이 중요하게 생각하는 시간당 소득 증가율은 0퍼센트로 나타났다. 반면 인플레이션과 실업 지수는 10.5퍼센트에 달했다. 제2차 세계대전 후 집권한 9명의 대통령 가운데 최악의 점수였다. 여기에 실업 인구는 1,000만 명에 달했고, 매일 수백 개의 기업이 파산하고 있었다.

또 재정적자는 무려 4조 달러에 달해 미국인들에게 큰 정신적 압박이 되어가고 있었다. 이 같은 재정적자는 로널드 레이건 행정부 시절의 군비 경쟁 여파로 인해 누적된 것이었지만, 그 책임은 고스란히 부시에게 떨어졌다. 냉전 종식과 걸프전 승리의 공로도 아랑곳지 않고 미국의 유권자들이 부시에게 등을 돌린 이유가 바로 여기에 있었다. 레이건이 남겨준 유산의 명암明暗이라고나 할까. 투표를 마치고 나온 유권자들을 상대로 한 여론조사에서도 43퍼센트가 경제 문제에 따라 표를 던졌다고 대답한 걸로 미루어 보더라도 경제 문제가 대세를 결정지은 게 분명했다.[33]

결국 클린턴이 43퍼센트의 득표율로 제42대 대통령에 당선되었다. 부시는 38퍼센트, 제3의 후보인 로스 페로는 19퍼센트의 지지를 얻었다. 부시의 38퍼센트는 1936년 이래 대통령 선거에서 공화당 후보의 득표율 가운데 가장 낮은 수치였다. 민주당은 대통령 선거에서 승리했을 뿐만 아니라 상하 양원에서 다수 의석을 유지했다. 435명 전원을 다시 뽑은 하원은 전체의 4분의 1이 넘는 110명이 신인들로 대체되어 제2차 세계대전 이후 최대의 교체 폭이라는 신기록을 세웠다.

100명 가운데 약 3분의 1인 35명을 새로 선출한 상원에서도 11명의 새로운 얼굴이 원내로 진출, 정치 풍토 개선 분위기의 한 단면을 보여주었다. 그뿐만 아니라 여성들과 소수민족 출신의 당선자들도 전례없이 많아졌다. 미국 역사상 최초의 흑인 여성 상원의원이 탄생한 것을 비롯해 여성 상원의원이 기존 2명에서 6명으로 3배나 증가했고 하원에서도 여성이 19명이 늘어난 47명이 되었다. 소수민족 출신은 흑인 14명, 히스패닉 19명, 아시아계 2명, 아메리카 인디언 원주민 1명이 이전에 비해 많아졌다.[34]

경제가 결정적이긴 했지만, 1992년 선거는 '세대 전쟁'의 양상도 보였다. 클린턴과 부통령 앨버트 고어Albert Gore, 1948~는 베이비붐 세대였다. 1946~1964년 사이에 태어난 베이비붐 세대는 1968년 전체 유권자의 10퍼센트 이하였지만, 1972년 선거법 개정으로 선거 연령이 21세에서 18세로 내려간 뒤 5명에 1명으로 늘었다. 베이비붐 세대는 1976년엔 3명 중 1명, 1984년엔 2명 중 1명, 1988년에는 5명 중 3명, 1992년에는 그 이상으로 늘어났다.[35]

미국 인구의 약 3분의 1에 달하는 베이비부머들의 대부분은 1960년 대를 휩쓴 급진주의 학생운동에 참여한 경험이 있으며 민권 옹호, 베트남전쟁 반대, 여권신장, 환경보호 등 각종 사회운동을 주도하거나 경험했다. 사실 클린턴의 당선은 병역 기피, 혼외정사 문제를 크게 중요시하지 않는 젊은 세대의 의식구조의 적지 않은 덕을 보았다.[36]

기자들의 절대 다수가 바로 그 베이비붐 세대여서 그랬는지는 알 수 없으나, 신문들의 압도적인 지지도 클린턴 승리의 견인차였다. 오죽하면 공화당이 "부시를 재선시켜 언론을 놀려주자"는 스티커를 만들어 지지자들에게 나눠주기까지 했겠는가. 언론의 일방적인 클린턴 지지가 여론에 반영되자, 부시는 "여론조사는 잊어버리자. 몇 백 명의 여론조사로 어떻게 모든 유권자의 지지를 파악할 수 있느냐"고 자위했지만, 여론조사 결과는 큰 오차 없이 선거 결과로 이어지고 말았다.[37]


## '지옥에서 온 여피의 아내'라는 힐러리의 별명

힐러리에겐 '지옥에서 온 여피의 아내'라는 별명도 따라붙었는데, 사실 이 '여피'라는 개념을 이해해야 1990년대 초반의 정치 환경은 물론 힐러리의 물욕物慾도 이해할 수 있다. '여피yuppie'는 '도시에 사는 젊은 전문직 종사자Young Urban Professional'의 머리글자에 '히피hippie'의 뒷부분을 붙여 만든 단어다. 여피가 공식적으로 모습을 드러낸 시기는 1983년 3월이다. 『시카고트리뷴Chicago Tribune』 논설위원 밥 그린Bob Greene, 1947~이 히피와 신좌익의 중간을 자처하는 반체제 청년 집단인 이피yippie였다가 활동무대를 월스트리트로 바꾼 제리 루빈Jerry Rubin, 1938~1994에 대한 기사를 쓰면서 이 말을 처음 사용했다.

'여피' 현상은 1960년대의 개인주의가 1980년대의 물질주의로 얼마나 쉽게 변질했는지를 보여주었다. 여피의 의미도 '도시에 사는 젊은 전문직 종사자'에서 '출세욕에 찬 젊은 전문직 종사자Young Upwardly Mobile Professional'로 왜곡되었다. 여피를 대변해 여피의 이미지를 좋게 할 유명인이 없었기 때문일까? 굳이 찾자면, 영화 〈아메리칸 지골로 American Gigolo〉(1980)에서 볼 수 있는 리처드 기어Richard Gere, 1949~의 외형적인 모습이 여피에 가까웠다. 『뉴스위크』 커버스토리는 1984년을 '여피의 해'로 정했는데, 이는 물질과 출세 위주의 풍토를 지적하기 위한 것이었다.[38]

힐러리는 "나는 여피이기엔 너무 늙었다"고 말했지만, 길 트로이Gil Troy의 '여피'에 대한 다음과 같은 비평에서 벗어날 수 있을 만큼 늙은 것은 아니었다. "여피는 라이프스타일에 의해 규정되지만 그 트렌디한 용어 자체는 경멸을 내포하는 말이다. 많은 이들이 자기에게 관대하고 때로는 자기 혐오적이기까지 한 이 세대가 이제는 자신들이 한때 혁명을 지지했던 만큼이나 열렬하게 돈만 추구한다는 것에 경멸감을 느끼고 있었다."[39]

후기 페미니스트로 분류되는 카미유 파글리아Camille Paglia, 1947~는 자신과 동갑내기인 힐러리가 자신처럼 '베이비붐 세대의 불안과 성장통'을 겪고 있다고 주장했다. "힐러리는 거대한 이상주의와 결과가 수단을 합리화하는 강압적인 전술을 교묘히 섞고 있다. 우리 세대의 거만함과 자기기만을 사회적 사명감으로 포장하고 있는 것이다. 나는 그녀에게 강한 동질감을 느낀다. 그녀가 지금 겪고 있는 어려움과 내가 직장에서 겪는 어려움은 마찬가지로 여겨진다."[40]

작가 마이크 데이비스Mike Davis, 1946~는 『아메리칸 드림의 수인들 Prisoners of the American Dream』(1986)에서 여피의 출현엔 레이거노믹스 Reaganomics의 주된 수혜자인 '상층 · 중간층'의 '과소비주의'가 깔려 있다고 주장했다. 레이건의 집권 1기 동안 저소득 가계는 임금과 사회적 혜택의 삭감으로 230억 달러를 손해본 반면, 고소득 가계는 조세삭감의 덕택으로 350억 달러 이상의 이득을 보았다는 것이다.[41]

고소득 가계라고 해서 무조건 레이건을 지지한 건 아니었다. 이들 중 상당수는 민주당을 지지했는데, 이게 오히려 더 복잡한 문제를 낳고 말았다. 민주당은 1984년 대선에서 패배했지만 레이건에 반대하는 전문직 종사자들이라는 새로운 지지층을 얻었다. 이른바 '민주당의 여피화the yuppication of the Democratic Party'가 일어난 것이다. 즉, 민주당이 여피를 비롯한 부자들의 왕성한 참여와 기부로 인해 부자 중심의 정당이 되고 말았다는 것이다.

미국에서 지난 수십 년간 대선의 승패를 좌우할 수 있는 규모의 서민층이 공화당에 표를 던진 주요 이유 중의 하나는 바로 민주당의 여피화였다. 서민층의 참여와 기부가 상대적으로 빈약한 가운데 벌어진 부자들의 참여와 기부는 부자들의 목소리가 '과잉대표'되는 결과를 초래했고, 이게 정당 내부에서 구조화됨에 따라 이젠 경제적으로 '좌클릭'하기가 어려울 정도가 되고 말았다. 결국 여피의 민주당 지지는 오히려 '민주당의 보수화'를 초래함으로써 미국 정치는 '양당제 형태를 띤 1당제'라는 말이 나오게 만들었다.[42]

## 미국 정치는 "두 개의 우익 정당으로 이루어진 1당 체제"인가?

사실 클린턴이 심혈을 기울여 내놓은 사회적 메시지는 보수주의였다. 그는 민주당의 진보적인 색채가 지난 12년간 백악관을 공화당에 넘겨준 가장 큰 이유임을 잘 알고 있었다. 그래서 그는 보수주의가 공화당의 전유물이 아님을 분명히 했다. 그는 '가족적 가치family value'를 역설하는 부시에 대항해 권리엔 책임이 뒤따른다는 주장으로 일부나마 부유한 공화당원들의 지지까지 얻어냈다. 그는 아칸소주에선 학교 중퇴자에게 운전면허를 주지 않는다는 것까지 자신의 실적으로 내세웠다.[43]

공화당의 선거 전략가 데이비드 킨David Keene, 1945~은 "클린턴은 여러 면에서 보수적인 메시지를 갖고 승리했다. 그가 이제 그 메시지를 지키기만 하면 '레이건을 지지했다가 그에게 돌아온 민주당원들'을 확실하게 붙들 수 있을 것이다"라고 말했다.[44] 클린턴은 '종교적 가치'마저도 공화당에서 빼앗아오겠다는 듯, 나중에 대통령이 된 후에 연두교서에서 "우리 모두가 교회에 열심히 참석하지 않는다면 우리나라를 새롭게 탈바꿈시킬 수 없을 것입니다"라고 주장하는 선까지

나아가게 된다.[45]

사실 '가족적 가치'는 '4 · 29 LA 폭동'의 원인과도 연결되어 있어 공화당이 큰 공을 들인 이슈였다. 폭동 3주 후인 1992년 5월 부통령 제임스 댄포스 퀘일James Danforth Quayle, 1947~은 샌프란시스코 커먼웰스클럽Commonwealth Club에서 행한 연설에서 폭동의 원인 분석을 시도하면서 '도덕적 가치moral values'와 '가족적 가치'의 중요성을 강조했다. 그는 사생아를 가졌다는 이유로 인기 있는 텔레비전 드라마의 등장인물인 머피 브라운Murphy Brown을 비난하고 미혼모의 모성, 사생아의 오명汚名, 낙태 문제에 대한 논쟁을 불러일으켰다. 그의 아내인 메릴린 퀘일Marilyn Quayle, 1949~은 공화당 전당대회에서 "대부분의 여성은 여성으로서의 근본적인 본성으로부터 해방되기를 원치 않는다"며 남편을 거들었다.[46]

그러나 이런 공세는 클린턴이 보수적 가치의 상당 부분을 선점해버림으로써 빛을 잃었다. 게다가 부시 진영이 '가족적 가치'를 역설한 방식이 다소 치졸했다는 것도 클린턴의 승리에 일조했다. 부시 측은 부시 대통령의 부인 바버라 부시Barbara Bush, 1925~를 가정과 남편에 헌신하는 모범적인 여성으로 집중 부각시켜 보수 성향의 표를 끌어모으기에 안간힘을 썼다. 거기까지는 좋았는데, 부시 진영이 힐러리를 '가정을 지키지 않는 여성'으로 인신공격을 가한 것은 실수였다.

부시 진영은 그녀가 젊었을 적에 쓴 논문 중 특정 구절을 끄집어내 "가정을 여성의 감옥에 비유했다"거나 "자녀들에게 부모를 고소하도록 부추겼다"는 등 전투적 여성해방론자로 묘사했다. 또 힐러리의 법률 활동과 자원봉사 활동에 대한 의혹과 관련해 "힐러리는 집에서 과

자나 만들며 있어야 했다"고 비난했다. 그러나 유권자들은 그러한 공격에 대해 별 관심을 갖지 않았거니와 오히려 비열한 인신공격이라고 등을 돌리고 말았다.[47]

1992년 대선에선 빌 클린턴과 조지 부시만 뛴 건 아니었다. 이색적이면서도 강력한 제3의 후보들이 있었다. 공화당 대통령 후보 지명전에 도전한 패트릭 뷰캐넌Patrick Buchanan은 조지 부시를 겨냥해 공장과 사무실은 "엑스터-예일 동문……하버드와 예일 출신들이 장악한 귀족들의 공화당"에 의해 배신당하고 있다고 주장했다. 그는 1992년 뉴햄프셔에서 "나는 혁명을 원한다"고 외쳤다. 그 혁명은 "노동자와 중산층이 공화당을 다시 장악하는 것"이라고 했다.

정치사적으로 더욱 흥미로운 인물은 혜성처럼 나타나 돌풍을 일으켰던 무소속 후보 로스 페로Ross Perot였다. 19퍼센트의 득표율을 올린 그의 선거운동은 제3당의 출현 가능성을 높였기 때문이다. 동시에 19퍼센트의 득표율에도 선거인단 투표에서는 단 한 표도 얻지 못함으로써 기존 선거인단 제도의 문제점도 부각시켰다. 페로 역시 부시와 국무장관 제임스 베이커James Baker, 1930-를 '컨트리클럽 멤버들'이며 '부잣집 아들들'이라고 공격했다. 사실 민주당도 다를 게 없었다. 기존 양당체제에 대한 염증이 페로의 입을 통해 발설되었다고 보면 되겠다.[48]

고어 비달Gore Vidal, 1925~2012은 미국 정치를 "두 개의 우익 정당으로 이루어진 1당 체제"로 묘사했는데,[49] 사실 로스 페로로 인해 불거진 제3당 출현의 가능성은 바로 그런 '1당 민주주의' 체제에 대한 도전의 성격을 갖는 것이었다.

제4장
★
## "이 나라는 클린턴 부부에게 투표했습니다"
★★★
1993~1994년

### 워싱턴을 경멸한 클린턴과 '아칸소 마피아'

"아칸소는 내 마음속 깊이 흐르고 있고 앞으로도 영원히 그럴 것이네." 빌 클린턴은 아칸소에서 진행된 고별식에서 자신의 성공을 기원하는 아칸소 주민들에게 이 노래를 인용하며 눈물을 글썽거렸다. 그렇게 눈물 어린 고별식을 뒤로 한 채 워싱턴으로 날아온 클린턴은 1993년 1월 20일 제42대 미국 대통령으로 취임했다.

46세의 '젊은이'인 클린턴은 1901년 42세의 나이로 윌리엄 매킨리William McKinley, 1843~1901를 승계한 시어도어 루스벨트Theodore Roosevelt, 1858~1919, 최연소 당선자로 기록된 43세의 존 케네디 이후, 최연소 대통령이 되었다. 그는 젊음을 과시하려는 듯 MTV식 젊은 마인드를 갖고 국정에 임하려고 했지만, 그것은 어리석은 생각이었다.

클린턴이 5선 경력의 아칸소 주지사였다는 사실은 아칸소의 작은 규모 때문에 미국 경영엔 별 도움이 되지 않는 것이었다. 아칸소 주민의 수는 미국 인구의 1퍼센트에 불과했고, 아칸소주의 연간 예산은 17억 달러였지만, 연방정부가 관장해야 할 예산은 1조 1,600억 달러였다. 아칸소주에서 하던 식으로 하면 절대 안 되는 일이었건만, 초기 클린턴 행정부는 실패로 끝난 지미 카터 행정부의 전철을 밟고 있었다.

클린턴과 카터는 같은 남부 출신으로 워싱턴을 경멸한다는 점에서 같았다. 카터 행정부의 핵심 인력이 조지아 출신의 '조지아 마피아'로 꾸려졌듯이, 클린턴의 핵심 인력 역시 '아칸소 마피아'로 구성되었다. '조지아 마피아'가 '아칸소 마피아'로 바뀌었다는 것 외엔 차이가 없었다. 클린턴이 나중에 자서전에서 밝힌 바에 따르면, 아칸소대학 법대 동료들 중에서만도 행정부나 연방 재판관에 임명된 이는 30명에 이르렀다. 클린턴의 로즈Rhodes 장학생 동기도 10명 넘게 중용되어 '로즈 마피아'의 냄새도 풍겼을 뿐더러, 20명의 장관급 지명자 중 14명이 변호사였다.

클린턴과 힐러리는 노련한 워싱턴의 베테랑들을 거의 배제했다. 힐러리는 고위직은 아칸소 시절부터 함께한 친구들과 보좌관들, 그리고 대선 기간 활동했던 충성파들에게 돌아가야 한다고 주장했고, 대부분 그렇게 관철되었다. 그래서 비서실장으로 발탁된 인물도 클린턴의 유치원 때부터의 친구인 맥 매클라티Mack McLarty, 1946~였다.

19년 전 자신의 남자 친구가 대통령이 될 거라고 큰소리친 힐러리

를 나무랐던 버나드 누스바움Bernard Nussbaum, 1937~은 백악관의 법률
고문에 임명되었는데, 누스바움은 힐러리에게 워터게이트 사건 이래
로 워싱턴에는 조사와 의구심, 그리고 언론을 자극하는 폭로성 발언
으로 의회의 반대를 이끌어내는 새로운 문화가 자리 잡았다고 경고했
다. 워싱턴의 문화는 비열하게 변해버렸고, 누구든 거기에 전염될 수
있으니 조심하라는 이야기였다.[1]

그러나 힐러리와 클린턴은 조심하기보다는 적의敵意로 맞섰다. 워
싱턴에 대한 강한 적대감이라는 점에선 클린턴과 힐러리가 죽이 맞았
다. 클린턴은 "승리가 워싱턴에 달려 있었다면 난 애초 선출되지 않을
겁니다"라고 했고, 힐러리는 이 말을 슬로건처럼 되풀이해서 강조했
다. 두 사람은 코웃음을 치며 워싱턴의 언론과 사교계는 자기들에게
적대적이라는 판단을 내리고, 이 두 집단을 멀리하기 시작했다.[2]

## 힐러리의 언론에 대한 반감과 적대감

워싱턴에 입성한 지 이틀째 되는 날 클린턴은 선거 기간에 만난 53명
의 일반인을 초청해 '희망의 얼굴들'이라는 이름으로 50만 달러짜리
만찬을 베풀면서 이런 말을 했다. "저는 권력의 부침과 이동에만 신경
쓰는 폐쇄적인 이 도시와 매일 신문에 실리는 권력에 대한 소문들은
여러분이 내는 세금을 올바르고 정직하게 여러분의 문제를 해결하는
데 쓰는 일에 비하면 아무짝에도 쓸모없다는 사실을 기억할 것입니
다."[3]

위싱턴 문화에 대한 적대감은 클린턴보다는 힐러리가 심했다. 국립 교향악단 무도회, 특정 질병을 위한 자선행사, 수의사회 디너 무도회 등 퍼스트레이디가 지역 행사의 후원자로 이름을 올리는 것은 워싱턴의 전통이었지만 힐러리는 이마저 모두 거부했다. 간단히 승낙만 해 주면 되는 일이었지만, 힐러리는 이런 이유를 댔다. "그렇게 하지 않 겠습니다. 내가 실제로 하지도 않은 일에 내 이름을 넣는 일은 절대로 없을 겁니다. 내가 실제로 참여할 때만 내 이름을 빌려주도록 하겠습니다."

기본적으로 기자들은 지겨운 인간들이라고 생각한 힐러리는 지난 25년간 기자들이 드나들었던 웨스트 윙West Wing, 즉 권력의 핵심부로 향하는 통로를 폐쇄시킴으로써 그들을 백악관 지하실에 가두는 조치를 취했다. 기자들은 분노했다. 기자단 단장 헬렌 토머스Helen Thomas, 1920~2013는 "케네디 시절부터 우리는 줄곧 백악관을 드나들었지만, 저 계단들이 봉쇄되거나 공보담당관 사무실이 통제구역이 된 적은 없었습니다. 단 한 번도 말입니다"라고 분노했다.[4]

힐러리의 열렬한 지지자로 백악관의 피해 대책 대변인으로 일했던 래니 데이비스Lanny J. Davis, 1945~는 『말해야 할 진실Truth to Tell』(2002)에 서 힐러리의 언론에 대한 반감은 너무도 극단적이라 자신도 어찌할 수가 없었다고 털어놓았다. "언론의 생리가 어떤지 이해하지 못하는 데다가 언론을 어떻게 활용해야 하는지 판단이 흐려질 만큼 적대감까지 더해져서 상태는 최악이었다."

언론에 대한 반감은 거의 병적 수준이었다. 힐러리의 허락을 받지 않은 정보를 기자들에게 건넸다는 의심을 받는 직원에게 퍼붓는 힐러

리의 한결같은 질책은 "왜 그자들에게 아무거나 말했지? 그자들에게
는 절대로 아무것도 발설하지 말아!" 였다. 힐러리는 언론에 대한 혐오
감 때문에 그러는 것이었지만, 언론 쪽에서는 그런 신경질적인 대응
을 뭔가 굉장한 거라도 감춘 것처럼 여기는 악순환을 힐러리 스스로
초래한 셈이었다.[5]

힐러리가 더 심하긴 했지만, 언론에 대한 적대감은 클린턴과 그의
참모들 역시 마찬가지였다. 1993년 2월 15일 밤 9시 대통령 클린턴은
기자회견이 아닌 텔레비전 연설을 통해 취임 후 첫 정책 발표를 했다.
이미 선거 때도 그러했지만, 클린턴과 그의 측근들은 정부의 정책 전
달 과정에 언론이 개입하는 것을 아주 싫어했다. 클린턴은 선거 후
『TV가이드』와 가진 인터뷰에서 "언론의 해석을 통해 자기 생각을 국
민에게 전하려는 사람은 머리가 돈 사람" 이라고까지 말했다.[6]

그런 견해는 클린턴의 이미지 관리를 전담하는 참모들의 생각이기
도 했다. 선거일 한 사진 기자가 클린턴의 사진을 찍게 제임스 카빌
James Carville, 1944~에게 좀 비켜달라고 하자 카빌은 그 요청을 거절했으
며, 나중에 "이젠 이겼기 때문에 언론을 더이상 필요로 하지 않았다"
고 큰소리쳤다. 조지 스테퍼노펄러스George Stephanopoulos, 1960~도 백악
관 공보국장communications director이 된 후 제일 먼저 한 일이 자신의 집
무실에 약속이 없이는 기자들이 출입할 수 없다고 하는 규칙을 정한
것이었다. 백악관 대변인press secretary인 디디 마이어스Dee Dee Myers,
1961~는 "기자는 국민이 아니다" 라는 표현까지 썼다.[7]

## 백악관을 대학 캠퍼스나 기숙사처럼 생각한 참모들

백악관의 언론에 대한 거부감과 그에 따른 언론 박대는 부분적으론 클린턴의 참모들이 혈기왕성한 젊은이들이라는 점과 무관하지 않았다. 백악관 대변인 디디 마이어스는 31세, 공보국장 스테퍼노펄러스는 32세로 둘 다 미혼이었다. 비서실 차장 마크 기어런Mark Gearan, 1956~은 36세였다. 백악관 직원의 평균 연령도 36세로, 46세의 클린턴과 45세의 고어보다 나이가 많은 직원은 5분의 1밖에 안 되고 70퍼센트가 30세 전후의 젊은 세대들이었다.[8]

언론은 젊은 대통령과 젊은 참모진들이 설치는 백악관을 두고 영화 제목을 빗대 '홈 얼론(나 홀로 집에) 3탄'이라고 꼬집었다. 말하자면 집(백악관)에 애들만 있다는 이야기였다. 백악관 비서실 차장의 책상에조차 이곳에 때때로 나타나는 할리우드 스타들을 놓칠세라 비디오카메라가 항상 놓여 있으며 혈기왕성한 참모들이 피자를 시켜 먹으면서 걸핏하면 밤을 새우고 끝없는 자유 토론을 갖는 백악관의 모습이 대학 기숙사 분위기 같다는 것이었다.[9]

실제로 20~30대의 직원들은 백악관을 '캠퍼스'라 부르며 여기저기 휘젓고 다녔는데, 젊은 남자들은 넥타이를 매지 않기 일쑤였고 여자들은 종종 바지 차림으로 출근하기도 했다. 이전 정권 때부터 유임된 직원들은 20대의 보좌관들이 껌을 씹으며 대화를 하거나, 대학 기숙사에서나 볼 수 있는 태도로 전화를 받고, 답변을 하지 않은 이메일이 수북이 쌓이도록 내버려두는 모습을 보고 질겁했다. 오죽하면 "백악관 공보실은 초등학교 3학년짜리 애들처럼 행동했다"는 말까지 나왔겠는가.

　이런 사정은 다 바깥으로 새어나가 언론에 보도되었다. 물갈이를 할 수 없는 백악관 인력이 그런 이야기를 밖으로 내보냈다. '부시를 또다시 대통령으로Re-elect Bush'라는 스티커를 여전히 자신의 차에 붙이고 다니는 수위도 있을 정도였으니 더 말해 무엇하랴. 경호실도 그런 정보 누설의 진원지 중 하나였다. 나중에 밝혀진 사실이지만, 경호실에서 흘러나온 이야기를 출처로 삼은 대표적 기사가 2월 19일『시카고선타임스Chicago Sun-Times』에 실린 빌 즈웨커Bill Zwecker의 칼럼이었다.

　출처도 명시하지 않은 이 칼럼은 관저에서 힐러리가 클린턴과의 심한 말다툼 끝에 램프를 집어던졌다며, "퍼스트레이디 힐러리 로댐 클린턴은 남편에 버금가는 성질을 가진 것 같다"고 했다. 그는 이에 덧붙여 "빌과 힐러리는 각방을 쓰고 있다"고 했는데, 이것은 사실이 아니었다. 그럼에도 다른 주류 언론 매체들도 같은 내용의 기사를 실었고, 심지어 힐러리가 남편에게 꽃병 혹은 성경책을 던졌다고 보도한 매체도 있었다.[10]

　스테퍼노펄러스는 나중에 회고록에서 자신들의 방식에 문제가 있다는 걸 인정했다. "우리 방식은 제대로 들어맞지 않았다. 하지만 우리는 변화를 거부했다. 이는 항복을 의미한다고 믿었기 때문이었다. 처음에 우리 참모진은 다시 선거운동 당시의 비형식적이고 파격적인 태도로 대통령이 방 안으로 들어올 때마다 자리에서 일어서지는 않았다. 만일 우리가 그랬다면, 클린턴은 손을 휘저으며 '일어날 필요 없어'라고 말했을 것이다. 그의 꾸밈없는 태도는 신선했을지는 몰라도 한편으로는 실수하는 일이었다. 조깅 반바지 문제만 해도 그랬다. 저녁 뉴스에 몇 번 다리를 드러낸 사진이 나갔을 뿐인데도 사람들은 대통령이 늘 운동복을 입고 지낸다고 생각했다."[11]

## "이 나라는 클린턴 부부에게 투표했습니다"

힐러리는 전통적인 퍼스트레이디 역할에 머물지 않고 아칸소에서 그랬던 것처럼 '힐러리케어Hillarycare'라 불리는 의료보험 개혁을 추진하는 기구President's Task Force on National Health Care Reform의 중책을 맡았다. 힐러리는 연방정부의 핵심 집행 부서들이 자리한 곳의 바로 위 2층, 웨스트 윙에 자신의 지휘 통제 센터를 만들었다. 과거 그 어떤 퍼스트레이디도 웨스트 윙에 사무실을 둔 적은 없었다. 그래서 몇몇 사람이 웨스트 윙이 아닌 이스트 윙에 사무실을 두는 게 어떻겠느냐고 권유했지만, 그건 힐러리에겐 양보할 수 없는 사안이었다.

어디 그뿐인가. 그녀를 둘러싼 보좌진의 규모도 30명 규모로 부통령의 보좌진보다 많았다. 역대 행정부에서는 백악관의 모든 사무실에 대통령과 부통령의 사진을 나란히 거는 것이 관행이었지만, 클린턴과 힐러리의 사진으로 바뀌었다. 게다가 힐러리와 조금이라도 연관이 있는 사무실에는 대통령의 사진이 거의 없었다. 힐러리의 직원들은 대통령을 위해 일하는 보좌관들을 '백악관 소년들'이라고 부르며 우월감을 만끽했다.

힐러리가 백악관의 실세라는 것을 눈치 챈 직원들은 "영부인이 내게 말했는데"라거나 "영부인이 이걸 매듭짓기를 바란다"는 말을 내세우면서 백악관 내 위계질서 속에 자신들의 입지를 세우려고 안간힘을 썼다. 1987년 한 기사에서 언급된 '공동 대통령copresidency'이라는 용어는 1993년에 9만 2,000회 이상 등장할 정도로 힐러리는 클린턴 행정부의 실세 중의 실세로 떠오르게 된다.

그런 공동 대통령제의 와중에서 소외된 이는 부통령 앨버트 고어Albert Gore, 1948~였다. 힐러리는 클린턴에게 "빌, 당신은 대통령이고 이건 당신의 정부예요"라고 말하면서 고어의 조언을 무시하도록 부추겼다. 힐러리가 친구에게 "고어는 순전히 워싱턴 인맥의 힘을 빌릴 수 있기 때문에 인정받는 거예요. 그는 아칸소에서부터 올라온 우리 같은 사람과 달라요"라고 말했다는 내용이 잡지에 실리기도 했다. 고어도 만만치 않은 인물인지라, 당연히 백악관 내부엔 권력투쟁의 긴장관계가 형성되었다. 이런 체제는 의사 결정을 무수하게 지연시키고, 혼란을 가중시켰으며, 충성심으로 편을 가르는 등 매우 부정적인 결과를 초래했다.

힐러리와 클린턴이 '공동 대통령'을 할 것이라는 점은 사실 선거 유세에서도 충분히 드러났다. 힐러리가 선거일 직전 신시내티Cincinnati에서 열린 유세에서 '우리'라는 말을 너무 자주 사용한 나머지 한 기자는 그녀를 우드로 윌슨Woodrow Wilson, 1856~1924 대통령이 병약해진 임기 말년에 대통령직을 대행했던 윌슨 부인에 비유했다. 『뉴욕타임스』는 다음과 같이 보도하기도 했다.

"선거일에 클린턴 부부가 비행기 안에 나란히 앉아서 테드 코펠과 인터뷰를 할 때 진짜 힐러리의 모습이 드러났다. 힐러리는 코펠이 빌에게 한 질문을 두 번이나 대신 답변했다. 빌은 그 점을 신경 쓰지 않았고 심지어 특별히 의식하지도 않은 것처럼 보였다."

대선 승리 직후 힐러리는 흥분해서 『워싱턴포스트』에 "이 나라는 클린턴 부부에게 투표했습니다"고 말했다. 집권 후 한 번은 텍사스에서 PBS의 빌 모이어스Bill Moyers, 1934~가 "통치하는 것이 무엇이라고 생각하느냐"고 질문하자, 힐러리는 "그것은 유쾌하고, 당황스럽고, 정신이 번쩍 나는 것"이라고 대답했다. 잠시 후 그녀는 "기록을 바로잡기 위해 말하지만 나는 어떤 것도 통치하지 않는다"고 덧붙였지만, 그 말을 믿는 사람은 없었다. 공화당 상원의원 밥 돌Bob Dole, 1923~은 힐러리를 "미세스 프레지던트"라고 불렀다.


## "우리 편이에요, 반대편이에요?"라고 묻는 선악 이분법

원래 힐러리가 원했던 자리는 법무장관이나 국무장관이었지만, 연고자 등용 금지법 때문에 의료개혁위원장을 맡게 된 것이었다. 하지만 6명의 각료가 그녀에게 보고하게끔 되어 있어 장관 이상의 자리였고, 의료보험 개혁은 법무장관이나 국무장관 일보다 훨씬 더 어려운 일이었다. 역대 대통령들이 망설이며 뒷걸음질 치다가 결국 손을 떼고 만, 미국 경제의 7분의 1에 달하는 영역이었다.

게다가 개혁에 반대하는 막강한 기득권 세력이 버티고 있어 결코 일방적으로 밀어붙일 수 없는 일이었다. 특히 기존 의료보험업계는 2,000만 달러를 쏟아부은 반대 광고 캠페인을 성공적으로 전개함으로써 의료보험 문제를 정부가 국민의 선택권을 박탈하는 횡포에 대한 저항의 문제로 둔갑시켜버린다.

심지어 힐러리 부부가 딸 첼시를 '첼시의 사생활 보호'를 위해 백인 일색의 명문 사립학교인 시드웰 프렌즈Sidwell Friends에 보낸 것도 반대의 논거로 활용되었다. 『워싱턴포스트』의 조디 앨런Jodie Allen은 이런 의문을 제기했다. "누가 이 개혁안이 잘 실행될 것이라고 믿겠는가? 자녀 교육을 지역 정부에 맡길 수 없다는 대통령 부부인데 그들의 의료개혁안을 누가 진지하게 받아들이겠는가?"

미리 말해두자면, 의료보험 개혁은 힐러리가 승리감에 도취되어 워싱턴을 너무 깔본 탓에 실패로 돌아가고 만다. '적절한 의료보험'을 받고 있지 못한 '6,000만 미국인'을 보호해야 한다는 당위만을 앞세운 힐러리의 운동권 기질도 적잖이 작용했다. 타협과 조정을 통해 목적을 달성하는 클린턴과 반대로, 힐러리는 원칙을 정해놓고 싸워서 쟁취하는 방법을 고수했다.

스스로 비서실의 대장 노릇을 맡은 힐러리는 행정부의 계획을 설명할 때는 반드시 '우리'라고 말했으며, 항상 사람이나 사물을 성경적으로, 즉 선과 악의 이분법으로 판단하려는 경향이 강했다. "우리 편이에요, 반대편이에요?"라고 이원화하는 걸 좋아했다. 힐러리는 대통령 보좌관이나 자문들이 말을 하는 도중에도 종종 "옳은 말이에요", "당신이 틀렸어요", "아뇨, 그건 그렇지 않아요"라며 말을 끊었다. 클린턴은 아내와 보좌관들 틈에 끼어 갈팡질팡했다. 힐러리는 남편의 보좌관들에게 전화를 걸어 호통을 치는가 하면 많은 직원이 참석한 백악관 회의에서 분통을 터뜨리기도 했는데, 때때로 그녀의 분노는 남

편을 향한 간접적인 비난이었다.[12]

대부분 여성으로 구성된 힐러리의 최측근 참모 13인은 이른바 '힐러리랜드Hillaryland'를 구축했는데, 이에 대해 저널리스트 미키 카우스Mickey Kaus, 1951~는 "네포티즘nepotism(족벌주의)이 페미니즘은 아니다"고 경고했다. 최측근 참모들은 모두 힐러리처럼 흑백 이분법이 강한 사람들이었다. 아니 그래야만 힐러리의 최측근이 될 수 있었다. 물론 힐러리에 대한 충성을 전제로 한 이분법이었다. 백악관 연설문 작성자로 일했던 익명의 인사는 다음과 같이 말한다.

"힐러리의 내부 서클에 들어가는 확실한 방법은 그들의 적에 대항하여 적극적인 공세를 벌이거나 그들의 명분을 열렬하게 지지하고 옹호하는 마음가짐을 갖는 것이었다. 누구라도 공정성의 문제를 물고 늘어지면 그자는 적으로 낙인 찍혀 추방당했다. 나는 그런 분위기가 불편했다."[13]

## "코뿔소 같은 피부를 키우라"

힐러리와 그녀의 측근들이 흑백 이분법에 중독된 이면엔 '정치 근육의 딜레마'라는 문제가 도사리고 있었다. 퍼스트레이디도 강한 정치 근육을 가져야 한다는 주변의 덕담은 타당한 것이었지만, 그 경계를 정하는 것은 사실상 불가능한 일이었다는 이야기다.

백악관에 입성하기 전인 1992년 12월 지미 카터의 부인 로절린 카터Rosalynn Carter, 1927~는 저녁식사 자리에서 힐러리에게 이런 충고를 했다. "당신이 무슨 일을 하든지 간에 비난받을 거예요. 그러나 국가를 위해 옳고 최선이라고 생각하는 바를 밀고 나가세요. 그리고 그 후의 비난은 감수할 수밖에요."

엘리너 루스벨트Eleanor Roosevelt, 1884~1962 전기를 새롭게 선보인 역사학자 블랑쉬 비젠 쿡Blanche Wiesen Cook, 1941~은 1993년 1월 엘리너가 1936년 6월 어느 상담에서 한 말을 인용해서 힐러리에게 이런 충고를 했다. "정치에 몸담게 된 여성들은 모두 코뿔소의 가죽처럼 두꺼운 피부를 가질 필요가 있답니다."

이런 종류의 충고들을 수도 없이 들었을 힐러리는 이런 말로 자신의 결의를 다지기도 했다. "만약 아무에게도 비난받지 않으려고 한다면 아마 침대 밖으로 한 발도 나오지 못할 거예요. 물론 그것 때문에 또 비난받겠지만요." 그녀는 뉴욕대학 강연에선 "코뿔소 같은 피부를 키우라"며 "비판을 진지하게 받아들이되 이를 자기 자신에 대한 것으로 보지 않는 방법을 배우는 게 중요하다"고 강조했다.[14]

그게 과연 바람직한 걸까? 강해지는 건 좋지만, 비판을 자기 자신에 대한 것으로 보지 않는 방법을 배우는 게 과연 좋기만 한 걸까? 신념에 가득 찬 사람들이 대개 그렇듯이, 사실 힐러리는 성찰 능력이 결여된 사람이었다. 존 웨슬리John Wesley, 1703~1791를 비롯한 여러 감리교 신학자들의 가르침에 영향을 받는 그녀는 자신을 더 높은 목적을 이루기 위해 선행을 실천하는 도구로 보았다. 그런 종교적 보호막이 그녀의 성찰을 방해했다.

딕 모리스Dick Morris는 "힐러리의 시각에서 결과는 항상 수단을 정당화한다"며 이렇게 말한다. "가난한 이를 돕겠다는 그녀의 신념은 너무나 근본적인 것이고 당연한 기독교인의 정신이기 때문에, 속임수로 권력을 얻고 이를 근간으로 자신의 소신을 펼치는 것이 괜찮다고 생각되는 것이다.……그녀는 자신이 훌륭하고 도덕적인 사람이라고 굳게 믿고 있다. 자신이 옳다고 확신하고 있는 나머지 다른 사람들의 의견을 제대로 존중하지 않는다."

길 트로이Gil Troy는 "어느 모로 보나 힐러리는 종교적 성향이 더 강했다. 힐러리는 절대로 자기반성적인 사람이 아니었다"며 이렇게 말한다. "몇몇 친구들의 말에 의하면 힐러리는 감정의 음치였다. 그러나 신실한 감리교도 힐러리는 죄와 구원을 이해하고 있었으며 신앙의 치유력을 믿고 있었다. 반면에 침례교도인 남편은 몇 번이든지 구원받을 준비가 되어 있었다."[15]

1993년 어느 날 전 대통령 리처드 닉슨은 클린턴의 초청을 받아 백악관을 방문했다. 힐러리가 닉슨에게 "대통령 자리를 계속 지키셨다면, 아주 큰일을 많이 하셨을 텐데 말이죠"라고 인사를 했다. 힐러리가 자신에 대한 탄핵을 위해 일했던 걸 알고 있는 닉슨으로선 듣기에 다소 황당한 인사말이었다. 얼마 후 첼시가 거실로 와서 자리를 함께했다. 닉슨은 그 장면을 이렇게 회고했다.

"그 아이는 아버지에게로 곧장 달려갔고, 자기 엄마는 쳐다보지도 않더군요. 아버지와는 아주 따뜻한 관계인 것 같았는데, 엄마는 무서워하는 것 같았습니다. 힐러리는 아주 차가워요. 눈을 보면 알 수 있어요. 나에게 아주 정중하게 대했고 바른 얘기만 했어요. 하지만 클린턴은 첼시에게 아주 따뜻하게 대했어요."

힐러리는 소파에서 몸을 옆으로 움직여 딸에게 좀더 가까이 갔다.

그러자 첼시는 자기도 모르게 엄마에게서 팔을 뺐다. 이 모습을 유심히 관찰한 닉슨은 이런 결론을 내렸다. "힐러리는 사람을 무섭게 만드는 데가 있어요."[16]

## '정치자금 마케팅'의 도구가 된 백악관 접근권

백악관에 정기적으로 초청되는 인사들은 대부분 아칸소 출신의 개인적인 친구들 아니면 할리우드 연예계 인사들이었다. 그들은 대개 링컨 침실에서 하룻밤을 묵었다. 비서실 직원들은 어떤 스타가 워싱턴에 있는지 신문을 통해 확인하거나 호텔들의 협조를 얻어 VIP 고객 리스트를 조회했다. 클린턴이나 힐러리가 만나고 싶어 하는 스타가 투숙하고 있으면 백악관으로 초청했다. 『타임』은 클린턴이 대통령이 되고 몇 개월이 지나니 링컨 침실에 묵은 손님 명단이 할리우드 최고급 호텔의 숙박부처럼 되었다고 꼬집었다.

힐러리는 일반적인 의전은 회피했고, 워싱턴 사람들은 무시했다. 참모들이 그래도 워싱턴 사람들을 좀 챙겨야 한다고 말하면 힐러리는 의전은 자신의 우선순위가 아니라고 잘라 말했다. "내 관심은 이 나라를 변화시키고 돕는 일에 있으며, 내가 가장 신경 쓰고 있는 부분입니다."[17]

링컨 침실에서의 숙박은 힐러리 부부의 정치자금 조달 창구이기도 했다. 1박 요금은 평균 10만 달러였다. 백악관 다과회 참가자는 평균 5만 달러를 내야 했다. 길 트로이Gil Troy에 따르면, "힐러리는 백악관의 성역화되어 있는 부분에 대한 접근권을 판매하는 데 큰 역할을 맡았다. 공동 대통령 시대에 퍼스트레이디가 어떤 공헌을 할 수 있는지 아이러니하게 보여주는 사례였다."[18]

미리 말하자면, 힐러리 부부처럼 백악관을 후원금 모금 수단으로 사용한 대통령은 없었다. 조지 부시George H. W. Bush, 1924~ 재임 시절에 백악관에 묵었던 손님은 273명이며 그중에 후원자는 거의 없었다. 반면 클린턴의 첫 임기 때 묵었던 손님은 938명이나 되었으며 다수는 링컨 침실을 이용했다. 숙박객 중 3분의 1이 백악관 방문 전후에 후원금을 냈으며 그 총액은 1,000만 달러에 달했다. 또 힐러리 부부가 후원자 관리 차원에서 연 다양한 백악관 연회에 참석한 사람들 중에서 92퍼센트가 1995년과 1996년에 걸쳐 총 2,640만 달러를 민주당 전국위원회Democratic National Committee에 후원했다. 클린턴의 두 번째 임기가 끝난 2001년까지 불법 후원과 관련해 21명이 기소될 정도로 윤리적인 건 말할 것도 없고 법적 문제가 다분한 '후원 마케팅'이었다.[19]

3월 19일 힐러리의 아버지 휴 엘즈워스 로댐Hugh Ellsworth Rodham, 1911~1993이 뇌졸중으로 쓰러져 4월 7일 사망했다. 힐러리가 아버지의 임종을 지키며 그를 돌보는 동안 클린턴은 여가수 바버라 스트라이샌드Barbra Streisand, 1942~를 백악관에 초청했다. 스트라이샌드는 링컨 침실에서 잔 것을 자랑하고 다녔다. 얼마 후 힐러리는 스트라이샌드의 백악관 출입을 금지시켰다.

힐러리가 돌아온 지 얼마 되지 않아 클린턴이 조깅할 때 수행하던 기자들은 그의 턱에 깊이 파인 상처를 발견했다. 백악관 대변인 디디 마이어스Dee Dee Myers, 1961~는 클린턴이 면도를 하다가 베었다고 해명했지만, 마이어스 자신도 기자들과 마찬가지로 자신의 아버지가 죽어가고 있던 상황에서 남편이 스트라이샌드를 백악관으로 초대했다는 사실에 분개한 힐러리가 손톱으로 일격을 가한 것이라고 믿었다.[20]

스트라이샌드만 힐러리의 속을 썩게 만든 건 아니었다. 클린턴의 호색적인 게걸스러움은 여전했다. 그는 1993년 4월 밴쿠버에서 러시아 대통령 보리스 옐친Boris Yeltsin, 1931~2007과 첫 번째 정상회담을 성공적으로 마친 뒤 샤론 스톤Sharon Stone, 리처드 드레퓌스Richard Dreyfus, 리처드 기어Richard Gere, 신디 크로퍼드Cindy Crawford가 그곳에서 영화를 찍고 있다는 말을 듣고 경솔하게도 자신의 호텔 방으로 초청해 같이 술을 마셨다.

무엇보다도 보좌관들을 불안하게 만든 것은 섹시한 여배우 샤론 스톤Sharon Stone이었다. 몇 주 후 스톤은 다시 뉴욕에서 열린 클린턴 후원 행사에 참석할 예정이었다. 힐러리가 개입해 만찬 테이블에서 스톤이 클린턴의 옆자리에 앉지 못하도록 조치했지만, 클린턴이 나서서 기어이 스톤을 자신의 옆자리에 앉히고야 말았다. 무슨 감을 잡았는지 『뉴욕타임스』의 모린 다우드Maureen Dowd, 1952-는 대통령이 독신 여배우와 대화를 나누는 모습은 의혹을 불러일으킬 만했다고 썼다.[21]

## 힐러리의 편 가르기가 낳은 '트래블게이트'

클린턴 행정부가 들어선 지 100일이 된 1993년 4월 29일 목요일, 클린턴의 지지율은 55퍼센트였다. 똑같이 55퍼센트였던 부시 전 대통령을 제외하면 최근 재직했던 대통령 중에서 가장 낮은 지지율이었다. 케네디는 83퍼센트, 카터는 63퍼센트, 레이건은 68퍼센트였다. 부시가 재선에 실패했음을 감안하자면, 클린턴으로선 위기의식을 느낄 만했다.[22]

1993년 5월 19일 백악관이 새 정부 이전부터 근무해온 7명의 여행국 직원을 변명할 기회도 없이 전원 해고함으로써 이른바 '트래블게이트Travelgate'가 터졌다. 이건 '게이트'라고 부를 만한 사건도 아니었건만, 이후 특별검사가 7년 동안이나 수사하게 된다.

여행국은 기자단을 데리고 여행하면서 팁을 비롯한 기타 비용들을 현금으로 결제하고, 나중에 언론사에 비용을 청구하는 일을 하는 곳이었다. 여행국은 기자들을 위해 세관 통과를 용이하게 해주고 외국 방문 시 관광을 시켜주었으며, 선물 구입을 도와주는 역할을 했기 때문에 기자들과는 가까운 사이였다. 그런데 그런 일을 해온 사람 7명이 무더기로 해고되었으니 언론이 가만있을 리 없었다.

이 사건의 발단은 클린턴 부부의 친구로 '백악관 프로젝트'를 맡은 해리 토머슨Harry Thomason, 1940~이 백악관의 여행국에 눈독을 들이면서부터 시작되었다. 백악관 프로젝트는 클린턴이 방송 프로듀서인 토머슨에게 할리우드의 기법을 채택해 자신의 이미지를 부각시켜달라는 주문을 하면서 시작되었다. 1991년 말 'TRM 주식회사'라는 이름의 회사를 차린 토머슨은 클린턴 부부의 대통령 선거 유세 기간부터 취임식 때까지 1년 내내 모든 비행기 운송편을 계획하고 제공했다.

백악관의 여행국은 대통령의 순방길을 따르는 기자단들을 실어나를 전세 항공기와 버스를 관리하는 업무도 맡고 있었는데, 이 사업은 하루에 평균 잡아 4만 달러의 가치가 있었다. 이 여행국 사업을 독점함으로써 한몫 챙겨보려고 했던 토머슨은 다른 클린턴 측근들과 경쟁하고 있던 중에 여행국의 거래 명세 보고서에서 앞뒤가 맞지 않는 부분과 명쾌하지 않은 점을 발견하고 이를 떠들고 다녔다.

이렇게 해서 여행국 내부의 심각한 무질서와 회계상의 수치 불일치가 백악관 내 이슈가 된 가운데 이 보고를 받은 힐러리의 한마디가 사건을 키웠다. "그 사람들을 내보낼 필요가 있어요. 우리 사람들이 필요합니다." 나중에 FBI 수사 결과 여행국이 최소한 5만 달러의 자금을 유용했다는 사실이 드러났듯이, 이 사건은 어떻게 처리하느냐에 따라 국민의 박수를 받을 수도 있는 일이었건만, 바로 이런 편 가르기 사고가 '게이트'로 비화된 것이다.

언론은 이 해고 사건으로 인한 수혜자, 즉 7명의 자리를 메울 인력이 주로 클린턴의 사촌을 포함한 아칸소 마피아라는 것을 확인한 후 맹폭격을 가하기 시작했다. 워터게이트 사건 이후 백악관 직원들이 FBI와 연락하려면 반드시 법무장관에게 사전 통보를 해야 한다는 절차를 모르고 FBI에 조사를 시킨 것도 문제가 되었다. 이에 대해 신임 법무장관 재닛 리노Janet Reno, 1938-는 공개적으로 불만을 터트려 행정부 내 갈등까지 드러낸 꼴이 되고 말았다.[23]

여행국 직원 해고 조치가 발표된 같은 날, 신문 1면과 아침 뉴스에서는 대통령이 머리를 자르기 위해 대통령 전용기 에어포스 원Air Force One을 출동시켜 로스앤젤레스로 이동해, 한 번에 200달러나 드는 커트를 하고 그사이 에어포스 원은 공항 활주로에서 45분간 연료나 낭비하고 있다는 기사가 터져나왔다. 힐러리는 처음에는 그렇게 많은 돈을 들였다는 보도를 부인했다가 개인적 계약에 따라 미용사를 고용했다고 말을 바꾸었지만 둘 다 거짓말로 들통 나고 말았다. 언론은 트래블게이트와 이 사건을 대비하며 비판과 조롱을 퍼부었다. 해고 사건 후 6일째 되는 날 백악관은 해고된 7명 중 5명은 다른 정부 부처로 자리를 옮기게 될 것이라고 발표했는데, 이후로도 언론 비판은 더욱 거세졌다.[24]

## 언론과의 화해를 위해 기용된 '닉슨 맨', 데이비드 거겐

겁 없는 백악관 '아이들'의 언론 박대는 큰 실수였다는 것이 드러나기 시작했다. 집권 후 클린턴의 인기는 하락의 길을 걷기 시작했으며, 1993년 5월 30일 '『타임』-CNN'의 여론조사에서 클린턴의 지지도는 36퍼센트까지 하락했다. 이는 역대 대통령 중 해리 트루먼Harry Truman, 1884~1972 대통령 이후 최저선을 기록한 것이었다.

언론과의 화해가 필요하다는 결론을 내린 클린턴이 취한 조치는 공화당 쪽 사람인 데이비드 거겐David Gergen, 1942~의 기용이었다. 클린턴이 직접 전화를 걸어 "내가 곤경에 빠졌소. 당신이 도와주시오"라고 호소했다. 51세인 거겐은 백악관 고문으로 기용되어 공보 분야를 총괄하게 되었으며, 백악관 내에서 맥 매클라티Mack McLarty, 1946~ 비서실장 다음의 2인자 역할을 맡게 되었다. 거겐은 1993년 5월 29일부터 1994년 6월 28일까지 클린턴을 위해 일하게 된다.

클린턴은 왜 거겐을 끌어들인 걸까? 예일대학과 하버드대학 법대를 졸업한 거겐은 29세에 닉슨 대통령 취임 2년 후인 1971년 백악관에 채용되어 닉슨의 이미지 메이킹을 담당하던 '닉슨 맨'이었다. 그는 1975년에는 포드 대통령의 공보국장을 지냈으며, 카터 행정부 때는 자유기고가로 활동하면서 『퍼블릭오피니언Public Opinion』의 편집장을 지내기도 했다. 그러다가 레이건이 집권하자 다시 공보국장으로 발탁되어 레이건의 연설문을 써주는 일을 맡았다. 그는 클린턴을 포함해 20여 년간 4명의 대통령 이미지 메이킹을 담당하게 된 것이었다.

일부 언론은 거겐의 기용에 대해 비판을 가했다. 20여 년 전 30세 전후의 젊은 나이로 닉슨 진영에서 워터게이트 사건에 알게 모르게 관여했을 그를 끌어들인 것은 '정치적 가치의 퇴영'이라는 것이었다. 『인터내셔널헤럴드트리뷴』은 1993년 6월 3일 사설에서 그를 드러내놓고 '나쁜 사람a bad man'이라고 부르기까지 했다.[25]

클린턴은 왜 그런 '나쁜 사람'을 불러들였을까? 거겐은 『유에스뉴스앤드월드리포트』의 편집 책임자로 일하면서 클린턴이 갖고 있는 문제를 여러 차례 지적했는데, 클린턴이 그 문제에 동의했음이 틀림없다. 그 문제란 무엇인가? 거겐은 클린턴이 선거운동 때는 중도-보수파의 지지를 업고 당선되었으면서 백악관에 들어와서는 진보적 색채를 띠어 지지 기반을 상실했다고 분석했다.[26]

6월 7일 거겐은 비서실 차장 마크 기어런Mark Gearan, 1956~을 공보국장으로 기용하면서 공보 관련 부서와 기자실 간에 폐쇄되었던 문을 다시 개방하겠다고 약속했다. 기자들을 얕잡아보던 스테퍼노펄러스는 공보국장에서 정책·전략 담당 보좌관으로 자리를 옮겼다. 거겐은 이와 함께 그동안 답변 내용이 '부실'하다는 평을 들은 디디 마이어스

Dee Dee Myers, 1961~ 공보 비서의 대통령 면담 기회를 대폭 늘려 일일 브리핑의 질을 높이겠다고 했다. 백악관 기자실에 나타나 이 같은 '개선 조치'를 발표한 거겐은 백악관 기자실의 '시어머니'인 UPI 통신의 헬렌 토머스Helen Thomas, 1920~2013에게 악수를 청하면서 "이제 우리는 새로운 페이지를 열겠다"며 화해를 요청했다.[27]

## "클린턴과 힐러리가 빈센트 포스터를 죽였다"는 음모론

1993년 7월 20일 백악관 법률고문 빈센트 포스터Vincent Foster, 1945~1993가 버지니아주의 포트 마시 공원Fort Marcy Park에서 리볼버 권총으로 자살하는 사건이 벌어졌다. 힐러리는 그 소식을 듣고 "믿을 수 없어. 그럴 리가 없어"라고 울음을 터뜨렸지만, 이 사건은 나중에 "클린턴과 힐러리가 빈센트 포스터를 죽였다"는 음모론으로 비화될 정도로 클린턴과 힐러리를 괴롭히게 된다.

힐러리의 지시로 공원 경찰, FBI 요원들, 법무부 변호사들이 포스터의 사무실을 조사하지 못하도록 한 초기 대응이 문제였다. 이는 정부 기밀 보호와 포스터의 사생활 보호 차원에서 이루어진 일이었지만, 이게 두고두고 엄청난 의혹을 불러일으키는 빌미가 되었다. 이는 이른바 '포스터게이트Fostergate'로 불렸다.

포스터의 자살과 화이트워터 사건을 연결시키는 기사들이 난무한 것은 물론이고, 우익 단체들과 일부 언론은 대통령과 퍼스트레이디, 혹은 그들의 대리인이 포스터에게 자살을 명령했을 것이라고 떠들고 다녔다. 『뉴욕포스트』는 포스터가 버지니아에 남몰래 아파트를 마련했고 그곳에서 힐러리와 밀회를 했다고 주장했고, 우익 방송인 러시 림보Rush Limbaugh, 1951~는 "포스터가 힐러리가 소유한 아파트에서 살해당했다"고 주장했다. 텔레비전 복음전도사 팻 로버트슨Pat Robertson, 1930~은 자신이 운영하는 700클럽700 Club 시청자들에게 "자살일까요? 아니면 피살일까요?"라고 물었다.

우익 라디오 프로그램이나 인터넷에서는 기괴한 이야기들이 극성을 부렸고, 클린턴의 적대 세력들은 클린턴 부부를 살인자로 고발하는 '클린턴 연대기The Clinton Chronicles: An Investigation into the Alleged Criminal Activities of Bill Clinton'(1994)라 불리는 비디오테이프까지 만들어 유포시켰다. 우익 목사인 제리 폴웰Jerry Falwell, 1933~2007은 이 비디오테이프를 자신의 텔레비전 쇼인 〈옛 복음의 시간The Old Time Gospel Hour〉에서 홍보했다.[28]

이런 일련의 사태에 대해 스테퍼노펄러스는 회고록에서 다음과 같이 말했다. "스캔들이 커지는 것도 당연한 일이었다. 포스터의 사생활을 감추려고 하다가 우리는 면밀한 조사를 자초했다. 변호사처럼 행동하려다가 범죄자처럼 심문을 받아야 했다. 자살이 '미스터리'라고 강조했다가 사건 은폐 혐의를 받았다. 우리의 인간적인 반응들을 사람들은 워터게이트 사건 이후 정치를 바라보는 시각으로 보았다. 결백을 입증하기 전까지 모든 대통령은 닉슨이었다."[29]

포스터는 죽기 몇 주 전 가진 언론 인터뷰에서 "이곳에 오기 전까지 우리는 스스로를 좋은 사람이라고 생각했다"고 했는데, 바로 이게 자살 이유인 것으로 추정되었다. 언론, 특히 『월스트리트저널』은 「빈스

(빈센트) 포스터는 누구인가?」라는 제목의 사설(1993년 6월 17일자)을 포함해 일련의 사설로 포스터의 정직성과 능력을 문제 삼는 공격을 해댐으로써 명예를 중하게 여기는 포스터를 벼랑 끝으로 내몰았다. 나중에 그의 가방에서 발견된 찢어진 노트에는 "『월스트리트저널』의 논설위원들은 터무니없이 거짓말한다", "(워싱턴에서는) 사람의 인생을 망치는 것이 스포츠로 여겨진다" 등이 쓰여 있었다.

힐러리와의 관계도 문제를 악화시켰다. 서로 연애를 했건 무엇을 했건 둘은 아칸소에서 아주 친밀한 동료 관계였는데, 백악관에 들어온 이후 두 사람의 관계는 상하 관계, 그것도 보잘것없는 가신家臣의 신분으로 바뀌었을 뿐만 아니라, 이에 따라 힐러리의 태도 역시 그렇게 바뀌었다는 점이 포스터를 괴롭게 만들었다. 이제 힐러리는 트래블게이트를 비롯해 자신이 저질러 놓은 일들의 뒤처리를 잘못한다며 포스터에게 짜증 섞인 명령을 내리고 있었던 것이다.

정직을 소중히 여긴 포스터는 힐러리의 개입 사실을 감추기 위해 거짓말을 해야 한다는 점 때문에 괴로워하느라 몸무게가 7킬로그램이나 빠졌다. 그런데 자신이 그렇게 애써 지키려고 했던 힐러리는 문제가 생길 때마다 "빈센트, 당장 해결해!"라거나 "빈센트, 어서 처리해!"라고 윽박질러댔으니, 그의 고통이 어떠했을지는 미루어 짐작할 수 있겠다.[30]

포스터의 자살로 인해 화이트워터 사건이 재점화되었다. 화이트워터 사건을 집중적으로 다루려고 마음먹은 『워싱턴포스트』는 백악관 측에 모든 관련 자료를 요청했다. 자료를 주는 것에 대해 참모들과 클린턴은 찬성했지만, 힐러리가 결사반대함으로써 더는 의혹을 차단할 수 있는 기회를 놓치고 말았다. 힐러리는 사생활을 지켜야 한다는 핑계를 댔지만, 클린턴 내각의 한 사람은 힐러리의 그런 비밀주의에 대해 다음과 같이 말했다.

"나는 그들이 나쁜 짓을 했다고는 믿지 않아요. 다만 1년 수입이 3만 5,000달러인 남자와 결혼한 힐러리가 불안한 경제 상황을 탈피하기 위해 한탕 크게 벌려고 했던 것뿐이었죠. 이런 사건들은 그녀가 무능력한 변호사란 걸 암시합니다. 그녀는 주지사의 아내뿐만 아니라 능력 있는 변호사가 되고 싶었죠. 이런 조사들은 그녀의 정체성을 위협했던 겁니다."[31]

## 주 경찰관을 채홍사로 쓴 '트루퍼게이트'

그렇잖아도 신경 쓰고 고민해야 할 일이 많은데, 클린턴은 징그러울 정도로 여자 문제로 힐러리를 괴롭혔다. 클린턴의 대선 승리 후 힐러리는 자신의 절친인 다이앤 블레어Diane Blair에게 이제는 클린턴이 대통령이 되었으니 오랫동안 자신을 괴롭혀왔던 그의 여자 문제도 좀 잠잠해지지 않겠느냐고 말했다. 백악관이라는 곳이 호시탐탐 기사거리를 노리는 언론에 둘러싸인 금으로 만든 새장 같은 곳이기에 클린턴이 이제 딴짓을 할 수 없을 거라는 기대였다.[32]

그러나 그것이 헛된 기대였다는 게 밝혀지지만, 지금 당장 문제는 클린턴이 아칸소에서 이미 저질러놓은 일을 감당하기에도 힘들었다는 점이다. 1993년 12월 14일 클린턴은 "이제 당신이 생각하는 것이

'정치적으로 올바른' 것인지 걱정하는 걸 그만둘 때가 되었다"고 말했는데,[33] 자신의 과거 행각을 옹호하고 싶었던 걸까?

첫 번째 타격은 이른바 '트루퍼게이트Troopergate'였다. 1993년 12월 20일에 전국에 깔린 월간 『아메리칸스펙테이터American Spectator』 1994년 1월호는 1991년에 리틀록에서 클린턴과 폴라 존스Paula Jones, 1966-라는 여성 사이에 성적 접촉이 있었음을 넌지시 암시하는 동시에 주 경찰관trooper이 클린턴의 채홍사採紅使 노릇을 했다는 기사를 독점 보도했다. 이 기사엔 힐러리가 빈센트 포스터와 연인 관계라는 주장도 실렸다.

30시간 넘게 주 경찰관 4명을 인터뷰해 기사를 쓴 데이비드 브록David Brock, 1962~에 따르면, 4명 중 실명 인용에 동의한 래리 패터슨Larry Patterson과 로저 페리Roger Perry라는 경찰관은 클린턴을 여자들이 기다리는 호텔까지 데려다주거나, 클린턴이 관저를 떠나 있는 동안 힐러리를 감시하는 역할을 맡았다고 진술했다. 한 번은 클린턴이 리틀록의 엑셀시어호텔 로비에 서 있던 폴라 존스라는 여성을 보고 주 경찰관들을 시켜 그녀에게 접근해 위층 호텔방으로 보내달라고 부탁하기도 했다는 것이다.

힐러리가 부부싸움을 하다가 클린턴에게 "나도 1년에 적어도 두 번이상은 섹스를 하고 싶단 말이에요!I need to be fucked more than twice a year!"라고 외쳤다는 주장까지 쓴 브록은 두 사람은 "부부 관계라기보다는 사업적 관계에 더 가깝다"고 주장했다. 잡지 기사가 나오기 이틀 전 패터슨과 페리의 증언은 생방송으로 CNN을 통해 전 세계로 퍼져나갔으며, AP 통신이 가세함으로써 "점잖은 주류 언론과 선정적인 타블로이드 신문을 갈라 놓고 있었던 경계가 무너지고 이야기는 들불처럼 걷잡을 수 없이 번져나갔다".

클린턴 측은 폴라 존스가 클린턴을 따라다니는 스토커였다고 반박했지만, 그렇게 해서 넘어갈 수 있는 문제가 아니었다. 경찰관들은 클린턴에게서 보상을 받지 못한 것에 불만을 품었다. 클린턴이 대통령이 되면 근무처를 워싱턴으로 옮겨주겠다고 했는데, 그걸 지키지도 않았거니와 이후 연락이 완전히 끊겼다는 것이다.

이 기사가 나온 다음 날 『로스앤젤레스타임스』에는 또 다른 기사가 실렸다. 클린턴이 그 경찰관들에게 따로 연락해 침묵을 지켜준다면 연방정부에 일자리를 마련해보겠다고 약속했다는 것이다. 데이비드 거겐David Gergen, 1942~의 말을 빌리자면, 클린턴은 "거실 카펫에 똥을 싸고는 하루 종일 구석에 웅크리고 앉아, 주인의 눈치만 보고 있는 천방지축의 골든 리트리버 한 마리와 흡사했다".**34**


## '클린턴 죽이기'를 위한 우익의 '아칸소 프로젝트'

신바람이 난 『아메리칸스펙테이터』는 L. D. 브라운L. D. Brown이라는 또 다른 주 경찰관을 내세워 이야기를 부풀려나갔다. 브라운이 '100명이 넘는' 섹스 파트너를 클린턴에게 알선했으며, 클린턴은 여자들을 10점 평점을 기준으로 평가한다고 주장했다. 이후에도 계속 터져나오는 이 같은 일련의 사건들에 대해 힐러리는 음모론을 제기하는데, 힐러리가 제기한 음모론은 그럴 만한 충분한 근거가 있었다.

사실 클린턴은 그의 정치 생활 내내 보수 우파의 음모에 시달려왔다. 그가 1974년 아칸소 주지사 선거에 출마했을 때 보수 우파 인사들은 그가 동성연애자인 데다 마약중독자라고 헛소문을 퍼뜨렸다. 특히 텔레비전 전도사로 유명한 우익 인사 제리 폴웰Jerry Falwell, 1933~2007은 클린턴을 코카인 중독자로 묘사한 비디오테이프를 제작해 대량 유포하기도 했다.

대통령이 된 다음에 터진 섹스 스캔들에도 음모를 꾸민 사람들이 적잖이 버티고 있었는데, 가장 대표적인 인물이 피츠버그의 갑부인 리처드 멜런 스카이프Richard Mellon Scaife, 1932~2014였다. 폴라 존스 사건을 처음 터뜨린 『아메리칸스펙테이터』의 재정적 후원자도 바로 스카이프였다. 이 잡지는 클린턴의 스캔들을 파헤치는 데 사운社運을 걸다시피 했는데, '아칸소 프로젝트Arkansas Project'로 명명된 스캔들 폭로 예산은 2,400만 달러가 넘었으며 이 돈은 대부분 스카이프의 지원으로 충당되었다.[35]

아칸소 프로젝트의 아칸소 총책은 클린턴의 옥스퍼드대학 동기로 오랜 숙적인 클리프 잭슨Cliff Jackson이었다. 아칸소대학을 나와 풀브라이트 장학금으로 옥스퍼드대학으로 유학을 간 잭슨은 공화당 정치인 배리 골드워터Barry Goldwater, 1909~1998를 존경하는 공화당원으로 미시간대학 법대 출신이었다. 잭슨은 가난한 집 출신으로 정치적 야망이 커서 클린턴과 통하는 점이 있었기에 클린턴이 징집을 빠져나가는 데 도움을 주고 서로 편지를 주고받는 등 제법 친한 관계를 유지했다. 그러다가 꿈이 좌절된 이후 잭슨은 '클린턴 죽이기'에 모든 걸 바친 인물이었다.

잭슨은 브록에게 기사거리를 제공한 주 경찰관들에게 각각 6,700달러의 돈을 주면서 "나중에 책을 쓰면 250만 달러의 인세를 받을 수 있다"고 장담함으로써 그들이 적극적으로 나서게 만들었다. 이는 나중에 브록의 '양심선언'으로 자세히 밝혀진다. 미리 이야기를 하자면, 브록의 1996년 저서 『힐러리 로댐의 유혹The Seduction of Hillary Rodham』은 힐러리에 대한 악의적 공격을 기대했던 그의 옛 사상적 동지들에게는 충격일 만큼 실망을 안겨주었다. 이렇듯 사상 전향 과정에 있던 브록은 1997년 4월 『에스콰이어』에 기고한 「나는 우익의 저격수였다」는 글과 2002년 출간한 『우익에 눈먼 미국Blinded by the Right』이라는 책을 통해 그간의 음모를 폭로하면서 클린턴 부부에게 공개적으로 사과했다.

브록은 문제의 기사를 쓴 지 4년 후 직접 클린턴에게 쓴 사과 편지에서 "그 주 경찰관들은 탐욕스러웠고 비열한 의도를 품은 자들이었다. 그리고 나는 그걸 알고 있었다"고 고백했다. 전향 후 클린턴의 친구이자 주요 기부자인 스티브 빙Steve Bing, 1965~에게서 자금 지원을 받아 순수성을 의심받기도 했지만, 브록의 잇단 폭로는 힐러리와 클린턴에게 큰 도움이 되었다. 그는 2004년 5월 진보적 성향의 언론 감시 단체인 'MMfAMedia Matters for America'를 창립해 이후 힐러리의 은밀한 지원을 받아 힐러리를 응원하는 외곽단체로 성장시킨다.[36]

## '캐틀게이트'와 '화이트워터게이트'

1994년 1월 6일 클린턴의 어머니 버지니아 델 캐시디Virginia Dell Cassidy, 1923~1994가 사망했다. 1월 7일 아침 공화당 상원의원 밥 돌Bob Dole, 1923~ 은 〈CBS This Morning〉에 출연해 클린턴이 화이트워터 사건을 처리하는 태도에 대해 공격을 퍼부으며 특별검사제의 도입을 강력 주장했다. 우연히 텔레비전을 본 클린턴은 큰 상처를 받았다(몇 년 뒤 돌은 클린턴에게 사과 편지를 보낸다). 아칸소주 상원의원 데이비드 프라이어 David Pryor, 1934~는 CNN 인터뷰에서 "이런 모습은 정말 처음입니다. 인간이라면 기본적으로 갖춰야 할 자세 아닙니까? 돌을 비롯한 여러분들은 대통령 모친의 장례식을 무사히 치를 수 있도록 배려해줘야죠"라고 말했다.

그러나 돌은 다시 부통령 앨버트 고어Albert Gore, 1948~가 클린턴의 모친상을 이용해 백악관과 클린턴 부부가 저지른 잘못을 은근슬쩍 덮으려 한다는 성명서를 발표하는 등 공세의 고삐를 늦추지 않았고, 결국 이런 일련의 공격 끝에 클린턴이 그 사건을 수사할 특별검사제를 수용하게 만들었다. 1월 20일 공화당원 변호사 로버트 피스크Robert B. Fiske, 1930~가 특별검사에 임명되었다.

1994년 2월 폴라 존스는 클리프 잭슨과 함께 보수 정치 집회에 나타났고, 그녀를 등장시킨 1등 공신인 브록은 그 집회에서 팬들에게 둘러싸일 정도로 우익의 영웅이 되었다. 행사장에선 '힐러리 탄핵' 티셔츠가 팔리고, 거의 누드 상태이거나 여자 보스 같은 의상을 입은 것처럼 조작된 힐러리의 도발적 사진과 엽서도 날개 돋친 듯 팔렸다. 존스가 기자회견을 한다는 말을 듣고 참석한 기자가 100명도 넘었다.

존스는 기자회견에서 클린턴과 가졌다고 주장하는 '성관계'에 대해선 자세하게 설명하지 않은 채 "한 여성이 그렇게 높은 지위를 가진 사람에 의해 희롱당할 수 있다는 것은 잘못된 일입니다. 그가 내게 한 짓은 치욕적입니다"라고 주장했다.

폴라 존스는 제리 폴웰과 팻 로버트슨이 진행하는 방송 프로그램을 비롯하여 타블로이드식 텔레비전 프로그램에 계속 출현했다. 백악관은 이 문제를 제니퍼 플라워스의 공갈 사건과 다름없는 '돈을 뜯어내기 위한' 날강도 행위로 보았는데, 이에 대해 존스는 민사소송을 제기하겠다고 위협했다. "내가 법률적 구제를 받기로 결심한 것은 빌과 보좌관들이 이러한 일이 일어난 적이 없다고 부정하면서 나를 '한심한 여자', 다시 말해 거짓말쟁이라고 했기 때문입니다." 그녀는 권리침해와 명예훼손을 주장하면서 70만 달러의 손해배상을 요구하는 소송을 제기했다.[37]

폴라 존스만 문제인 게 아니었다. 언론은 경쟁적으로 클린턴과 힐러리의 비리 혐의와 관련된 폭로 기사를 내보냈다. 3월 18일 『뉴욕타임스』는 1면에 「아칸소주 최고 변호사가 힐러리 클린턴의 부당이득 지원, 1970년대 상품 거래에서 10만 달러 폭리」라는 기사를 내보냈는데, 이는 3주 동안 언론의 주요 보도 대상이 되었다. 1994년 4월 5일 클린턴이 노스캐롤라이나주 샬럿Charlotte에서 열린 시민과의 모임에 참석했을 때 시민들의 질문은 '캐틀게이트'와 '화이트워터게이트'에 집중되었다.

"미세스 클린턴의 투자는 규칙에 따른 투자가 아닌 것으로 분석하는 전문가들이 있습니다. 사실 그 투자는 특혜 속에 이루어진 것으로 보이는데요.""최근 퍼스트레이디의 선물 투자수익에 관한 뉴스나 화이트워터 스캔들로 많은 국민들이 많이 실망했는데요, 대통령께서는 어떻게 잃어버린 신뢰를 회복하실 예정입니까?""대통령께서는 우리와 같은 중산층에 속하십니까, 아니면 돈을 최우선으로 하는 극악한 공화당원이십니까?"[38]

## "혼란, 절대적 혼란"에 빠진 클린턴의 백악관

1994년 5월 9일 『뉴스위크』 칼럼니스트 조 클라인Joe Klein, 1946~은 클린턴이 외교정책에서나 국내 정책에서나 사적 영역에서까지도 '마구잡이식으로 대강대강 원칙 없이' 행동한다고 비판했다. "클린턴의 정적들이 붙여준 난잡함이라는 성격적 결함은 그의 공적 생활에서도 어김없이 나타나고 있다."[39]

이즈음 언론 단체인 매체와공보센터Center for Media and Public Affairs는 클린턴 취임 후 16개월 동안 저녁 네트워크 뉴스 프로그램에서 하룻밤에 평균 거의 5회의 부정적인 논평이 나왔다고 발표했다. 이 센터의 책임자 로버트 릭터Robert Lichter는 "사냥개식 저널리즘과 타블로이드판 뉴스가 결합되는 시대의 초기에 대통령이 된 불운을 겪었다"고 했지만, 클린턴 측 스스로 자초한 문제도 있었다.[40]

이와 관련, 1994년 6월 초 워터게이트 스캔들을 파헤친 것으로 유명한 『워싱턴포스트』의 밥 우드워드Bob Woodward, 1943~ 기자가 쓴 『의

제: 백악관 내부 이야기The Agenda: Inside the Clinton White House』가 발간되자마자 날개 돋친 듯이 팔리며 숱한 화제를 뿌렸다. 모두 250여 명의 소식통과 여러 번에 걸쳐 직접 인터뷰한 방대한 자료를 토대로 백악관의 경제 정책 결정 과정을 현미경을 들이대듯 세밀히 추적한 이 책은 클린턴 대통령 밑에서 백악관이 실제로 어떻게 움직여지는지를 잘 보여주었다.[41]

이 책은 백악관 내부의 작동 메커니즘에 대해 제법 정확한 그림을 그려내긴 했지만, 클린턴과 힐러리로선 결코 웃을 수 없는 책이었다. 책의 홍보를 위해 CBS-TV의 〈60분60 Minutes〉에 출연한 우드워드는 책의 내용 전체를 채 20초도 안 걸리는 한마디 말로 요약해버렸다. "혼란, 절대적 혼란."

이 책으로 인해 가장 당혹스러워한 사람은 이 책의 집필에 백악관이 협조하자고 주장해 관철시켰던 조지 스테퍼노펄러스George Stephanopoulos였다. 그는 회고록에서 이렇게 말한다. "『의제』는 클린턴이 경험이 없고 통제할 수 없는 백악관을 이끌어갔던 대통령이며, 대통령 자신도 미숙하고 우유부단했다는 사실을 가장 설득력 있게 증명하는 책으로 아직도 남아 있다."

이 책에 인용된 스테퍼노펄러스의 말도 클린턴과 힐러리를 분노하게 만들었다. 이 책에서 스테퍼노펄러스는 클린턴이 지켜보는 각도가 달라질 때마다 다른 모습으로 보이는 만화경 같다고 묘사했다. 다른 참모의 말을 들어 스테퍼노펄러스의 말을 재인용해 소개한 것도 문제였다. "클린턴의 가장 나쁜 점은 절대 결정을 내리지 않는다는 거예요."

스테퍼노펄러스는 새로 온 직원에게 대통령을 이해시키기 위해 그런 말을 한 적은 있었지만, 그 말이 그런 식으로 인용될 줄은 몰랐다고 어이없어 했다. "백악관에서 말해버리면 공중에서 사라져버리면 그만이었던 것과는 달랐다. 정말 무서운 말이 되어 있었다."[42]

이 책은 몇 주간 백악관에서도 큰 화제가 되었는데, 스테퍼노펄러스에게 분노한 힐러리는 7월 열린 한 전략회의에서 이렇게 말했다. "우리 행정부의 모든 문제는 이 우드워드의 책이에요. 이 책 때문에 해외에서도 우리의 이미지가 망쳐지고 있고 우리에 대한 지지도가 내려가는 이유가 되고 있어요. 대통령에게 충성심이 없고, 또 우리가 국가를 위해서 해야 하는 일에도 충실하지 않고 그저 자신을 크게 보이고자 거기에만 신경 쓰는 사람이 있어요. 그들이 만족했기를 바라요."

스테퍼노펄러스를 겨냥한 이 말에 대해 스테퍼노펄러스는 회고록에서 이렇게 변명했다. "나는 충성심이 없지도 않았고 그리고 만족하지도 않았다. 우드워드가 그렇게 많은 정보를 얻을 수 있게 한 것은 실수였다. 지나치게 순진한 판단의 실수." 이 사건은 결국 스테퍼노펄러스가 나중에 백악관을 떠나게 되는 계기가 되었다.[43]

그사이 특별검사 로버트 피스크는 화이트워터 사건을 계속 수사하고 있었다. 아칸소 쪽의 화이트워터 수사를 담당하는 법무팀 지원을 위해 동원된 FBI 요원만도 25명이나 되었다. 1994년 6월 12일 클린턴과 힐러리를 심문하기 위해 백악관을 방문했던 피스크는 6월 30일 보고서 2개를 발표했다. 그는 첫 번째 보고서에서 포스터는 실제로 자살했으며, 그의 죽음이 화이트워터와 관련된 비밀을 숨기기 위한 것이 아니었다고 밝혔다. 두 번째 보고서는 권력의 부당한 행사는 없었다는 내용이다. 피스크는 모든 수사는 10일 이내에 종료될 것이라고 말했다.

백악관은 환영했지만, 공화당은 피스크를 격렬히 비판하고 나섰다. 아직 모든 게 끝난 건 아니었다. 6월 30일 클린턴은 선거공약이었던 새 특별검사법에 서명했다. 공화당과 보수파는 새 법이 발효되면 피스크를 해임하고 다른 사람으로 교체해야 한다고 주장했다. 새 법에 따르면 특별검사는 연방대법원장에 의해 지명되고 소위 '특별부서'라고 알려진 3인의 판사로 구성된 위원회에서 선임하게 되어 있었다.

연방대법원장 윌리엄 렌퀴스트William H. Rehnquist, 1924~2005는 극우파 판사인 데이비드 센텔David B. Sentelle, 1943~이 특별부서를 이끌게 함으로써 클린턴과 힐러리를 공포로 몰아넣었다. 8월 5일 3인 위원회는 연방항소법원 판사로 있다가 부시 행정부에서 법무부 차관을 지낸 케네스 스타Kenneth W. Starr, 1946~를 피스크의 후임으로 발표했다. 백악관은 경악했고, 이제 더욱 경악할 일들이 계속 벌어지게 된다.⁴⁴

## 우익 라디오의 밥이 된 힐러리와 클린턴

클린턴과 힐러리가 일련의 스캔들을 방어하느라 진을 빼는 가운데 의료보험 개혁은 사실상 물 건너가고 말았다. 힐러리가 의회 법안을 공식적으로 제출한 것은 1993년도 회기의 마지막 날이었지만, 법안의 부피는 1,324쪽으로 늘어났고 이제는 너무도 크고 복잡해져서 힐러리의 가장 가까운 보좌관들도 그 내용을 제대로 파악할 수 없을 정도였다.

법안이 제출되자 공화당 전략가이자 보수 이론가인 윌리엄 크리스톨William Kristol, 1952~은 모든 공화당 상하원 의원에게 메모를 보내 다음 중간선거에서 공화당이 성공을 거두려면 한 발짝이라도 양보해서는 안 된다고 경고했다. 의료보험 개혁안은 "공화당에 대한 심각한 정치적 위협"이며, 의료보험 개혁안을 부결시키는 것은 "클린턴에게 심대한 좌절"이 되리라는 게 그의 반대 논거였다.

1994년 봄에서 여름까지 힐러리가 미국의 의료 체계를 개혁하는 일에 전념하면서 전국적으로 관심을 끌고자 노력하는 동안에도 화이트워터 '광란'으로 인한 피해는 계속되었다. 의료보험 개혁 법안의 지지를 얻기 위한 캠페인은 아직 시작도 못하고 있었다.

힐러리는 1960년대에 있었던 남부의 다인종 자유 승차 운동을 모방해 1994년 의료보험 개혁과 관련해 의회에 압력을 가하기 위한 전국적 운동인 '개혁 승객Reform Rider 버스 캠페인'을 뒤늦게 7월부터 전개했지만, 반대편 문화전쟁의 전사들이 가로막고 나섰다.

7월 22일 오리건주 포틀랜드에서의 출정식은 성난 反클린턴 군중에 의해 방해를 받았다. 16대의 버스 행렬이 시애틀에 도착할 즈음 폭력 사태가 일어나기 일보 직전이었다. 힐러리가 시애틀에서 연설했을 때 참석했던 4,500명의 청중 가운데 적어도 절반은 반대자들로 추정되었다. 힐러리는 처음으로 방탄복 착용에 동의했다. 힐러리의 연설은 야유와 함성 때문에 들리지도 않는 등 행사는 엉망이 되었다.

반대자들은 클린턴 부부가 자신들의 생활방식을 파괴하려고 한다고 주장했지만, 이 시위대는 뉴트 깅리치Newt Gingrich, 1943~를 비롯한 공화당 소속 상원의원들과 그 보좌관들의 협조를 받고 있었고, 자금은 리처드 멜런 스카이프Richard Mellon Scaife, 1932~2014가 후원하고 있었다. 의료 개혁의 성공은 공화당에 재앙이 될 것이므로 힐러리를 무력화시켜야 한다는 게 그들의 생각이었다.

시애틀 집회를 비롯한 '개혁 승객Reform Rider 버스 캠페인'의 방해는 공화당의 협조, 스카이프의 자금 지원만으로 이루어진 건 아니었다. 우익 라디오가 결정적인 역할을 했다. 일주일 내내 미 북서부 지역과 전국 라디오방송은 청취자들에게 그들의 감정을 힐러리에게 보여주기 위해 개혁 승객들과 대치하라고 호소, 아니 노골적인 선동을 해댔다. 클린턴과 힐러리는 보수 라디오의 밥이 되었다.[45] 이와 관련, 스테퍼노펄러스는 다음과 같이 말한다.

"나는 힐러리가 어떻게 그렇게 개인적으로 받는 공격을 견디어냈는지 상상조차 할 수 없다. 의료보장 개혁안과 화이트워터 사건으로 그녀는 라디오에서 가장 미움 받는 대상이 되었다. 고든 리디Gordon Liddy는 클린턴과 힐러리의 모양을 딱딱한 종이로 오려내서 화살 게임의 표적을 만들 것을 제안하기까지 했다. 그녀가 7월 말에 가졌던 버스 여행인 일명 '의료 보장 고속'에서 그녀는 선동적인 표어를 내걸고 있는 군중과 맞부딪쳤다. 그 표어에서는 '러시아로 돌아가라'는 문구와 또 '빌과 힐러리는 부도덕한 공산주의 동성애자다'라는 문구도 있었다. 시애틀에서는 비밀 검찰부 요원들이 군중 속에서 총 두 개와 칼 하나를 압수한 일도 있었다."

이어 스테퍼노펄러스는 "힐러리는 개혁을 반대하는 사람들에게는 너무나 좋은 표적이었다"고 말한다. "그들은 대통령의 부인이 이렇게 주요한 입법안을 관장하게 하는 것이 적절한 것인지 또한 현명한 것인지를 문제로 만들었다. 그래서 힐러리를 권력욕에 사로잡힌 급진적인 페미니스트로 풍자하여 의료보장 제도에 치명타를 가하려고 시도했다.……언론에서도 그녀의 준공식적인 위치를 이용해서 그녀의 과거를 샅샅이 파헤칠 수 있는 정당성이 있다고 생각했으며 그래서 더 화이트워터 사건에 집착하게 되었다."[46]

## 힐러리의 독선이 좌초시킨 의료보험 개혁

민주당은 이 모든 사태에 대해 구경만 하고 있었다. 힐러리는 자신을 도와주지 않는 민주당 의원들에게 격노했지만, 그들과의 타협마저 거부했던 자업자득自業自得이었다. 의료보험 제도 개혁을 위한 특별팀에서 힐러리의 언론 공보담당 보좌관이었던 밥 부어스틴Bob Boorstin은 힐러리를 다음과 같이 원망했다.

"힐러리는 내 평생 만나본 사람 중에서 가장 독선적인 사람에 속합니다. 독선은 그녀의 큰 단점이고 그로 인해 의료보험 개혁안이 죽어버렸습니다. 물론 그 밖에도 주변 친구들만을 기용하는 어리석은 결정, 시기 등도 관련이 있지만 전반적으로 보았을 때 문제의 핵심은 힐러리의 독선에 있다고 생각합니다."[47]

그렇게 말할 만도 했다. 의회예산국 국장 로버트 라이샤워Robert Reischauer, 1941~의 이런 현실적인 조언도 힐러리와 그녀의 뜻을 따르는 측근들의 귀엔 마이동풍馬耳東風이었으니 말이다. "개혁을 서두르면 여러 곳에 주름이 생겨 피해가 커집니다. 예를 들어 의료제도의 군살을 빼려면, 전문의의 3분의 1이 직업을 잃을지도 모릅니다. 그러면 일반 개업의가 되든지, 의사를 그만두든지 할 수밖에 없습니다. 개혁을 실시하면 병원의 병상 수는 20퍼센트 정도 줄어들 것입니다. 경제적·정치적으로는 의미가 있을지 모르나, 의사와 병원을 중심으로 짜여진 의료 사회는 뒤흔들립니다. 사회구조를 무턱대고 건드리는 것은 현명한 일이 아닙니다."[48]

의료보험 개혁을 성사시키기 위해선 적어도 민주당의 복지 전문 원로로 널리 존경받는 대니얼 패트릭 모이니핸Daniel Patrick Moynihan, 1927~2003 상원의원의 조언을 경청했어야 했건만, 힐러리는 모이니핸도 무시했다. 모이니핸이 집권 초의 혼란에 대해 "그들은 미국을 통치할 준비가 되어 있지 않다"고 혹평을 한 것에 대한 반감 때문이었을까? 힐러리의 그런 자세를 빼박은 한 보좌관은 『타임』인터뷰에서 모이니핸에 대해 막말을 해 적잖은 논란을 빚기까지 했다. "그는 거물이죠. 다루기 힘든 인물이지만 우리를 막을 수는 없어요. 우리로서는 장애물이 사라진 셈이에요. 이제는 민주당의 세상이 왔어요. 필요하다면 우리는 그를 깔아뭉개고 지나갈 거예요."

백악관 보좌관 람 이매뉴얼Rahm Emanuel, 1959~은 모이니핸의 사무실에 전화를 걸어서 막말을 한 익명의 보좌관이 누군지 밝혀지면 해고하겠다고 말하며 사과했다. 그런데 이 익명의 보좌관은 나중에 람 이매뉴얼로 밝혀졌으며, 그는 나중에 일리노이주 하원의원을 거쳐 버락 오바마의 핵심 측근이 된다. 이매뉴얼의 발언은 상관인 스테퍼노펄러스의 승인을 거친 것이었다고 하니, 당시 백악관의 '얼라'들이 얼마나

싸가지가 없었는지 이걸 미루어보더라도 잘 알 수 있겠다.⁴⁹

딕 모리스는 힐러리에게 일단 공화당도 받아들일 수 있는 절반만 성공시키고 나머지는 나중에 다시 개정하자고 설득했지만, 그럴 때마다 힐러리는 "이 체계의 한 부분을 어설프게 땜질한다면 전체를 다 망쳐버리는 꼴이 되고 말 거야. 전체를 다 다루든지 아니면 그냥 그대로 두는 게 옳아"라는 고집을 버리지 않았다.

힐러리는 자신의 의료보험 개혁에 대한 반대를 무조건 기득권 세력의 이기적 저항으로 몰아붙였다. 선악 이분법에 사로잡힌 그녀는 백악관 내부 회의에서 일이 잘 안 풀리자 참모들에게 "나는 악마가 존재한다는 것을 믿습니다. 그리고 세상에는 악마와 같은 사람들이 있다고 생각합니다"라고 말하기도 했다.

돌이켜보건대, '트루퍼게이트'가 힐러리의 독선을 악화시킨 결정적 계기였다. 익명의 백악관 보좌관은 이렇게 말했다. "주 경찰관이 폭로한 섹스 스캔들은 대통령에게 무수한 벽돌을 날린 것이나 마찬가지였다. 힐러리가 전격적으로 권력의 중심으로 되돌아오는 계기가 되었다. 이제 그녀는 도덕적으로 우위의 고지를 점령했다. 그 어느 때보다 기세등등해진 힐러리 앞에서 감히 아무도 건강보험의 타협안을 거론할 수 없었다."⁵⁰

## '보수주의자들의 쿠데타'를 성공시킨 '깅리치 혁명'

1994년 8월 20일에 실시된 '『타임』-CNN'의 여론조사에선 대통령 선거가 당장 실시될 경우 국민들의 55퍼센트가 클린턴을 지지하지 않겠다고 답한 것으로 나타났다. 급기야 언론에서 '비틀거리는 클린턴'이라는 말까지 나왔다.[51] 클린턴의 민주당 장악 능력도 의문시되었다. 『뉴스위크』 칼럼니스트 조너선 알터Janathan Alter, 1957-는 "민주당은 25년 만에 겨우 두 번째로 얻은 대통령직을 내팽개치기로 작정한 것처럼 보인다"고 썼다. 민주당 의원들은 11월 중간선거를 앞두고 아예 클린턴과 거리를 두려고 애를 썼다.[52]

경제를 외쳐 대통령이 된 그에게 선택의 여지는 거의 없었다. 특히 레이건 행정부 때부터 비롯된 국가 재정적자로 인해 클린턴은 자신이 내세웠던 의료 개혁과 복지 정책을 추진할 돈이 없어 쩔쩔맸으며, 그래서 "물러난 레이건이 클린턴의 발목을 잡고 있다"는 말까지 나왔다. 1994년 10월 의료 개혁 법안에 대한 자신의 야망을 완전히 포기한 힐러리는 모리스에게 전화를 걸었다. 10월 29일 모리스는 민주당이 상하 양원 모두에서 패배할 것이라고 보고했다.[53]

1994년 11월 중간선거에서 공화당은 민주당을 꺾고 다수당이 되었다. 상원은 공화당 53명, 민주당 47명, 하원은 공화당 230명, 민주당 204명이었다. 공화당은 8년 만에 상원의 우위를 되찾았고, 하원에서 공화당 다수 체제를 구축한 것은 1954년 이후 40년만의 대사건이었다.

민주당은 상원에서 8석, 하원에서는 52석을 잃고 말았다. 처음으로 한때 민주당이 '견고한 남부Solid South'라고 부르던 남부의 주들이 민주당원보다 많은 숫자의 공화당원들을 하원으로 보냈다. 인구가 가장 많은 10개 주 가운데 9개 주에서 공화당이 주지사를 휩쓸었다. 게다가 전국적으로 공화당 상원의원들과 주지사들이 모두 재선에 성공했다.

뉴욕주 상원의원 모이니핸의 보좌관이었던 로런스 오도넬Lawrence O'Donnell, 1951~은 힐러리가 민주당을 망쳤다며 그녀의 가장 큰 문제는 오만이라고 했다. "법안을 통과시키는 게 목적이라면 전투 지휘 본부를 차려놓고 상대편을 정복하려고 생각해서는 안 되죠." 이에 대해 칼 번스타인Carl Bernstein은 다음과 같이 말한다.

"그러한 '선거 유세적 사고방식'은 빌의 임기 동안 계속되었는데 빌보다 힐러리 쪽이 더 심했다. 클린턴 부부는 아칸소주 교사들에게 전쟁을 선포하고 승리를 거두었다. 그러나 그것은 힐러리가 여당 의원들을 포함하는 의회 전체와 영구적으로 전쟁 상태에 돌입하는 것과는 다른 것이고, 특히 강력한 상원의원들을 악인으로 몰려고 하는 시도와는 전혀 별개의 것이었다."[54]

1994년 11월 중간선거는 '보수주의자들의 쿠데타'로 불렸으며, 그 주역인 뉴트 깅리치Newt Gingrich, 1943~를 부각시켜 '깅리치 혁명'으로도 불렸다. 깅리치는 클린턴 집권 시기에 고조된 문화전쟁의 주역이었는데, 깅리치가 문화전쟁의 브레인 역할을 했다면 그 전쟁의 최전선엔 우익 라디오가 있었다.

## 왜 라디오 토크쇼의 '톱 10' 호스트는 모두 보수파였는가?

미국 라디오에 도대체 무슨 일이 일어났던 걸까? 당시 미국인은 하루 평균 2.6시간 운전을 했다. 1년 중 두 달간의 모든 생활 시간을 꼬박

운전에만 바치는 셈이었다. 차는 갈수록 커졌지만 차에 타는 사람 수는 줄어들었고 교통 체증으로 자동차 평균 속도는 느려졌다. 이게 바로 라디오가 영향력 있는 매체로 등장하게 된 배경이었다.[55]

방송에서 논란이 되는 사안에 대한 편향된 견해에 대해선 반론권을 줘야 한다고 규정한 '형평의 원칙Fairness Doctrine'이 1987년에 폐지된 이후 라디오 토크쇼는 점차 '편향성의 독설 잔치판'을 벌여왔는데, 오히려 그게 인기 폭발의 주된 이유가 되었다. 1990년대 중반 라디오 토크쇼는 1,130개에 이르러 청취자 수는 전 인구의 절반에 도달했으며, 미국인 6명 중 1명이 정기 청취자였다. 그런데 흥미롭게도 토크 라디오 호스트의 70퍼센트가 우파였으며, 호스트의 80퍼센트와 전화를 거는 사람의 대부분이 남자였다. 토크쇼의 '톱 10' 호스트는 모두 보수파였다.[56]

1990년대 중반 '톱 10' 호스트 가운데 인기 1위는 러시 림보Rush Limbaugh, 1951~로 659개 라디오 방송국에서 방송된 그의 토크쇼 청취자는 2,000만 명에 이르렀으며, 숀 해니티Sean Hannity, 1961~가 1,300만 명으로 그 뒤를 이었다. 지지자들 사이에서 '라디오 토크의 엘비스 프레슬리'로 불린 림보는 자신의 토크쇼에 베이비부머babyboomer 세대의 유머와 로큰롤을 가미해 큰 인기를 끌었다. 림보는 '라디오 토크쇼 혁명'에 결정적 기여를 했다는 이유로 1995년 1월 23일 『타임』의 표지 기사에 등장했다. 림보가 큰 성공을 거두자, 보수 진영의 수많은 림보가 우후죽순 토크쇼 호스트로 나서기 시작했다. 그간 라디오 토크쇼는 매우 진보적이었지만, 러시 림보가 나오면서부터 보수화되기 시작한 것이다.

림보 때문에 골머리를 앓던 힐러리는 "림보를 잠재울 리버럴 방송인의 출현을 기대한다"는 말까지 했지만, 이상하게도 라디오 토크쇼 시장은 우익이 절대 우세를 보였다. 왜 리버럴liberal은 라디오에 약했을까? 리버럴은 선악善惡 이분법에 비교적 약하며, '균형, 위험, 품위balance, dignity, decency' 등에 비교적 더 신경 쓰기 때문에 청취자를 사로잡기 어렵다는 주장이 나왔지만, 라디오를 제외한 다른 주류 매체들이 보수보다는 리버럴 편향적이기 때문에 라디오가 그간 대변되지 못한 보수 목소리의 출구가 되었다는 시각이 지배적이었다.

여기에 공화당을 포함한 보수파들이 토크 라디오에 적극적인 구애를 했다는 점도 간과할 수 없겠다. 보수 단체들은 전국 4,000여 명의 토크 라디오 호스트 명단을 관리하면서 각종 서비스를 제공했다. 특히 보수 싱크탱크인 헤리티지재단Heritage Foundation이 가장 적극적이었는데, 이 재단은 워싱턴 D.C.에 라디오방송 스튜디오 2개를 마련해서 전국의 라디오방송사들에 무료로 제공한다는 광고를 해댔다. 워싱턴에서 정치인을 만나 인터뷰를 할 필요가 있을 때 이용하라는 뜻이었는데, 이는 큰 성과를 거두었다.[57]

1994년 11월 중간선거 결과는 '깅리치 혁명'으로 불린 동시에 '라디오 토크쇼 혁명'으로 불리기도 했다. 우익이 장악한 라디오 토크쇼가 공화당의 승리에 큰 기여를 했다는 의미에서다. 문화전쟁의 첨병으로 나선 우익 라디오는 '힐러리 죽이기'에 광적으로 매달리게 된다. 물론 '힐러리 죽이기'는 청취율을 올리는 데에 큰 도움이 되었으므로, 당파적 · 상업적 목표를 동시에 충족시키는 일거양득一擧兩得이었다.

제5장

★

# "인간의 권리는 여성의 권리,
# 여성의 권리는 인간의 권리"

★★★

1995~1997년

## 심령술사와 선거꾼에 의존한 힐러리

1994년 11월 중간선거 결과에 충격을 받은 클린턴과 힐러리는 우울
증에 빠졌다. 1994년 말 힐러리와 클린턴은 그간 워싱턴에서 받은 상
처를 극복하기 위해 영감을 강조하는 뉴에이지 저술가 몇 사람을 대
통령 전용 별장 캠프 데이비드로 초대했다. 심령 체험과 더불어 역사
적 위인이나 다른 세계와의 신비로운 접촉에 대한 연구를 해온 진 휴
스턴Jean Houston, 1937~은 힐러리가 5,000년 동안 이어져 내려온 굴종의
여성사에 대한 부담감을 안고 있다고 말해주었다. 그녀는 힐러리에게
더 참고 견디라고 독려하면서 재능을 활짝 펼쳐 보일 수 있는 때가 올

거라고 용기를 불어넣어 주었다.

43명의 전임 대통령 부인의 전기를 모두 읽은 힐러리의 역할 모델은 프랭클린 루스벨트의 아내인 엘리너 루스벨트Eleanor Roosevelt, 1884~1962였지만, 힐러리는 엘리너를 훨씬 능가하는 역할과 권력을 갖기를 원했다. 역사학자 아서 슐레진저 2세Arthur Schlesinger, Jr., 1917~2007는 "엘리너 루스벨트는 강인했지만 남자들의 게임에서 그들을 이기려고 하지는 않았다. 그러나 힐러리는 이기려고 했다"고 썼다.

1995년 초부터 백악관을 드나들기 시작한 진 휴스턴은 힐러리가 엘리너 루스벨트와 동일시하려는 마음을 강하게 보이는 것에 착안해 두 사람이 비슷한 영혼의 소유자일지도 모른다면서, 힐러리에게 더욱 적극적으로 마음을 활짝 열어 그녀의 원형과 접촉하라고 독려했다.

죽은 사람과의 교감을 시도한다는 이야기가 밖으로 새어나가자 힐러리는 공식 발언을 통해 휴스턴이나 다른 인물들과의 만남은 '지적 체험'이라며 이렇게 말했다. "나에게는 영혼의 문제를 의논할 대상이 없다. 어린 시절부터 믿고 의지해온 감리교의 믿음과 전통이 마음속에 깊게 각인되어 다른 대안은 생각지 못한 채 살아왔다." 그녀는 연설을 하던 중에 "나는 지금 막 엘리너 루스벨트와 상상 속의 대화를 나누었다. 그런데 그분은 이것을 썩 좋은 아이디어라고 생각하신다"는 농담까지 하는 여유를 보이기도 했다.[1]

그러나 영혼의 문제를 탐색하는 것만으론 난국을 타개해나갈 수는 없었다. 힐러리와 클린턴이 위기가 있을 때마다 불렀다는 딕 모리스가 다시 영입되었다. 딕 모리스가 사실상 대통령의 섭정攝政으로 등장해 1996년 대선까지 대통령 다음가는 실세로 군림하게 된다. 클린턴과 동갑내기인 모리스는 민주당 후보나 공화당 후보를 가리지 않고 일하는 정치 컨설턴트로, 같은 시기에 두 정당을 위해 동시에 일할 때도 있었다. 유대인인 그에게 정치는 이기고 지는 스포츠였다. 지조가 없다는 비판에 대해 그는 국가를 위해 일할 사람을 돕는 것일 뿐이라고 반박했다.

모리스는 1978년 클린턴이 미국의 최연소 주지사가 되는 걸 도왔지만, 당선된 후 클린턴에 의해 버려졌다가 재선에 실패한 후 1982년에 다시 클린턴을 도와 당선시켰다. 그는 1992년 대선 땐 아무 역할도 하지 않았다. 클린턴이 선거 책임자가 되어달라고 권유했지만 가능성이 거의 없다고 생각해 거절했다. 클린턴의 대통령 취임 후 18개월 동안 교류는 없었고 모리스는 오히려 공화당을 도와 클린턴을 공격하는 텔레비전 광고를 만들기도 했다. 그중에는 클린턴을 '세계 최강의 군대를 망친 멍청이'로 묘사한 것도 있었다.[2]

모리스는 공화당과 민주당을 가리지 않는, 돈만 밝히는 악한 선거꾼이라는 생각을 클린턴도 공유하고 있었다. 모리스는 모든 종류의 속임수나 부정적인 선거운동에 연루된 인물이었으니 그럴 만도 했다. 그러나 그의 능력이 출중한 걸 어이하랴. 칼 번스타인Carl Bernstein은 "모리스는 빌이 자신을 '장갑을 끼지 않고는 건드릴 수 없을 정도로 더러운' 존재로 생각한다는 것을 알고 있었다. 그래서 빌이 도움을 필요로 할 때 그를 찾는 역할은 힐러리가 했는데, 힐러리가 빌을 대신해 모리스를 고용하고 함께 전략을 구상하는 패턴이 반복되었다"고 말한다.[3]

## "나는 남편을 찍어주었는데 정치는 여편네가 하더군"

이제 클린턴과 힐러리에게 목표는 두 가지였다. 케네스 스타와 의회에서 공화당이 주도하는 피할 수 없는 조사에서 살아남는 것과 재선에서 승리하는 것이었는데, 모리스는 두 번째 목표에 집중했다. 모리스는 첫 번째로 힐러리의 전면 퇴진을 권고했다. 그는 클린턴에게 유권자들의 반응을 전했다. "힐러리가 실세잖아요?", "그 집 가장은 힐러리라면서?", "그 여자는 자기가 대통령이라고 생각하더군!", "나는 남편을 찍어주었는데 정치는 여편네가 하더군." 얼마 후 힐러리는 백악관의 모든 전략 회의에서 빠졌다.[4]

힐러리는 1995년 2월 『유에스뉴스앤드월드리포트』와 인터뷰를 갖고 자신은 2선으로 물러난다고 발표하면서 이제 자신의 주요 임무는 행정부가 성공을 거둘 수 있도록 남편을 뒤에서 도와주는 것이라고 말했다. 그녀는 해외 순방에 주력하는 동시에 책을 집필하는 일에 몰두했다.

1995년 2월 힐러리는 사이먼앤드슈스터 출판사의 추천을 받아 자신의 저술 프로젝트의 원고 작성을 도와줄 사람으로 바버라 파인먼 Barbara Feinman을 채용했다. 그 후 8개월 동안 힐러리가 워싱턴을 떠나지 않는 한 파인먼은 힐러리와 하루에 몇 시간씩 퍼스트레이디 사무실에서 함께 일했다. 이렇게 해서 나온 책이 바로 1996년 1월에 출간된 『마을이 있어야 한다It Takes a Village』였다. 책의 제목은 파인먼이 제안한 것으로 언젠가 힐러리가 자신의 연설에서 사용한 문구였다. 그것은 유명한 아프리카의 속담 "아이를 키우려면 온 마을이 필요하다"

를 인용한 것이었다.[5]

힐러리는 1월 16일부터 11개 도시를 순방하며 책의 홍보 투어에 들어가려고 했는데, 그 직전 좋지 않은 소식이 들려왔다. 힐러리가 여행국 직원들의 해고를 사실상 지시했다는 내용의 백악관 메모가 연방정부 문서 창고에서 발견된 것이다. 12월 29일에 발견되어 1월 3일 의회에 전달된 이 메모에 이어 1월 4일엔 화이트워터와 관련된 로즈법률회사의 비용 청구 기록이 힐러리의 보좌관 캐럴린 후버Carolyn Hoover의 사무실에서 발견되었다. 이는 18개월 동안 조사관들이 찾아 헤매던 기록이어서 힐러리의 정직성에 타격을 입혔다.

그럼에도 힐러리는 책의 홍보 투어에서 그녀 특유의 말도 안 되는 말을 하고 말았다. "우리 부부는 우리가 가진 모든 서류를 넘겼어요. 다시 말하지만 그마저도 얼마 없었죠. 우리는 모든 것을 주었다고요." 물론 이는 사실과 전혀 다른 말이었다.

책의 수익금은 어린이 병원과 그 밖의 자선 기관으로 보내질 예정이었기에 책의 홍보 투어는 힐러리의 이미지를 개선해 재복귀를 위한 중요한 행사였지만, 그런 일이 벌어지면서 좀 이상한 모양새가 되고 말았다. 책의 초록을 게재할 권리를 사들인 『뉴스위크』는 1월 8일자에 커버스토리로 다루면서 힐러리의 평범한 맨 얼굴 사진 위에 「성자인가 죄인인가」라는 타이틀을 붙였다. 기사는 책보다는 화이트워터 사건과 관련된 힐러리의 정직성에 초점을 맞췄다.[6]

## "힐러리는 타고난 거짓말쟁이"

같은 날 『뉴욕타임스』의 저명한 칼럼니스트 윌리엄 새파이어William Safire, 1929~2009는 칼럼에서 화이트워터 사건과 관련해 힐러리를 "타고난 거짓말쟁이congenital liar"라고 비난했는데, 이는 이후 힐러리에게 따라다니는 '거짓말쟁이'라는 딱지의 원조 격이 되는 것이어서 힐러리에겐 뼈아픈 일격이었다.

새파이어는 "올바른 정치 안목과 이해를 가진 미국인이라면 동시대인들의 모델처럼 여겨지던 우리의 영부인이 타고난 거짓말쟁이라는 슬픈 사실을 깨닫게 됐을 것이다. 화이트워터 스캔들의 물방울이 새어나오듯 자신의 보좌진과 친구들까지 거미줄 같은 거짓의 함정에 옭아맨 사실이 하나둘 밝혀져가고 있다"며 3가지 사실을 열거했다.

첫째, 지난 1979년 투자 대가로 1만 퍼센트의 수익금을 전해 받은 사실을 설명하면서 그녀가 『월스트리트저널』 덕분 운운했던 이야기를 기억하는가. 결국 그녀의 말은 주지사의 부인이 브로커를 낀 변호사에게 투자 계좌를 맡겨놓고 부정한 수익을 올렸다는 비난을 호도하기 위한 것이었음이 드러났다. 거짓말을 해야 할 충분한 이유가 있었다. 긍정할 경우 일부에선 뇌물이었다고 여기는 10만 달러를 수뢰했음을 시인하는 꼴이 되기 때문이다.

둘째, 트래블게이트는 또 다른 거짓말들을 드러내주고 있다. 힐러리는 백악관 변호사를 끌어들여 여행국 직원 해고를 명령하지 않았음을 FBI 수사관들에게 단호히 주장하도록 지시했으며, 쫓겨난 직원들은 힐러리가 자신의 친구들을 그 자리에 데려다 앉힌 사실이 정당화되도록 FBI와 사법부에서 온갖 고통을 당해야 했다. 역시 거짓말을 해야 했던 이유가 있다. 측근 기용에 걸림돌이 되는 사람들의 인생을 FBI로 하여금 망쳐버리도록 한 권력 남용자로 밝혀지는 것을 피하기 위해서였다.

셋째, 백악관 법률고문이던 빈센트 포스터가 사망한 직후, 힐러리는 사법부가 그의 사무실 서류를 조사할 수 있도록 동의했던 것을 번복하도록 지시했다. 이 대목에서도 힐러리는 거짓말을 했다. 수사관들은 포스터의 백악관 사무실에 잘못 보관되었던 힐러리의 개인 관련 기록들이 포스터가 자살한 당일 밤 치워졌으며 2년 여간 힐러리의 옷장, 클린턴 비서관 개인파일 속, 측근의 지하실 등에 은닉되어오다 지난주 일부가 누출된 것으로 믿고 있다.

이어 새파이어는 "그러면 왜 문제의 증거서류 일부가 뒤늦게 공개된 것일까. 어느 날 갑자기 다시 나타난 것이 아니다. 힐러리가 새삼스럽게 사법 당국의 요청에 응해서 그런 것은 더욱 아니다"며 다음과 같이 주장했다.

"증거의 일부가 흘러나온 이유 중 하나는 FBI가 모처에서 문제의 기록 사본을 발견하고 '잃어버린' 기록에 대해 클린턴 측근들을 추궁하자, 백악관이 사본을 '발견'해내 제출한 것이다. 또 다른 이유는 전 보좌관들이나 동료들이 힐러리에게서 돌아서기 시작했기 때문이다. 승진 등 혜택을 입는 동안에는 기꺼이 그녀의 거짓을 덮어주었지만 이제는 위증 혐의로 제소될 위기에 직면하자 변호사들의 권고를 받아들이기 시작한 것이다. 힐러리가 왜 처음부터 정직하지 못했느냐고는 묻지 말아야 한다. 그녀는 거짓말하는 것이 습관이 됐다. 그리고 그동안 자신의 거짓말이나 보좌진과 친구들에게 거짓말을 하도록 교사한 데 대해 추궁당해본 적이 없기 때문이다."[7]

## "가족을 강조한 힐러리의 고통스러운 변신"

새파이어의 칼럼에 대해 백악관 대변인 마이클 매커리Michael McCurry, 1954~는 "클린턴 대통령이 대통령만 아니었다면 새파이어의 콧등에 주먹을 날렸을 것"이라고 응수했다. 클린턴은 매커리 대변인의 논평을 부인하지 않으면서 "내가 평범한 시민이었다면 그 칼럼에 합당하게 응수했을 것"이라고 말했다. 클린턴은 해리 트루먼 전 대통령이 딸의 노래를 혹평한 음악 비평가에게 격노해 썼던 50여 년 전 편지의 사본을 벽에 걸어두고 있다면서 "그 내용은 대통령도 감정이 있다는 것이다"라고 말했다. 그는 "미국인들이 전부 내 아내와 같은 인격을 가졌다면 세상이 훨씬 살기 좋아질 것"이라고 큰소리쳤다.[8]

그러나 새파이어는 1월 11일 「권투 선수 대통령」이라는 제목의 칼럼으로 만만치 않은 반격을 가했다. 새파이어는 "내가 아는 모든 사람들이 권투 시합의 좋은 자리를 구해달라고 요청해왔다. 여러분께 미안하지만 프로모터인 매커리 백악관 대변인에게 직접 부탁하라"는 야유로 글을 시작하면서 다음과 같이 말했다.

"힐러리가 청문회에 나가 선서를 하고 질의에 대답을 하게 될까. 정치적으로만 의회의 결정을 몰고간다면 그 결과는 불가능이 될 것이다. 힐러리는 화려한 기자회견으로 입이 열린 언론을 요리했던 것처럼 의원들조차 미혹시키고 어리둥절하게 만들어 감쪽같이 속일 가능성이 크고, 오랜 세월 동안 교묘하게 빠져나가는 그녀를 잡기는 어려울 것이다. 그러면 힐러리가 자진 출두 요청을 했을 때 조사위원회는 어떻게 해야 할까. (심슨 재판의) 마샤 클라크Marcia Clark 검사처럼 그녀로 하여금 법적 기만 사실과 부정한 경비 청구 기록을 규명토록 하고 공식-즉흥 발언의 차이, 선서와 모순되는 증언들을 찾아내 추궁해야 한다. 개인적으로 본인은 클린턴 부부가 역사적 악명이라는 값진 선물을 안겨주었다고 생각하고 고맙게 여긴다. 대통령의 주먹다짐은 영원히 연기됐다. 그러나 언제라도 그 무서운 기세의 주먹세례에 기꺼이 응할 것이다."[9]

엎친 데 덮친 격으로 힐러리의 책에 대해 대필 의혹을 제기하며 육필 원고를 보여달라는 작은 소동이 벌어졌다. 힐러리가 자신의 저술 작업을 도와준 바버라 파인먼을 밝히지 않은 것이 문제였다. 백악관은 그때서야 파인먼이 8개월 동안 저술 작업에 참여했다는 것을 인정했다. 왜 그런 일이 일어난 걸까? 문제는 8개월 후 힐러리가 파인먼을 비롯한 그 누구의 도움도 필요하지 않는다고 밝히면서 시작되었다. 그래서 출판사는 파인먼에게 지불하도록 되어 있던 12만 달러 중 4분의 1의 지불을 유예했다. 힐러리가 파인먼을 제대로 대접하지 않았으며 책이 대필되었다는 소문이 기사거리가 되기 시작하자 출판사는 파인먼에게 나머지 돈도 다 지불했다.

새파이어의 독한 공격과 저술과 관련된 작은 시비거리가 있긴 했지만, 힐러리는 1월 9일 ABC-TV의 바버라 월터스Barbara Walters, 1929~가 특집으로 소개하면서 시작된 책의 판촉 투어를 열심히 했고, 그 덕분인지 책은 『뉴욕타임스』 베스트셀러 1위를 차지했고, 이후 베스트셀러 목록에 20주 동안이나 머물렀다. 힐러리가 직접 읽은 오디오북은 그해 최고의 오디오북으로 그래미상Grammy Awards을 받기도 했다.[10]

길 트로이Gil Troy는 이 책에 대해 "그녀는 여전히 진보주의와 보수주의, 혁신주의와 청교도주의를 합치려고 애쓰고 있었다.……이 책은 전통적 규범을 거부하던 엘리트가 다시 전통을 재발견하는 서사시적 행보를 담은 것이었다"며 다음과 같이 말한다.

"힐러리는 이혼이 아이에게 해악을 끼치고 마약은 파괴적이며 난잡한 성생활은 품위를 떨어뜨리는 짓이고 '모든 어린이'에게는 '의지할 수 있는 완전한 가족'이 필요하다는 연구 결과를 밝혔다. 그녀는 모든 문제에 대한 정부 프로그램을 마련하고 대안적 가족의 존재를 인정하면서도 '모든 사회에는 전통적 이상에 따라 살아가는 가족이 반드시 존재해야 한다'고 단언했다. 이러한 변신은 힐러리에게 고통스러운 일이었다. 페미니스트들이 비웃던 '여성성을 용납할 수 있는 얼굴'을 해야 했기 때문이다."[11]

## "힐러리는 '위대한 개츠비'의 데이지 뷰캐넌"

1995년 6월 클린턴은 골든아워에 전국에 중계된 텔레비전 연설을 통해 앞으로 10년 안에 연방예산 적자를 없애겠다는 자신의 계획을 발표했다. 공화당의 이슈를 민주당 대통령이 들고 나섰으니 민주당에서 비판이 쏟아지는 건 당연한 일이었다. 민주당 원로들은 이 연설에 대해 거침없는 비판을 퍼부었으며, 캘리포니아주 하원의원 낸시 펠로시Nancy Pelosi, 1940~는 클린턴이 "바로 공화당의 손아귀에서 놀아나고 있다"고 비난했다.

딕 모리스Dick Morris는 "이런 세찬 비판을 받은 클린턴이 어떻게 민주당을 리버럴한 노선에서 중도 노선으로 이끌어갈 수 있었고 또 그 과정에서 민주당을 계속 결속시킬 수 있었을까? 그는 어떻게 민주·공화 양당에 양다리를 걸쳐 놓고 그대로 버틸 수 있었을까?"라는 질문을 던지면서 다음과 같이 답한다.

"부시와 마찬가지로 클린턴도 민주당의 어젠다를 바꾸지 않은 데 그 관건이 있었다. 부시가 조세, 낙태, 총기 규제와 그 밖의 여러 이슈에 대한 공화당의 전통적인 독트린을 그대로 따른 것처럼 클린턴도 민주당의 전통적 관행 중 중요한 것은 절대로 포기하지 않았던 것이다.……클린턴은 또 자신과 민주당 원로 간의 견해 차이를 좁히기 위해 정치자금 모금 솜씨를 활용하기도 했다. 그는 대단한 열정과 효과적인 방식을 이용해 1996년 재선 레이스의 선거 자금으로 3억 달러 이상을 모금했다.……클린턴은 민주당의 전통적 노선을 일탈하는 배신과 불충을 속죄하기 위해 온갖 노력을 다했다."[12]

클린턴이 민주당의 전통적 어젠다만큼은 고수했다는 것은 문화전쟁이 거세질 수밖에 없는 배경을 잘 설명해준다. 미국 사회학자로 영국에서 활동하고 있는 리처드 세넷Richard Sennett, 1943~은 『뉴캐피털리즘』(2006)에서 영국의 여야 정당들이 주요 정책에서 내용이 대단히 유사한 표준 플랫폼을 공유하는 이른바 '플랫폼 정치'를 하고 있으며 그런 상황에선 필연적으로 서로의 차이를 부각시킬 수 있는 수사법을 구사하는 '상징 부풀리기'가 이루어진다고 했는데,[13] 그런 '플랫폼 정치'는 이미 10년 전 미국에서 클린턴에 의해 구사되고 있었던 셈이다.

정치의 전반적인 보수화 체제에선 큰 이슈를 놓고 싸울 일이 없어진다. 하지만 '싸움 없는 정치'는 생각할 수 없으므로 여야 정당들은 문화적 문제와 같은 비교적 사소한 차이를 큰 것인 양 부풀리는 싸움을 하게 되는 것이다. 정당들 간의 차이가 사소할수록 싸움은 더 격렬해지고 증오는 더 깊어진다. 그래야만 자신들의 존재 근거는 물론 존재감을 확인하고 확보할 수 있기 때문이다. 이게 바로 문화전쟁의 작동 메커니즘이었다.

그런 문화전쟁의 한복판에 선 힐러리 부부는 1995년 7월 22일 특별 검사인 케네스 스타에게 5시간이 넘게 걸린 두 번째 조사를 받았으며, 이즈음 열린 상원 화이트워터 청문회로 인해 힐러리 부부와 관련된 여러 사람도 고통을 받아야 했다. 1995년 8월 6일 조 클라인Joe Klein은 『뉴스위크』에 쓴 「사망자 수 세기Body Count」라는 칼럼에서 힐러리 부부를 부주의한 행실로 너무나 많은 사람과 그들의 명성을 망친 베이비붐 세대의 톰과 데이지 뷰캐넌Tom & Daisy Buchanan이라고 불렀다. 그는 특히 힐러리가 아무 문제없는 일을 쓸데없이 수상쩍은 방식으로 진행하고 뒤처리도 깔끔하게 하지 못해서 주위 사람들에게 피해를 준다고 지적했다.

자신이 상황을 파탄으로 이끄는 『위대한 개츠비The Great Gatsby』의 등장인물에 비유된 것에 충격을 받은 힐러리는 울면서 백악관 법률자문 제인 서번Jane Sherburne에게 전화를 걸었다. "난 그런 사람이 아냐. 나는 사람들을 아낄 줄 알아." 마음은 그랬을지 몰라도 결과는 클라인의 말이 맞았다. 그녀는 너무나 많은 사람에게 주지 않아도 좋을 고통을 주는 원인 제공자임이 분명해져가고 있었다.[14]


## "인간의 권리는 여성의 권리, 여성의 권리는 인간의 권리"

힐러리에겐 온통 적으로 둘러싸인 것 같은 워싱턴보다는 자신을 대접해주는 해외가 편했다. 그녀의 해외 활동 중 가장 돋보인 행사는 단연 1995년 9월 초 중국 베이징에서 열린 제4회 국제연합 여성세계회의였다. 대부분의 사람들이 중국의 인권 문제를 들어 힐러리가 그 행사에 절대 참석해서는 안 된다고 주장했고 보수층은 분노를 표했지만, 힐러리는 클린턴의 지지를 받으면서 베이징행을 강행했다. 중국 당국은 몇 주일 동안 베이징에 사실상의 계엄령을 선포함으로써 이 행사에 대한 두려움을 표시했지만, 미국 퍼스트레이디의 연설까지 막을 수는 없었다. 힐러리는 9월 5일 이 행사의 하이라이트가 된 기조연설에서 다음과 같이 말했다.

"여성은 세계 인구의 절반 이상을 차지한다. 세계 빈민층의 70퍼센트가 여성이고 그중에 3분의 2에 해당하는 여성들이 읽고 쓰는 교육을 받지 못한다. 그리고 그들이 하는 일은 대부분 하찮게 여겨진다. 경제학자들도 역사가들도, 대중문화도, 그리고 정부 지도자들도 여성들의 역할에 가치를 부여하지 않는다.……우리는 여성들이 스스로의 삶을 영위하는 방식에는 오직 한 가지만 있는 것이 아니라는 점을 깨달아야 한다. 그것이 우리가 저마다 자신과 가족을 위해 내리는 여성들의 개별적인 선택을 존중해야 하는 근거이다. 모든 여성들은 신이 내려주신 저마다의 잠재 능력을 깨달을 기회를 누릴 자격이 있다."

이어 힐러리는 사실상 중국 공산당 정부를 겨냥해 언론의 자유와 민중 여성 공개 토론회를 위한 집회를 탄압한다고 비난하는 동시에 세계적으로 자행되고 있는 여성 학대 행위에 대해 집중 공세를 퍼부었다. 그녀가 "인간의 권리는 여성의 권리이다. 그리고 여성의 권리는, 확고하게, 인간의 권리이다"는 말로 연설을 끝맺자, 세계 189개국에서 온 4,000여 명의 대표들은 자리에서 벌떡 일어나 열광적인 박수 갈채를 보냈다. 그중엔 『여성의 신비The Feminine Mystique』(1963)를 쓴 베티 프리댄Betty Friedan, 1921~2006도 포함되어 있었다. 『뉴욕타임스』는 이 연설이 힐러리의 "공적 삶에서 가장 빛난 순간finest moment in public life"일 것이라고 했다. 게일 시히Gail Sheehy는 바로 그 순간이 힐러리에게 전환점이 되었다고 말한다.

"그녀가 마음의 문을 닫고 심리적으로 위축되었던 시절도 이 순간 막을 내린 것이다. 힐러리의 컴백이 베이징에서 시작된 것이다.……그로부터 몇 년 간에 걸쳐 그녀는 해외 정책의 의제 중에 보스니아에서 준군사적인 힘으로 자행되는 강간 등의 여성 피해자와 여성 난민 문제, 그리고 아일랜드와 이스라엘의 평화 계획에 여성들이 이룬 기여도 등등을 덧붙였다. 외국 순방길에 오를 때마다 그녀의 국제적인 위상은 높아만 갔다. 힐러리 로댐 클린턴은 그저 미합중국의 퍼스트 레이디가 아니라 이제는 세계 최고의 여성으로 알려져 갔다."[15]

## '영원한 캠페인'과 '3각 통합주의'

모리스는 클린턴에게 통치는 곧 선거운동이라는 '영원한 캠페인 permanent campaign' 개념을 갖도록 권유했다. 모리스는 이 개념의 원조도 아닐뿐더러 클린턴은 이미 '영원한 캠페인'을 적잖이 사용해왔지만, 모리스의 권유는 '영구 캠페인' 정신에 철저해지자는 것으로 이해할 수 있겠다.

'영원한 캠페인'은 원래 저널리스트 시드니 블루멘털Sidney Blumenthal, 1948~이 1980년 『영원한 캠페인Permanent Campaign』이라는 책에서 쓴 말로, 그는 오늘날 미국 대통령의 통치행위가 영원한 선거 캠페인 체제로 접어들었다고 주장했다. 대통령의 통치행위가 늘 선거를 염두에 둔 선거 유세와 다를 바 없게 되었다는 것이다.[16]

1992년 '영원한 캠페인'의 문제를 넘어서기 위해 대통령 임기를 6년 단임제로 하자는 주장마저 제기되었다. 전 대통령 지미 카터의 백악관 보좌관을 지낸 로이드 커틀러Lloyd Cutler, 1917~2005와 제퍼슨재단 Jefferson Foundation 등이 그 대표적 주창자들이었다. 이들의 주장에 따르면 재선을 염두에 둔 대통령이 진정한 나라 걱정은 하지 않고 다음 선거에 당선될 궁리에만 바빠 문제가 많다는 것이다. 그래서 단임제로 해야 재선에 개의치 않고 국익을 위한 강력한 정책을 수행할 수 있다는 논리였다.[17]

모리스는 '영원한 캠페인'과 더불어 이른바 '3각 통합주의 triangulation'를 역설했다. 중도 노선middle course을 취하되 그렇다고 민주당과 공화당의 어젠다를 반반씩 취하는 것이 아니라 양 정당의 좋은 정책들을 조화롭게 뒤섞는 것뿐만 아니라 새롭게 가공함으로써 '제3의 대안'을 형성하자는 것이다.

삼각형을 놓고 다시 설명해보자면 이런 이야기다. 밑변 양쪽에 있는 꼭짓점을 양 정당이라고 간주하면, 클린턴이 취해야 할 입장은 양 꼭짓점 사이에 있는 밑변 위의 어느 지점이 아니라 상단의 꼭짓점이다. 밑변의 양 꼭짓점에서 상당의 꼭짓점으로 이어지는 옆 변은 양 정당의 좋은 어젠다들을 조화롭게 뒤섞고, 제3의 것으로 승화시키는 과정을 나타낸다.

3각 통합주의의 핵심은 양대 정당의 전통적인 입장 사이에 끼지 않고, 그것을 넘어서는 제3의 입장을 창출하는 것이다. 공화당이 주장하는 이슈를 수용하되, 클린턴의 독창적인 것으로 만드는 신新노선이다. 사실상 공화당 정책들을 그대로 수용해 실천해버림으로써 상대편의 김을 빼버리는 전략이라고 볼 수도 있다. 구체적으론 전통적인 민주당 정책 노선에서 탈피한 탈규제와 균형 예산 등을 주장하면서, 기존의 좌우 스펙트럼을 '넘어서above'거나 그 '사이에서between' 정책을 취한다는 의미였다.[18]

클린턴은 3각 통합주의가 온전히 모리스의 아이디어인 것처럼 알려진 게 불편했던지 자서전에서 "사실 이것은 내가 주지사 시절 민주당 지도자협의회와 더불어 주장했고, 또 1992년 선거운동에서 옹호했던 내용을 다른 식으로 표현한 것에 불과했다"고 썼다.[19] 맞는 말이다. 사실 클린턴의 전 생애가 3각 통합주의 그 자체라고 해도 과언이 아니니 말이다.

클린턴이 1995년 12월 중순 텔레비전 연설에서 이 '3각 통합주의'

에 근거한 정책을 발표하자 『타임』은 그의 연설을 극적인 방향 전환이라고 불렀고, 공화당 의장 헤일리 바버Haley Barbour, 1947~는 클린턴이 벌새처럼 몸을 순식간에 180도로 틀 수 있는 놀라운 능력을 지녔다고 평가했다.

반대와 비판은 오히려 클린턴의 골수 참모들에게서 나왔다. 이들은 '3각 통합주의'가 기회주의적이며 알맹이가 없다고 보았다. 스테퍼노펄러스는 배신을 그럴듯하게 꾸민 말에 불과하며 폄훼했고, 카빌은 사소한 사안에 치중하는 멍청한 전술이라고 무시했다. 그러나 이런 회의적인 반응과는 달리 유권자들은 클린턴의 새로운 노선에 65퍼센트의 지지를 보이고 있었다.

이런 아이디어를 제시한 모리스는 재선 유세를 위해 연간 24만 달러를 받는 것 외에도 하룻밤에 440달러나 하는 제퍼슨호텔의 특실에 머물렀다. 소외된 다른 보좌관들의 심기가 편할 리 없었다. 스테퍼노펄러스는 모리스를 "삼류영화에 나오는 창백한 얼굴의 갱단 변호사처럼 생긴 작은 소시지 같은 작자"라고 불렀다.[20]


## '힐러리 죽이기'는 수익성 높은 사업


1996년 3월, 공화당 후보 밥 돌과의 지지율 격차가 두 자릿수로 벌어지면서 클린턴의 재선은 사실상 확정된 듯 보였지만, 5월 화이트워터 스캔들 청문회가 열리면서 대선은 이전투구泥田鬪狗의 장이 되었다. 민주 · 공화 양당은 서로 상대당의 대통령 후보들을 '자격 미달자'로 매도하는 신랄한 텔레비전 비방 광고를 시작해 대선전을 때 이르게 가열시켰다.

5월 25일 민주당은 선거운동에 전념하기 위해 의원직 포기를 발표한 밥 돌을 '중도 포기자'로 비난하는 내용의 텔레비전 광고를 내보내기 시작했다. 한편 공화당은 클린턴의 징집 기피와 여성 편력을 부각시킨 텔레비전 광고를 제작해 현충일인 5월 27일부터 방영했다.[21]

1996년 7월에 발간된 전 FBI 요원 게리 올드리치Gary Aldrich, 1945~의 『무제한 접근Unlimited Access: An FBI Agent Inside the Clinton White House』이란 책은 우익이 클린턴 부부를 상대로 벌여온 문화전쟁의 한 극단을 보여주었다. '미국식 표현의 자유 이대로 좋은가'라는 의문을 불러일으키기에 족할 정도로 상상력을 발휘해 클린턴 부부를 마구잡이로 비난한 책이었다. 그럼에도 『워싱턴타임스』, 『월스트리트저널』 등 보수 신문들은 이 책의 내용을 대서특필할 정도로 공모 관계를 형성했다.

『무제한 접근』이 50만 부나 팔려나갈 정도로 인기를 얻자 우익 논객들은 앞다투어 비슷한 책들을 내놓았다. 앰브로즈 에번스-프리처드 Ambrose Evans-Pritchard, 1957~의 『빌 클린턴의 은밀한 생활: 알려지지 않은 이야기The Secret Life of Bill Clinton: The Unreported Stories』(1997), 앤 콜터 Ann Coulter, 1961~의 『중범죄와 경범죄High Crimes and Misdemeanors: The Case Against Bill Clinton』(1998), 바버라 올슨Barbara Olson, 1955~2001의 『대가를 치르게 될 지옥: 힐러리 로댐 클린턴의 알려지지 않은 이야기Hell to Pay: The Unfolding Story of Hillary Rodham Clinton』(1999) 등 10여 권에 이르렀다. '힐러리 죽이기'가 수익성 높은 사업이라는 걸 말해주는 듯했다.[22]

우익의 악마가 힐러리라면 그들의 천사는 우익 전성시대를 열었던 전 대통령 로널드 레이건이었다. 1996년 8월 12일 미국 샌디에이고 컨벤션센터에서 개막된 공화당 전당대회의 주요 테마는 '레이건에 대한 추억'이었다. 연단 오른쪽에 설치된 대형 스크린에 전성기 때의 로널드 레이건 대통령이 활짝 웃고 있었다. 레이건과 부인 낸시 레이건Nancy Reagan, 1921~2016 여사의 다정한 모습을 보면서 대의원들은 감격해했고 더러는 울었다. ABC 방송은 이날 대회를 "가장 감성적인 대회였다"고 평했다.

무엇이 대의원들을 눈물짓게 했을까? 알츠하이머(치매증)에 걸려 대회장에 나오지 못하고 멀티비전 스크린을 통해 축하 인사를 대신한 공화당 출신 전직 대통령에 대한 연민의 정이었을까? 대의원들은 레이건 대통령 통치 당시의 부정적인 측면은 모두 잊은 듯 1980년대의 레이건 시대에 대한 강한 향수에 빠져 있었다. 힘을 통해 구소련제국의 붕괴를 결정적으로 앞당겼고 레이거노믹스로 불리는 세금 삭감 정책을 통해 보수 중산층의 삶에 활력을 주려 했던 레이건에게서 대의원들은 오늘의 공화당 정책의 당위성을 인정받고 싶어 하는 것처럼 보였다. 대선 후보 내정자인 밥 돌이 애써 레이건의 후계자임을 강조하고 있었던 것처럼 말이다.[23]

## '가족 우선'을 둘러싼 밥 돌과 힐러리의 논쟁

클린턴은 1996년 8월 29일 밤 전당대회에서 후보 지명 수락 연설을 통해 '가족 우선Families First'이라는 구호를 내걸고 미국 가정의 안정과 행복, 특히 어린이 문제 등에 역점을 두어 클린턴 행정부가 이를 위해 무슨 일을 했으며 재선되면 어떤 일을 하겠는지를 강조했다. 이틀 전 힐러리도 찬조 연설에서 가족 가치를 강조하면서 자신을 비난한 밥 돌의 발언에 반격을 가했다.

밥 돌은 공화당 후보 수락 연설에서 힐러리의 책이 마을을 국가에 대한 은유로 사용했다고 주장했다. "그러므로 이 나라가 건국된 초석인 미국인의 가족이 실질적으로 황폐화된 후에 아이를 키우기 위해서는 온 마을이, 다시 말해 국가가 집단적으로 나서야 한다고 주장하고 있습니다. 저는 오늘 이 자리에서 아이를 키우려면 마을이 아니라 가족이 나서야 한다고 감히 말씀드리는 바입니다."

힐러리는 밥 돌의 말을 뒤집어 우리 딸을 행복하고, 건강하고, 희망에 찬 아이로 키우기 위해서는 가족이 나서야 하고, 선생님이 나서야 하고, 목사님이 나서야 하고, 사업가들이 나서야 하고, 지역사회 지도자들이 나서야 한다고 말했다. 결국 온 마을이 나서야 한다는 것이다. "그리고 대통령도 나서야 합니다. 자기 아이의 잠재력은 물론 모든 아이들의 잠재력을 믿고 자기 가족의 힘뿐만 아니라 미국 가족의 힘을 믿는 그러한 대통령이 나서야 합니다. 바로 빌 클린턴이 나서야 합니다." CNN 방송은 힐러리를 '재탄생한 퍼스트레이디'로 묘사했다.[24]

모리스는 민주당 전당대회가 있었던 주에 『타임』의 커버스토리에 등장해 대통령에 대한 자신의 보좌 방법을 피력하는 등 지나치게 설쳐대는 모습을 보였다. 그런데 이게 웬일인가. 클린턴의 후보 지명 수락 연설이 있던 날 모리스와 매춘부 셰리 롤랜즈Sherry Rowlands의 스캔들이 터졌다. 타블로이드 신문 『스타』에 모리스가 매춘부와 뒹구는 사진과 함께 그의 기행이 보도된 것이다. 모리스는 롤랜즈에게 클린턴과의 전화 통화 내용을 들려주고 대통령 선거 유세 연설문을 미리 보여주었고, 1996년 민주당 전당대회에서 힐러리와 앨버트 고어 부통령의 연설문은 자신이 작성한 것이라고 자랑했다는 내용이다.

백악관 비서실 부실장이 즉각 사임을 요구하자, 모리스는 "왜죠? 4년 전 똑같은 신문에 클린턴도 실렸는데 그때는 그냥 넘어갔잖아요?"라고 항변했다. 부실장의 답은 이랬다. "당신은 사실이라고 인정했잖아요." 모리스는 쫓겨날 만한 짓을 해놓고도 무슨 앙심을 품은 건지 이후 우익 매체들에서 정치 평론가로 활약하면서 클린턴 부부, 특히 힐러리를 신랄하게 비판해댔다.

모리스는 그걸로도 모자라 클린턴 부부를 비판하는 책을 여러 권 출간했다. 예컨대, 그는 1997년에 출간한 『백악관의 이면Behind the Oval Office』에서 클린턴의 폭력성과 힐러리의 이중성을 폭로했다. 아칸소 주지사 시절 1992년 대통령 선거운동을 도와달라는 제의를 거절했더니 클린턴이 자신의 팔을 꺾고 주먹으로 때리려고 했고 이를 힐러리가 막았다는 것이다.[25]


## "클린턴은 리퍼블리컨(공화당원)과 데모크라트(민주당원)의 혼혈"

대선 유세 기간 중인 1996년 10월 9일 미디어 재벌 루퍼트 머독Rupert Murdoch, 1931~ 소유의 네트워크 폭스는 24시간 케이블 뉴스 채널 폭스 뉴스Fox News를 출범시킴으로써 향후 문화전쟁이 더욱 격렬해질 것임을 예고했다. 머독은 폭스뉴스를 만들기 전 평소 CNN이 너무 진보적이라며 공개적으로 불평을 해댔다.[26] 폭스뉴스는 3대 지상파 방송 네트워크와 CNN이 진보적 성향을 갖고 있다고 주장하면서 이들을 상쇄시킨다는 정치적 사명을 천명하면서 반反민주당, 반反클린턴 노선을 추구함으로써 뜨거운 논란을 불러일으켰다.

여기에 더하여 언론의 '진보적 편향성'을 비판하는 보수 진영의 공세가 조직적으로 치열하게 이루어졌다. CNN을 가리켜 공산주의자 뉴스 채널Communist News Network이라고 한 톰 딜레이Tom DeLay, 1947~ 공화당 하원 원내대표, 클린턴 뉴스 채널Clinton News Network이라고 한 뉴트 깅리치Newt Gingrich 전 하원의장처럼 보수 정치인들은 기회만 있으면 공화당에 우호적이지 않은 매체들을 공격했다.[27] 깅리치는 "목표만 이룰 수 있다면 나는 양극화에 반대하지 않는다"고 했는데, 바로 이런 양극화 전략에 의해 미국의 매체들은 더욱 '우리의 매체'와 '그들의 매체'로 양분되었다.[28]

그런 양극화 구도로 치러진 11월 5일 대선에서 클린턴은 51퍼센트(밥 돌 41퍼센트, 로스 페로 8퍼센트)의 득표율로 승리를 거두었다. 클린턴은 재선 성공으로 민주당 대통령으로는 1944년 프랭클린 루스벨트 이후 처음 재선에 성공한 기록을 남기게 되었다. 1994년 중간선거 참패와 더불어 재임 4년간 각종 스캔들로 얼룩졌음에도 재선에 성공해 '클린턴 미스터리'라는 말까지 나왔지만, 이 기현상의 일등공신은 바로 안정세를 회복한 경제였다. 경제야말로 양극화 구도를 뛰어넘을 수 있는 마법이었던 셈이다.

클린턴의 재임 4년 만에 미국에는 모두 1,100만 개의 일자리가 새로 생겨 실업률이 7.4퍼센트에서 5.1퍼센트로 줄어들었고, 재정적자는 1992년 2,900억 달러에서 1996년 1,160억 달러로 대폭 줄었다. 일자리, 세금, 인플레이션, 외교 문제 등 현직 대통령을 괴롭힐 수 있는 이슈들이 모두 파괴력을 잃고 잠복했다. 대신 마약, 범죄, 자녀 교육, 보건 문제 등 그가 비교적 공을 많이 들인 소소한 이슈들이 유권자들의 관심사가 되었다. 유권자들은 비록 인기는 없지만 살기는 괜찮게 해준 클린턴의 손을 다시 들어준 것이었다.[29]

1995년 말과 1996년 초 메디케이드와 사회복지 예산 등의 문제로 백악관과 공화당 주도의 하원이 대치하면서 28일간 연방정부가 폐쇄된 적이 있었는데, 이 사태를 통해 클린턴은 국민의 복지를 중시하는 중도파 정치인으로 부각된 반면 정부 폐쇄를 강요한 공화당 의회 세력은 잔혹한 과격파로 낙인 찍혔다.

깅리치는 기자들에게 두서없이 장광설을 늘어놓다가 정부 폐쇄에는 아주 사적인 이유가 개입되었다는 사실을 드러내는 말을 함으로써 자충수를 두는 데에 일조했다. "이스라엘에 조문사절로 갔을 때 대통령에게서 받은 냉대가 비용 지출 관련 법률안에 대해 더욱 강력한 조치를 취하게 만든 이유 가운데 하나다."

정부 폐쇄 사태를 통한 클린턴의 '중도 노선 선점'은 1994년 중간선거 승리로 기세가 올랐던 공화당의 보수 혁명을 잠재우는 결정적 계기가 되었다. 클린턴은 의회 내의 진보적 민주당 세력과 보수적 공화당 세력 간에 중도 노선을 철저히 지켜왔다. 특히 그는 1996년 7월 말, 공화당이 주도한 복지 개혁 법안을 받아들임으로써 1996년 대선의 최대 쟁점을 사전에 제거해버렸다.[30]

클린턴은 복지 예산 삭감뿐만 아니라 세금 감면, 불법 이민 억제 등 보수적인 공약을 내세워 승리했다. 공화당이 "공화당의 구호를 훔쳐 갔다"고 펄펄 뛴 것이나 민주당 좌파가 "민주당이 여피의 정당으로 전락했다"고 분노한 것도 무리는 아니었다. 1996년 대선에 진보 진영 후보로 출마한 랠프 네이더Ralph Nader는 클린턴을 '렙뎀Rep Dem', 즉 '리퍼블리컨(공화당원)과 데모크라트(민주당원)의 혼혈'이라고 비난했다.

어디 그뿐인가. 클린턴은 민주당 대통령 후보 수락 연설에서도 "미국은 가장 강력한 국방력과 외교력을 가진 세계의 지도 국가로 남을 것"이라고 선언했다. 실제로 클린턴은 취임 후 그때까지 해외 파병을 10회 이상 단행했는데, 이는 역대 행정부 중 최다 기록이다. 1997년 클린턴은 민주당의 지도자 모임에서 자신의 정책 기조를 이렇게 설명했다. "우리는 이제 과거의 잘못된 구분에서 벗어나야 합니다. 우리는 자유주의자인가 아니면 보수주의자인가를 따지는 진부한 논쟁에서 탈피해야 합니다. 그런 논쟁은 미국을 분열시키고 우리를 후퇴시키는 데만 성공했을 뿐입니다."[31]

이에 따라 클린턴의 제2기 내각 구성에서 국무장관을 맡은 이는 강경파인 매들린 올브라이트Madeline Albright, 1937~였다. 올브라이트는 대선 기간 중 텔레비전에 출연해 "5년 동안 이라크에서 50만 명의 어린이가 목숨을 잃었다는 사실을 어떻게 생각하느냐"는 질문에 "그 정도의 희생은 당연한 것이라 생각합니다"라고 답하기도 했다. 올브라이트를 국무장관으로 밀어붙인 주인공은 그녀의 웰즐리대학 10년 후배인 힐러리였다. 이는 힐러리가 다시 실세로 복귀했다는 걸 의미하는 것이기도 했다.[32]

## 『드러지리포트』의 루머 보도에서 시작된 '지퍼게이트'

1997년 2월 17일 케네스 스타가 특별검사직을 사임하고 캘리포니아 주 말리부Malibu에 있는 페퍼다인대학Pepperdine University 법대 학장으로 취임한다고 발표함으로써 백악관을 흐뭇하게 만들었다. 그간 스타는 특별검사로 일하면서 많은 돈을 벌어들이는 변호사 업무를 계속함으로써 '이해상충'을 범한 데다 우익 재단의 지원까지 받는 등 특별검사직에 전혀 어울리지 않는 행태를 많이 보여 언론에서도 비판의 대상이 되었다.

발표 후 스타는 모든 곳에서 조롱의 대상이 되었다. 일부 공화당 의원들까지 스타가 사법적 직무유기의 혐의가 있다고 주장했다. 백악관은 속으로 웃으면 될 일이었는데, 클린턴의 정치 고문인 제임스 카빌은 백악관 고위층의 자제 경고를 무시하고 "사람들은 스타 검사가 중도 포기자라는 것을 알고 있습니다"라고 조롱했다. 페퍼다인대학 법대 학장직이 이 대학에 많은 기부를 한 스카이프가 제공한 자리라는 것도 논란의 대상이 되었다.

나흘 동안 비난과 조롱이 쉬지 않고 계속되자 드디어 스타가 입을 열고 자신의 이전 결정을 번복하고 나섰다. 카빌의 조롱이 그 번복에 얼마나 큰 영향을 미쳤는지는 모르지만, 그건 큰 실수였고 카빌은 나중에 자신의 조롱을 후회하게 된다. 다시 본격적인 한판 전쟁을 벌이겠다고 벼른 스타는 힐러리의 처벌 가능성이 줄어들자 클린턴의 엽색 행각 쪽으로 방향을 돌려 클린턴의 탄핵이라는 목표에 광적으로 매달리게 된다.[33]

1997년 6월 17일 워터게이트 사건 발생 25주년을 맞아 『USA투데이』는 워터게이트 사건 이후 미국인들은 굵직한 비리 사건에는 예외 없이 '게이트'란 접미사를 갖다 붙였는데, 그간 일어난 주요 '~게이트'는 20여 개에 달한다고 보도했다.[34] '흥미성'으로만 보자면 워터게이트를 능가할 수준의 또 다른 게이트 사건이 터졌으니, 그게 바로 스타가 맹렬히 추진해 만들어낸 이른바 '지퍼게이트Zippergate'다.

'지퍼게이트'는 처음엔 인터넷 루머의 수준에서 시작되었다. 『뉴스위크』 1997년 8월 27일자에 따르면, "맷 드러지가 발행하는 온라인 가십 잡지 『드러지리포트』는 미 전역에서 정계 및 연예계 인사들에게 필독의 대상이 되고 있다. 미 정계와 연예계 인사들은 지금까지는 쑤군거리면서 뒷소문을 서로 주고받았다. 그러나 이제는 드러지가 '비밀 보장'을 약속하면서 그들이 알고 있는 최신 루머를 전자우편으로 보내도록 하고 있다. 문제가 된 클린턴의 '뚜렷한 신체적 특징'은 황금 독수리 문신이었다고 보도했다. 이 같은 주장은 놀림감이 됐으며 드러지의 주장을 뒷받침할 아무런 증거도 나타나지 않았다. 그러나 드러지는 자신의 업무가 입증된 사실이 아닌 루머의 유포에 있다고 반박했다."[35]

맷 드러지Matt Drudge, 1967-라고 하는 20대의 한 청년이 1995년에 자신의 이름을 따 만든 『드러지리포트www.drudgereport.com』란 웹사이트는 1997년 6월부터 AOLAmerica Online과 『와이어드Wired』를 통한 배포 약정을 맺음으로써 사실상 그 인기와 위력을 미국의 거대 기업에서 인정받게 되었고 그 결과 이와 같은 기사까지 나오게 된 것이었다.

1997년에 정기 구독자 8만 5,000명을 확보한 『드러지리포트』는 이후 클린턴의 섹스 스캔들을 집중적으로 물고 늘어짐으로써 세인의 관심을 더욱 집중시켜 하루 접속 건수 30만 건을 넘는 성공을 이루어냈다. 그 결과 드러지는 '인터넷의 얼굴', '아메리칸 사이버 영웅', '정보 민주주의 수호자', '말썽쟁이 자녀를 둔 모든 어머니들의 희망'이라는 찬사까지 받게 되었다.[36]

그러나 모든 사람이 다 그에게 찬사를 보낸 건 아니었다. 『드러지리포트』를 '전자 낙서판'으로 부르는 건 그래도 점잖은 편에 속했다. 드러지를 아예 '사기꾼'이라거나 '협잡꾼'이라고 부르는 사람도 적지 않았다. 그와 같은 비난은 드러지라고 하는 인간의 됨됨이에 대한 평가와도 무관하지 않았지만, 그와 동시에 '온라인 문화'의 확산에 따른 일종의 '문화 충돌'에서 비롯된 것이기도 했다.


## 대통령의 '성기 특징'까지 보도한 언론의 '막장 드라마'

『드러지리포트』의 특종은 주로 제보에 의존했는데, 이게 장점인 동시에 단점이었다. 일방적인 제보에 의존해 보도하느라 '오보'라고 부르기조차 쑥스러운 엉터리 보도가 적잖이 나오게 된 것이다. 드러지는 『드러지리포트』의 오보가 제도권 거대 언론사의 오보에 비하면 아무것도 아니라고 당당하게 버티면서 그래도 『드러지리포트』의 보도 정확도가 80퍼센트는 된다고 큰소리쳤다.

『드러지리포트』는 자체 취재도 하긴 했는데 그 방법 또한 비윤리적이라는 비판을 받았다. 큰 언론사의 컴퓨터 시스템에 들어가 남의 기사를 가로채거나 세상에 떠도는 출처 불명의 소문을 그대로 보도하기도 했다. 이에 대한 비판에 대해 "인터넷 시대에 정보 독점이란 있을 수 없다"는 게 드러지의 항변이라면 항변이었다.[37]

드러지와 가깝게 지내던 우익으로 활동하다가 전향한 데이비드 브록David Brock은 "드러지는 자신이 서부 연안 지역에서 일하고 있다는 점을 교묘하게 이용했다. 전날 밤 동부 연안 지역의 신문들 웹사이트를 샅샅이 뒤져 다음 날 아침 동부 연안 지역의 그 신문들에 실려 나올 뉴스들을 종종 가장 먼저 보도했던 것이다"며 다음과 같이 말했다.

"예상대로 우익은 드러지를 선전 · 선동 전쟁의 최첨단 요원으로 끌어들였다.……그의 정치 성향은 우익(그는 종종 패트릭 뷰캐넌을 지지한다고 밝혔다)이었지만, 그것을 신념으로 삼을 만큼 진지하게 생각하는 것 같지는 않아 보였다. 드러지가 클린턴 두들겨 패기에 나선 것은 단지 자신의 웹사이트에 대한 관심을 끌기 위해서였다. 독불장군인 그는 사람들의 주의를 끌기 위해 잠시 격에 맞지 않는 곳에 머물고 있는 듯이 보였다."[38]

1997년 10월 15일 드러지의 막가파식 소문 보도에 자극을 받은 『워싱턴타임스』는 1면에 빌 클린턴의 '성기 특징'을 자세히 보도했다. 1992년 대선에 등장했던 제니퍼 플라워스Gennifer Flowers에 이어 폴라 존스Paula Jones라는 여성이 클린턴에게 성희롱을 당했다고 주장한 사건의 와중에서 터져나온 기사였다.

1991년 아칸소주 리틀록에 있는 한 호텔 방에서 클린턴 당시 주지사가 바지를 벗고 오럴 섹스를 요구했다는 게 폴라 존스의 주장인데, 폴라 존스는 자신이 당한 성희롱이 진실임을 입증하기 위해 클린턴 대통령 성기의 '독특한 특징'을 알고 있다고 주장해왔다. 그러나 그 독특한 특징이 구체적으로 무엇인지는 그동안 알려지지 않았다. 그런데 『워싱턴타임스』는 클린턴의 성기 특징이 발기할 때 휘어지는 것이라고 전하면서 이런 내용은 폴라 존스의 진술서에 담겨 있다고 밝혔다. 이 신문은 이런 성기 특징은 '페이로니 병Peyronie disease'이라는 일종의 비뇨기 질환으로 인해 생기는 것으로 심한 경우 90도 이상 휘어지기도 한다고 했다.

그야말로 '막장 드라마'가 따로 없었다. 『워싱턴타임스』의 보도 이전인 10월 10일 클린턴의 변호사인 로버트 베넷Robert S. Bennett, 1939~은 대통령의 성기 문제가 떠오르자 CBS의 시사 프로그램 〈페이스더네이션Face the Nation〉에 출연해 대통령에게 신체검사를 받게 한 결과 "성기 크기나 모양, 방향 등에서 대통령은 지극히 정상이다"고 주장했다. 이에 『워싱턴타임스』는 "하지만 발기가 되었을 때 진단을 해봐야 정확하게 알 수 있다. 그런데 대통령은 성기 검진을 받을 때 발기 상태가 아니었다"고 반론을 폈다. 보수 신문들은 일제히 대통령이 이 문제를 숨기기 위해 수술을 받은 게 분명하다고 주장하고 나섰다.[39] 대통령의 성기 특징까지 논쟁과 논란의 대상으로 삼는 언론의 이런 막가파식 보도 행태는 1998년에 이르러 최고조에 이르게 된다.

제6장
★

# "나는 클린턴의 목을 비틀어버리고 싶었다"

★★★
1998년

## 모니카 르윈스키는 클린턴의 '찰거머리'였는가?

1998년 1월 케네스 스타Kenneth W. Starr 특별검사가 화이트워터 부동산
사건에 대한 조사를 41일간 연장하면서 클린턴의 사생활을 집중적으
로 파헤치는 가운데 우익 매체들과의 공조가 이루어졌다. 드러지는
1998년 1월 17일 최초로 빌 클린턴의 애인인 모니카 르윈스키Monica
Lewinsky, 1973- 스캔들을 터뜨림으로써 한 단계 더 큰 도약을 했다. 공화
당에서 이를 적극 이용함에 따라, 그는 졸지에 미국 정치를 쥐고 흔드
는 거물이 된 것이다. 그 덕분에 그는 하루에 4,000달러, 1년에 100만
달러 이상 벌어들이는 부자가 되었다. 드러지의 시대에 이르러, 가십

은 뉴스의 양념 정도가 아니라 주식主食이 된 것이다.[1]

점잖은 일간지들까지 법적인 문제를 다룬다는 핑계를 대고 그런 가십 시장에 뛰어들었다. 1998년 1월 21일 『워싱턴포스트』가 게재한 「클린턴, 측근에게 거짓 증언 종용 혐의로 기소」라는 제목의 1면 톱기사는 클린턴과 힐러리를 벌벌 떨게 만들었다. 이 기사는 르윈스키가 백악관에서 쫓겨나 일하고 있던 국방부에서 만난 직장 동료인 린다 트립Linda Tripp, 1949~과의 대화에서 클린턴과의 성관계를 말했으며 비밀 녹음테이프가 케네스 스타 특별검사에게 제출되었다고 보도했다. 『로스앤젤레스타임스』와 ABC 방송의 보도도 가세했다.

처음 보도된 내용의 핵심은 두 가지였다. 클린턴이 르윈스키와 성관계를 맺었으며 이 같은 사실이 클린턴을 상대로 성희롱 피해 배상 소송을 제기해놓고 있던 폴라 존스의 변호인에게 입수되어 르윈스키가 증인으로 소환되자 그에게 성관계를 부인토록 요구했다는 것이다.

참으로 얄궂은 운명이었다. 르윈스키를 백악관 인턴 자리에 추천한 사람은 바로 힐러리였으니 말이다. 르윈스키 어머니의 친구인 영향력 있는 기고가 월터 케이Walter Kaye의 청탁에 따른 추천이었다. 1995년 당시 22세이던 르윈스키는 유부남과 바람을 피우고 있었는데, 이걸 그만두게 하기 위해 르윈스키의 어머니는 그녀를 워싱턴으로 보낸 것이었다.

힐러리는 백악관 내 여자들을 감시하는 체제를 만들어놓고 자신이 직접 뽑은 에벌린 리버먼Evelyn Lieberman, 1944~2015을 비서실 부실장에게 앉혀 그 감시 체제를 총괄케 했다. 에벌린은 백악관에서 '수녀원장 Mother Superior'이라는 별명을 얻을 정도로 그런 일을 잘해냈지만, 클린턴에 대한 르윈스키의 열정을 막아내기엔 역부족이었다. 르윈스키를 너무 부정적으로 묘사한 게 아닌가 하는 생각이 들긴 하지만, 게일 시히Gail Sheehy는 『힐러리의 선택Hillary's Choice』(1999)에서 르윈스키에 대해 다음과 같이 말한다.

"리버먼은 일찌감치 사백 명의 인턴 사원들 가운데 르윈스키를 주시했다. 골칫덩어리였다. 클린턴에게 추파를 던지는 전형적인 타입이었다. 너울너울한 머리카락에다 번들거리는 립스틱을 입술선 위로 넘치게 바른 뚱뚱한 몸집의 이 인턴은 어깨를 드러내고 엉덩이를 흔들며 요란하게 활보하는 모양이 제니퍼 플라워스나 버지니아 켈리와 흡사했다.……리버먼은 대통령 집무실 근처의 복도를 어정거리는 르윈스키를 보자 호되게 꾸짖었다. '네 자리로 돌아가라.' 하지만 백악관 직원들의 말에 따르면 르윈스키는 '찰거머리'였다. 그녀는 로즈 가든 행사가 있을 때면 어김없이 맨 앞으로 비집고 들어와서는 대통령에게 매달려 사진을 찍으려 안간힘을 썼다. 대통령이 마다하지 않고 협조함으로써 그녀는 원하던 대로 대통령과 나란히 사진에 찍혔다."[2]

## "대통령과 특별검사 사이에 벌어진 전쟁"

클린턴은 이른 새벽부터 '작전'을 시작했다. 그는 잠자고 있던 힐러리를 깨워 곧 배달될 신문에 어떠어떠한 내용이 보도되는데 사실이 아니라고 말했다. 그는 이어 친구인 버넌 조던Vernon Jordan, 1935~ 변호사를 비롯한 핵심 측근들에게 전화를 걸어 보도 내용이 사실무근이라고 통보함으로써 거짓말을 확산시켰다. 당시 백악관 대변인이던 마이크 매커리Mike McCurry, 1954~는 그런 지시에 따라 "클린턴 대통령은 그 여자(르윈스키)와 부적절한 관계를 맺은 적이 전혀 없다"고 부인했다. 클린턴은 또 미 공영방송 PBS의 앵커 짐 레러Jim Lehrer, 1934~와의 인터뷰를 비롯한 언론 3개사와의 회견에서 모두 혐의 사실을 부인했다.

클린턴이 이날 유일하게 진실을 이야기한 상대는 오랜 정치 참모인 딕 모리스Dick Morris였다. 모리스 역시 1996년 창녀가 자신과의 관계를 폭로하는 바람에 백악관에서 쫓겨나 있었다. 클린턴은 "실은 르윈스키와 뭐 좀 했는데 어떻게 하면 좋겠는지 알아봐 달라"고 부탁했고, 모리스는 긴급 여론조사를 해본 뒤 "국민이 용납할 것 같지 않으니 철저히 부인하는 건 물론 정황을 설명하려고 해서도 안 된다"고 훈수했다.[3]

다음 날인 1월 22일 『뉴스위크』는 클린턴의 여성 편력을 다룬 특집 기사에서 대통령을 상대로 민사소송을 건 폴라 존스 변호사들의 말을 인용, 100여 명의 여성이 대통령과 관계를 가진 것으로 추정되고 있다고 전했다. 이 기사에 따르면, 당시 클린턴과의 관계를 구체적으로 주장하고 있는 여성은 모두 6명이었다.[4]

1월 25일 일요일 클린턴의 참모 제임스 카빌James Carville은 NBC-TV의 〈Meet the Press〉를 통해 공세를 폈다. "전쟁이 일어날 것이다. 대통령과 특별검사 사이의 전쟁이다. 그들은 교활하고 치사한 전략으로 선량한 사람을 호텔 감옥에 잡아두고 부모를 체포하겠다는 협박까지 일삼은 자들이다." 이는 스타가 린다 트립Linda Tripp을 매수했고 그녀로 하여금 르윈스키를 리츠칼튼호텔로 유인해서 대화 내용을 녹음하라고 지시했다는 사실, 르윈스키의 어머니를 협박해서 자신의 딸에게 불리한 증언을 하도록 강요한 사실을 가리키는 말이었다.[5]

사실 트립은 우정을 가장해 르윈스키에게 접근했고, 트립의 뒤엔 클린턴을 혐오하는 골수 우익 루시앤 골드버그Lucianne Goldberg, 1935~가 있었다. 조지 부시 대통령 시절과 클린턴 1기 초기에 백악관에서 근무했던 트립은 클린턴의 엽색 행각에 대한 책을 쓰려고 마음먹고 있었는데, 르윈스키의 이야기를 듣고 책을 쓰려는 욕심이 발동해 출판 에이전트인 골드버그와 의논했다.

루시앤은 1972년 닉슨의 대선 캠페인 때 상대 후보의 스캔들을 캐는 팀의 일원으로 조지 맥거번George McGovern 대선 후보팀에 들어가 스파이로 일한 전력이 있는 인물이었다. 루시앤은 르윈스키가 대통령과의 관계를 말할 때 녹음해 일단 증거를 확보하라고 트립에게 말하는 등 르윈스키를 함정에 빠트릴 계략을 꾸며냈고, 이들은 이 계략을 성사시킨 후 스타 검사와 접촉한 것이었다. 스타 검사팀은 르윈스키를 호텔방에 8~9시간 감금해 각종 모욕과 협박을 해가면서 클린턴을 함정에 빠트리려고 발버둥을 쳤다.[6]

## 힐러리가 제기한 '거대한 우익의 음모'

「hundres of women」. 뉴욕의 타블로이드 신문인 『뉴욕포스트』 1998년 1월 26일자 1면 톱기사가 내건 제목이다. 클린턴이 '섭렵'한 여자가 통틀어 수백 명에 이른다는 것이다. 홍은택에 따르면, "이 중에서 지금까지 법정 기록 등을 통해 이름이 공개된 여성은 14명. 이들의 면면을 보면 클린턴이야말로 '진정한 박애주의자'라는 말을 들을 만하다. 그는 인종이나 노소는 물론, 심지어 유부녀나 미망인도 가리지 않았다. 흑인, 백인, 딸 첼시 양만큼 어린 처녀, 이혼녀, 창녀, 카바레 가수, 변호사, 미스 아메리카, 기자, 공무원, 친구의 부인에 이르기까지 골고루 상대했다."[7]

그 수십 또는 수백 명 중에서 단연 화제의 인물은 르윈스키였다. 1월 26일 클린턴은 〈PBS 뉴스아워PBS NewsHour〉의 짐 레러Jim Lehrer와 가진 인터뷰에서 분개한 듯 보였지만 겁에 질린 표정으로 손가락을 흔들며 "나는 그 여자 미스 르윈스키와 결코 성관계를 가진 적이 없습니다. 나는 누구에게도, 단 한 번도, 결코 거짓말을 한 적이 없습니다. 이 주장은 거짓입니다"라고 주장했다. 이에 대해 클린턴의 참모였던 조지 스테퍼노펄러스George Stephanopoulos는 회고록에서 다음과 같이 말한다.

"이것이 클린턴 최악의 냉혹한 모습이었다. 과거에는 자신이 저지른 일을 부인할 때 눈을 내리깔거나, 말을 더듬거나, 침이 바싹 마른 목소리와 창백한 안색으로 부끄러움이나 슬픔, 그리고 상처 같은 모습이 보였다. 그런데 이번에는 독선적인 분노로 가득 차서 실제로 확신을 가지고 있는 듯이 거짓말을 하고 있었다. 중요한 것은 그가 살아남아야 한다는 것뿐이었다. 그 외 모든 이들은 희생당해야 했다. 그의 참모진, 각료, 나라, 심지어 그의 아내까지도."[8]

남편의 말을 믿은 힐러리는 1998년 1월 27일 NBC의 인기 쇼 프로인 〈투데이Today〉에 출연해 클린턴의 섹스 스캔들을 클린턴을 죽이기 위한 '거대한 우익의 음모a vast right-wing conspiracy'로 규정했다. 이는 언론인 출신으로 1997년 7월부터 힐러리의 참모가 된 시드니 블루멘털 Sidney Blumenthal, 1948~이 데이비드 브록David Brock을 통해 입수한 정보에 근거한 것이었다. 출연 일주일 후 『워싱턴포스트』와 ABC 방송의 여론조사 결과 미국인 중 59퍼센트가 음모론에 동의했다.[9]

그런데 힐러리는 정말 클린턴의 말을 믿었던 걸까? 코웃음을 치는 사람이 많았다. 힐러리는 클린턴의 말을 믿지 않았을 뿐만 아니라 클린턴의 모든 엽색 행각을 잘 알면서도 그걸 자신의 야심을 실현하기 위한 동업 관계의 불가피한 비용쯤으로 생각했다는 가설은 보수파 인사들에겐 상식으로 여겨지고 있었다. 그 진실이 무엇이건 클린턴에게 위기가 닥칠 때마다 힐러리가 해결사로 나섰다는 것만큼은 분명하다. 이에 대해 게일 시히Gail Sheehy는 다음과 같이 말한다.

"그가 쓰러지면 그녀는 어김없이 용맹스러운 사자처럼 박차고 일어나 적들의 살가죽을 벗겨버릴 태세로 정치판을 향해 달려든다. 대통령 고문 출신 가운데 한 사람은 클린턴을, 위기가 닥쳐오면 '돌부처처럼 수동적으로' 변한다고 말한다. 맹렬한 포화 공격을 막아내려고 법률 전문가들을 모아놓은 자리에서도 클린턴은 어김없이 얌전히 앉아 있고 전투 계획은 외려 힐러리가 나서서 세우는 식이다."[10]


## 통제가 불가능한 클린턴의 '성 중독증'

1998년 2월 9일 『뉴스위크』는 「음모인가, 우연의 일치인가?」라는 제

목의 커버스토리를 통해 '거대한 우익의 음모'의 네트워크를 일목요
연한 도표로 제시했다. 스타의 수사에 자금과 정보를 제공해준 정계,
사법계, 출판업계, 두뇌집단, 기부금 모금자 등 23명의 사회 저명인사
면면으로 이루어진 극우파 조직 간의 상호 관계를 정리한 것이다. 힐
러리와 블루멘털이 언론의 공격 화살을 스타 쪽으로 돌려놓는 작전이
점차 빛을 보기 시작했다.[11]

사실 우익의 음모에 날개를 달아준 건 언론이었다. 클린턴의 섹스
스캔들을 가리켜 '지퍼게이트'라고 하지만 이 사건에 대한 언론 보도
태도는 워터게이트 사건 때와는 판이하게 달랐다. 워터게이트 사건
때엔 기자들이 사실 확인을 3중으로 해가면서 조심스럽게 보도했지
만 지퍼게이트는 그야말로 소설 쓰는 기분으로 마구 보도를 해댔다.

걸프전戰 당시, 전쟁을 그야말로 신나고 '스펙터클'한 오락 게임처
럼 전달해서 주가를 올렸던 CNN은 이 섹스 스캔들을 '드라마틱한 정
치 스릴러'처럼 보도해 큰 재미를 보았다. ABC 등 공중파 방송들도
이에 뒤질세라 연속극도 중단하고 부랴부랴 특별 뉴스 생방송을 편성
했을 뿐만 아니라 백악관 브리핑을 생중계했다. 문제는 이들 언론이
장사에 미쳐 선정적인 보도를 일삼고 심지어는 오보를 양산했다는 점
이었다. 별 다른 확인 없이 익명의 제보로만 보도하는 경우도 허다했
다. 특히 당시 시청률 경쟁에서 꼴찌를 하고 있던 ABC-TV는 꼴찌에
서 벗어나기 위해 오보를 저지르고 선정적인 보도를 마구 해댔다.[12]

그 보도가 과장되고 왜곡되었을망정, 클린턴의 무분별한 엽색 행각
을 정당화시켜줄 수는 없는 일이었다. 일종의 '성 중독증'일까? 클린
턴은 터무니없을 만큼 앞뒤를 가리지 않는 무모함이나 전혀 어울리지

않는 상대를 고르는 행태, 그리고 자신이 한 행동의 결과가 자신은 물론 다른 사람들에게 어떤 영향을 미칠지 전혀 고려하지 않는 태도 등 성 중독자의 전형적인 증상을 보였으니 말이다.[13]

클린턴에겐 성 중독증이 권력 중독증과 결합된 양상으로 나타났다. 민주당 운동가인 캐런 힌턴Karen Hinton은 클린턴에게 성희롱을 당한 경험에 대해 이렇게 말했다. "정말 미치는 줄 알았어요. 항상 사람들에게 말하곤 했죠. 우리 대통령이라는 사람이 방으로 걸어 들어와 매력적인 여성이 눈에 띄면 그 여성이 어떻게 느낄지에 대해서는 일말의 고려도 없이 우선 만지고 보는데 이게 왜 중요치 않냐고요."[14]

『워싱턴포스트』(1998년 1월 25일)는 클린턴의 가계家系 전체가 '중독의 역사'를 갖고 있다고 보도했다. 이 신문은 과거에도 똑같은 섹스 스캔들에 시달려온 클린턴이 또다시 이런 일에 휘말리게 된 것을 집중 보도하면서, 어떤 특정 대상에 중독적으로 매달리는 가계사家系史가 한 원인일지도 모른다고 지적했다. 이 신문은 클린턴의 계부는 알코올중독, 그의 이복동생인 로저 클린턴은 코카인 등 약물중독으로 실형까지 살기도 했고 그의 할머니는 생의 마지막 순간에 모르핀중독에 빠졌다고 말했다. 클린턴이 '여자 또는 섹스 중독증'인지는 단정 짓기 힘들지만, "역사 속에서 권력자들이 끝없는 성욕의 노예가 되곤 했던 숱한 증거들이 있다"며, 실제 클린턴은 동생이 약물중독 치료를 받고 있을 때 어머니인 버지니아와 함께 정신과 의사를 만나 상담을 했는데 이때 그 스스로 "우리들은 늘 무언가에 중독되어 있다"며 "어떤 사람들은 권력에, 또 어떤 사람들은 약물, 아니면 섹스 같은 그 무언가에 중독되어 있다"고 말했다는 것이다.

『워싱턴포스트』는 클린턴의 행태는 유복자로 태어난 그가 4세 때부터 함께 산 계부의 가정 폭력과 알코올중독 등을 거치면서 형성되었을지도 모른다고 분석했다. 이런 계부 밑에서 자란 클린턴은 늘 힘들고 유쾌하지 못한 생활의 한 부분은 스스로 잊어버리거나 없는 것으로 간주하는 '봉쇄block out'의 습성을 기르게 되었고, 그 과정에서 늘 '선과 악'이란 공존하는 것으로 여기게 되었다는 것이다. 모든 문제에서는 신중하고 영리하기 짝이 없는 클린턴이 섹스 문제 같은 데서는 '바보에 가까운 행동'을 하는 것도 이런 심리적 구조 때문일 것이며, 힐러리는 아내라기보다는 클린턴을 보호하는 '큰 누이' 같은 역을 맡았고, 클린턴은 늘 이런 보호망을 요리조리 빠져나가는 악동 노릇을 했다는 것이다.[15]

## 왜 힐러리는 클린턴의 엽색 행각을 방조했는가?

1998년 3월 미국의 한 성 중독증 환자 보호단체가 성 중독증 환자와 배우자 2,000명을 대상으로 실시한 설문조사에 따르면 "99퍼센트의 압도적 다수가 클린턴 대통령을 우리 중 한 사람"으로 생각한다고 답변했다. 반면 클린턴 부부의 오랜 친구이자 정치 컨설턴트였지만 이제는 앙숙이 된 딕 모리스는 한 라디오 토크쇼에서 '부부 관계가 차가운 탓'이라고 했다. 클린턴과 힐러리는 '정치적 동지'에 불과할 뿐 정상적인 부부 관계가 아니라는 것이다. 창녀와의 관계가 들통 나는 바람에 백악관을 떠난 모리스가 할 말은 아니었기에 백악관 측은 이 같은 발언에 분격했다. 마이크 매커리 대변인은 "클린턴 대통령이 그를 다시 보는 일이 없을 것 같다"고 완전 절교를 공언했다.[16]

그러나 아내와의 관계가 싸늘하다고 해서 모든 남자가 다 클린턴처럼 '박애주의자'가 될 수는 없을 터인즉, 아무래도 클린턴은 '성 중독증' 환자라는 진단이 더 설득력이 있는 것 같다. 물론 그게 왜 병이란 말이냐고 따져 물으면 할 말은 없지만 말이다.

힐러리가 말한 '거대한 우익의 음모'가 있었던 건 분명하지만, 그 음모는 진공 상태에서 만들어진 건 아니었다는 점에서 클린턴과 힐러리가 져야 할 책임도 있었다. 심리학에선 남을 도와주고 있다고 자신은 생각하고 있지만 실제로는 남을 망치고 있는 사람을 가리켜 '이네이블러enabler'라고 하는데, 힐러리가 한 일이 바로 그것이었다. 일부 사람들은 힐러리가 사실상 클린턴의 성 중독증에 '이네이블러' 혹은 '방조자' 역할을 했다고 보았다.

이와 관련, 게일 시히Gail Sheehy은 "모든 중독자들에게는 이런 사람이 필요하다. 그런데 이 방조자는 흔히 중독자와 가까운 사이이다. 잘못을 저질러도 그 결과를 모면할 수 있도록 중독자들을 도와주고 변명거리를 마련해줌으로써 결국 자기 파멸의 길을 걷도록 허용하는 존재이다. 힐러리는 자신이 남편의 방종한 성생활에 없어서는 안 될 역할을 수행하고 있다고는 전혀 생각지 않은 듯했다"며 다음과 같이 말한다.

"남편을 '이해하게 된' 그녀가 남편의 문제를 용서하고 '거대한 우익의 음모'라는 식으로 비행의 책임을 돌리곤 하면 할수록, 남편이 일탈된 행동을 저지를 때마다 세상 밖으로 뛰쳐나와서 그를 두둔하면

할수록 남편은 자신의 비행에 대한 책임을 점점 덜 느끼게 되었다. 그녀는 자신이 할 수 있는 모든 노력을 기울임으로써 자신들이 창조하는 대서사시의 주인공을 돕고 있는 것이라고 굳게 믿었다. 하지만 그런 자기기만 때문에 그녀는 자신의 신념과는 정반대되는 일을 하고 있었다."[17]

정치학자 바버라 켈러먼Barbara Kellerman, 1939~은 힐러리에게 '대통령의 수석 이네이블러'라는 호칭을 붙이면서 힐러리에게도 책임이 있다고 했다. "힐러리가 오랜 기간 남편을 변호해온 것이 결국에는 남편으로 하여금 미국 대통령이 된 다음에도 과도하고 위험한 행동을 계속하도록 도움을 주고 부추겼다는 데에는 의문의 여지가 없다." 반면 일부 우익 인사들은 힐러리의 방조는 그녀가 레즈비언이기 때문이라고 주장했다.[18]


## 클린턴의 섹스 스캔들로 큰돈을 챙긴 사람들

클린턴의 섹스 스캔들은 그 자체로 하나의 산업이 되었다. 클린턴의 섹스 스캔들을 다룬 책과 영화가 쏟아져나왔고 관련 인물들도 돈방석에 올라앉았다. 대중에게 스펙터클을 제공하는 사업을 하는 방송·출판·잡지사들이 그 인물들에게 돈을 떠안긴 것이다. 조건은 간단했다. 스펙터클을 더 찐하게 만들어달라는 것이다.

제니퍼 플라워스는 1992년 1월 클린턴과의 관계를 언론에 알린 이후 『펜트하우스』에 누드 사진을 게재해 25만 달러를 벌었고 스타 TV

에서 클린턴과의 관계를 주제로 한 인터뷰로 15만 달러, 『정열과 배신』이라는 책을 내 15만 달러의 수입을 챙겼다. 합의하에 클린턴과 성관계를 가졌다고 말한 미스 아메리카 출신의 엘리자베스 워드 그레이슨Elizabeth Ward Gracen, 1961~도 『플레이보이』에 누드 사진을 실어 10만 달러를 챙겼고 그 여세를 몰아 인기 텔레비전 시리즈 〈하이랜더Highlander〉에 출연하게 되었다. 또 미스 아칸소 출신인 샐리 퍼듀Sally Perdue는 클린턴과의 정사를 『펜트하우스』에 알려준 대가로 5만 달러를 챙겼다.[19]

그런가 하면 스캔들의 정점에 있었던 모니카 르윈스키는 한 출판업자에게서 수기를 독점 출판하는 대가로 300만 달러를, 인터넷 포르노 웹사이트 운영업체에서는 누드 사진 게재 대가로 300만 달러를 지불하겠다는 제의를 받았다. 그러나 클린턴을 진정 사랑했다는 르윈스키는 처음엔 돈엔 별 관심이 없었던가 보다. 그녀는 이후에도 여러 차례 돈의 유혹을 뿌리쳤다. 이에 대해 우익 방송 저널리스트 빌 오라일리Bill O'Reilly, 1949~는 이렇게 주장했다.

"어렸을 때부터 자기 힘으로 돈을 벌어본 사람들은 정직하게 땀 흘려 일하는 일이라면 거절하는 법이 없다. 그래서 모니카 르윈스키가 이탈리아 디자이너 가티노니가 제안한 48만 달러짜리 일자리를 거절한 것을 보고 놀라지 않을 수 없었다. 밀라노 패션쇼에서 손바닥만 한 비키니를 입고 앞뒤로 왔다 갔다 하기만 하면 되는 것 아닌가. 르윈스키는 그 제안을 '부적절한' 것으로 생각했나 보다. 그 돈이면 하고 싶은 것을 무엇이든 할 수 있을 텐데."[20]

그렇지만 괜한 걱정이었다. 르윈스키는 이후 다이어트 광고 모델,

영국의 TV쇼 리포터, 그리고 기업인으로 변신을 거듭하며 수천만 달러 이상의 수입을 벌어들이게 되니 말이다. 이 스캔들로 가장 큰 돈을 벌 수 있는 잠재력을 가진 사람은 클린턴, 힐러리, 케네스 스타 특별검사였다. 비벌리힐스의 출판사 사장인 마이클 바이너Michael Viner, 1944~2009는 CNN 방송에 출연해 "세 사람이 섹스 스캔들에 관련된 책을 쓴다면 클린턴은 1천만 달러, 힐러리는 6백만 달러, 스타 검사는 수백만 달러를 받을 수 있다"고 말했다.

포르노 잡지의 원조라 할 『플레이보이』의 휴 헤프너Hugh Hefner, 1926~는 클린턴의 섹스 스캔들이 한창이던 1998년 3월, 『플레이보이』 인터넷 홈페이지에 섹스 스캔들로 클린턴을 궁지에 몰아넣는 자들을 '섹스의 적'이라고 비난했다. "백악관에 바람둥이가 한 명 있는데 여론조사에 따르면 미국인 65퍼센트 정도가 이를 문제 삼지 않고 있다.……미국인 대부분이 '그에게 보다 많은 권력을 허용하라. 우리는 그를 교황으로 뽑지는 않았다'고 말하고 있는 점에 비추어 클린턴을 처벌할수는 없을 것이다.……이는 성혁명 역사상의 승리이다."[21]

한때 "최소한 1천 명 이상의 여자와 잠자리를 같이했다"라고 떠들고 다닐 만큼 세계적 호색한이었던 헤프너로선 비록 '수백 명' 수준이긴 하지만 섹스에 관한 한 뜻을 같이하는 클린턴에게 진한 연대감을 느꼈을지도 모르겠다. 그는 지난 수십 년간의 여론조사 결과를 이렇게 정리했다. "미국에서 섹스는 모든 사람이 거짓말을 하는 유일한 주제이다. 여자 친구에게도, 아내에게도, 그리고 자기 자신에게조차."[22]

## "나는 클린턴의 목을 비틀어버리고 싶었다"

1998년 5월 초 스타 검사는 대배심 앞에서 증언을 거부한다는 이유로 수전 맥두걸Susan McDougal, 1955~을 형사적 · 법적 모욕과 사법절차 방해 혐의를 걸어 기소함으로써 위협 전략을 거칠게 구사했다(짐 맥두걸Jim McDougal, 1940~1998은 1998년 3월 연방교도소에서 복역 중 사망했다). 수전 맥두걸은 단지 말을 하지 않았다는 이유만으로 18개월을 복역하게 된다. 자신과 그녀가 내연의 관계였다는 소문을 잘 알고 있을 클린턴으로선 일말의 양심이 있다면 가슴이 미어질 일이었다. 그는 자서전에서 그녀가 교도소에서 겪은 고통을 언급하면서 다음과 같이 말했다.

"나는 몇 년 뒤 맥두걸의 책 『증언을 거부한 여자The Woman Who Wouldn't Talk』를 읽고 등골이 오싹했다. 수전 맥두걸은 스타와 (스타의 오른팔인) 힉 유잉이 원하는 거짓말만 해주면 언제라도 고통에서 벗어날 수 있었을 뿐 아니라 돈까지 벌 수 있었다. 어떻게 그녀가 끝까지 버틸 수 있었는지 모르지만, 그녀가 사슬에 묶인 모습은 마침내 화이트워터 기자들이 스타 진영 주위에 세워 놓은 방패를 뚫기 시작했다."[23]

자신의 문제는 별로 말하지 않고 스타만 비난하는 클린턴의 뻔뻔스러움이 놀랍긴 하지만, '성 중독'은 '거짓말 중독'까지 수반한다는 걸 고려해야 할지도 모르겠다. 그간 힐러리에게 거짓말을 했던 클린턴은 더는 거짓말을 할 수 없게 된 상황에 이른 8월 15일 아침에서야 잠자는 힐러리를 깨워 진실을 털어놓았다. "7개월 전에는 너무 창피했고 당신이 얼마나 상처받고 분노할지 알았기 때문에 말할 수 없었다"는 게 클린턴의 변명이었다. 이에 대해 힐러리는 어떻게 반응했던가?

"나는 숨이 탁 막혔다. 숨을 헐떡여가며 나는 울면서 소리를 지르기 시작했다. '무슨 소리야. 무슨 말이야. 왜 내게 거짓말 했어?' 나는 점점 더 분노했다. 그는 그저 그 자리에 선 채로 계속해 '미안해, 미안해. 나는 당신과 첼시를 보호하려 했어'라고만 되풀이했다.……기쁘나 슬프나 지난 20여 년간 우리는 부부였고, 제일 친한 친구였고 파트너였다. 그는 우리 딸에게는 좋은 아버지였다. 그는 내 신념을 짓밟았고 내게 상처를 입혔으며, 적들에게 먹이를 던져줬다. 아내로서 나는 그의 목을 비틀어버리고 싶었다. 그러나 그는 내 남편일 뿐 아니라 내 대통령이었다. 그리고 빌은 미국과 세계를 내가 지지하는 방향으로 이끌고 있었다.……나는 빌과 함께 늙어가길 바랐다. 백악관을 떠나며 빌과 나는 서로를 껴안고 잠시 춤을 추었다." 힐러리가 2003년 출간해 첫날 20만 부가 팔려나가는 등 화제를 모은 회고록 『살아 있는 역사Living History』에서 털어놓은 말이다.[24]

이상한 일이었다. 클린턴의 말도 안 되는 성 중독증의 전모가 밝혀지면 밝혀질수록 힐러리에 대한 지지도는 올라가고 있었으니 말이다. 1996년 퓨리서치센터PewResearch Center의 조사에서 힐러리에 대한 미국민의 평가는 대체적으로 부정적이었지만, 1998년 8월에 다시 실시한 조사에 따르면 힐러리는 대중들에게 최고점의 성적표를 받은 것으로 나타났다. 전체의 3분의 2가 남편을 떠나지 않고 지지한 그녀의 선택을 높이 샀다.[25]

## '백악관 포르노' 스타 보고서의 공개

1998년 8월 17일 클린턴은 대배심원이 지켜보는 가운데 비디오테이프를 통해서 증언을 했고, 9월 9일 드디어 스타 보고서가 공개되었다. 지난 4년 동안 국가 예산 4,000만 달러를 써가면서 만든 보고서는 본문만 500여 쪽에 이르는 방대한 분량이었으며 증거물 등을 포함해 총 분량은 36상자가량 되었다. 애초에 스타가 특별검사로 임명된 것은 화이트워터 조사 때문이었지만, 정작 이 보고서에는 단 한 줄도 그에 대한 언급이 없었다.

그 대신 스타는 클린턴이 르윈스키와 관련된 수사에서 거짓 증언을 하고 공무를 방해해왔다는 점을 소상히 밝혔지만, 이 보고서는 1995년 11월부터 1997년 3월까지 클린턴과 르윈스키가 10번의 오럴 섹스와 15번의 폰섹스를 했다는 줄거리를 중심으로 구성된 거대한 포르노 문건과 다름없었다. 이른바 '백악관 포르노'였다.

컴퓨터업체는 스타 검사가 445쪽의 보고서에서 사용한 단어 중 5,000개가 확실히 섹스와 관련된 어휘라는 분석 결과를 내놓았다. 보고서에 사용된 어휘 중 '성적sexual'이라는 형용사는 무려 406번이나 나와 최다 사용 단어로 꼽혔고 '섹스sex'라는 말이 직접 언급된 것도 164번에 이른다. '성적으로sexually'는 9번, '섹시sexy', '더욱 섹시 sexier', '성행위sexuality' 등은 각각 한 번 등장했다. 또 '젖가슴breast'이란 말이 62번, '궐련cigar' 23번, '정액semen' 19번, '질vagina' 5번, '성기 genital'와 그 변형어가 64번 사용되었다. 이 밖에 연인이 상대방에게 '줄 수 있다'는 의미의 '선물gift'이란 단어가 215번, '사랑love'은 18번

쓰였다.[26]

평소 같으면 그런 포르노를 언급하는 것조차 피했겠지만, 이건 대통령의 법적 문제가 아닌가. 그걸 면죄부로 삼은 언론은 경쟁적으로 이 보고서의 내용을 그대로 보도했다. 『시카고트리뷴』의 편집자는 "노골적인 용어를 적절한 다른 표현으로 바꿔보려 했으나 의미가 달라질 수 있어 포기했다"며 어려움을 토로했다. 『워싱턴포스트』의 편집 전무인 레너드 다우니 주니어Leonard Downie, Jr., 1942-는 "일반적인 상황에서라면 결코 신문에는 실릴 수 없는 내용을 처음으로 싣게 됐다"며 곤혹스러움을 감추지 못했다. 『워싱턴포스트』는 보고서 전문을 게재하는 한편 "이 기사에는 어린이 및 미성년 독자들에게 적절치 못한 내용이 담겨 있으며 일부는 성인에게도 불쾌감을 줄 수 있다"는 설명을 달았다. 『로스앤젤레스타임스』도 "이 기사를 어린이가 읽을 경우 부모의 지도가 필요하다"고 밝혔다.[27]

인터넷에 올라 있는 스타 보고서를 보기 위한 사람들로 각국의 인터넷 전산망은 북새통을 이루었다. 미국에서는 CNN이 설치한 사이트에 분당 최고 34만 건의 접속이 폭주해, 1998년 8월 31일 뉴욕 증시 폭락 시의 최대 접속 건수를 경신하며 사상 최고의 접속률을 기록했다. 이는 1분分에 미국 전체 성인 인구의 12퍼센트에 해당되는 무려 2,000만 명이 스타 보고서를 읽기 위해 인터넷에 접속한 것을 의미한다. 이것은 단일 문건을 읽기 위해 접속한 수치로는 사상 최고치였다. 출판사 3곳에서 각기 엮어낸 「스타 보고서」는 59달러에 팔렸는데, 공개 일주일 만에 100만 부를 돌파했다.[28]

친親클린턴 성향의 『USA투데이』를 포함해 140개가 넘는 신문이 대통령의 사임을 요구하고 나섰다. 9월 14일 『뉴리퍼블릭』의 앤드루 설리번Andrew Sullivan, 1963~은 "클린턴은 우리 문화에 암적인 존재다. 냉소주의, 자아도취, 그리고 기만이라는 암 덩어리"라고 공격했다. "그 암 덩어리가 전이된다면 그 어떤 경제의 성공도, 그 어떤 번영의 시대도 암의 대가를 상쇄하지 못한다. 암은 지금 제거해야 된다. 영원히. 가능하면 빨리." [29]

## 성관계의 정의를 논한 클린턴의 연방대배심 증언

1998년 9월 21일, 클린턴의 8월 17일 연방대배심 증언을 담은 비디오테이프 공개 역시 또 하나의 상업적 이벤트라 할 만했다. 이날 공개된 테이프는 7개로 하원 법사위원회가 삭제한 것을 제외하고 4시간 3분가량의 증언을 담았다. 미국 텔레비전 방송사들은 이 테이프가 공개되기 하루 전날인 20일부터 토크쇼 등을 통해 하루 종일 증언의 내용과 여파를 전망하고 거의 매시간 대대적인 예고 방송을 내보냈다.

CNN, CNBC, 폭스TV 등은 중계차를 국회의사당에 보내 테이프를 전달받은 뒤 송출기에 걸어 전 세계에 생중계했으며 CNN은 화면에 "증언 내용 중에는 상세한 성적 관계 표현이 들어 있다"는 경고 자막을 가끔 내보냈으며 미성년자들이 텔레비전을 시청하지 않도록 각별히 유의해달라고 부모들에게 당부하기도 했다. 이와 관련, 미 하원 법사위원회는 연방대배심 증언 비디오테이프 공개 시간을 월요일 아침 9시로 정한 이유에 대해 "미성년자들이 학교에 가고 없는 시간이기 때문"이라고 설명했다.

클린턴은 증언을 끝내고 나서 가진 연설에서 "나는 그들의 질문에 진실되게 답했습니다. 그 어떤 미국인도 답하고 싶지 않을 성격의 질문들, 즉 나의 사적 생활에 관한 질문들까지 포함해서 말입니다"라고 말했는데, 도대체 어떤 질문들이 제기되었던가?

초반부터 스타 검사팀은 4명의 검사가 번갈아 르윈스키와의 성관계에 대해 집요하게 물고 늘어졌다. 긴장한 대통령은 카메라를 의식한 듯 당당한 자세를 유지하려 애쓰면서도 자주 물컵을 들었다. "르윈스키가 성관계를 맺었다고 했는데 사실이지요?"(검사팀) "성교를 하지 않았으므로 성관계는 없었던 것 아닙니까. 게다가 이건 사생활에 관한 문제잖소. 나는 미국 대통령으로서의 품위를 지키고 싶으니 구체적인 행위 대신 내 혐의와 관련된 질문을 해주시오."(클린턴)

7~8분이나 지났을까. 클린턴 대통령이 검사 측의 양해를 받아 안경을 꺼내 쓰고 준비한 성명서를 읽어 내려갔다. 인정할 것은 인정하겠지만 미국 대통령을 세워놓고 '지극히 개인적인' 부분에 대해 구체적인 진술을 하라는 것은 모두를 위해 바람직하지 않다는 요지였다.

이후 20~30분간 폴라 존스 성희롱 사건 증언 때 나온 성관계의 정의를 둘러싸고 지루한 공방이 이어졌다. 클린턴은 "성교를 하지 않았기 때문에 성관계가 없었다"면서 자신이 위증하지 않았다고 강변했다. 그는 또 성관계는 대통령직과는 상관없는 사생활 문제라면서 "인간사의 수수께끼인 성문제를 다루는 만큼 신중해야 한다"는 주장을 폈다.

질문과 답변이 겉돌면서 양측의 감정은 점점 고조되기 시작했다.

초반 가라앉았던 클린턴의 음성도 점차 높아져갔다. 잠시 신문이 중단되었다. 스타 검사팀이 다시 성관계에 대해 질문 공세를 퍼부으면서 공방은 계속되었다. 신문이 겉돌자 폐쇄회로로 지켜보던 배심원이 참다못해 전화로 특별 검사팀에 대신 질문을 부탁했다. "대통령답게 답변하셔야 하는 것 아닌가요. 르윈스키와 성관계가 있었다면 있었다, 아니면 아니다 분명하게 답해주세요."

정면에 놓인 카메라를 응시하던 클린턴의 얼굴이 굳어졌다. 여유를 되찾으려는 듯 자세를 고쳐 앉기를 수차례. 땀이 흥건히 밴 주먹에 힘이 들어갔다. 왼편에 자리한 변호인단에 눈길을 돌린 후 입을 열었다. "르윈스키와는 '다정한' 사이였습니다." 클린턴은 동문서답식 답변으로 배심원의 항의 섞인 질문을 의도적으로 무시했다. 그러나 검사팀이 계속 신문했다. "대통령, 지금 카메라가 돌아가고 있어요. 분명하게 진실을 밝혀야 합니다." 클린턴의 '준비된 미소'가 점차 사라졌다. 탄탄대로를 달려온 자신에게 이런 수모를 안긴 스타 검사팀에 대한 적개심마저 드러냈다.

"스타 검사팀, 당신들은 사생활 문제를 미국에서 가장 중요한 이슈로 만들었소. 수사 과정에서 자료 유출을 서슴지 않았고요. 또 르윈스키 집을 급습해 무려 5시간이나 외부와 차단한 채 수사하지 않았습니까." 특별 검사팀은 왜 하필이면 르윈스키가 선물한 넥타이를 매고 나왔느냐며 질문의 방향을 돌렸다. 클린턴이 당황하는 기색이 역력했다. "모, 몰랐소. 알았다면 일부러 매고 나왔겠어요." 클린턴은 21명의 배심원을 향해 처절한 '설득전'을 펼쳤다. 1월 존스 성희롱 사건 때 말한 "르윈스키와 성관계를 갖지 않았다"는 진술이 위증이 아니도록

하는 데 초점을 맞추며 변호사다운 논리로 일관했다.[30]


## "주변의 여성을 향한 성적 유혹을 견뎌내기가 정말 어렵다"


미 언론들은 "각 TV가 앞다투어 증언 테이프를 방영했지만 예상과는
달리 리히터 지진계를 흔들지는 못했다"고 평가했다. 민주당 쪽에서
는 당초 우려했던 것보다는 훨씬 피해가 적은 것에 안도한 반면, 공화
당 쪽에서는 기대만큼의 공세가 이루어지지 않은 데 실망한 분위기였
다. CNN과 『USA투데이』가 공개 방영이 끝난 후 성인 631명을 상대
로 실시한 전화 여론조사 결과(오차 한계 ±4퍼센트) 66퍼센트가 의회
의 탄핵 추진에 반대, 전날의 60퍼센트에 비교해 거꾸로 클린턴에게
유리한 국면이 되었다.

　미 언론과 여론조사 기관의 분석에 따르면 클린턴 지지자들은 테이
프 내용을 시청한 뒤 더욱 클린턴을 동정하는 입장을 굳혔고, 그를 반
대하는 사람은 클린턴의 교활한 말장난에 더 큰 혐오감을 갖게 되었
다. 뉴욕의 증권시장에서도 테이프 공개가 시작된 이후 다우존스 주
가가 184포인트나 급락했으나 4시간 뒤 테이프 공개가 끝날 무렵에
는 "큰 게 터질 줄 알았는데 별 게 없다"는 안도감으로 오히려 37포인
트가 오른 시세로 종장했다.

　클린턴의 연방대배심 증언 테이프와 함께 추가로 공개된 르윈스키
증언 관련 문서는 대통령에 대한 그의 생각과 감정을 상세하게 드러
냈다. 르윈스키는 대통령에게 '센티멘털한 감정'으로 완전히 빠져 있

었다. 르윈스키는 때로 증언하기를 꺼리기도 했지만 곤혹스런 사적인 질문에도 망설이지 않고 확실한 '예스'로 답했다. 르윈스키는 두 사람의 관계가 지속되지 않을 것이라는 점이 분명해질 때까지는 클린턴을 '정부情夫, sexual soulmate'로 여겼다. 그녀는 1997년 6월 대통령에게 전한 쪽지에 "나는 폐기처분될 것이고, 이미 사용이 끝났고, 중요하지 않다는 느낌이 든다"고 고통스럽게 썼다.

8월 20일 연방대배심에서 클린턴과의 관계의 성격을 묻는 질문에 르윈스키는 "다소 집착한다는 느낌이 있지만 사랑, 아니 확실히 사랑"이라고 규정했다. 르윈스키는 클린턴을 만나거나 이야기를 나눌 때마다 자신의 수첩에 해당 날짜를 동그라미로 표시했다며, "그를 사랑하고 있는 것으로 알았으며 그가 나를 좋아하고 있는 것으로 생각했다"고 증언했다. 1997년 한 편지에서는 "빌, 나는 당신을 정말 사랑합니다"고 애정을 고백했다. 르윈스키는 또 클린턴이 자신과의 관계를 부인토록 요구한 적이 있는지라는 질문에 "그것은 필요하지 않다. 왜냐하면 나는 그를 항상 보호할 것이기 때문"이라며 '영원한' 사랑의 감정을 감추지 않았다. 문서에서 반복적으로 나타나는 말은 "당신은 너무 멋지다. 나는 당신을 사랑한다"는 것이었다.

"주변의 여성을 향한 성적 유혹을 견뎌내기가 정말 어렵다." 클린턴은 르윈스키에게 이렇게 고백한 것으로 르윈스키 증언록에 나왔다. 연방대배심과 수사관의 조사 과정에서 르윈스키는 "지난해 5월 24일 클린턴 대통령이 나에게 헤어지자고 말했던 날 그는 '마흔 살이 되기 전까지 수백 명의 여자와 함께했으며 그 이후 너를 만나기 전까지는 결혼생활에 충실해왔다'고 털어놓았다"고 말했다. 르윈스키는 또 "클린턴 대통령은 토요일 밤이면 성적 유혹에 굴복했다가 일요일 아침 교회에 가서 회개하는 식의 생활을 살아왔다"며 "비록 자신이 '성적 문제'가 있다고 말하지는 않았지만 클린턴 대통령은 매일 매일을 성적 유혹과 싸우며 살았다"고 말했다.[31]


## "미국식 자본주의와 미국식 문화의 종말"인가?

이런 일련의 보도와 관련, 임춘웅은 "이번 사건에서 가장 주목할 만한 악역을 한 것은 역시 언론이다. 음란한 용어가 무려 5,000자나 포함된 보고서 내용을 그대로 보도한 것이다. 공개하지 않기로 했던 클린턴의 대배심 증언마저 끝내는 방송되고 말았다. 이런저런 변명이 없는 것은 아니지만 언론의 추악한 상업성이다"며 다음과 같이 말했다.

"평소 어느 신문이 이런 유의 내용을 활자화했다면 '비열한 선정주의'라고 필시 펄펄 뛰었을 미국의 권위지들도 대통령의 일이란 이름으로 아무런 죄의식 없이 모든 것을 활자화했다. 음란성 표현을 삼가야 한다는 것은 공익 언론의 기초적인 상식에 속하는 일이다. 일반의 것은 안 되고 백악관의 것은 괜찮을 성질의 일이 아니다."[32]

이런 일련의 사건에 대해 어느 칼럼니스트는 "미국식 자본주의의 종말"이라고 우려했다. 미국의 상업주의가 사태를 이토록 키워놓았다는 것이다. 프랑스의 『르몽드』는 9월 12일 「미국식 지옥」이란 사설에서 클린턴의 위증을 입증하기 위해 그토록 수치스럽고 혐오스런 성행위 내용을 세밀하게 묘사해야 하느냐고 반문했다. 이 신문은 스타 보고서를 '필요 이상으로 개인의 사생활을 들춰낸 성性에 대한 매카시즘'으로 규정하면서 미국식 법 절차가 만들어낸 하나의 괴물이라고 혹평했다.[33]

『르몽드』는 '스타 보고서'가 공개되기 이전부터 '지퍼게이트'를 "역겹고 우스꽝스러운 정치·사법적 서사극"이라고 비판했으며, "소위 특별검사는 행정부에 대한 수사 집행권을 가짐으로써 집권 권력과 견제 권력 사이의 균형을 이루어 미국 민주주의의 토대를 다져왔던 것"이지만 "스타 검사의 스캔들 조사는 사법부 독립성을 과시했다기보다 광신적·파당적 사법 절차를 생각나게 한다"고 했다. 『르몽드』는 '스타 보고서'가 공개된 이후에도 「역사의 회귀」란 사설에서 "지금까지 패권적 양상으로 세계를 석권해온 미국식 자본주의 경제와 맥도날드 햄버거로 대표되는 미국식 문화가 지난 수개월 동안 스스로 종지부를 찍고 있다"고 주장했다.

그러나 그런 『르몽드』마저도 '스타 보고서'를 요약해 16쪽에 달하는 별쇄 증보판을 발행했다. 『르몽드』는 일주일간 독자 항의에 시달린 끝에 그것이 '상업적 계산'이었다는 걸 실토했다. 보고서가 공개되기를 기다렸다가 기자와 번역가 25명을 동원, 밤샘 작업 끝에 이튿날 증보면을 낼 수 있었다고 털어놓은 것이다. 그러나 『르몽드』에 돌을 던질 사람도 그리 많진 않았을 것이다. 『르몽드』의 그날 치 유가 판매 부수는 평소보다 20.8퍼센트 늘어난 64만 6,000부를 기록했고, 『르몽드』 웹사이트는 모두 15만 6,000건의 방문을 기록했기 때문이다. 이는 프랑스가 월드컵에서 우승했던 7월 13일의 기록을 능가한 것이었다. '지퍼게이트'는 세계인들이 "미국은 참 이상한 나라야!" 하고 손가락질하면서도 미국의 그 이상한 짓을 몹시 즐기는 세계적인, 그리고 세기말적인 이벤트였던 셈이다.

클린턴이 미국인은 물론 전 세계인을 즐겁게 해주는 데에 기여했다는 건 의심할 여지가 없었다. 1998년 1월부터 9월까지 심야 텔레비전 토크쇼에 등장한 클린턴을 소재로 한 농담 건수는 모두 1,138건에 이르렀다. 섹스에 밝은 일본 언론도 흥분했다. 저널리스트 모리소노 미르쿠는 "클린턴 대통령이 일본을 방문하면 일본 정부는 '밤 접대'를 하는 것이 좋겠다. 빈곤한 플레이밖에 하지 못하는 클린턴 대통령을 요정에 안내해주면 대단히 좋아할 것이다. 아마 그렇게 하면 미일 수뇌회담도 순조롭게 풀릴 것이다"고 주장했다. 일본 작가 마루시게 준은 "한마디로 클린턴 대통령은 테크닉이 부족하다. 애무는 항상 한 가지 패턴뿐이고 손을 대는 곳도 가슴과 성기뿐이다. 게다가 르윈스키의 그곳에 시가를 넣었다가 '맛있군'이라는 말을 하다니 웃음밖에 나오지 않는다"고 말했다.[34]


## '클린턴 구하기'에 나선 '무브온'과 여성운동 진영


희대의 '백악관 포르노'가 세계적 이슈가 되고 있던 1998년 9월 22일 '클린턴 구하기'를 목표로 삼은 온라인 조직이 캘리포니아주 버클리Berkeley에서 탄생했으니, 그건 바로 무브온MoveOn.org이었다. 조앤 블레이즈Joan Blades, 1956~와 웨스 보이드Wes Boyd, 1960~ 부부가 탄핵 위기에 처한 '클린턴 구하기'를 목표로 삼아 만든 것이다.

이 부부는 처음엔 100명도 채 못 되는 친구들과 친지들에게 한 문장의 청원서를 보냈다. "클린턴 대통령을 충분히 비판했으니 이제는 국가가 직면한 절박한 이슈로 움직여나가야move on 한다"는 것이었다. 반응은 뜨거웠다. 무브온은 24시간 내에 506명의 서명자와 12명의 자원봉사자를 얻었고, 다음 날 오후 5시 서명자는 1,500명 이상으로 늘었다. 이후 눈덩이 효과snowball effect가 발생하더니, 일주일 내로 10만 서명자, 궁극적으로 50만 서명자를 확보해 세상을 깜짝 놀라게 만들었다. grassroots(풀뿌리운동)에 빗대 netrootsinternet+grassroots(인터넷 풀뿌리운동)를 자임하는 무브온의 승리였다.[35]

'지퍼게이트'가 불거졌을 때 미국 여성운동 진영은 난감해했다. 그들은 정책적으로 클린턴과 민주당을 지지했기 때문에 이 섹스 스캔들에 대한 자신들의 입장을 정리하기가 난처했기 때문이다. 여성운동 진영 내부적으로 이견들끼리 마찰이 있기 했지만 대세는 '그래도 클린턴'이었다. 1998년 9월 24일 미국 내 15개 여성·인권 단체들은 공동 성명서를 통해 케네스 스타의 성추문 수사를 '위선적 관음증觀淫症'이라고 규탄하고 클린턴을 지지했다.

그들은 "클린턴을 지지한다"는 정치적 입장을 밝혔지만 이는 클린턴 개인이 아니라 자신들과 클린턴이 공동으로 추구해온 가치를 지지했기 때문이라는 것이다. 이들은 여성운동의 핵심적 문제인 성과 권력의 관계, 여성들의 상호 책임, 개인적 문제와 정치적 문제의 상관성 등에 관해 새삼 의문을 던지면서 클린턴과 힐러리와 르윈스키가 이같은 문제를 온통 뒤죽박죽으로 만들어놓았다는 반응을 보였다.

1998년 9월 『유에스뉴스앤드월드리포트』는 여성운동가들과 인터뷰를 갖고 성추문에 어떤 생각을 갖고 있는지 보도했다. 작가 멕 울리처Meg Wolitzer, 1959~는 "클린턴 부부와 르윈스키, 주변 사람들의 이야기를 읽으면 읽을수록 점점 더 혼란에 빠진다. 연약하면서도 욕망과 오만, 어리석음으로 가득 찬 인간들의 모습을 보면서 내 자신이 소설 속에 서 있는 것처럼 느껴진다"고 말했다. 그녀는 또 힐러리가 "남자가 무슨 짓을 해도 곁에 남아 그를 지지해야 한다"는 잘못된 메시지를 딸 첼시와 젊은 여성들에게 보내고 있다고 비난했다. 르윈스키에 대해서는 굴욕적인 섹스를 일방적으로 제공한 뒤 남자에게 버림받은 어리석고 딱한 여성이라는 견해도 있었지만, "르윈스키는 힐러리와 첼시에게 사죄해야 한다"는 주장도 있었다.[36]

곤혹스러운 가운데서도 미국 여성운동 진영을 비롯한 여러 시민단체가 결국 클린턴 편에 선 데에는 정치적·이념적 배경이 자리하고 있었다. 흑인들 대다수가 전과 다름없이 클린턴을 지지하고 나선 것도 같은 이유에서였다. 노벨문학상을 수상한 흑인 작가 토니 모리슨Toni Morrison, 1931~이 "미국 최초의 흑인 대통령"이라는 말을 할 정도로 클린턴에 대한 믿음이 공고했던 흑인들은 주저 없이 클린턴의 손을 들어주었다. 심지어 흑인들은 스타와 클린턴의 관계를 흑인들에게 몹쓸 짓을 많이 한 전 연방수사국 국장 에드거 후버J. Edgar Hoover, 1895~1972와 암살된 마틴 루서 킹Martin Luther Jr. King 목사의 관계에 비유하기도 했다. 르윈스키가 유대인 스파이라는 설마저 떠돌았다.[37]

## '포르노 왕' 래리 플린트와 역사학자들의 지원 사격

'지퍼게이트'의 와중에서 클린턴을 지지한 사람들 중엔 좀 엉뚱하다 싶은 이도 있었으니, 그는 바로 포르노 잡지 『허슬러』의 발행인인 '포르노 왕' 래리 플린트Larry Flynt, 1942~였다. 그는 1998년 9월 '스타 보고서'를 접한 후, "우리가 포르노물을 좀더 넓은 성인층으로 확산시키기 위해서는 명시적인 포르노물 확산에 신기원을 연 당신의 도움이 필요하다"며 스타 검사에게 일자리를 주겠다고 빈정거려 클린턴의 성추문을 부추기는 자들에게 노골적인 불만을 터뜨렸다.[38]

1998년 10월 4일, 플린트는 현직 의원이나 고위 공무원들과 간통한 적이 있거나 이러한 사실을 입증할 수 있는 사람에게는 최고 100만 달러를 주겠다는 8만 5,000달러짜리 전면광고를 『워싱턴포스트』에 게재했다. 그 광고가 나간 직후 수천 명의 섹스 스캔들 제보자가 쇄도했다. 플린트는 FBI와 CIA의 전직 요원들을 고용해, 수천 건의 제보 중 근거 있는 48건의 제보를 추적했고 특히 12건은 폰섹스 녹음테이프까지 확보했다. 그리고 곧 정치인들의 성적 부정을 파헤친 보고서를 책으로 출간할 것이라고 밝혔다. 클린턴 편이라고 자처한 플린트는 "워싱턴 정가의 이중 인격적 모습을 밝혀내겠다"며 "클린턴을 심판하려는 사람들은 자신도 똑같이 당하게 될 것"이라고 엄포를 놓았다.[39]

1998년 10월 28일 미국 역사학자 400여 명은 "영원히 미국 대통령직의 권위를 손상시키고 위축시킬 것이다"라는 이유를 내세워 클린턴 대통령 탄핵에 대한 하원의 심의 결정에 반대하는 성명을 발표했다. 프린스턴대학 교수 션 윌렌츠Sean Wilentz, 1951~와 존 케네디 대통령 시절 백악관에서 일했던 역사학자 아서 슐레진저 2세Arthur Schlesinger, Jr., 1917~2007 등이 주도한 성명은 "우리가 클린턴 대통령의 사적인 행동과 일련의 기만 노력을 용서하는 것은 아니지만 클린턴에 가해진 혐의는 (헌법) 기초자들이 탄핵 사유로 보았던 것과 어긋난다"고 밝혔다. 또 하원의 탄핵 심의 승인으로 "소설이 쓰이게 됐고, 대통령을 물러나게 할 위반 행위를 찾기 위한 각종 수색 작업이 시작되게 됐다"고 지적하면서 "우리는 지금 헌법을 유지하느냐 파괴하느냐 선택의 기로에 서 있다"고 말했다. 슐레진저는 기자회견에서 "헌법 기초자들은 성추문에 대한 클린턴 대통령의 거짓말을 중대 범죄 또는 비리로 보지 않을 것"이라고 말했다.

이 성명은 윌렌츠가 슐레진저와 클린턴의 탄핵 문제를 논의한 뒤 전국의 역사학자들에게 전자우편을 보내 이들의 서명을 받음으로써 발표되었다. 윌렌츠는 "3일 만에 300여 명이 서명했고 1명만이 서명에 응하지 않았다. 이번 성명은 당파를 초월한 것"이라고 밝혔다. 서명한 역사학자로는 프랭클린 루스벨트Franklin Roosevelt 대통령을 비롯한 역대 대통령들의 전기를 집필한 도리스 컨스 굿윈Doris Kearns Goodwin, 1943~, 예일대학의 반 우드워드C. Vann Woodward, 1908~1999, 하버드대학의 헨리 루이스 게이츠Henry Louis Gates, 1950~, 언론인 겸 저술가인 게리 윌스Garry Wills, 1934~, 펜실베이니아대학의 셸던 해크니Sheldon Hackney, 1933~2013, 1997년 퓰리처상 수상자인 잭 래커브Jack N. Rakove, 1947~ 등이 포함되었다.[40]

## '흑자 예산 편성'이 가져온 중간선거 승리의 기적

1998년 11월 3일 치러질 중간선거를 앞두고 '지퍼게이트'는 선거 쟁점으로 비화되었다. 특히 깅리치가 앞장서서 클린턴을 헌정 질서의 파괴자라고 부르는 등 클린턴에게 집중적인 공격을 가했다. 그러나 중간선거 결과는 뜻밖이었다. 깅리치 자신은 조지아주 애틀랜타 Atlanta 선거구에서 승리해 11선을 기록함으로써 최다선 의원이 되었지만, 공화당은 패배했다.

하원에서는 435명 전원이 다시 선출된 이날 선거에서 민주당은 211석을 확보, 종전에 비해 5석을 늘린 반면 공화당은 5석을 잃어 223석으로 줄었으며 100개 의석 중 34개 의석의 선거가 치러진 상원에서는 공화당과 민주당이 각각 55석과 45석으로 종전과 변동이 없었다. 민주당은 주지사 선거에서도 기존의 17명을 고수한 반면, 공화당은 1석을 잃어 주지사가 31명으로 감소했다. 나머지 미네소타주와 메인주 등 2개 주에서는 각각 개혁당과 무소속 후보가 당선되었다. 이같은 선거 결과는 공화당이 소폭이나마 상·하원 의원들과 주지사를 모두 늘릴 것이라던 당초 예상을 뒤집은 것으로 미국의 집권당이 대통령을 선출하지 않는 중간선거에서 하원의석을 늘리기는 1934년 이후 64년 만의 일이었다.

이게 어떻게 가능했을까? 경제의 역할이 컸다. '지퍼게이트'의 와중인 1998년 2월 2일 워싱턴은 온통 축제 분위기였다. 바로 그날 클린턴이 10월 1일부터 시작되는 1999회계연도 예산안을 30년 만에 첫 흑자 예산으로 편성, 의회에 제출했기 때문이다. 정치인들의 환영 속에 클린턴은 이날 백악관에서 흑자 예산 편성을 자랑하는 기자회견을 했다. 물론 지난 30년간 적자 시대를 사느라 기를 못 펴던 미국 국민들도 기적 같은 일이 발생하게 되었다며 기쁨을 나타냈다.

홍은택은 "미국이 99년도 이후 10년간 예상되는 1조 달러의 누적 흑자를 5조 6천억 달러에 이르는 국가 부채를 갚는 데 쓸 경우 생길 파급효과에 대한 기대도 크다. 정부가 쓰는 민간자본의 절대량이 줄기 때문에 자본시장에 여유가 생겨 장기이자율이 낮아지고 투자가 활성화한다. 그렇게 되면 미국 경제는 계속 장밋빛을 유지한다는 것. 앨런 그린스펀 미 연방준비제도이사회 의장의 '노터치' 제안이다"며 다음과 같이 말했다.

"미국 정가 또한 엄청난 돈의 사용처를 놓고 행복한 고민에 빠져 있다. 세계 최강 미국의 국가경쟁력을 타의 추종이 불가능한 영역에 올려놓기 위해 교육에 투자하자는 자유주의 진영과 아예 국방비에 더 많은 예산을 투입하자는 보수 진영의 엇갈린 목소리가 요란하다. 지역구 관리를 위한 선심성 예산 사용에 눈독을 들인 의원들은 고속도로 확충에 보다 많은 예산을 투입해야 한다고 아우성이다. 클린턴 대통령은 이미 남는 돈의 용처를 밝혔다. 그는 국민 이해관계의 최대 공통분모로 베이비붐 세대가 은퇴하면서 고갈시킬 것으로 예상되는 노인사회보장기금을 지목, 지난달 27일 연두교서에서 이 기금을 확충하는 것이 흑자 배분의 최우선 순위라고 선언했다."[41]

반면 깅리치는 선거 이전에 하원 6~30석 정도를 늘릴 수 있을 것이라며 자신이 2003년까지 하원의장을 할 것이라고 낙관했기 때문에 그의 충격은 컸다. 그는 하원의원 선거의 패배 책임을 지고 정계를 은

퇴했다. 깅리치의 은퇴는 클린턴 탄핵을 주도하다가 맞은 역풍으로 평가되기도 했지만, "집권 후 미국 주류 사회의 보수화 욕구를 간파한 클린턴 정부는 그동안 민주당의 전통적 진보주의를 수정, 실용주의적 온건 노선을 취해왔기 때문에 결과적으로 급진적 보수주의가 설 자리를 잃었다"는 진단이 나오기도 했다.[42]

이후 깅리치는 정치 평론가로 활동했는데 너무 돈을 밝힌다는 비판을 받았다. 각종 강연으로 연간 300만 달러(약 36억 원)의 수익을 올리는 동시에 여러 기업의 고문, 컨설턴트, 방송 출연 등을 하며 건당 1~2만 달러의 부수입도 올리고 있다는 비판이었다.[43] 그러나 그게 어디 깅리치만 그런가. 정치인으로 이름만 얻으면 누구든 그 정도의 수입을 올리는 게 미국인지라, 그 어떤 문제가 있더라도 정치가 '성장 산업'이 되는 이유도 바로 여기에 있다고 보아야 할 것이다.


## "네 이웃을 심판하지 말라"는 '열한 번째 계명'

1998년 11월 3일에 치러진 중간선거에서 승리했지만, 클린턴은 탄핵 바람을 비켜가진 못했다. 클린턴은 1998년 12월 19일 제17대 대통령 앤드루 존슨Andrew Johnson, 1808~1875에 이어 미국 역사상 두 번째로 하원에서 탄핵을 당한 대통령이 되었다. 이제 남은 건 상원이었다.

1998년 11월 13일 클린턴은 더는 문제를 일으키지 못하게 하기 위해 폴라 존스 측과 85만 달러에 합의했다. 폴라 존스 측은 소송의 기각에 대해 항소하지 않기로 했으며, 어떤 행동도 하지 않겠다고 약속했다. 호미로 막을 수 있는 걸 가래로 막은 격이었다. 더 일찍 타협을 봐 일을 매듭지을 수도 있었지만, 그걸 한사코 반대한 사람은 바로 힐러리였다.[44] 이에 대해 클린턴은 자서전에서 힐러리 이야기는 전혀 하지 않은 채 다음과 같이 말했다.

"나는 평생 동안 번 돈의 절반을 내놓아야 했다. 우리는 이미 소송비용으로 막대한 빚을 지고 있는 형편이었다. 하지만 나는 몸만 건강하다면 임기를 마친 후에도 가족들을 돌보고 빚을 갚을 수 있을 만큼의 돈을 벌 수 있다고 생각했다. 나는 이미 이긴 것이나 다름없는 소송에 합의를 보고 직무에 전념했다."[45]

한편 래리 플린트의 섹스 스캔들 폭로에 의해 첫 제물이 된 사람은 1998년 12월 19일 하원 본회의에서 클린턴 탄핵 표결 직전 전격적으로 정계 은퇴를 선언한 공화당의 밥 리빙스턴Bob Livingston, 1943~ 의원이었다. 리빙스턴은 차기 하원의장 내정자로 미 정계에서도 손가락 안에 드는 거물이었다. 플린트는 리빙스턴의 혼외정사 사실에 대한 제보를 접한 후 그가 고용한 FBI와 CIA의 전직 요원들을 동원해 조사를 지시했고, 이 사실을 은밀히 언론에 흘렸다. 이로 인해 섹스 스캔들을 빌미로 성적 청교도주의를 부르짖으며 클린턴을 대통령의 자리에서 끌어내려고 했던 리빙스턴은 결국 정계에서 은퇴할 수밖에 없었던 것이다.[46]

플린트의 조사에 의한 것은 아니지만 이미 공화당 쪽에서는 리빙스턴 의원 외에도 클린턴 탄핵을 주도했던 헨리 하이드Henry Hyde, 1924~ 2007 법사위원장, 클린턴 선거자금 조사를 주도했던 댄 버턴Dan Burton, 1938~ 정부개혁위원장 등 3명의 의원이 비슷한 사건으로 망신을 당했다. 이와 관련, 신재민은 다음과 같이 말했다.

"워싱턴 정가에 '섹스 매카시즘'의 바람이 거세게 불고 있다. 50년 대 조 매카시 상원의원의 주도로 비롯된 극단적인 반공주의 정책과 마찬가지로 과거 불륜을 저질렀던 정치인들이 하나씩 여론의 재판대 위에 서고 있다. 40여 년 전 매카시 상원의원 역할은 플린트. 그의 입 에서 언제 또 누구의 이름이 폭로될지 모르는 분위기다. 특히 밥 리빙 스턴 하원의장 내정자의 중도하차는 공화·민주당을 가리지 않고 정 치인들을 놀라게 했다. 그동안 클린턴에 대한 공화당의 탄핵 추진을 '섹스 매카시즘'이라고 비난해왔던 민주당 측조차도 우려를 표시하 고, 미국 내 지성들도 개탄하고 있다."[47]

이즈음 여론조사 응답자 84퍼센트는 "개인적으로는 옳지 않은 생 활을 하는 사람이라고 하더라도 훌륭한 대통령이 될 수 있다"는 데에 동의했으며 3분의 2는 도덕적 리더십을 "자신과 같은 사람들의 문제 를 이해하는 것"이라고 규정했다. 사회학자 앨런 울프Alan Wolfe, 1942- 는 현대 미국에는 '열한 번째 계명'이 등장해 기존의 십계명을 앞서고 있다고 했다. 그건 "네 이웃을 심판하지 말라"는 것이었다.[48] 클린턴 과 힐러리는 과연 "네 이웃을 심판하지 말라"는 '열한 번째 계명'에 의해 살아남을 것인가?

제7장

\*

# "나는 십자가에 못 박히고 말 거예요"

\*\*\*

1999~2007년

## '플린트 되다'라는 신조어는 무슨 뜻인가?

1999년 1월 1일 미국 언론이 일제히 보도한 갤럽 조사에서 힐러리는 전체 응답자 중 28퍼센트의 지지로 오프라 윈프리Oprah Winfrey를 제치고 '미국에서 가장 존경받는 여성' 1위에 올랐다. 이에 대해 『뉴욕타임스』 칼럼니스트 모린 다우드Maureen Dowd는 냉소적으로 "힐러리는 그녀가 한 일에 의해서가 아니라 참아낸 일로 인해 미국인들의 지지를 누리게 되었다"고 썼지만, 힐러리로선 고무적인 일이었다.[1]

힐러리에게 또 하나 고무적인 건 어느 인터뷰에서 자신의 가장 큰 소망으로 "대통령의 부인인 힐러리의 누드 사진을 게재하는 것"이라

고 밝히기도 했던 래리 플린트가 힐러리 부부의 전투적인 지원군으로 나섰다는 점이다.[2]

이미 1998년 10월 『워싱턴포스트』 광고를 통해 보수파에 겁을 주었던 플린트는 1999년 1월 초 기자회견을 통해 클린턴의 섹스 스캔들과 관련된 탄핵 재판에서 클린턴을 심하게 공격하면 가만히 있지 않겠다고 다시 경고하고 나서 공화당 의원들을 긴장시켰다. 그는 "나는 인간쓰레기다. 사회의 폐기물이다. 하지만, 고결한 척하는 상하원 의원들의 성추문을 파헤쳐 가증스러운 위선을 벗기고야 말겠다"며 이렇게 말했다.

"공화당 의원 두어 명의 불륜을 입증할 수 있는 자료는 확보했으나 탄핵 재판이 끝나기 전에 이를 공개할 확률은 20퍼센트에 불과하다. 그러나 만약 탄핵 재판에서 대통령에게 불리한 사실이 나온다면 나도 내가 입수한 자료를 공개하겠다. 공화당이 당파적으로 행동하면 할수록 불륜 사실을 공개하려는 나의 욕구도 덩달아 커진다."[3]

이에 대해 플린트의 장녀 토냐 플린트-베가Tonya Flynt-Vega는 1월 7일 워싱턴에서 기자회견을 갖고 "아버지는 정상이 아니다.……정신적으로 심각한 문제가 있는 아버지가 정치인들에게 이용당하고 있다"고 말해 화제를 낳았다.[4] 그녀는 반反포르노 운동가가 되면서 아버지와 의절한 사이였기에 그런 비난에 기죽을 플린트가 아니었다.

플린트는 1월 11일 하원 법사위원회 밥 바Bob Barr, 1948~ 의원의 성추문을 폭로해 다시 한 번 파문을 일으켰다. 미 하원에서 낙태 반대 운동의 선봉이자, 종교적 보수주의자로 알려졌으며 클린턴 공격에서도 선봉장 역을 맡았던 밥 바 의원이 두 번째 부인과의 이혼이 마무리되지

않은 상태에서 현재의 부인과 동거했으며, 또한 낙태를 강요하기도
했다는 사실이 플린트에 의해 폭로된 것이다. 이렇듯 정치인들이 잔
뜩 긴장하고 겁을 먹으면서 미 정가에서는 '함정에 빠뜨리다', '혼외
정사 사실을 밝혀내다'라는 뜻의 '플린트 되다Be Flynt'라는 신조어까
지 생겨났다.[5]

## 클린턴에 대한 탄핵안을 부결한 상원

1999년 2월 12일 미 상원은 클린턴에 대한 탄핵안을 표결에 부쳐 위
증과 사법 방해 혐의 등 하원이 상정한 탄핵 혐의를 각각 55대 45와
50대 50으로 표결, 정족수 67표에 미달함으로써 모두 부결했다. 이로
써 클린턴은 2001년 1월까지 임기 보장은 물론 그동안의 수세에서 벗
어나 능동적으로 운신할 수 있는 단단한 발판을 마련했다.

　운명의 그날, 클린턴은 자신의 정치 운명을 결정하는 표결이 진행
되는 동안 생방송 중계를 하던 텔레비전을 보지 않은 채 백악관 체육
관에서 운동을 했다. 두 가지 탄핵 사유가 모두 과반수 찬성을 얻지 못
하자 백악관은 전반적으로 안도하는 분위기였다. 클린턴은 얼마 뒤
백악관 로즈가든에 직접 나와 대국민 사과 성명을 발표했다. 그는 앞
으로 사회보장제도 유지 방안, 연방 흑자 처리 문제, 학교 교육 개선
방안 등 바로 국정 문제에 적극 대응할 것이라고 밝혔다. 미국의 한 언
론은 이날 그의 모습을 "골인 지점에 닿은 지친 마라톤 선수처럼 보였
다"고 묘사했다.

민주당 의원들은 탄핵을 주도한 공화당 하원의원들을 향해 일제히 포문을 열었다. 상원의원 러스 파인골드Russ Feingold, 1953-는 "심각한 헌법 절차를 당파적 쟁점으로 만들어 의회의 격을 떨어뜨리고, 온 나라에 매우 고통스런 시련을 안겨주었다"고 비판했다. 상원의원 밥 케리Bob Kerrey, 1943-도 "공화당은 사회보장제도, 교육 문제 등 실질적인 의제보다 탄핵에 몰두했다"고 비난했다.

두 가지 탄핵 사유에서 모두 과반수에 못 미치는 참담한 패배를 맛본 공화당에선 반응이 서로 엇갈렸다. 탄핵 재판을 이끌어온 트렌트 롯Trent Lott, 1941- 공화당 원내총무는 "탄핵 부결이 결코 클린턴의 무죄로 해석돼서는 안 된다"고 못 박았다. 탄핵 소추팀의 리더인 헨리 하이드Henry Hyde, 1924~2007 하원 법사위원장은 "헌법에 따른 의무를 다했을 뿐이며, 후회는 없다"면서도 클린턴을 형사범으로 기소해서는 안 된다고 스타 검사에게 촉구했다. 그러나 오린 해치Orrin Hatch, 1934~ 상원 법사위원장(공화당)은 "이날 표결 결과가 하원 탄핵 소추팀과 탄핵 소추 결의를 한 하원에 패배를 안겨준 것은 틀림없는 사실"이라고 직설적으로 패배를 인정했다. 짐 니컬슨Jim Nicholson, 1938~ 공화당 전국위원회 의장은 클린턴의 '보복'을 우려했다.[6]

신우파 지도자 폴 웨이리치Paul Weyrich, 1942~2008는 "문화전쟁이 아마도 실패한 듯하다"고 했고, 보수 이론가 윌리엄 크리스톨William Kristol, 1952-은 "민주주의에 대해 어느 정도 불신감을 갖고 있었던 건국 지도자들이 옳았다"고 했으며, 기독교 우파 지도자 제임스 돕슨James Dobson, 1936~ 목사는 "우리 국민은 더이상 악의 특성을 알아보지 못한다"고 개탄했다.[7]

당파적 문화전쟁에 무슨 선악善惡이 있었을까? 오히려 당파적 문화전쟁이 미국의 정치 시스템에 내재되어 있는 특성이라는 데에 눈을 돌려야 했던 건 아닐까? 딕 모리스Dick Morris는 『VOTE.com』(1999)이라는 책에서 "당파주의는 민주주의와 정치에 수반하는 불가피한 부속물이라고 생각했지만, 당파 간 투쟁이 점점 악의적이 되어가고 워싱턴 내의 모든 것들을 물들이게 되면서 당파주의는 미 국민과 정부 사이의 연결고리를 차단시키는 가장 큰 요인이 되었다"며 다음과 같이 주장했다.

"워싱턴의 당파주의가 제한되고 절제되어 있는 동안은 미국인들이 그것을 관대하게 보면서 참을 수 있었다. 하지만 지금은 당파주의가 사안마다, 절차마다, 거의 모든 비준 관련 투표마다 침투해 있을 정도로 비대해졌기 때문에, 국민들은 인내심을 잃고 있는 것이다. 한때 일반 대중들은 당파 간의 대결을 관대하게, 그저 정치가들이 어쩔 수 없이 하는 일 정도로 취급했었다. 그러나 이제는 그들 자신들의 요구를 실제적으로 방해하는 것으로 보는 것이다."[8]


## '지퍼게이트'의 부가가치는 2억 9,000만 달러

스타가 이끈 수사는 5년을 끌었고 국민 세금으로 감당한 수사 비용은 5,000만 달러(약 600억 원)에 육박했다. 400명이 넘는 사람이 수사 대상이었으며, 그들 가운데 100명 이상이 백악관 직원이었다. 힐러리 부부의 지인들과 무고한 목격자들이 쓴 법률 비용만도 2,300만 달러가 넘었다.[9] 이 말도 안 되는 난센스를 어떻게 설명할 수 있을까?

스타 검사는 클린턴과 동갑내기였지만, 정반대의 문화적 배경을 갖고 있었다. 스타는 넥타이를 단정하게 매고 학교에 다니면서 반전 시위를 비판한 젊은 공화당원으로서 1960년대 미국 사회에 번졌던 진보주의와 히피 문화에 거부감과 혐오감을 가진 인물이었다. 반면 클린턴은 스타가 혐오하는 모든 것을 갖고 있는 인물이었으니, 이건 양 진영 사이의 정치전쟁인 동시에 문화전쟁이었다. 또한 매우 보수적인 신앙관을 갖고 있던 목사의 아들로 태어난 스타는 모든 욕망을 죄로 치부해 증오하며 성장한 인물로 클린턴과는 정반대의 의미에서 '섹스 중독증'에 걸려 있었다. 섹스를 증오하고 저주하는 중독증이라고나 할까?[10]

퓰리처상 수상 작가인 윌리엄 스타이런William Styron, 1925~2006은 『파리마치Paris-Match』와의 인터뷰에서 "변태는 바로 스타 검사다. 그는 법을 악용해서 미국 민주주의를 왜곡하고 있다"고 비판하면서도, 클린턴과 스타의 대결은 미국 문화의 양면성을 보여준다고 말했다. "텍사스에서 태어난 스타는 남부 지역에서 뿌리 깊은 광신적 기독교 우익을 대변한다. 텍사스에서 그리 멀지 않은 아칸소 출신 클린턴은 제퍼슨 이래 남북 지역에서 새롭게 개화한 리버럴리즘을 몸으로 보여주고 있다."[11]

미국 문화의 그런 양면성은 언론의 상업주의로 인해 필요 이상으로 양극화되었다. 텔레비전 방송사들은 '지퍼게이트' 관련 보도로 8,000만 달러를 벌어들였으며, 인쇄 매체는 2,000만 달러의 수입을 올렸다. 클린턴과 르윈스키의 얼굴을 풍자한 장신구도 3,500만 달러어치나 팔렸다. 이러한 이 세계적인 섹스 스캔들 특수特需를 노리고 마구 쏟아져 나온 책과 영화의 수입까지 합쳐, '지퍼게이트'가 낳은 부가가치는 1999년 초 2억 9,000만 달러에 이른 것으로 집계되었다.

언론 전문가들은 1년 이상 르윈스키 성추문 사건을 숨 가쁘게 추적해왔던 미국 언론들이 앞으로 엄청난 기삿거리 부족에 시달릴 것이라며 그동안의 보도 행태를 꼬집었다. 언론·공공문제센터 정치 분석가인 메리 캐럴 거닝Mary Carroll Gunning은 "여기저기 방송에 출연했던 사람들이 더이상 자신을 찾는 전화벨이 울리지 않아 심심할 것"이라고 비꼰 뒤, 뉴스 공백을 메우기 위해 이제 언론들은 코소보 사태와 2000년 미국 대선으로 눈길을 돌릴 것이라고 논평했다.

그러나 아직 우려먹을 소재가 많았다. 1999년 3월 3일 ABC 방송 〈20/20〉이라는 프로그램에서 방영된 르윈스키의 인터뷰 시청자 수는 뉴스 프로그램 사상 가장 많은 7,000만 명을 기록했다. 덕분에 ABC 방송은 이날 3,000만 달러의 광고 수입을 챙겼다.

2000년 7월 이 '지퍼게이트'와 관련된 여러 가지 사실에 허구의 이야기를 뒤섞은 『미국 광시곡American Rhapsody』이란 책이 미국에서 출판되어 화제가 되었다. 〈원초적 본능〉, 〈쇼걸〉 등의 각본을 쓴 할리우드 시나리오 작가 조 에스터하스Joe Eszterhas, 1944-가 쓴 이 책에 이렇다 할 내용은 없었다. 이 책의 출간은 '지퍼게이트'가 여전히 장사 밑천으로 쓰일 만큼 사회적 파장이 컸다는 사실을 방증傍證하는 셈이 되었다.[12]

## 스펙터클에 굶주린 대중의 광기

2000년 말 클린턴은 『뉴욕타임스』와의 인터뷰에서 이렇게 변명했다. "대통령이 인간으로 보이는 것이 그렇게 나쁜지 몰랐다. 대통령직의 신비를 벗길 필요가 있다. 이것도 직업이다." 반면, 그의 핵심 측근이 었다가 르윈스키 사건으로 결별한 후 책을 쓴 조지 스테퍼노펄러스 George Stephanopoulos는 클린턴에 대해 다음과 같이 말했다.

"나는 글을 쓰고 또 다듬으면서, 수치를 모르는 클린턴의 성품이 정치적 성공의 열쇠이며, 부인하는 능력이 바로 그의 가장 탁월한 정치적 강점인 낙관주의와 연관되어 있다는 것을 알게 되었다. 그는 교묘하게 자기 자신과 주변 사람들의 나약함을 이용하기도 했지만, 마찬가지로 자기 자신과 그들의 재능을 개발하기도 했다." [13]

2001년엔 이 '지퍼게이트'를 학문적 연구 대상으로 삼은 책이 출간되어 화제를 모았다. 시카고대학 영문과 교수 로런 벌런트Lauren Berlant와 뉴욕대학 미국학과 교수 리사 더건Lisa A. Duggan이 편집한 『우리의 모니카, 우리 자신: 클린턴 사건과 전국적 흥미Our Monica, Ourselves: The Clinton Affair and the National Interest』라는 책이 바로 그것이다. 『뉴욕타임스』을 비롯한 미국 주요 언론들은 서평書評을 통해 이 책을 자세히 다루었다. 그러니까 '지퍼게이트'라는 블록버스터는 아직 상영이 끝난 게 아니라, 재탕되고 윤색해 또 다른 버전을 만들어내고, 재편집되면서 계속 세인들의 관심을 끌었던 셈이다.

2009년 9월 퓰리처상 수상 작가인 테일러 브랜치Taylor Branch, 1947~는 1993년부터 8년간 클린턴과 79차례 인터뷰를 한 내용을 담은 『더 클린턴 테이프The Clinton Tapes』를 발간했다. "빌 클린턴 전 대통령은 모니카 르윈스키에 관한 질문만 하면, 신경질적인 반응을 보이며 답변을 꺼렸다. 하지만 상원 탄핵을 간신히 피한 후인 1999년 8월 밤, 그는 처음으로 입을 열었다. 그리곤 '(정사는) 내가 완전히 지친 상황에서 시작됐다'고 털어놓기 시작했다."

클린턴은 당시 상황에 대해 "1994년 초에는 어머니가 세상을 떠났고, 화이트워터 스캔들 조사도 시작됐다. 이후 11월 총선에서까지 민주당이 완패하면서 난 고립감과 좌절감에 빠졌고, 르윈스키와의 정사를 시작했다"고 말했다. 둘의 은밀한 관계는 1995년 11월 정부 예산안이 부결된 상황에서 시작되었는데, 1996년 클린턴이 재선에 성공하고 나서도 몇 달간 계속되었다. 하지만 탄핵 소동 등 그 대가는 너무 컸다. 이후 클린턴은 "백악관에서의 정사는 너무 위험하다고 생각해 백악관에서는 더이상 사고를 치지 않기로 굳은 결심을 했다"고 한다.**14**

공인의 섹스 스캔들에 관대한 문화를 갖고 있는 프랑스 언론은 "클린턴이 성희롱의 희생양이 되고 있다"며 미국 언론을 비난했다지만, 나라마다 즐기는 스펙터클의 종류가 다를 뿐 프랑스엔 스펙터클에 굶주린 대중의 광기가 없겠는가? 고독한 대중의 스펙터클에 대한 집착을 감히 누가 말릴 수 있으랴!

딕 모리스는 클린턴이 희대의 성 스캔들에도 무사할 수 있었던 것을 기성 언론의 힘이 황혼기를 맞은 것으로 해석했다. 그는 "유권자들은 이제 대중매체를 어떤 객관적인 여론 전달 창구라기보다는 일종의 이익단체로 보게 되었다"며 "1996년과 1998년에 걸쳐 터져나온 스캔들을 언론에서 집중적으로 다뤘음에도 실제로는 클린턴 행정부

에 극히 미미한 영향을 끼치는 데 불과했다는 것이 좋은 예이다"고 말한다.[15]

## "내가 상원의원에 출마를 해야 하는 걸까?"

1999년 2월 12일 상원에서 클린턴에 대한 탄핵 투표를 하고 있는 바로 그 시간 백악관 참모였던 해럴드 이키스Harold Ickes, 1939~는 힐러리 앞에 뉴욕주의 커다란 지도를 펴놓고 그녀가 출마할 경우 예상되는 문제점들을 짚어주고 있었다. 뉴욕주 출신이 아니고 뉴욕주에서 살았던 적이 한 번도 없다는 게 힐러리의 최대 약점이었지만, 4개월 전 뉴욕주 상원의원 대니얼 패트릭 모이니핸Daniel Patrick Moynihan, 1927~2003이 2000년 선거에서 5선에 출마하지 않겠다고 선언했기 때문에 해볼 만한 도전이었다. 사실 힐러리는 모이니핸이 출마 선언 포기를 한 직후부터 주변 사람들에게 "내가 상원의원에 출마를 해야 하는 걸까?"라고 물어보기 시작했다.

2월 말 『뉴스위크』와 『타임』이 힐러리를 표지 인물로 내세운 데서 알 수 있듯이, 힐러리의 인기는 매우 높았고 이에 따라 그녀의 거취에 대한 관심이 고조되었다. 이렇듯 분위기가 무르익자 힐러리는 3월 초 뉴욕주의 민주당 출신 고위 관리들을 백악관으로 불러 자신의 상원의원 출마에 대한 의견을 청취했다.

힐러리는 텔레비전 광고 제작 등을 통해 모이니핸의 선거운동에 참여했고, 모이니핸의 딸인 모라와 하버드대학 시절 룸메이트였던 맨디 그룬월드Mandy Grunwald, 1957~를 참모로 영입했다. 뉴욕 사람들의 심리를 잘 알고 있던 그녀는 뉴욕에서 전혀 산 적이 없는 힐러리에게 주 전체를 돌아다니며 보통의 뉴욕 주민들에게서 그들의 고민과 문제점에 대해 이야기를 들어볼 것을 권했다.

이제 남은 문제는 모이니핸의 지지를 얻어내는 것이었는데, 그건 결코 쉬운 일이 아니었다. 이미 의료보험 문제 등으로 충돌한 적이 있는 데다, 힐러리 부부에 대한 모이니핸의 생각은 부정적이었으니 말이다. 특히 모이니핸의 선거운동을 관리해온 그의 부인 리즈는 사석에서 "힐러리는 사기꾼"이라고 말할 정도로 힐러리에 대해 부정적이었다. 결국 모이니핸과 가까운 그룬월드가 나서서 간신히 소극적인 수준이나마 모이니핸의 지지를 끌어낼 수 있었다.

7월 7일 힐러리는 뉴욕주 서북쪽 핀다스 코너Pindars Corners에 있는 약 330만 5,700제곱미터(100만 평)가 넘는 시골 농장에서 뉴욕주의 상원의원이자 그 농장주인 모이니핸과 나란히 200여 명의 기자들 앞에서 출마 선언을 했다. 그녀는 출마 선언 후 유권자들의 말을 경청하는 그 유명한 '듣기 유세listening tour'에 착수했다. 자신의 부정적 이미지를 떨쳐내기 위한 겸손 모드로 돌아선 것이다.[16]

힐러리는 모이니핸의 후임이 되려고 생각했던 여성 하원의원 니타 로위Nita Lowey, 1937~가 양보함으로써 손쉽게 민주당 후보가 될 수 있었다. 공화당은 뉴욕시장 루돌프 줄리아니Rudolph Giuliani, 1944~가 힐러리의 상대 후보로 출마할 뜻을 비쳤지만, 혼외정사 스캔들이 폭로된 데다 같은 시기에 전립선암 진단을 받은 줄리아니 대신 롱아일랜드의 하원의원 릭 래지오Rick Lazio, 1958~를 후보로 지명했다.[17]

뉴욕 시민들에게서 높은 인기를 누린 줄리아니와는 달리 래지오는 힐러리가 비교적 손쉽게 이길 수 있는 상대였지만, 공화당은 당 차원에서 힐러리의 당선을 저지하기 위해 나섰다. "힐러리를 웃음거리로!"라는 구호를 내걸고 보수 진영의 뿌리 깊은 반反힐러리 정서를 자극했다. "지금으로부터 4년 후를 생각해보라. 힐러리가 대통령에 나설지도 모른다."

힐러리의 선거자금 모금 방식도 비판의 대상이었다. 『뉴욕타임스』 칼럼니스트 모린 다우드Maureen Dowd는 2000년 9월 이런 비판을 퍼부었다. "클린턴 부부는 백악관의 링컨 베드룸을 이베이eBay에 내놓는 게 나았을지 모른다. 최근에 그들은 힐러리의 상원의원 출마 선거운동에 후원하고자 하는 정치인들, 지지자들, 기자들을 백악관으로 초대하여 공식 만찬을 열었다. 심지어 백악관 뜰에 서커스 천막을 치기까지 했다. 급하게 많은 사람들을 불러모아야 했기 때문이다. 백악관을 팔 수 있는 날이 이제 118일밖에 남아 있지 않은 것이다."

이런 반대 · 비판 공세에도 힐러리는 2000년 11월 7일 래지오를 55대 43으로 누르며 뉴욕주 상원의원에 당선되었다. 힐러리가 대통령의 아내라는 후광만으로 당선된 건 아니었다. 모이니핸의 비서실장이었던 토니 블록Tony Block은 힐러리가 복잡한 상황을 분석하고 이해하는 데 놀라운 능력을 지녔다고 말했다.

"힐러리는 나한테 전화를 걸어서 논쟁이 대단했던 버펄로의 피스브리지Peace Bridge 문제, 오논다가호수Onondaga Lake의 오염 정화 문제 등을 의논하곤 했어요. 지역 주민들은 그녀가 자신들보다 지역 문제들을 속속들이 꿰고 있다는 사실에 깜짝 놀라곤 했죠."

출구조사에 따르면, 전체 유권자의 54퍼센트가 여성이고 그중 60퍼센트가 힐러리에게 표를 던졌다. 여성 유권자가 힐러리를 선호한 이유 중의 하나로 래지오가 텔레비전 토론에서 범한 무례가 지적되었다. 래지오는 종이 한 장을 꺼내며 힐러리에게 다가가 소프트머니(정치헌금 가운데 기업이나 단체가 정당에 제공하는 후원금)를 포기한다는 서약을 하라고 요구했다. 이에 대해 한 여성 유권자는 이렇게 말했다. "힐러리의 면전에 대고 그런 행동을 하는 모습을 보고 몹시 불쾌했어요. 힐러리가 남자였다면 그렇게 하지는 않았을 것 같아요."[18]

## '종교 격차'의 심화로 인한 문화전쟁

힐러리가 상원의원에 당선된 2000년 11월 7일 선거는 대선이기도 했다. 2000년 대선의 공화당 후보인, 제41대 대통령을 지낸 아버지 조지 H. W. 부시George H. W. Bush, 1924~의 아들인 조지 W. 부시George W. Bush, 1946~는 케네스 스타 못지않은 문화전쟁의 전사적 자질을 농후하게 갖춘 인물이었다. 그는 아이오와주 코커스Caucus(당원대회) 직전 공화당 대선 후보 텔레비전 토론에서 사회자가 "정치철학에 영향을 미친 인물이 누구냐"고 묻자 부시는 주저 없이 "예수 그리스도"라고 답함으로써 향후 문화전쟁이 다시 거세질 것임을 예고했다.

사실 이 대답 이상 부시를 더 잘 설명해줄 수 있는 건 없었다. 부시는 이전의 텍사스 주지사 선거에선 "오직 하나님을 믿는 자만이 천국에 들어갈 수 있다"는 말로 지역의 무슬림 등 비기독교인들의 원성을 산 일도 있었다. 부시는 텍사스 주지사가 된 뒤 측근들에게 "신은 내가 미국의 대통령이 되길 원한다는 사실을 알게 됐다"면서 대통령 출마 의지를 피력했다.[19]

부시는 거듭난 기독교인이었다. 오강남은 "미국의 종교문화적인 맥락에서 '거듭났다'는 고백은 은유적인 것이 아니라 대개 방언 등으로 예수의 존재를 '체험'했다는 의미"라며 "거듭난 기독교인의 특징은 예수를 마치 가족이나 친구처럼 실재하는 존재로 가까이 느끼며 근본주의적인 믿음을 유지하는 것"이라고 설명했다.

미국 개신교에서 근본주의란 『성경』을 문자 그대로 믿는 것을 핵심으로 한다. 예수의 동정녀 탄생, 죽은 뒤의 육체적 부활 등이 모두 은유가 아닌 사실이라는 것이다. 오강남은 "근본주의라는 말의 부정적 어감 때문에 흔히 복음주의자Evangelical, 거듭난 기독교인born-again Christian이라고 부르며 이 원리주의적 태도에는 선과 악, 옳은 것과 그른 것이 분명하게 구분된다고 믿는 이분법이 특유의 사고방식"이라고 설명했다.[20]

2000년 11월 7일 선거 당일 늦은 밤, 네트워크 방송사들은 대통령 당선에 필요한 선거인단을 확보했다며 플로리다주에서 민주당 후보 앨버트 고어의 승리를 선언했지만, 곧 그 발표를 철회했다. 플로리다주 개표 혼란 때문이었다. 이후에 벌어진 일은 '최악의 선거 시스템을 가진 미국'이라는 오명을 낳게 한 역사가 되었다. 엄청난 혼란 끝에 대선 결과는 연방대법원의 손에 맡겨졌고, 결국 12월 12일 부시의 승리로 결말을 맺었다.

2000년 대선은 1888년 이래 처음으로 일반 득표율에서 앞선 후보가 선거인단 투표에서 패배한 최초의 사례가 되었다. 최종적인 공식 투표 결과는 고어가 5,100만 3,894표(48.4퍼센트), 부시가 5,049만 5,211표(47.89퍼센트)로 양측의 표차는 불과 50만 8,683표, 비율로는 약 0.5퍼센트의 차이였다. 그러나 공식적인 선거인단 수는 부시가 271명, 고어가 266명이었다.

녹색당 후보 랠프 네이더Ralph Nader, 1934~는 전국 투표율의 3퍼센트에도 미치지 못하는 283만 4,410표를 얻었지만, 플로리다에서만 9만 7,488표를 얻었다. 그래서 고어가 네이더 때문에 졌다는 말도 나왔지만, 양당 정치에 대한 혐오와 불신은 네이더에게 던져진 표 이상으로 심각했다. 2000년 12월 갤럽 여론조사에 따르면, 미국인의 42퍼센트가 "민주·공화 양당을 모두 지지하지 않는다"고 대답했다.[21]

그런 상황에서 종교가 투표의 주요 변수가 되었다. 훗날(2004년 8월), 『애틀랜틱The Atlantic Monthly』은 2000년 대선 분석 결과를 근거로 어떤 종교를 믿고 신앙이 어느 정도 깊으냐에 따라 지지 정당이 갈리는 등의 '종교 격차religion gap'가 심화되고 있다고 보도했다. 이 기사에 따르면, 미국인들은 교회를 다니는 횟수가 많을수록 공화당 지지 성향이 강한 반면 종교를 갖지 않거나 교회에 나가는 횟수가 적은 사람일수록 민주당 성향을 지닌 것으로 조사되었다. 일주일에 한 번 교회를 나가는 사람 중에서 조지 W. 부시를 지지한 사람이 57퍼센트인 반면 앨버트 고어에게 표를 던진 사람은 40퍼센트에 그쳤다. 더욱이 교회를 일주일에 한 번 이상 가는 사람 중에서는 63퍼센트 대 36퍼센트의 비율로 공화당 지지율이 높게 나타났다. 또 교회를 전혀 나가지 않는 사람들은 압도적으로 민주당 후보를 밀고 있는 것으로 조사되었다.[22]

## 800만 달러의 집필 착수금을 받은 힐러리의 자서전

2000년 12월 12일 출판사 사이먼앤드슈스터는 힐러리가 퍼스트레이디 시절을 회고한 자서전을 출판할 계획이라고 밝혔다. 과거 퍼스트레이디의 회고록 선인세는 20억 원 수준이었지만, 힐러리가 "남편의 르윈스키 스캔들도 솔직히 쓰겠다"고 하자 출판사 간 경쟁이 붙어 치열한 경매가 일주일간 계속된 끝에 힐러리는 요한 바오로 2세에게 지불되었던 금액에 조금 못 미치는 800만 달러(약 81억 원)의 집필 착수금을 받았다. 이는 비소설 분야에서 사상 두 번째로 큰 금액이었다. 전 민주당 상원의원 빌 브래들리Bill Bradley, 1943~는 "그녀의 사적 집필 계약은 과거 뉴트 깅리치의 경우와 전혀 다를 바 없습니다"라고 비판했다.

깅리치는 1995년 하원 윤리위원회의 조사 후 강제 조치에 의해 미디어 재벌 루퍼트 머독Rupert Murdoch, 1931~ 소유의 출판사에서 받은 선수금 450만 달러를 돌려준 적이 있었다. 머독의 직원들은 세금 삭감과 독점금지법 및 여타 정부가 관행으로 실시하는 규제에서 특혜를 받는 등 출판사의 이익을 위해 의회에 로비를 벌이는 경우가 잦았기 때문이다. 하원은 논란을 불러일으킨 깅리치의 집필 착수금 사건 이후 규정을 고쳤지만, 상원은 서적 출판 계약으로 버는 수입을 허용했다.

부패감시 시민단체인 커먼코즈Common Cause는 집필 착수금 없이 판매부수에 따른 인세만 받아야 한다는 원칙을 제시해왔는데, 힐러리는 이 원칙도 어긴 셈이었다. 게다가 힐러리의 계약서는 계약하자마자 착수금의 절반을 받기로 되어 있다는 점에서 힐러리에게 특별히 유리했다. 집필하는 기간을 몇 단계로 나누어서 받는 것이 통례였음에도 말이다. 『뉴욕타임스』는 "그 계약은 집필료에 관해서 모호하게 표현한 상원의 규정에는 합치된다고 볼 수 있으나, 일반 상식에는 완전히 배치된다"고 비판했다.

계약금을 받자 힐러리 부부는 영국 대사관에 인접해 있으면서 숲으로 둘러싸여 있는 저택을 300만 달러에 구입했다. 힐러리는 이 저택을 '화이트헤이븐Whitehaven'이라고 불렀다. 힐러리는 100만 달러를 더 들여 이 집을 리모델링했다. 어머니 도로시 로댐Dorothy Rodham, 1919~2011를 위해 엘리베이터를 설치하고 오래전부터 원했던 수영장을 만들었다.[23]

2001년 1월 3일 힐러리는 뉴욕주 상원의원으로 취임했고, 1월 20일 클린턴은 임기를 마치고 백악관을 떠났다. 클린턴은 백악관에서 있던 마지막 만찬 때 "8년여 동안 있으면서 (기자) 여러분에게 20년 분량의 기삿거리를 제공했다"고 농담했다. 또 임기 말년 백악관 생활을 개그 비디오로도 선보였는데, 선거에 나선 부인 힐러리에게 도시락을 싸서 전달하려고 애쓰는 모습까지 등장했다. 클린턴은 비디오 상영 뒤 참석자들이 일어나 일제히 박수를 치자 "세상에, 기자들이 나를 좋아하다니"라고 말해 더 큰 박수를 받았다.[24]

클린턴의 집권 8년을 어떻게 평가할 것인가? 클린턴은 대통령 자리에서 물러나기 직전 기회가 있을 때마다 116개월간의 사상 최장기 경제 호황, 재정 흑자와 재정 부채 상환, 30년래來의 최저 실업률, 2,200만 개의 신규 일자리 창출, 26년래來 최저 범죄율 등에 대해 이야기했다. 이승철은 "클린턴이 이 같은 업적을 쌓을 수 있는 계기는 93년 앨런 그린스펀 연방준비제도이사회FRB 의장의 요청에 따라 재정 부채 감소 정책을 채택하면서 마련됐다"며 다음과 같이 말했다.

"국방 및 복지예산 삭감을 내용으로 한 클린턴의 예산안은 여당인 민주당 의원들 중에서도 이탈자가 있을 정도로 반발이 심해 간신히 1표 차이로 통과됐다. 당시 의석 분포는 상원 57석 대 43석, 하원 258석 대 176석(무소속 1석)으로 민주당이 절대 우세한 상태였다. 재정 부채 감소 정책은 월가에 심리적 안정을 주어 주가 상승으로 나타났다. 이 때문에 경제 호황은 그린스펀 덕이라는 주장도 있지만 그렇다고 해서 그린스펀의 제안을 수용하고 그의 금리정책에 전혀 간섭하지 않았던 클린턴의 업적을 부인하는 사람은 거의 없다."

이어 이승철은 "재정 부채를 삭감하려는 노력은 이른바 '디지털 혁명'으로 뒷받침되면서 클린턴의 신경제는 사상 최장의 호황을 가져왔다. 이러한 경제 호황은 개인 소득의 증가와 함께 범죄율 감소, 극빈층 7백만 명 감소 등으로 이어져 사회 분야에서도 클린턴은 좋은 점수를 얻고 있다"며 다음과 같이 말했다.

"여기서 관심을 끄는 것은 클린턴이 국내 정책에서 보여준 이른바 중도적인 '제3의 길'이다. 대표적 제3의 길이 96년 실업자들과 극빈 자들에게 주는 수당을 축소하는 것을 주요 내용으로 한 복지정책 개혁이다. 이로 인해 사회복지기금 수혜자 숫자가 1천 4백 10만 명에서 6백 30만 명으로 줄어들어 재정 부채 감소에 크게 도움을 받았지만 로버트 라이시 당시 노동부 장관 등 민주당 본류로부터 많은 비판을 받았다. 긴축 재정, 연방정부 축소 등도 클린턴이 취한 중도적 정책이다. 이사벨 소힐 브루킹스연구소 선임연구원은 '클린턴이 패러다임 이동을 잘 해냈다'면서 '이에 따라 유럽 등 다른 나라의 모델이 됐다'

고 밝혔다."

클린턴에 대해 미국 언론은 어떤 평가를 내렸을까? 그의 집권 8년
을 결산하는 대표적 단어는 '상충', '모순', '복잡' 등이었다. CNN 등
의 여론조사에 따르면 미 국민들은 클린턴의 직무 수행에 대해 61퍼
센트가 '잘했다'고 응답했지만, 그의 퇴임과 관련해서도 51퍼센트가
'기쁘다'고 답변했다. 『USA투데이』의 정치 분석가 빌 니컬스Bill
Nichols는 "클린턴은 미 정치의 음과 양"이라며 "정치적 능력과 지성에
서는 그 세대의 (농구 황제) 마이클 조던이면서 동시에 엄청난 결함투
성이의 인간"이라고 평가했다.[25]

## 힐러리 부부는 '최초의 전문 사기꾼들'인가?

클린턴은 대통령 퇴임 직전 속 보이는 정략적인 사면을 하고 백악관
을 떠나 적잖은 비판을 받았다. 이와 관련, 카터 행정부의 백악관 비서
실장을 지낸 해밀턴 조던Hamilton Jordan, 1944~2008은 『월스트리트저널』
(2001년 2월 20일자)에 기고한 「최초의 전문 사기꾼들The First Grifters」이
라는 칼럼을 통해 힐러리와 클린턴은 부부가 아니라 '비즈니스 파트
너십business partnership' 관계라며, 대공황 시기 이후에 나타난 '최초의
전문 사기꾼들'이라고 비난했다.[26]

이렇듯 힐러리 부부에 대한 비난은 좌우左右를 가리지 않고 풍성하
게 쏟아져나왔으며, 과장을 있을망정 그런 비난엔 그럴 만한 근거는
있었다. 이런 부정적 시각에 대응하듯 힐러리는 상원의원 취임 후 매

우 낮은 자세로 임했다. 오만하고 당파주의적이며 극단주의적이라는 자신의 이미지를 완전히 바꾸겠다는 자세로 당파성을 초월해 동료 의원들과 편안하게 지내려고 애를 썼다.

힐러리는 상원의 위원회 미팅에서는 직접 차와 커피를 따라주는 등 부드럽고 여성스러운 이미지를 보여주었으며, 자신의 워싱턴 자택으로 의원들을 초대하고 의원들의 고민을 돕기 위해 최선을 다했다. 그런 노력 덕분에 2005년 『뉴욕타임스』는 이런 평가를 내리기에 이른다. "힐러리는 당파를 초월한 이미지를 구축하면서 뉴욕의 공화당 인사들에게 환영받는 인사가 되었고, 동시에 자유주의적 성향의 인사들에게도 인기를 유지하고 있다."

힐러리는 처음엔 뉴욕주 내부의 작은 문제에만 집중하다가 2001년 9·11 테러 이후 정책 방향을 급선회해 뉴욕시 복구 자금과 인력 지원을 끌어내는 데 앞장섰다. 이는 힐러리가 내세우는 치적이었지만, 나중에 9·11 테러에 대해 『그 후: 미국은 어떻게 9월 12일을 맞이했는가?After: How America Confronted the September 12 Era?』(2003)라는 책을 쓴 저널리스트 스티븐 브릴Steven Brill, 1950~은 뉴욕 재건의 1등 공신은 뉴욕주 상원의원 척 슈머Chuck Schumer, 1950~이며, 힐러리는 그 공을 가로채려 했다고 비판해 논란을 빚었다.

"내가 가장 놀란 것은 어떻게 다른 사람의 공로를 그렇게 쉽게 가로채려고 할 수 있을까 하는 점이었다. 특히 희생자 가족들에 따르면 뉴욕 재건을 위한 기금을 조성한 것은 모두 슈머의 공로였는데도 말이다.……힐러리가 나와 비밀리에 나눈 대화 내용을 공개할 수 있게 해준다면 힐러리가 나한테 한 말을 그대로 모두에게 말할 수 있다."[27]

반면 2002년 3월 초순에 출간된 데이비드 브록David Brock의 『우익에 눈먼 미국Blinded by the Right』은 클린턴과 힐러리에 대한 평가에 긍정적 영향을 미칠 수 있는 책이었다. 1970년대 들어 보수주의 운동 단체와 싱크탱크들이 우후죽순처럼 생겨나는 데 기반을 제공한 게 바로 수억 달러의 자산을 가진 보수 성향의 재단들이었는데, 브록은 이 책에서 존올린재단John Olin Foundation, 스카이프재단Scaife Foundation, 브래들리 재단Bradley Foundation, 스미스-리처드슨재단Smith-Richardson Foundation 등을 "보수주의를 지원하는 네 자매"라고 불렀다. 진보적 재단들이 현실에서 벗어난 좁은 학문적 주제에 집중해 있는 사이, 보수 재단들은 대중적 보수 서적들의 출판에 수만 달러에서 수십만 달러씩을 지원했다. 물론 보수 재단들의 이런 지원금의 상당 부분은 '힐러리 부부 죽이기'에 쓰였음은 두말할 나위가 없다.[28]

## 왜 힐러리는 이라크전쟁을 지지했는가?

2002년 10월 11일 상원은 77대 23의 표결로 부시 대통령에게 이라크와 사담 후세인에 대해 무력을 사용할 수 있는 권한을 승인했다. 전날 힐러리는 상원에서 전쟁의 정당성을 지지하는 연설을 했는데, 이게 나중에 두고두고 힐러리의 발목을 잡는다. 힐러리는 2006년 겨울 "지금 우리가 알고 있는 것을 그때 알았더라면, 결코 찬성하지 않았을 것이고 절대 대통령에게 그 권한을 부여하지 않았을 겁니다"라고 변명하지만,[29] 그 정도의 변명으로 넘어갈 수 있는 문제가 아니었다.

7년 전 힐러리를 "타고난 거짓말쟁이"라고 비난했던 『뉴욕타임스』 칼럼니스트 윌리엄 새파이어William Safire, 1929~2009는 "타고난 강경론자와도 같은 모습을 보임으로써 자신을 비방하던 보수주의자들을 깜짝 놀라게 했다"고 했다. 오랜 힐러리 비판자인 『뉴욕타임스』 칼럼니스트 모린 다우드Maureen Dowd는 여성의 40퍼센트가 향후 10년 내에 여성 대통령이 나오지 않으리라 예상하고, 14퍼센트는 영원히 불가능하리라고 예상한다는 최근 여론조사 수치를 들며 이런 질문을 던졌다. "저 14퍼센트는 힐러리가 신참 상원의원으로서 보여준 집념을 알아차리지 못한 건가?" 다우드는 힐러리가 2008년 대통령에 출마하기 위한 야심 때문에 이라크전쟁을 지지했다고 비난했다.

흥미로운 건 힐러리를 비난한 다우드 역시 여자가 대통령이 되기 위해선 이라크전쟁을 지지하는 정도의 강경 노선을 보여주어야 한다고 믿는다는 점이었다. 힐러리는 나중에 이라크전쟁 지지로 인해 큰 타격을 받지만, 한 가지는 확실하게 챙길 수 있었으니 그건 바로 '군 통수권자'의 이미지였다. 힐러리는 2007년 군 통수권자로서 역량을 묻는 여론조사에서 경쟁자인 버락 오바마Barack Obama, 1961~나 존 에드워즈John Edwards, 1953~보다 훨씬 높은 평가를 받게 되니 말이다.[30]

여자가 대통령이 되려면 강한 모습을 보여주어야 한다고 조언했던 이는 측근 참모인 딕 모리스였다. 그는 오래전 힐러리에게 "여성 후보는 교육, 빈곤, 자애, 어린이, 청렴도 등과 관련된 유리한 편견은 수용해야 한다. 동시에 범죄, 국방, 세금 문제에 대해서는 강한 모습을 보여 편견을 깨도록 노력해야 한다"며 영국의 마거릿 대처Margaret Thatcher, 1925~2013와 이스라엘의 골다 메이어Golda Meir, 1898~1978를 성공적인 사례로 제시했다.

이젠 힐러리의 적이 된 모리스는 "부정적인 고정관념을 거부했던 마거릿 대처를 본받으려는 힐러리의 노력은 가히 눈물겨울 정도다"며 이라크전쟁 결의안에 찬성표를 던진 것은 물론 상원의원이 된 후 상원 군사위원회에 들어간 것도 그런 노력의 일환으로 보았다. "상원 군사위원회는 매파들의 본거지였다. 힐러리는 상원 군사위원회에 합류함으로써 군사 요충지를 방문할 수 있었고, 덕분에 군대와 함께하는 모습이 종종 대중에게 소개됐다.……힐러리는 대선 출마가 다가오면서 해외 순방 횟수를 늘렸고, 외교 문제 전문가로서의 입지를 다져나갔다."[31]


## "나는 십자가에 못 박히고 말 거예요"

2003년 6월 9일 힐러리의 자서전 『살아 있는 역사Living History』가 출간되었다. 이 책은 발간 첫날 20만 부가 팔리고, 전 세계적으로 150만 부 이상 팔릴 정도로 폭발적인 인기를 누렸다. 힐러리는 이 책에서 클린턴이 세상을 떠들썩하게 했던 불륜 사실을 고백했을 때 "목을 비틀어 죽이고 싶었다I wanted to wring Bill's neck"고 고백했다. 출판사인 사이먼앤드슈스터는 562쪽(28달러)에 이르는 이 책의 초판을 100만 부나 찍었으며 힐러리는 책 판촉을 위한 전국 캠페인에 나섰는데, 이는 2008년 대선을 향한 대장정에 나선 것으로 해석되었다.[32]

2003년 6월 13일 공개된 클린턴 부부의 2002년 재산 공개서에 따르면 클린턴의 강연료는 최소 12만 5,000달러(1억 5,000만 원)이고, 힐러리의 연봉은 15만 달러(1억 7,500만 원)다. 현직 상원의원인 힐러리의 1년 연봉이 전직 대통령인 클린턴의 1회 강연료 정도밖에 안 되는 셈이었다. 클린턴은 2002년 전 세계를 돌며 모두 60여 차례 연설을 해 950만 달러를 벌어들인 것으로 나타났다.

클린턴은 대학이나 시민단체 초청 강연에서는 보통 12만 5,000달러 수준을 받지만, 외국 초빙 강연이거나 미국 내 기업 초청 강연에서는 2~3배를 받았다. 일본의 미토시 정치조사연구그룹은 클린턴 초청 강연료로 40만 달러를 지불했는데, 이것은 그간 클린턴이 받은 강연료 중 최고액이었다. 그러나 2003년에는 힐러리가 자서전 덕분에 남편의 수입을 훨씬 넘어섰다. 클린턴 부부는 워싱턴에 윌리엄스&콘놀리Williams&Connolly라는 법률회사를 운영하고 있는데, 여기서도 매년 100~500만 달러의 수입을 올리는 것으로 나타났다.[33]

2004년 대선이 다가오자 힐러리의 가슴은 설레었지만 출마는 여의치 않았다. 상원에 출마할 때 유권자들에게 6년 임기를 꼭 채우며 성실하게 봉사하겠노라고 다짐한 것도 문제였지만, 그것 못지않게 반대파들의 인신공격과 저주를 감수해야 한다는 것이 끔찍했다. 그녀는 측근 인사에게 출마 포기를 알리며 이렇게 말했다. "나는 십자가에 못 박히고 말 거예요."[34]

2004년 6월 21일 밤 클린턴은 자서전 『마이 라이프My Life』 출간을 기념하기 위해 뉴욕 맨해튼에서 1,000여 명의 인사를 초청한 호화판 파티를 열었다. 수많은 서점은 수천 부를 사전 주문받은 가운데 이 책 초판을 팔기 위해 자정에 문을 열었다. 대권을 노리는 힐러리에 대해 일방적인 찬사를 보낸 것은 물론 여름 내내 책 홍보 행사를 벌이며 민주당을 뉴스의 초점에 올려놓음으로써 11월 대선에서 민주당 대통령 후보 존 케리John Kerry, 1943~에게 유리한 분위기를 형성할 것이라는 분석이 나왔지만, 『뉴욕타임스』는 이 자서전에 대해 "감상적이고 자기도취에 빠져 있으며 자주 시선이 흐트러질 정도로 지루하기까지 하다"고 평했다.[35]

## 분열과 갈등을 선거 전략으로 삼은 부시의 '로비즘'

"리버럴 아메리카도 없고 보수 아메리카도 없습니다. 아메리카 합중국合衆國이 있을 뿐입니다. 흑인 아메리카도 없고 백인 아메리카도 없고 라틴아메리카도 없고 아시안 아메리카도 없습니다. 아메리카 합중국이 있을 뿐입니다. ……우리는 냉소의 정치에 참여해야 할까요 아니면 희망의 정치에 참여해야 할까요?"

일리노이주 연방 상원의원 민주당 후보인 버락 오바마Barack Obama, 1961~가 2004년 7월 27일 민주당 전당대회 기조연설에서 한 말이다. 이 자리는 민주당 대통령 후보 존 케리의 출정식이었다. 오바마는 케냐 출신 흑인 아버지와 캔자스주 출신 백인 어머니 사이에서 태어난 혼혈인이었지만, 미국식 법칙에 따라 흑인으로 분류되었다. 이런 자리에서 연설을 할 수 있었다는 것도 행운이었지만, 더 큰 행운이 오바마를 기다리고 있었다.

오바마의 연설을 지켜본 공화당 상원의원 밥 돌Bob Dole, 1923~은 옆에 있던 방송인 래리 킹Larry King, 1933~에게 몸을 숙이면서 "미국 최초의 흑인 대통령감이로군"이라고 말했다.[36] 사실 이 16분짜리 연설 하나로 무명의 오바마는 하루아침에 유명해졌다. 『타임』은 '녹아웃KO 연설'이라고 격찬했는데, 실제로 그의 연설은 많은 유권자를 녹아웃시켰다. 그는 그 덕분에 상원의원에 가볍게 당선되는 동시에 2008년 대선에서 힐러리에게 쓰라린 패배를 안기면서 대선에서 승리하게 된다. 그래서 어떤 이들은 2004년 대선에 출마하지 않은 힐러리의 결정은 '치명적'이었다고 말했다.[37]

2004년 대선 역시 문화전쟁으로 인한 분열로 몸살을 앓은 선거였다. 펜실베이니아대학 부설 아넨버그 공공정책센터 연구원 캐슬린 홀 재미슨Kathleen Hall Jamieson, 1946~은 "최근 비행기를 타고 가다 곁에 앉은 이가 조지 W. 부시를 비난한 마이클 무어Michael Moore, 1954~의 책을 읽자 옆 좌석 승객이 자리를 바꿔달라고 하는 모습을 보고 충격을 받았다"며 "정치가 워낙 일상과 연결되다 보니, 자신이 싫어하는 책을 읽는 사람 곁에는 앉기조차 싫어진 것"이라고 말했다. 이런 분열상에 대해 『유에스뉴스앤드월드리포트』(2004년 10월 25일자)는 "이제 누군가 당신과 의견을 달리한다면, 그 사람은 그저 당신과 의견만 다른 게 아니다"라며 "그는 당신이 믿고 있는 신념을 모욕하고, 당신의 사는 방식을 위협하는 것으로 바뀌었다"고 지적했다.[38]

그러나 분열과 갈등은 공화당의 선거 전략이었다. 2004년 대선이 공화당 후보 조지 W. 부시George W. Bush, 1946~의 승리로 끝나자, 선거운동을 지휘한 칼 로브Karl Rove, 1950~가 부각되었는데 그의 핵심 전략이 바로 분열과 갈등이었다. 분열이 되어야 지지 기반이 커진다는 로브의 전략을 가리켜 로비즘Rovism이라는 말까지 생겨났다. 부시 진영은 2000년 선거 때 투표하지 않은 복음주의 기독교도들이 400만 명에 이르는 것으로 보고 이들을 투표장으로 이끌어내는 데 총력을 다했는데, 이를 위해 사용한 주된 방법이 바로 그들의 분노와 공포를 자극하는 것이었다. 또한 로브의 부시 행정부에선 모든 정부 부처와 기관이 철저한 정치화politicization의 길을 걷도록 강요당함으로써 미국 사회 전반에 '적대의 정치'가 확산되었다.[39]

부시의 재선은 복음주의 기독교인들을 겨냥한 선거 전략의 승리라는 분석이 나온 가운데, 초교파적 국제기독교단체인 세계교회협의회 WCC는 미국 대선에서 일부 보수적 기독교회가 당파성에 함몰되었다며 본연의 자세로 돌아갈 것을 촉구했다.

역사학자 게리 윌스Garry Wills, 1934~는 『뉴욕타임스』(2004년 11월 4일자)에 기고한 글에서 다른 유럽 나라들은 미국 선거에서 기독교 근본주의(전투적 복음주의) 문제를 이해하지 못하며 미국은 그런 유럽 나라들을 닮기보다 세속에 대한 분노, 종교적 불관용, 현대화에 대한 공포가 판치는 이슬람 세계나 알카에다와 더 닮아 있다고 주장했다.

부시 낙선 운동의 선봉에 섰던 〈화씨 9·11〉의 감독 마이클 무어 Michael Moore, 1954~는 자신의 홈페이지에 올린 '그래도 우리가 자살하지 않아도 되는 17가지 이유'라는 글에서 부시에게 표를 던진 88퍼센트가 백인이지만 50년만 기다리면 흑인이 미국의 다수 인종이 될 것이라고 주장했다.[40]

당파성은 같은 정당 내에서도 치열하게 나타났다. 미국 대선의 이해득실을 따진 한 외신은 이런 분석을 했다. "존 케리 대통령 후보와 존 에드워즈 부통령 후보의 몰락으로 차기 대권에 한 발 더 다가선 힐러리 클린턴 상원의원도 남몰래 기뻐하고 있을지 모른다. 빌 클린턴 전 대통령이 심장 측관 수술을 이유로 대며 케리 지지 운동에 늦게 참여한 것은 힐러리를 돕기 위한 것이었다는 음모론적 해석도 나돌고 있다. 『워싱턴포스트』는 비록 케리를 지지했지만 반反부시 다큐멘터리 〈화씨 9 · 11〉로 2억 달러를 챙긴 마이클 무어 감독도 승자라고 비꼬았다."[41]

## 왜 힐러리는 이라크전쟁 지지를 사과하지 않았는가?

힐러리의 앞길은 창창했지만, 2004년 말부터 이라크전쟁이 그녀의 발목을 잡기 시작했다. 2004년 12월 21일에 발표된 『워싱턴포스트』 −ABC 방송 공동 여론조사 결과에 따르면, 이라크전쟁 개전 이후 처음으로 이라크전쟁을 반대하는 미국인이 절반을 넘어섰다. 응답자의 70퍼센트가 "이라크전으로 얻는 것에 비해 인명 피해가 너무 크다"고 답했고, 56퍼센트는 "피해를 감안할 때 싸울 가치가 없다"고 응답했다.

2004년 6월 28일 이라크 임시정부가 출범한 이후 2005년 1월 11일까지 확인된 폭탄 테러만 최소한 181건이 발생했으며, 이로 인해 민간인과 미군 병사 1,000여 명이 죽고 2,000여 명이 부상한 것으로 집계되었다. 2005년 1월 30일 유혈 사태 속에 이라크 총선이 치러졌지만, 사태가 나아질 전망은 전혀 보이지 않았다.

2005년 3월 19일 이라크전쟁 발발 2주년을 맞아 조지 부시는 이라크전쟁의 정당성을 강조하며 세계가 더 안전해졌다고 주장했지만, 영국 런던, 이탈리아 로마, 터키 이스탄불 등 유럽은 물론 샌프란시스코, 로스앤젤레스, 뉴욕 등 미국 내에서도 수천 명에서 수만 명이 참가한 대규모 반전시위가 꼬리를 물고 벌어졌다.

2005년 10월 25일 미국 언론은 일제히 이라크전쟁 참전 미군 사망자가 2,000명 선을 돌파했다고 보도하면서 이를 계기로 미국 내에서 반전운동이 다시 가열될 것으로 예상했다. 11월 13일 2008년 대선을 겨냥하고 있던 존 에드워즈John Edwards, 1953~는 그런 분위기를 의식해 『워싱턴포스트』 기명칼럼을 통해 이라크전쟁을 승인한 자신의 상원 투표 행위를 사과했다.

힐러리도 사과해야 하는가? 힐러리 진영은 사과를 한다 해도 도움이 되기는커녕 손해만 볼 것이라는 쪽으로 의견을 모았다. 힐러리가 대통령이 되기 위해 넘어야 할 가장 커다란 장애물은 여자가 과연 한 나라의 군 통수권자가 될 수 있을까 하는 의구심이었던바, 힐러리는 에드워즈보다는 훨씬 더 불리한 입장에 놓여 있는 셈이었다.

힐러리가 교묘하게 선회해 더 안전한 입장으로 옮아가는 걸 돕기로 마음먹은 클린턴은 중동 순방 중 두바이에서 이라크전쟁을 지지한 이전의 입장을 철회했다. 그는 연설에서 이라크 침공이 '커다란 실수'였음을 선언했다. 그러나 힐러리는 여전히 과거의 입장을 바꾸기엔 클린턴보다는 불리한 입장에 놓여 있었다.[42]

2005년 말까지 이라크 주둔 미군은 13만 명, 미국이 쏟아부은 전비戰費는 2,000억 달러를 넘어섰다. 2006년 3월 14일까지 미 국방부가 집계한 이라크전쟁 미군 사망자 수는 2,302명이었고, 미군 점령에 맞

서 싸우다 숨진 이라크인은 5만 명을 훨씬 넘는 것으로 추산되었다.[43]

2006년 상반기 이라크전쟁에 대한 비난과 공격이 심해지면서 힐러리의 입지도 위축되었다. 힐러리는 자유주의 성향의 일부 민주당원들이 제출한 확고한 철군 시한 요구를 지지하지 않았다. 6월 중순 힐러리는 용감하게 진보적 활동가들이 워싱턴 힐튼호텔에서 개최한 '이 나라를 돌려줘Take Back America' 대회에 연사로 나서 부시 행정부의 이라크 정책을 "성급하게 전쟁에 뛰어들었고, 유엔 사찰단의 임무 수행을 방해했으며, 전략에서 거듭 어리석은 실수를 했고, 전 세계에 대한 미국의 리더십을 약화시켰다"는 이유로 맹비난하면서도 이런 말을 보탰다.

"이 말은 해야겠습니다. 대통령에 제한을 두지 않고 전쟁을 계속하는 게 현명한 전략이라고 나도 생각지 않습니다. 그렇게 한다고 해서 새로운 이라크 정부가 압력을 받지도 않을 겁니다. 나는 철군 날짜를 확실하게 못 박는 것도 현명한 전략은 아니라고 생각합니다. 나는 그게 우리 군대와 우리 조국의 이익에 최선으로 부합한다는 생각에 동의하지 않습니다."

이 말에 모든 사람의 분노가 폭발해 거친 야유를 퍼붓는 바람에 힐러리는 대회장을 황급히 빠져나올 수밖에 없었다.[44] 그녀의 대선 가도가 순탄치 않으리라는 걸 예고한 사건이었다.

## 클린턴의 '음경 지속 발기증'과 힐러리의 '월마트 부메랑'

2006년 봄 『뉴욕타임스』가 클린턴 부부의 결혼생활을 '가식'으로 보는 기사를 써댄 것도 힐러리를 괴롭혔다. 클린턴과 힐러리가 서로 얼굴을 맞대는 일은 거의 없고, 두 사람은 한 침대에서 자지 않으며, 그들의 결혼생활은 암묵적 합의로 이루어지는 동업자 관계일 뿐 그 이상의 의미는 없다는 이야기였다. 힐러리 진영은 결혼생활 이야기는 연막일 뿐이고 클린턴이 불륜을 저지르고 있다는 소문을 기사로 쓰려는 것이 『뉴욕타임스』의 진짜 의도일 거라고 의심했다.

실제로 제 버릇 개 못 준다고 클린턴의 불륜설은 온 워싱턴 시내에 파다하게 번져나가고 있었으며, 이는 상당 부분 사실이었다. 클린턴은 회고록 『마이 라이프My Life』가 초대형 베스트셀러가 되면서 선불금 1,200만 달러에 연설료 1,000만 달러를 벌어들이는 등 경제적 여유가 생기자 오만해졌고, 다시 과거의 모습으로 되돌아갔다. 그는 자신의 자택 근처에 사는 40대 초반의 이혼녀와 열정적인 연애를 시작했을 뿐만 아니라 그 밖에도 불륜 대상 여성들의 목록은 끝이 없었다.

클린턴이 '음경 지속 발기증'을 앓고 있다는 소문도 떠돌았다. 이는 민주당 내 힐러리 지지자들까지 동요하게 만들었다. 민주당 소속으로 미주리주 상원의원 자리를 노리던 클레어 매캐스킬Claire McCaskill, 1953~은 10월 뉴욕에서 열린 정치자금 모금 행사 하루 전날 NBC의 〈미트 더 프레스Meet the Press〉에 출연해 클린턴이 위대한 대통령이었다고 생각하느냐는 질문을 받고 이렇게 답해 그녀의 모금을 도우려던 힐러리를 경악시켰다. "나는 그가 위대한 지도자라고 생각합니다. 하지만 내 딸은 빌에게 가까이 가지 않았으면 좋겠어요."[45]

2006년 11월 중간선거를 앞두고 인권단체들과 노조들은 "월마트는 임금 수준이 낮은 데다 직원들에게 건강보험 혜택도 주지 않으며, 여성을 차별하고 있다"며 대선 주자들에게 월마트에 분명한 입장을 취하라고 요구하고 나섰다. 이에 서민 표를 의식한 민주당 의원들이 "월마트는 노동자를 착취하는 자본주의 폐해의 상징"이라며 비난의 목소리를 높이기 시작했다. 2005년 매출 3,160억 달러에 11억 달러의 순이익을 올린 세계 최대의 할인점 업체인 월마트는 최저가로 상품을 공급한다는 정책을 큰 매력으로 내세운 대신 저임금, 납품업체에 가격 하락 강요, 열악한 근무 환경과 복지 등이 문제로 지적되어왔다.

월마트가 논란의 대상이 될수록 아칸소에 본부를 둔 월마트 이사회 멤버로 1986년부터 1992년까지 6년간 활동해온 경력이 있는 힐러리로선 좋을 게 하나도 없었다. 아니 추가적인 수입을 올릴 땐 좋았겠지만, 이제 이게 부메랑으로 돌아오고 있었다. 진보주의자들은 그녀가 월마트의 노동자들을 위한 발언을 한 번도 한 적이 없었다고 비난했으며, 월마트가 그간 클린턴 재단에 수백만 달러를 기부한 것에도 의혹을 제기했다. 힐러리는 2006년 초 월마트가 5,000달러의 후원금을 전달하자 "악덕 기업의 돈은 받을 수 없다"는 취지로 돌려보냈다. 월마트 이사회 멤버로 활동해온 경력이 지적되자 힐러리의 측근은 "그녀는 안 변했는데 월마트가 변했다"고 말했다.[46]

## 힐러리의 홈그라운드 할리우드의 배신

2006년 11월 중간선거에서 상원의원 재선에 성공한 힐러리는 2007년 1월 20일 거실 소파에 홀로 앉아 촬영한 영상으로 인터넷을 통해 대통령 출마 선언을 했다. 그러나 1개월 후 힐러리의 텃밭으로 여겨지던 할리우드에서 이상한 일이 벌어지고 있었다.

2007년 2월 20일 밤 억만장자 연예사업가 데이비드 게펀David Geffen, 1943~은 비벌리힐스 자택에 오바마를 초청했다. 그는 스티븐 스필버그Steven Spielberg, 제프리 캐천버그Jeffrey Katzenberg 등 할리우드 거물들을 끌어들여 오바마에게 130만 달러를 모금해주었다. 힐러리는 자신의 홈그라운드처럼 여겼던 할리우드가 그런 식으로 무너져 내리는 걸 보고 쓰라린 배신감을 느꼈다.

이 상처에 소금을 뿌린 건 힐러리에 비판적인 『뉴욕타임스』 칼럼니스트 모린 다우드Maureen Dowd였다. 그녀는 게펀을 집요하게 물고 늘어져 15분간 인터뷰를 한 결과를 칼럼으로 썼다. 이 칼럼에 따르면, 게펀이 오바마를 지지한 이유는 힐러리로는 미국을 통합할 수 없다는 것이었다. 게펀은 클린턴이 "자신을 공격할 탄약을 적들에게 너무 많이 제공한 무모한 사내"라고 했으며, 클린턴 부부는 "자신들이 진정으로 믿는 바를 옹호할 의사가 없다"고 했다. "정치인이라면 누구나 거짓말을 하지만 그들은 너무나 쉽게 거짓말을 한다. 걱정스런 일이다."

엄청난 분노와 충격을 느낀 힐러리 진영은 다음 날 아침 "클린턴 캠프는 오바마 진영에 요구한다. 최고 후원자의 사악한 공격이 있었다. 그와 제휴 관계를 중단하고 돈을 돌려주라"는 내용의 보도자료를 냈지만, 이는 너무도 서투르고 어리석은 대응이었다는 게 곧 드러나고 말았다. 칼럼에 대한 반응은 폭발적이었고, 민주당을 지지하면서도 내심 힐러리를 원치 않았던 유명 인사들은 게편 덕분에 자신들이 더 편한 상태에서 오바마를 공개적으로 지지하고 후원할 수 있게 되었다고 말했다.[47]

오바마는 자신이 일찍부터 이라크전쟁에 반대했음을 끊임없이 강조하고 다니면서 자신을 힐러리와 대비시켰는데, 힐러리 진영은 그게 '사기'라고 생각했다. 오바마는 "현 단계에서 이라크 문제에 관한 나의 입장과 조지 부시의 입장 사이에는 별다른 차이가 없다"고 말한 것과 같은 일련의 발언을 비롯해 상원에서 이라크 문제로 투표한 전력에서 힐러리와 거의 똑같았기 때문이다. 힐러리 진영은 이 점을 보도자료로 만들어 언론에 뿌렸지만, 기자들은 거의 관심을 보이지 않았다.[48]

2007년 5월 20일 『뉴욕타임스』는 힐러리가 월마트의 첫 여성 이사를 지내며 1년에 4번 정도 회의에 참석하고 연 1만 5,000달러를 받았는데, 당시 힐러리는 월마트의 고질적인 문제인 반反노조주의에 대해서는 입을 다물었다고 보도했다. 이 때문에 정치 분석가들은 상대적으로 노조와 가까운 민주당의 후보로 대선에 나선 힐러리로서는 월마트와의 관계가 알려지는 것이 도움이 되지 않는다고 판단, 자신의 대선 후보 웹사이트에서 월마트 이사 경력을 누락시킨 것이 아니냐고 보았다. 『뉴욕타임스』는 그러나 힐러리의 월마트와의 '거리 두기'는 표면적인 것일 뿐 아직까지 끈끈한 유대를 이어가고 있다고 밝혔다.

힐러리뿐 아니라 클린턴도 월마트와 가까웠다. 월마트의 본사는 아칸소에 있으니 어찌 가깝지 않게 지냈을 수 있었으랴. 이 같은 인연으로 클린턴은 2006년 7월 뉴욕 자택으로 월마트의 최고경영자인 리 스콧 2세Lee Scott, Jr., 1949~를 초청, 식사를 함께하기도 했다. 아울러 힐러리는 2007년 들어 월마트의 고위 인사와 민주당 선거 조직원, 월마트 불매운동 주도 단체인 식품상업연합노조UFCW 위원장의 3자 비밀 회담을 주선했다. 이 회담의 목표는 월마트를 비난하고 있는 시민단체 '웨이크업월마트WakeUpWalMart' 등과 월마트 사이의 적대감을 완화시키는 전략을 논의하기 위한 것이었다.[49]

## 힐러리를 괴롭힌 『힐러리의 삶』과 『그녀의 길』

2007년 5월 25일 『워싱턴포스트』는 6월 초 잇달아 발간될, 힐러리를 파헤친 책들의 주요 내용을 보도했다. 리처드 닉슨 대통령의 워터게이트 사건을 파헤친 칼 번스타인Carl Bernstein, 1944~은 8년간 힐러리를 추적한 책 『힐러리의 삶A Woman in Charge: The Life of Hillary Rodham Clinton』에서 힐러리를 남편의 부정不貞을 참아내며 권력을 추구한 야망의 여성으로 묘사했다. 이 책에 따르면, 클린턴은 1992년 대통령에 취임하기 위해 아칸소를 떠나는 날 오전 5시 15분에도 자신과 오랜 관계를 맺어온 아칸소의 한 전력회사 간부인 메릴린 조 젱킨스Marilyn Jo Jenkins를 관저로 끌어들여 마지막 밀애密愛를 즐겼다.

클린턴은 힐러리에게 이혼을 요구했지만, 힐러리는 "당시 돈도 없이 딸 첼시를 어떻게 키울지 걱정해서 거절했다"고 번스타인은 힐러리의 지인知人의 말을 인용해 소개했다. 이후 클린턴과 힐러리는 애정

없는 부부 관계를 유지했다. 힐러리는 또 남편이 대통령이 되면 출입 기자들의 눈을 의식해서 여성 관계를 정리할 것으로 잘못 판단했다고 한다. 힐러리는 남편의 끝없는 불륜에도 권력욕 때문에 이혼하지 않았다고 이 책은 밝혔다.

『뉴욕타임스』의 제프 거스Jeff Gerth와 돈 반 내타Don Van Natta Jr.가 함께 쓴 『그녀의 길: 힐러리 클린턴의 희망과 야망Her Way: The Hopes and Ambitions of Hillary Rodham Clinton』은 클린턴과 힐러리가 결혼하기 이전에 이미 민주당을 개혁해 백악관에 입성한다는 '20년 계획twenty-year project'을 세웠다고, 클린턴의 전 여자 친구 말러 크라이더Marla Crider의 말을 인용해 주장했다. 클린턴 부부는 또 1992년 대통령 선거에서 승리한 뒤 클린턴이 퇴임하면 힐러리가 대선에 출마한다는 새로운 계획을 세웠다고 이 책은 밝혔다.

미국의 정치 전문 매체 『폴리티코Politico』는 이 책들이 사전에 언론에 소개된 것 자체가 힐러리 캠프의 치밀한 계산에 따른 것이라고 주장했다. 『폴리티코』는 "힐러리 선거운동 웹사이트에 출판사 측이 공개하지도 않은 내용들이 소개된 것도 힐러리 진영이 이미 이들 책을 입수했다는 방증"이라고 주장했다. 즉, 별로 새로운 내용이 없다고 '김 빼기' 전략을 편 것이라는 분석이었다.[50]

그러나 실제로는 그렇지 않았다. 6월 초 『그녀의 길』이 발간되면서 6월 3일 『뉴욕타임스매거진』은 8,000자 분량으로 이 책의 일부를 발췌해 게재했는데, 「힐러리의 전쟁Hillary's War」이라고 이름 붙인 기사는 힐러리의 이라크전쟁 지지를 사실상 맹렬히 비판하는 내용이었다. 이라크전쟁이 선거 쟁점이 되면 될수록 힐러리에겐 불리할 수밖에 없었다.[51]

## '7대 1'의 싸움이 된 민주당 후보 토론회

2007년 6월 오바마 측근 중 한 명이 힐러리에 대해 말하던 중 뉴욕 민주당을 '펀자브 민주당D-Punjab'으로 표현해 힐러리의 오랜 인도 지지 입장을 비꼬았다. 이 발언 이후로 두 후보의 관계는 급속도로 악화되었고 끝내 힐러리는 상원 회의장에서 악수를 청하는 오바마의 손을 뿌리쳤다.[52]

2007년 10월 30일 펜실베이니아주 필라델피아Philadelphia에 있는 드렉셀대학Drexel University 강당에서 열린 민주당 후보 토론회는 '7대 1'의 싸움이었다. 다른 후보 5명과 사회자 2명이 힐러리를 무자비하게 몰아붙였다. 전부 62개의 질문이 나왔는데, 그중 절반이 힐러리를 겨냥하거나 공격하는 것이었다. 반면 오바마에겐 "다른 행성들에 생명이 있을 것으로 믿는가?"라거나 "핼러윈 때 어떤 의상을 챙겨 입을 것인가?"라는 부드러운 질문이 던져졌다.

힐러리는 이런 불공정을 '성차별'이라고 암시하는 주장을 했는데, 이에 오바마를 비롯해 다른 후보들과 언론은 맹공을 퍼부었다. 오바마는 NBC의 〈투데이Today〉에 출연해 "사람들이 이제야 비로소 처음으로 그녀의 관점에 도전하기 시작했습니다. 그러자 느닷없이 그녀가 뒷걸음질하면서 이렇게 말합니다. 나를 공격하지 말라고."[53]

11월 초 『애틀랜틱』의 기사엔 이런 이야기가 실렸다. 익명의 오바마 측 요원이 해당 기사 작성자 옆에 털썩 주저않아, "도대체 기자들은 빌 클린턴의 대통령 퇴임 이후의 성생활을 언제쯤 조사할 거냐"고 물었다는 내용이다. 그러나 그 어떤 언론도 오바마 측을 비판하지 않

왔고, 이에 분노한 클린턴은 심판이 상대팀 유니폼을 입고 있는 것과 같다고 말했다.[54]

2007년 12월 12일 CNN은 미국 대선 전 초반 판세를 가늠할 첫 예비선거(2008년 1월 8일) 지역인 뉴햄프셔주 여론조사에서 오바마의 지지도가 크게 올라 경쟁자인 힐러리를 1퍼센트포인트 차이로 바짝 추격했다고 보도했다. 오바마는 앞서 『뉴스위크』 여론조사에선 첫 코커스(당원대회)가 치러지는 아이오와주에서 힐러리를 앞질렀다.

CNN이 뉴햄프셔주대학 여론조사센터에 의뢰해 12월 6일부터 10일까지 실시한 조사에서 힐러리는 31퍼센트, 오바마는 30퍼센트의 지지를 얻었다. 지난달 조사에서 힐러리 36퍼센트, 오바마 22퍼센트였던 것과 비교하면 엄청난 변화다. 힐러리의 지지율 하락은 특히 여성 유권자층에서 두드러졌다. 여성 지지율이 지난달 43퍼센트에서 33퍼센트로 무려 10퍼센트포인트나 떨어졌다.

이 결과가 토크쇼의 여왕 오프라 윈프리Oprah Winfrey가 5월 오바마에 대한 지지를 선언한 후 본격적으로 유세 지원에 나선 시점과 맞물리면서 '윈프리 후광 효과'가 빛을 발한 것 아니냐는 분석이 제기되었다. 윈프리는 지난 주말 이틀 동안 아이오와주와 뉴햄프셔주를 돌며 오바마를 응원했다. 그래서 '오프라바마(오프라 윈프리+버락 오바마)'가 '빌러리(빌 클린턴+힐러리 클린턴)'를 따라잡았다는 말까지 나왔다.

오바마의 위협적인 공세에 클린턴을 비롯한 선거 참모진은 비상이 걸렸다. 뉴햄프셔주 공동 선대 본부장인 빌리 샤힌Billy Shaheen은 이날 『워싱턴포스트』 인터뷰에서 오바마의 마약 복용 전력을 거론하며 맹공격했다. 힐러리 선거 본부는 또 오바마의 보건 정책을 비난하는 첫 번째 선거 유인물을 배포하는 등 막판 표 다지기에 골몰하는 모습을 보였다.[55] 그럼에도 2008년은 힐러리에게 악몽의 시간이 될 것이라는 조짐이 여기저기서 나타나고 있었다.

제8장
★
# "유리천장엔 1,800만 개의 틈이 생겼습니다"
★★★
2008년

## "오바마 지지는 인종 통합, 힐러리 지지는 남녀 갈등 조장인가?"

"내 셔츠나 다려라!Iron my shirt!" 2008년 초 힐러리가 뉴햄프셔주 세일럼Salem의 한 고등학교 강당에서 연설을 하는 도중 어떤 젊은 남자 한명이 청중석에서 피켓을 들고 일어서더니 거기에 적힌 이 글을 큰소리로 외쳤다. 그의 외침은 멈출 줄 몰랐고, 또 한 사람이 야유에 동참했다. 나중에 알고 보니 이 두 사람은 보스턴의 한 라디오 방송국 직원들이었다.

힐러리는 웃으면서 "성차별의 잔재는 여전하군요"라고 말했고, 두젊은이가 밖으로 끌려 나간 후 이 무례한 시위를 자신의 메시지와 연결시켰다. "지금 눈앞에서 직접 확인하신 것처럼 제가 대통령 선거에 출마한 또 다른 이유는 가장 높고 단단한 유리천장을 깨고 나가야 하기 때문입니다. 우리의 아들딸과 자녀, 이 나라, 그리고 전 세계의 여성들을 위해서요."[1]

2008년 상원에는 힐러리 외에 17명의 여성 의원이 있었으며, 여성 주지사는 9명, 여성 하원의원은 80명에 가까웠다. 하지만 아직 여성 대통령은 나오지 않았고, 페미니스트들은 이 점에 분개했다. 2008년 1월 8일 저명한 페미니스트 운동가이자 언론인인 글로리아 스타이넘 Gloria Steinem, 1934~은 『뉴욕타임스』에 기고한 「여성들은 선두에 선 적 없다」라는 글에서 미국 사회의 남녀 차별은 흑백 차별보다 뿌리 깊으며, "힐러리가 좋은 대통령이 될 수 있을 뿐만 아니라 여성이기에 지지한다"고 말했다.

스타이넘은 "흑인인 오바마를 지지하는 것은 인종 통합이고, 여성인 힐러리를 지지하는 것은 남녀 갈등 조장이라니 말이 되는 것인가?"라고 반문했다. 그녀는 "오바마처럼 지역사회 운동가와 변호사, 주의원 8년에 흑백 혼혈이라는 동일한 조건을 갖춘 정치인이 여성이었다면 대통령 후보에 오를 수 있었겠는가"라고 물으며, 미국 정치가 여전히 여성들을 조직적으로 배제하고 있다고 주장했다.

스타이넘은 "일부 흑인 남성들은 어떤 인종의 여성보다도 반세기 일찍 투표권을 얻었다"며 "흑인들은 이미 여성들이 접근하지 못한 기업의 고위 임원직부터 군의 고위직까지 주요 자리를 차지했다"고 지적했다. 그럼에도 성차별이 인종차별만큼 심각하게 여겨지지 않는 것은, 한때 인종차별이 그랬던 것처럼 성차별이 '자연스러운' 것으로 받아들여지기 때문이라는 것이다.

스타이넘이 특히 표적으로 삼은 것은 힐러리처럼 '잘난' 여성에 환호하는 여성들에 대한 따가운 시선이었다. 스타이넘은 오바마를 찍은 아이오와주 남성 유권자들이 '같은 남성'을 찍는다는 점을 의식하지 않는 반면, 힐러리를 찍는 여성들은 '같은 여성이므로, 또는 페미니스트 시각에서 찍었다'는 오해와 함께 편협하다는 비난을 받아야 한다는 점이 우려된다고 주장했다. 그는 또 젊은 여성들과 달리 50~60대 장년층 여성에서 힐러리 지지도가 높은 점을 들어 "역시 여성들은 (남성과 달리) 나이를 먹을수록 과격해진다"고 풀이했다.

스타이넘은 언론 보도도 힐러리에게 지나치게 적대적이라고 비판했다. 그는 "자신을 존 에프 케네디에 종종 비교하고, 힐러리를 워싱턴의 고질적인 병폐로 묘사하는 오바마의 구식 선거전에 언론이 눈을 감고 있다"고 주장했다. 스타이넘은 여성운동과 흑인 인권운동의 갈등과 반목은 공멸로 이어진다는 게 역사의 교훈이기에 두 세력은 힘을 합칠 수밖에 없다며 "어차피 조지 부시 대통령이 남겨놓은 난장판을 청소하려면 (힐러리) 클린턴 행정부 2번과 오바마 행정부 2번 정도는 필요할 것"이라고 말했다.[2]


## 힐러리는 "사악한 분노의 캠페인"을 벌였는가?

스타이넘의 칼럼은 힐러리가 1월 3일 대통령 선거의 출발인 아이오와주 코커스(당원대회)에서 충격적인 패배를 당한 후에 나왔다는 걸 감안할 필요가 있겠다. 가장 유력한 후보로 여겨졌던 힐러리가 오바마에게 맥없이 나가떨어졌으니, 힐러리 지지자들이 미국 사회의 남녀 차별은 흑백 차별보다 뿌리 깊은 게 아닌가 하는 의심을 할 만도 했다.

아이오와주 코커스에서 오바마는 37.58퍼센트를 얻어, 각각 29.75퍼센트와 29.47퍼센트에 그친 존 에드워즈John Edwards, 1953~와 힐러리를 여유 있게 따돌렸다. 승리가 확정된 뒤 오바마는 축하 집회에서 "우리는 두려움보다 희망을, 분열보다 통합을 선택해 미국에 변화가 오고 있다는 강력한 메시지를 전달했다"며 "이런 날이 절대로 오지 않을 것이라고 했지만 오늘 그날이 찾아왔다"며 강력한 자신감을 내보였다.

여론조사에선 힐러리가 앞선 가운데 박빙의 3파전으로 예상되었지만, 힐러리는 적잖은 차이로 3위까지 밀리는 수모를 겪어야 했다. 힐러리는 5일 뒤에 열리는 뉴햄프셔주 프라이머리(예비선거)에서 최선을 다하겠노라고 참모와 지지자들에게 말했지만, "꽁꽁 언 미소와 멍한 눈빛은 마치 힐러리가 육체 이탈 체험이라도 하는 듯 보였다".[3]

2008년 1월 8일 뉴햄프셔주 프라이머리 승자는 뜻밖에도 힐러리로 나타났다. 39퍼센트의 득표로 37퍼센트를 얻은 오바마를 누른 것이다. 이는 여론조사 열세를 완전히 뒤엎은 것이라서 "이번 경선의 최대 패배자는 여론조사기관과 전문가들이다"는 말까지 나왔다.[4]

힐러리는 프라이머리 하루 전인 7일 한 카페에서 유권자들과 만난 자리에서 "어떻게 그렇게 씩씩하게 보일 수 있느냐"는 질문에 울먹이는 목소리로 "쉽지 않다"며 눈물을 보였는데, 일부 언론은 힐러리의 승리를 그 눈물 덕으로 돌렸다. 일반적으로 정치인의 눈물은 역효과를 불러오지만, 힐러리의 눈물은 평소 힐러리를 차갑고 가식적이라고

느꼈던 많은 유권자가 그를 인간적으로 가깝게 느끼게 만들었다는 것이다.[5]

그러나 아무래도 행운은 힐러리를 비켜가는 듯했다. 힐러리는 눈물을 보였던 그날 폭스뉴스와의 인터뷰에서 나중에 큰 악영향을 미치게 될 발언을 하고 말았으니 말이다. 마틴 루서 킹Martin Luther Jr. King, 1929~1968처럼 희망을 제시하는 게 임무인 지도자들의 가치를 힐러리가 폄하하고 있다는 오바마의 주장에 힐러리는 이렇게 반응했다. "마틴 루서 킹 목사의 꿈은 린든 존슨 대통령이 1964년 민권법을 통과시킴으로써 비로소 실현되기 시작했습니다. 그런 일을 이루려면 대통령이 필요한 법이죠."

힐러리의 요지는 변화를 실질적으로 이루어내려면 말만으로는 충분치 않다는 것이었지만, 반대파들은 이 발언이 킹 목사가 민권운동에서 차지하는 비중과 역할을 폄훼한 것이라고 반발했다. 오바마 캠프의 공동대표인 제시 잭슨Jesse Jackson은 MSNBC에 출연해 뉴햄프서에서 눈물을 보인 힐러리가 허리케인 카트리나가 닥쳤을 때는 단 한 번도 울지 않았다며 "그 눈물을 분석해볼 필요가 있습니다"라고 주장했다. "아프리카계 미국인 45퍼센트가 민주당 경선에 참여하는 사우스캐롤라이나주 프라이머리를 앞둔 이 시점에서라면, 더더욱 그렇죠."

언론은 백인 일색인 뉴햄프셔주에서 오바마가 패배한 것을 두고 어느 정도는 인종차별적 요소가 가세했다는 추측까지 내놓았고, 『뉴욕타임스』는 한 걸음 더 나아가 힐러리 부부가 '분노의 캠페인'을 벌이고 있다고 비난하는 냉혹한 사설을 게재했다. 이 신문은 힐러리가 마틴 루서 킹과 린든 존슨Lyndon Johnson 1908~1973에 관해 한 말을 언급하고 클린턴이 오바마를 "기이하고 두서없이 공격" 했다고 지적하면서 힐러리 부부가 경선에 "인종주의적 긴장감이 감돌 정도로 매우 사악한 분노의 캠페인"을 벌인다고 주장한 것이다. 오바마의 이라크전쟁 관련 발언을 지적하면서 비판했던 클린턴은 황당함을 넘어 분노했지만, 선거의 흐름은 이미 그런 방향으로 흘러가고 있었다.

## "오바마를 보기만 해도 바지에 사정을 하는 작자들"

민주당의 원로 실력자인 에드워드 케네디Edward kennedy, 1932~2009는 힐러리의 발언이 자기 형 존 F. 케네디John F. Kennedy, 1917~1963의 업적을 무시한 것이라고 해서 반발했다. 꼭 그런 이유 때문이었는지는 알 수 없지만, 또 힐러리 부부가 1980년 대선의 민주당 경선 때 케네디 대신 경쟁자인 지미 카터Jimmy Carter, 1924~를 지지한 것이 얼마나 작용했는지는 알 수 없지만, 케네디의 선택은 오바마였다. 그는 2008년 1월 28일 오바마와 같이 선 아메리칸대학 강당 무대에서 오바마를 지지한다고 발표해 모든 이를 놀라게 만들었다.

힐러리는 이틀 전인 1월 26일 사우스캐롤라이나 프라이머리에서 50.2대 49.8로 오바마를 간신히 누르긴 했지만, 선거자금이 바닥난데다 에드워드 케네디까지 오바마 쪽에 가세해 전망이 어두워졌다. 선거자금은 힐러리가 개인적으로 500만 달러를 대출받아 일시적으로 막긴 했지만, 케네디의 오바마 지지는 그 무엇으로도 회복하기 어려운 타격이었다. 케네디는 오바마를 지지하는 정도를 넘어서 힐러리 부부를 맹렬히 비난했고, 오바마가 자기 형의 적법한 계승자라고 선언했다. "새로운 젊은 후보자가 대통령직에 도전해, 미국을 새로운 프런티어로 이끌고 있습니다."[6]

케네디가 오바마 지지를 발표한 날 클린턴은 뉴욕 맨해튼에서 열린 힐러리의 정치자금 모금 행사를 위한 오찬 행사에서 질의 응답 시간에 케네디에 관한 질문을 받고 자신이 대통령 재임 시에 케네디에게 베푼 호의를 주르륵 나열했다. 그의 누이 진 케네디Jean Kennedy, 1928~를 아일랜드 주재 대사로 임명한 것부터 1999년 존 F. 케네디 주니어 John F. Kennedy Jr., 1960~1999의 비행기가 추락했을 때 해안경비대를 동원해 잔해를 수색하고 수거하도록 조치한 일까지 말이다.

대선 후에 밝혀진 비화지만, 오바마가 예상 외로 선전하자 클린턴은 자주 평정을 잃었다. 급기야는 1월 중순 한 측근과의 통화에서 "오바마의 당선은 미국 공직에 최대 오욕이 될 것"이라며 언성을 높이기도 했다. 에드워드 케네디가 "분열을 조장하지 마라"고 설득 전화를 걸었지만, 그는 "오바마 측이 먼저 시작한 일"이라고 주장했다. 클린턴은 케네디에게 "몇 년 전만 해도 이 친구(오바마)는 우리한테 커피나 갖다 줬을 사람이오"라고 불평하기도 했다.[7]

클린턴의 평정심 상실은 이미 그때에 게임이 끝났다는 걸 시사한다. 그는 언론의 오바마 편애에 분노해 선거 캠프의 전화 회의에서 "언론이 오바마에게 얼마나 홀렸는지 알아? 그놈들은 오바마를 보기만 해도 바지에 사정을 하는 작자들이야"라고 말하기까지 했다.[8]

케네디의 오바마 지지에 더해 언론은 오바마의 탁월한 연설 능력에 대한 찬사를 쏟아냈으니, 힐러리의 마음이 편했을 리 없다. 그녀는

"그저 말만 잘할 뿐 '콘텐츠'가 없다"고 오바마를 지속적으로 공격했다. 이에 열 받은 오바마는 2월 16일 위스콘신주 밀워키Milwaukee 연설에서 흥분된 목소리로 이렇게 반박했다. "(내 경쟁자는) 말이 중요하지 않다고 하는데 '내겐 꿈이 있다'는 명언도 그저 말일 뿐이다. '만인은 평등하게 태어났다'는 언명도 역시 말일 뿐이다. '두려움 말고는 두려워할 게 없다'는 것도 결국 말이요, 연설일 뿐이지 않느냐."

2월 18일 힐러리 캠프는 "오바마 후보의 16일 위스콘신주 밀워키 연설이 2년 전 매사추세츠 주지사 선거에 나섰던 디벌 패트릭 현 주지사의 연설과 조사 하나 다르지 않다"며 표절 의혹을 제기했다. 실제로 앞에 소개한 대목은 오바마의 정치적 동지이자 절친한 친구인 디벌 패트릭Deval L. Patrick, 1956~의 2006년 10월 연설과 동일한 구조와 단어로 이루어진 것으로 밝혀졌다.

힐러리 캠프는 파급력이 큰 유튜브 동영상을 통해 둘의 연설을 직접 비교했고, 오바마가 자신이 직접 생각해낸 창의적인 언어를 사용했는지 의심이 간다고 지적했다. 파장이 커지자 오바마는 "나는 두 권의 책을 썼다. 내 친구인 패트릭과 나는 항상 생각을 공유하고 그도 때때로 내 것을 쓴다"고 해명했다. 그는 또 "힐러리 후보 역시 내가 즐겨 쓰는 '우리는 할 수 있다Yes, We Can'는 말을 사용하지만 난 크게 개의치 않는다"고 반박했다.[9]

## '오바마 강림 신드롬'에 압도된 힐러리

오바마는 위스콘신주 프라이머리에서 힐러리를 58대 41로 격파한 것을 포함해 10번 연속으로 경선에서 승리했다. 오바마 진영은 그럼에도 경선을 포기하지 않는 힐러리에게 화를 내고 있었다. 특히 2008년 3월 초 힐러리가 텔레비전에 출연해 "(오바마 후보가 이슬람교도라는 루머를) 믿는 건 아니겠죠?"라는 질문을 받고 한 대답은 두고두고 회자되었다. 힐러리는 "아뇨(안 믿는다는 뜻), 내가 왜······. 아무 근거가 없잖아요"라고 대답한 뒤 "내가 아는 한에서는as far as I know"이라고 덧붙였다. 터무니없는 루머에 대해 '내가 아는 한'이란 사족을 붙인 데 대해 논평가들 사이에서 '해도 너무 한다'는 탄식이 터져나왔다.

3월 6일 힐러리 캠프 대변인은 오바마 캠프가 "힐러리 후보의 세금 공제 자료를 공개하라"고 요구한 데 대해 "오바마가 케네스 스타를 닮아간다"고 공격했다. '클린턴 죽이기'를 떠올리는 1990년대 인물의 이름까지 들먹일 정도로 힐러리 캠프의 공격은 연설문 표절 의혹, 부동산 개발업자 스캔들, 북미자유무역협정NAFTA 말 바꾸기, 외교안보 풋내기론 등 이슈와 분야를 불문하고 공격적으로 이루어졌다.

오바마 캠프도 힐러리의 이라크전쟁 지지 경력과 세금 공제 자료 의혹 등을 거론하며 맞불을 놓으려 했지만 '때리기 싸움'에선 수세에서 벗어나지 못했다. 오바마를 도운 건 언론이었다. 언론들이 힐러리에게 '키친 싱크'란 표현을 붙이기 시작했기 때문이다. '키친 싱크 kitchen sink(부엌 개수대) 정치'는 동원할 수 있는 모든 수단을 끌어와 상대를 공격하는 행태를 뜻한다. 영어로 모든 게 포함되었다고 과장되게 강조할 때 '심지어 키친 싱크까지' 또는 '키친 싱크만 빼고 다'라고 말하는 데서 유래한 표현이다.[10]

오바마의 또 다른 우군은 인터넷이었다. 사이트 방문자 수나 관련 블로그 수, 인터넷 모금 액수 등에서 오바마가 여타 후보를 압도했기에 '개미들의 힘', '롱테일의 승리'라고도 했다. 사이버 세계에선 '오바마 컬트Obama Cult', '오바마 강림 신드롬Obama Comedown Syndrome', '오바마니아Obamania' 등 관련 신조어들이 생겨날 정도로 '오바마 열풍'이 불었다.[11]

2008년 3월 초에 선보인 힐러리의 텔레비전 정치 광고마저 부메랑 효과를 가져온 것처럼 보였다. 이런 내용이었다. 아이들이 곤히 자고 있는 새벽 3시에 갑자기 전화벨이 울린다. 지구촌 어딘가에서 긴박한 일이 발생했다. 누가 그 전화를 받기를 원하는가. 외교 경험이 전혀 없는 오바마보다 8년간 퍼스트레이디로서 다양한 국제 무대를 경험한 힐러리가 낫다는 암시다.

오바마 측은 '긴급 전화를 받을 때 중요한 것은 경험보다 판단력'이라는 광고로 대응하고 나섰지만, 여론조사기관 라스무센Rasmussen이 "이 전화를 누가 받기를 원하느냐"는 설문조사를 했더니 '존 매케인 공화당 후보'라는 응답이 45퍼센트로 가장 많았다. 이렇듯 별 재미를 보지 못한 데다, 힐러리가 국가 안보에 대한 공포심을 유발한다는 비판을 불러일으켰으니, 힐러리로선 죽을 맛이었다.[12]

3월 말엔 이른바 '스나이퍼게이트Snipergate'까지 터져 힐러리를 괴롭혔다. 그녀는 1996년에 퍼스트레이디로서 보스니아를 방문했던 일을 유세 중에 언급하면서 도착 당시 저격수sniper의 총격이 있었고, 그래서 고개를 숙인 채 활주로를 달려 현장을 빠져나와야 했다고 말했다. 그러나 당시 투즐라Tuzla공항에서 딸 첼시를 비롯해 명랑한 아이들이 힐러리를 반기는 모습을 담은 화면이 공개되면서 힐러리는 '거짓말쟁이'라는 기존 이미지를 강화시키는 결과를 초래하고 말았다. '수면부족' 때문이었다는 힐러리의 변명으론 이해하기 어려운 실수였다.[13]

## 왜 언론은 힐러리를 버리고 오바마를 편애했는가?

힐러리에게 반전의 기회가 없었던 건 아니다. 2008년 4월 6일 오바마는 샌프란시스코 선거자금 모금 행사에서 소도시의 실직 노동자 계층이 "적의에 가득 차, 총기·종교, 자신과 같지 않은 사람에 대한 반감 또는 반이민, 반무역 정서 등에 매달려 분풀이하는 것은 놀라운 게 아니다"라고 말했다. 이 발언이 11일 뒤늦게 공개되자, 비난이 빗발쳤다.

힐러리는 기다렸다는 듯이 오바마를 국민정서와 동떨어진 "엘리트주의자"라고 비판했다. 하버드대학 출신의 변호사인 오바마가 국민들의 신앙과 가치 판단을 분풀이로 무시하고 매도하는 교만함을 보였다는 것이다. 힐러리는 "증오에 가득 차 종교에 매달리는 게 아니라 정신적으로 부유하기 때문이며, 총기와 이민 등에 대한 태도도 좌절감 때문이 아니다"며 "국민들은 자신들을 무시하는 게 아니라, 지지해주는 대통령을 필요로 한다"고 목청을 높였다. 공화당 대선 후보 존매케인John McCain, 1936~ 측도 "열심히 일하는 노동자 계층에 엘리트 의식과 우월 의식을 드러냈다"며 "평범한 미국인들과 동떨어진 사람이 대통령 후보로 나선 것을 상상하기 어렵다"고 비판했다.

오바마는 "내 발언으로 불쾌했다면 대단히 유감스럽게 생각한다"며 사과했다. 그는 다른 한편으로는 "나는 모든 사람이 아는 것을 말했다. 국민들은 지쳤다. 그들은 화가 났기 때문에 워싱턴에서 변화를 원하고, 그래서 내가 미국 대통령 후보로 출마한 것이다"며 발언 배경을 적극 해명했다.[14]

20여 일 후 오바마에게 더욱 곤혹스러운 사건이 터졌다. 오바마가 20년간 다닌 교회의 담임 목사(흑인)인 제러마이어 라이트Jeremiah Wright, 1941~가 3월 "흑인은 '갓 댐 아메리카(빌어먹을 미국)'를 외쳐야 한다"고 주장한 '갓 댐 아메리카God damn America' 파문을 일으킨 이후 40여 일 만인 4월 28일 워싱턴 내셔널프레스클럽 초청 연사로 나타나 그 파문을 증폭시켰기 때문이다. 그는 "미국을 겨냥한 9·11 테러가 결과적으로 미국의 자업자득"이라는 자신의 발언을 재확인했고, 심지어 "미국 정부가 흑인 소수민족을 말살하기 위해 대량 학살 수단으로 에이즈를 만들어 흑인 사회에 퍼뜨렸다"고 주장했다.

큰일 났다 싶은 오바마는 그간 라이트를 옹호하려던 입장을 내던지고 다음 날 유세에서 라이트와의 절교를 선언했다. "내가 어제 본 그 사람은 20년 전 내가 만난 그 사람이 아닙니다. 그의 발언은 분열적이고 해를 끼치는 선에서 그치는 게 아닙니다. 제 생각에 그의 발언은 증오를 바라마지 않는 사람들에게 위안을 줄 것입니다."[15]

힐러리 캠프의 기대와는 다르게 이 사건 역시 무난하게 넘어갔고, 그래서 힐러리 캠프는 이 또한 언론의 오바마 편애 때문이라고 생각했다. 클린턴의 주장처럼 언론인들이 "오바마를 보기만 해도 바지에 사정을 하는 작자들"은 아니었을망정 언론의 오바마 편애는 분명한 것처럼 보였다. 왜 언론은 오바마를 편애했던 걸까? 여러 이유가 있었겠지만, 아무래도 가장 큰 이유는 감동적인 스토리텔링의 관점에서 오바마의 '뉴스 가치'가 힐러리의 '뉴스 가치'를 압도했다는 점에서 찾아야 하지 않을까?

오바마는 그런 '뉴스 가치'와 더불어 탁월한 언변 능력을 갖고 있었다. 2008년 5월 18일 『뉴욕타임스』는 인터넷판에서 오바마는 "어떤 정치인보다 잘 쓰여진 이야기의 힘을 아는 인물"이라며 "그가 민주당 대통령 후보로 부상한 것은 그의 정치적 경력보다는 자신의 삶을 진솔하게 이야기할 수 있는 문학적 재능에 힘입었다"고 주장했다.[16] 로널드 레이건의 연설문 작성자였던 페기 누넌Peggy Noonan, 1950~은 오바마에 대해 "레이건에 버금가는 대중 소통 능력에 덧붙여 '구세주 savior'의 이미지까지 가지고 있다"고 평가했다.[17]

## "유리천장엔 1,800만 개의 틈이 생겼습니다"

2008년 5월 20일 오바마가 오리건·켄터키주 예비선거를 계기로 전체 선언대의원pledged delegate 중 과반수를 확보, 명실상부한 민주당 대선 후보로 떠올랐다. 그의 승리 비결 중의 하나는 선거자금에서 압도적 우위였다. 전 연방 하원의원 김창준은 "미국의 정치는 돈이란 말이 생각난다. 돈을 얼마나 모았는지가 늘 중요하다. 이번 민주당 대통령 예비선거를 봐도 초반에 유력했던 힐러리 클린턴이 버락 오바마에게

패한 것은 결국 돈을 모으는 데서 뒤졌기 때문이다”고 했다.[18]

2008년 6월 4일 『뉴욕타임스』는 오바마가 단기간에 정치적으로 성공한 데에는 그의 시적 감수성과 마키아벨리적 정치 술수가 뒷받침되었다고 보도했다. 이 신문은 “오바마는 유대교 율법학자와 같은 엄격함으로 정치적 흐름을 파악하고 라이벌 정치인의 장단점을 연구·분석한다”며 “타고난 친화력을 바탕으로 민주당뿐만 아니라 공화당에도 정치적 후견인을 뒀다”고 밝혔다. 조지 매클라우드George Macleod 영스타운주립대학 부총장은 “오바마는 시적 감수성을 정치적 언어로 표현하는 능력을 갖고 있다”며 “미국에서는 1960년대 흑인 인권운동 지도자인 마틴 루서 킹 목사 이후 이런 능력을 갖춘 정치가가 없었다”고 말했다. “그의 연설은 개신교 부흥회 같이 청중을 열광시키는 힘이 있다”는 것이다.[19] 결국 그 힘에 힐러리가 나가떨어지고 말았다.

2008년 6월 7일 힐러리는 워싱턴의 국립빌딩박물관National Building Museum에서 패배 승복 연설을 했다. “오늘 나는 선거운동을 중단한다. 나는 그의 승리를 축하한다. 그를 전폭적으로 지지한다. 여러분이 나를 위해 한 것처럼 오바마를 위해 열심히 뛰어달라.……우리가 비록 가장 높고, 가장 단단한 유리천장(여성에 대한 보이지 않는 차별)을 깨지는 못했으나 그 천장엔 1,800만 개의 틈(경선에서 힐러리를 찍은 표)이 생겼다. 그걸 통해 들어온 빛이 반짝반짝 빛나고 있다. 나는 여자이고, 여성에겐 아직도 사회적 장벽과 편견이 남아 있다. 나는 우리 모두를 존중하는 미국을 만들길 원한다.” 시카고에서 인터넷을 통해 힐러리의 연설 장면을 지켜본 오바마는 “힐러리의 지지를 얻게 된 데 대해 전율과 영광을 느낀다”며 “그는 나의 딸과 모든 여성을 대신해 장벽

을 허물었고, 여성은 그들의 꿈에 제한이 없다는 걸 알게 됐다"는 성명을 발표했다.[20]

합산된 3,600만 표 가운데 약 15만 표가 두 후보의 차이를 갈랐다. 패배 승복 후 양 캠프의 협의 과정에서 힐러리의 선거 부채 1,200만 달러가 주요 의제로 떠올랐다. 힐러리 진영은 오바마 측이 자신의 지지자들에게 기부금을 호소해 변제할 수 있도록 도와주기를 바랐지만, 오바마 측은 그걸 받아들이지 않았다.

힐러리는 큰 충격을 받았지만, 그게 바로 패배자의 쓴 운명이었다. 오바마 진영은 웹상에서 돈을 낸 기부자들에게 이메일 권유서를 발송하는 것조차 거부했다. 그럼에도 힐러리는 다시 훗날을 내다보고 오바마 지원 유세에 나서지 않을 수 없었다. 오바마 측은 힐러리 부부가 빚을 거의 다 갚아갈 때쯤에서야 작은 도움을 주었다.[21]

## "세라 페일린을 공격하는 것은 성차별적인 행동"

오바마의 인기가 치솟으면서 '오바마 후보를 지지하는 보수주의자 conservative'를 뜻하는 '오바마콘Obama+conservative'이라는 용어까지 생겨났다. 네오콘(신보수주의) 이론가였던 존스홉킨스대학 교수 프랜시스 후쿠야마Francis Fukuyama, 1952~는 언론 인터뷰 등에서 "공화당이 이라크에서 저지른 거대한 오류에 대한 책임을 묻지 않을 수 없다"며 "아주 내키는 건 아니지만 오바마에게 표를 줄 것"이라고 밝혔다.[22]

반면 『뉴욕타임스』 칼럼니스트 데이비드 브룩스David Brooks, 1961~는 칼럼에서 오바마가 겉으로는 매우 부드러운 신사처럼 보이지만 이면에는 매우 냉혹한 마키아벨리적 정치인이라고 평가했다. 그는 "공화당이 오바마를 단지 '진보적 정치인'으로만 생각한다면 큰 착각"이라며 "오바마는 미국 정치인 가운데 가장 극명한 양면성을 지닌 정치인"이라고 주장했다.[23] 하기야 마키아벨리적 근성과 품성 없이 어찌 지도자 노릇을 할 수 있으랴. 게다가 흑인이 미국 대통령을 꿈꾸는데 그런 양면성이야말로 가장 먼저 갖춰야 할 덕목이 아닐까?

콜로라도주 덴버Denver의 인베스코 경기장에서 열린 민주당 전당대회에서 힐러리와 클린턴은 8월 26일과 27일 각각 연단에 서서 오바마에 대한 전폭적인 지지 의사를 밝혔다. 클린턴은 특히 8월 27일 후보 선출을 위한 호명 투표(각 주 대의원들이 차례로 지지 후보를 밝히는 과정) 도중 "단합의 정신과 승리의 목표를 위해 투표를 거치지 말고 오바마 후보를 만장일치로 대선 후보로 지명하자"고 제안해 갈채를 받기도 했다. 이를 두고 칼럼니스트 크리스토퍼 하이예스Christopher Hijes는 『네이션』 8월 27일 인터넷판에 올린 글에서 "힐러리-오바마 갈등은 신기루에 불과하다"며 "이는 매케인 후보가 부추긴 정도가 아니라, 아예 만들어낸 것"이라고 주장했다.

그럼에도 민주당 전당대회 기간에 매케인 진영이 내놓은 4편의 신작 텔레비전 선거 광고 가운데 3편은 힐러리-오바마 갈등을 파고들었다. 새벽 3시, 침대에서 아이가 곤히 자고 있다. 갑자기 전화가 걸려온다. 국가적 위기 상황이다. 이어 힐러리가 경선 기간에 오바마를 공격하던 동영상이 등장한다. "매케인 후보가 백악관으로 가져갈 만한 평생의 경험이 있음을 잘 알고 있다. 반면 오바마 후보에 대해서 알고 있는 거라곤 2004년 민주당 전당대회에서 명연설을 했다는 점이 고작이다." 이어 점잖은 목소리가 흘러나온다. "힐러리가 맞다. 매케인 후보를 대통령으로." 또 다른 광고에선 폭넓은 지지를 얻은 힐러리가 부통령 후보로 지명되지 못한 점을 꼬집는다. 어김없이 힐러리가 경선 당시 오바마를 비판하는 동영상이 등장하고, "오바마는 진실을 싫어한다"는 말로 매듭짓는다. 세 번째 광고에선 아예 힐러리 지지자였던 여성이 출연해 "수많은 민주당원들이 매케인 후보를 지지하기로 마음을 바꿨다"며 "그렇게 해도 괜찮다"고 시청자를 '안심'시킨다.[24]

2008년 9월 3일 공화당 부통령 후보 세라 페일린Sarah Palin, 1964~은 전당대회 연설에서 여성 차별이라는 미국 사회의 보이지 않는 유리천장에 수많은 금을 낸 힐러리를 칭송했다. 오바마 진영은 힐러리에게 같은 여성으로서 페일린을 가차 없이 비판하는 성명을 내달라고 요청했지만, 힐러리는 이것만큼은 거부했을 뿐만 아니라 정반대로 행동했다. 힐러리는 공화당 전당대회 직후 "우리는 페일린이 공화당 부통령 후보로 지명된 역사적인 사실이 자랑스러우며, 그녀와 존 매케인에게 축하를 보낸다"는 성명을 냈다.

9월 10일 힐러리를 지지하던 여성단체들은 "페일린을 지지할 수는 없지만, 페일린을 공격하는 것은 성차별적인 행동"이라는 성명을 냈다. 페일린은 9월 12일 ABC 방송과의 단독 인터뷰에서 "힐러리는 결단력과 기개, 거친 공격을 다루는 능력이 뛰어나다"며 "오바마는 지금쯤 힐러리를 부통령 후보로 선택하지 않은 것을 후회할 거예요"라고 말했다. 힐러리의 지지자들에게 '공개 구애求愛'를 한 것이다.[25]

## 오바마에게 쏟아진 돈과 언론의 축복

선거를 2주 남기고 '오바마 대세론'의 징후가 가시화되면서 오바마에게 돈과 인파, 언론이 몰려들었다. 매케인 진영은 10월 20일 연방선거위원회에 대선일(11월 4일)까지 사용할 수 있는 선거자금이 4,700만 달러라고 밝혔다. 국가에서 받은 8,400만 달러의 선거자금 중 이미 3,700만 달러를 사용한 것이다. 매케인은 공영 자금을 받은 이상 이 한도를 지켜야 했던 반면 공영 자금을 포기한 대신 제한 없이 사적 선거자금을 모금할 수 있는 오바마 진영은 돈벼락을 맞고 있었다.

9월 초 9,500만 달러를 은행에 예치해두었던 오바마 진영은 9월 중 사상 최대 규모인 1억 5,000만 달러를 추가로 모았다. 매케인보다 2배 이상 실탄을 확보한 것이다. 블룸버그통신은 "9월부터 대선 당일까지 오바마가 받아서 쓸 선거자금은 모두 5억 달러에 달할 것"이라고 내다보았다. 오바마는 풍부한 자금을 바탕으로 오하이오·플로리다 등 경합주를 넘어 공화당 텃밭인 웨스트버지니아·노스캐롤라이나·인디애나주까지 공략했다. 플로리다주에서 오하이오주 등 4개 주 주지사들을 소집해 일자리 증대 방안 회의까지 열었다. 매케인 진영의 공보담당자 릭 데이비스Rick Davis, 1957-는 "오바마가 대선 사상 가장 많은 돈을 끌어모으고 있지만, 우리는 자금을 핵심 경합주에서만 아껴 써야 하는 형편"이라고 말했다.[26]

오바마 진영은 소액 기부자들이 오바마의 주요 수입원이라는 주장을 계속했고 주요 언론은 이를 곧이곧대로 믿는 보도를 했지만, 이건 결코 진실이 아니었다. 소액 기부자와 거액 기부자의 비율은 매케인 진영과 거의 비슷했으며, 오바마 진영의 주요 수입원은 대기업 중심의 특별이익단체들이었다. 골드만삭스는 매케인보다 오바마에게 4배나 많은 돈을 기부했으며, 마이크로소프트는 10배나 많은 돈을 기부했다.[27]

오바마는 돈과 더불어 언론의 축복도 누렸다. 10월 말 퓨리서치센터의 조사에서 응답자의 70퍼센트는 "기자들이 오바마 편을 들고 있다"고 응답했다. 매케인 편을 든다는 대답은 9퍼센트에 불과했다. 라스무센 조사에서도 "언론이 자기네가 원하는 후보를 도우려 한다"는 대답이 69퍼센트나 나와 "편향되지 않게 보도한다"는 응답(21퍼센트)을 압도했다. "세 정치인 중 누가 언론으로부터 가장 우호적인 대우를 받았다고 보느냐"는 질문에는 오바마 57퍼센트, 힐러리 9퍼센트, 매케인 21퍼센트로 오바마를 꼽은 응답자가 압도적으로 많았다.

앞서 살펴보았듯이, 사실 언론 공정성 논란은 2008년 초 민주당 경선 때 힐러리 캠프에서 먼저 터져나왔다. 언론이 오바마에 대해선 '변화', '통합', '새로운 시대'의 이미지를 강조하는 반면 힐러리에 대해선 '까다롭다', '성격이 깐깐하다'는 등의 이미지를 확산시키고 있으며 그 근저根底엔 '여성 후보'에 대한 편견이 깔려 있다는 불만이었다. 이제 이 같은 불만은 공화당으로 옮겨갔다. 주요 신문 1면, 방송 헤드라인 뉴스의 후보별 보도 분량에서 오바마가 매케인에 비해 2~3배 많다는 조사 결과도 나왔다. 선거 막판 공화당 유세장에선 『뉴욕타임스』를 비롯한 리버럴 경향 언론사에 대한 성토가 자주 나왔다.

대선 과정에서 언론의 민주당 편향성이 이처럼 두드러졌던 이유에 대해 전문가들은 "조지 W. 부시 행정부 8년 실정이 가져온 정권 교체

열망, 오바마라는 역사적 상징성을 지닌 후보의 등장이 언론 내부에서 '중립·공정성 의무'에 대한 스스로의 결속과 부담감을 약화시킨 측면이 있다'고 분석했다. 또한 '강경 우파 성향에다가 준비가 제대로 안 돼 보이며, 언론에 대해 개방적이지 않은 여성 후보'인 페일린은 리버럴 언론들에겐 '최적의 공격 대상'으로 여겨졌을 것이란 분석도 나왔다.[28]

## 힐러리를 국무장관에 임명한 오바마

2008년 11월 4일 오바마는 일반 득표수 6,541만 2,231표(52.6퍼센트)로 경쟁자인 존 매케인(46.1퍼센트)보다 800여만 표를 더 얻으면서 미국 제44대 대통령에 당선되었다. 오바마는 승리가 확정된 그날 밤 자신의 정치적 고향인 시카고의 그랜트파크Grant Park에 운집한 24만여 명의 지지자 앞에서 "미국에 변화가 도래했다"고 선언했다. "미국은 모든 것이 가능한 나라라는 걸 여전히 의심하는 사람들이 있다면, 우리 건국의 아버지들의 꿈이 우리 시대에도 살아 있다는 걸 여전히 의심하는 사람들이 있다면, 우리 민주주의의 힘을 여전히 의심하는 사람들이 있다면, 오늘 밤이 바로 그런 의심에 대한 답입니다."[29]

11월 13일 시카고에서 오바마와 힐러리가 만나면서 힐러리의 국무장관 기용설이 나오기 시작했다. 11월 16일 『뉴욕타임스』 칼럼니스트인 모린 다우드Maureen Dowd는 칼럼에서 "만약 오바마가 힐러리를 장관으로 기용한다면, 우리는 자신의 세계를 기꺼이 다른 똑똑하고 강한 사람에게 열어주는 대통령을 맞이할 것"이라며 오바마를 칭찬했다.

힐러리는 오바마 행정부 내 자신의 입지에 대한 우려와 상원의원직에 대한 미련 탓에 국무장관 제안에 회의적이었지만, 오바마가 20일 힐러리에게 전화를 걸어 국가안보보좌관을 거치지 않는 대통령과의 '독대獨對' 권한과 국무부 내 인사권을 보장하면서 힐러리는 이에 흔쾌히 응했다(힐러리가 4년 임기 동안 백악관을 들락거린 횟수는 700번으로 거의 이틀에 한 번 꼴이나 된다).³⁰

오바마는 2008년 1월 CBS 방송 인터뷰에서 '『성경』 외에 백악관에 가져갈 책'으로, 역사학자인 도리스 컨스 굿윈Doris Kearns Goodwin, 1943~이 쓴 『팀 오브 라이벌스Team of Rivals』(2005)를 꼽았다. 이 책은 에이브러햄 링컨Abraham Lincoln, 1809~1865이 대통령이 된 뒤, 공화당 경선에서 치열하게 싸웠던 윌리엄 헨리 수어드William Henry Seward, 1801~1872를 국무장관으로, 공화당 내 라이벌이자 '링컨 비판'을 주도했던 새먼 체이스Salmon P. Chase, 1808~1873를 재무장관으로, 민주당 의원이자 소송 변호사 시절 링컨을 무시했던 에드윈 스탠턴Edwin Stanton, 1814~1869을 전쟁장관에 기용한 사실을 소개하고 있다. 링컨은 "우리는 가장 강한 사람들이 필요하다. 나는 이 나라로부터 이들의 봉사를 빼앗을 권리가 없다"고 말했다. 오바마는 "대통령으로서 역량 있는 인재의 도움을 받으려면 자존심이나 과거의 원한에 집착하면 안 된다는 교훈을 얻었다"고 이 책을 읽은 소감을 밝혔다.³¹

2008년 12월 1일 오바마는 힐러리를 국무장관에 임명한다고 공식 발표했다. 『뉴욕타임스』 등 언론은 힐러리가 대통령의 꿈을 버리지 못하고 4년 뒤를 노리면서 독주할 경우 오바마 행정부엔 재앙 수준의 문제가 발생할 수 있다며, 이를 '도박'이라고 평가했다.[32] 클린턴은 힐러리의 국무장관 길을 터주기 위해 '클린턴 재단' 기부자 20만여 명의 명단을 공개하는 한편 매년 1,000만 달러 이상의 수입을 올리던 해외 초청 강연도 대부분 줄일 것으로 알려졌다.[33]

하지만 힐러리 선거 캠프엔 마지막 마무리 작업이 남아 있었으니, 그건 바로 정치적 살생부의 작성이었다. 선거 캠프 요원들은 의원들 중 누가 힐러리를 지지하고, 누가 오바마를 후원하고, 누가 끝까지 방관자로 남았는지 면밀하게 적어두었다. 어느 선거 캠프건 일반적으로 거치는 절차였지만, 힐러리 캠프의 살생부는 그 내용이 매우 상세하고 구체적이라는 점에서 타의 추종을 불허했다.

살생부의 한 초안에는 각 민주당 의원들이 1등급부터 7등급까지 분류되어 있었는데, 힐러리에게 가장 큰 도움이 된 이들은 1등급, 가장 불충한 자들은 7등급이었다. 미국의 첫 15명의 대통령들 중 6명이 국무장관 출신이었으니, 아직 갈 길이 먼 힐러리로선 꼭 필요한 작업이었다.[34] 하지만 8년 후인 2016년이면 그녀의 나이는 69세가 되니, 그게 문제라면 문제였다.

제9장
★
## "여성의 야망과 포부 실현을 막는
'유리천장'을 없애자"
★★★
2009~2014년

## 공화당의 지도자가 된 극우 '라디오 스타' 러시 림보

2009년 1월 20일 버락 오바마가 제44대 대통령에 취임했다. 오바마는 취임 직전 『워싱턴포스트』와 ABC 방송의 여론조사에서 80퍼센트의 국민 지지율을 받았는데, 이는 1930년대 이후 역대 대통령 중 가장 높은 수치였다. 그의 지지율은 대선에서 승리한 직후인 2008년 11월의 67퍼센트, 12월의 76퍼센트에서 갈수록 높아지고 있었다.[1]

정치 활동이 가장 왕성한 10개 기업 가운데 9개 기업에서 공화당후보보다 많은 정치자금을 받은 오바마가 취임 후 처음으로 서명한 중요한 정책 집행은 총 7,870억 달러에 이르는 경기 부양 법안을 통과

시키는 일이었다. 이것은 기업 로비스트는 물론 미국 상공회의소와 모든 대기업이 적극적으로 지지한 법안이었다. 중립적인 시민감시단체인 책임정치센터Center for Responsive Politics는 오바마가 거대 기업의 도움으로 백악관에 입성했다고 비난했다.[2]

패배의 충격에 휩싸인 공화당은 지리멸렬支離滅裂하는 가운데 극우 성향의 '라디오 스타' 러시 림보Rush Limbaugh, 1951~가 공화당의 몫까지 떠맡겠다고 나섰다. 미국 언론들은 '원조 보수'를 자청하는 그를 '사실상de-facto 공화당의 지도자'라고 부를 정도였다. 구심점을 찾지 못해 헤매고 있는 공화당의 정신적 지주 역할을 한다는 것이다.

1988년에 시작한 토크쇼인 〈러시 림보쇼〉는 600개 라디오 채널을 통해 정오부터 3시간 동안 전국에 생방송되어 주당 청취자 수가 평균 2,000만 명에 이를 정도로 막강한 영향력을 행사하고 있었다. 로널드 레이건을 가장 존경한다는 그는 미디어그룹인 클리어 채널 커뮤니케이션스와 2016년까지 8년간 4억 달러에 계약을 했는데, 연봉으로 치면 5,000만 달러(약 770억 원) 수준이었다. ABC, NBC 등 4대 지상파 방송 앵커의 연봉을 합친 것보다 많았고, 메이저리그 연봉 왕 뉴욕 양키스의 알렉스 로드리게스Alex Rodriguez, 1975~ 연봉(2,750만 달러)의 2배 가까이나 되었다.

림보는 2009년 1월부터 "오바마 대통령이 실패하기를 바란다"고 주장해 논란을 일으켰다. 이에 흑인 첫 공화당 전국위원장인 마이클 스틸Michael Steele, 1958~은 "선동적incendiary이고 분열적이고 추악한 엔터테이너일 뿐"이라고 했다가 비난 여론이 일자 "그의 주장이나 리더십을 깎아내리려는 의도는 없었다. 공화당의 매우 귀중한 보수적 시

각을 대변하는 그를 존경한다"고 꼬리를 내렸다.[3]

림보는 회생을 노리는 공화당엔 '계륵'과 같은 존재였다. 림보는 백인·남부·고령층으로 대표되는 공화당 골수 유권자를 열광시킬 뿐, 훨씬 많은 유권자의 반감을 낳았기 때문이다. 조지 부시George W. Bush, 1946~ 전 대통령의 연설문 작성을 담당했던 데이비드 프럼David J. Frum, 1960~은 "림보 청취자들은 공화당이 선거에서 다시 승리하기 위해 끌어와야 할 중도 성향 유권자가 아니다"라며 "우리의 핵심 유권자를 흥분시키는 전략으로는 결코 선거에서 이길 수 없다"고 지적했다.[4]

## 국무장관 힐러리의 이화여자대학교 강연

국무장관 힐러리가 임기 첫날인 2009년 1월 22일 국무부 청사 본관의 아트리움에 들어갔을 때 그곳을 가득 메운 직원들은 환호를 보냈다. 발 디딜 틈도 없어 빈자리를 찾지 못했던 한 공무원은 "마치 광란의 록 콘서트 같았다"고 말했다.

신임 장관은 보통 6~12명의 자기 사람을 데리고 들어가지만, 힐러리는 오바마의 인사권 약속 덕분에 많은 정치적 측근을 임명할 수 있는 권한을 얻었다. 그녀는 국무장관으로서 미국의 대외적인 평판을 회복하고 클린턴 행정부의 국방부 관리였던 조지프 나이Joseph Nye, 1937~가 만들어낸 '스마트 파워Smart Power' 개념을 미국 외교정책에 접목하는 것을 목표로 정했다.[5]

조지프 나이는 2007년 하드 파워Hard Power와 소프트 파워Soft Power

를 결합한 총체적 권력인 스마트 파워Smart Power 개념을 제시했다. 미국 대통령 선거를 꼭 1년 앞두고 나온 전략국제연구센터CSIS의 '스마트 파워 보고서'는 미국이 21세기 세계 질서를 주도하기 위해서는 전통적인 군사력과 경제력의 하드 파워와 더불어 소프트 파워에 대한 투자를 대폭 늘려 스마트 파워로 새로 태어나야 한다고 주장했다. 더 구체적으로는 지구적 도전을 함께 극복하기 위한 동맹, 세계 질병 퇴치를 비롯한 지구 발전, 국제 지식 중시의 공공 외교, 세계경제에 기여하는 경제 통합, 기후 변화와 에너지 안보 문제를 풀 수 있는 기술혁신을 소프트 파워의 핵심으로 꼽았다.[6]

힐러리가 국무장관의 자격으로 2009년 2월 15일 일본, 인도네시아, 한국, 중국으로 이어지는 아시아 4개국 순방에 나선 것도 그런 '스마트 파워' 전략의 일환이었다. 2월 20일 한국을 방문한 힐러리는 북핵이나 한·미 동맹 등 공식적인 의제 외에 '여성'을 방한의 부副주제로 삼았기에 이화여자대학교를 찾아 '여성의 힘을 키워라'라는 주제로 연설하면서 여성이자 정치인으로서 도전과 고충을 털어놓아 인간적인 매력을 보여주었다. 힐러리는 연설에서 자신이 이화여자대학교에 올 수밖에 없는 인연이 있다고 했다.

이화여자대학교는 기독교의 교파인 감리교 재단이 세운 학교인데 힐러리도 감리교도였다. 이화여자대학교의 전신이 된 이화학당은 1886년 미국 선교사 메리 스크랜턴Mary Scranton, 1832~1909이 학생 한 명을 놓고 가르치면서 시작했다. 힐러리는 아버지가 펜실베이니아주 스크랜턴Scranton 출신이라며 이 또한 인연이라고 했다. 힐러리가 졸업한 웰즐리대학은 이화여자대학교와 자매 학교였다.

힐러리는 여자대학에서 4년을 보낸 덕에 리더십을 발휘할 기회도 얻게 되었다고 했다. 그래서 웰즐리대학이 남녀공학으로 전환하는 방안을 고려했을 때 졸업생으로서 반대 의견을 냈다. 주한 미국 대사관에 근무하는 이화여자대학교 졸업생이 50명이 넘는다는 것도 한 요인일 수 있었다. 미국 대사관 전체 직원 약 400명 중 한국인은 약 200명이었는데, 여기서 이화여자대학교 출신이 50명이 넘으니 한국 직원 중 4분의 1에 해당했다. 힐러리는 이날 연설에서 이 부분도 언급했다.[7]

## "힐러리는 국무장관직을 대선의 연장선으로 본다"

2009년 5월 7일 힐러리는 ABC 방송의 〈디스 위크This Week〉에 출연, 민주당의 대통령 후보 경선 당시 '외교안보 경험이 없는 애송이'라고 비판했던 오바마 대통령이 새벽 3시에 걸려오는 비상 전화에 잘 대처할 것으로 믿는다고 말했다. 힐러리는 "오바마 대통령은 나와 개인적으로 있을 때뿐만 아니라 국가안보팀과 함께 있을 때 강인하고 사려 깊고 단호한 모습을 보여왔다"며 "매우 탁월하게 임무를 수행하고 있다"고 평가했다. 또 "오바마 대통령과 함께 일하는 것은 큰 영광"이라고도 했다.[8]

2009년 8월 4일 클린턴은 평양에 가서 북한이 억류 중인 두 미국인 기자를 데리고 귀국했다. 5일 새벽 로스앤젤레스 부근의 버뱅크Burbank 밥호프공항에 특별기가 착륙하고 141일 만에 풀려난 두 여기자가 눈물로 가족들과 포옹하는 동안 클린턴은 보이지 않았다. 그는 가족 상봉에 방해가 되지 않으려고 5분쯤 비행기 안에 있다가 조용히 나타났다. 그는 풀려난 기자들과 그들의 소속사인 커런트TV 앨버트 고어 회장이 인사말을 하는 동안 말 한마디 없이 지켜보기만 했고 시선을 끄는 어떤 제스처도 없었다. 밥호프공항의 주인공은 두 기자였다.

클린턴의 도착 성명은 뉴욕에 있는 그의 사무실에서 나왔다. "북한 감옥에서 오랜 시련을 겪었던 두 여기자가 풀려나 가족들을 만날 수 있게 되어 매우 기쁘다"는 짧은 내용이었다. 그는 도착 다음 날인 6일 클린턴 재단의 에이즈 관련 행사에서 기자들의 질문을 받았으나 여전히 말을 아꼈다. "더이상 말하는 것은 내가 할 일이 아니다. 미국과 북한과 우방들에 무심코 영향을 줄 수 있는 말을 내가 해서는 안 된다. 나는 정책 결정자가 아니며 정부에 방북 내용을 보고할 의무가 있다"고 그는 말했다.

지금까지 클린턴의 이미지는 달변의 머리 좋은 야심가에 통제 불능의 바람둥이라는 것이었다. 그러나 평양으로 달려가 두 여기자를 구출해온 그는 전직 대통령의 관록과 품위, 절제와 겸양을 지닌 '큰 인물'로 다가왔으며, 침묵으로 과거의 달변보다 많은 점수를 땄다. 『로스앤젤레스타임스』는 "인격이란 최종 도착지가 중요한 것이지 과정이 중요한 것이 아니라고 주장하던 클린턴이 세월이 흐르면서 조용한 우아함을 갖기 시작했다"는 독자 기고를 실었다.[9]

아프리카를 순방 중이던 힐러리는 순방 내내 여기자 석방을 이끌어낸 남편 클린턴의 북한 방문을 놓고 기자들에게서 질문을 받아, 자신의 순방이 빛이 바래기도 했다. 앞서 힐러리는 콩고에서 한 대학생이 콩고의 정치에 대한 남편 클린턴의 견해를 묻자, "내가 국무장관이며 내 의견은 말해줄 수 있다"고 격분했고, 고개를 돌려버리는 등 최고 외교관답지 않은 처신으로 구설에 올랐다. 이 학생은 애초 버락 오바마 대통령의 견해를 질문하려다 긴장해서 남편 클린턴으로 잘못 말한 것으로 전해졌다.[10]

2009년 11월 중순 중도좌파 성향의 시사 격주간지 『뉴리퍼블릭The New Republic』은 힐러리의 지난 10개월은 '실언失言의 연속'이었다고 꼬집었다. 지난 2월 아시아를 처음으로 순방하면서, 힐러리는 "미국은 김정일 후계 문제를 둘러싼 북한의 위기를 우려한다"고 했다. 정보 자체에 추측과 소문에 섞여 있던 당시 '김정일 후계' 상황을 섣불리 공개 거론하는 것은 일종의 외교적 금기禁忌였고, 오바마 행정부는 경악했다. 7월엔 북한을 "제멋대로 구는 10대"라고 불러 북한을 격분케 했다. 당시 클린턴은 북한에 억류된 미국 기자 2명을 석방하려고 비밀리에 방북을 추진하고 있었다.

이스라엘 정부가 팔레스타인 자치 지역에 짓는 유대인 정착촌을 놓고는 발언이 두 번씩 오락가락했다. 5월 기자회견에서는 "기존 정착촌에서 자연적으로 증가하는 인구를 수용할 정착촌 증설도 안 된다는 게 오바마 대통령의 생각"이라고 해서 백악관을 발칵 뒤집어놓았다. 중동 평화의 최대 현안인 이 이슈에 대해, 오바마는 그때까지 입장도 정하지 못한 상태였다. 이스라엘은 기존 정착촌에서 인구가 늘어났으니 증설이 불가피하다고 했고, 팔레스타인은 증설에 무조건 반대했다. 힐러리는 보스의 허락도 없이 팔레스타인 손을 들어준 것이다. 그러더니 11월 1일 예루살렘 방문 때 힐러리는 증설을 강행하겠다는 이스라엘 총리의 계획을 '전례 없는 양보'라 칭송했다. 6개월 전 자신의 발언조차 식언食言한 것이다. 힐러리의 '입방정' 행진에 대해,『뉴리퍼블릭』은 "힐러리가 국무장관직을 대선의 연장선으로 보기 때문"이라고 분석했다.[11]

## 500만 달러를 들인 첼시의 호화판 결혼식

2010년 6월, 2008년 대선 과정에서 힐러리의 선거운동을 지원하다가 구설에 오른 이후 애써 정치판에서 거리를 두던 클린턴이 11월 중간선거를 위한 예비선거에서 민주당 쪽 최고 인기 정치인으로 다시 부상했다. 지지도가 50퍼센트 선으로 추락한 버락 오바마 대통령을 대신해 궂은일을 맡고 있는 '전천후 구원투수'라고 할 수 있을 정도였다.

클린턴은 7개월 전인 2009년 11월 2일 터키 이스탄불에서 열린 리더십 강연 중 "죽을 때까지 대통령을 하고 싶었다"고 고백했다. 그는 "미국에 대통령 임기 제한이 있는 것이 다행이다. 그렇지 않았더라면 내가 관에 실려 나가거나 선거에서 질 때까지 대통령을 했을 것"이라고 말했다.[12]

대통령의 권력엔 못 미칠망정 자신을 불러주는 것만 해도 어딘가. 클린턴은 5월 펜실베이니아주 하원의원 보궐선거에서 민주당 후보의 압도적 당선을 도운 데 이어, 6월 8일 아칸소주 상원의원 민주당 예비선거에선 강력한 도전에 직면했던 블랜치 링컨Blanche Lincoln, 1960~의 선거 광고 방송에 직접 출연하고 지원 유세까지 벌이며 승리에 일조했다. 비록 성공하지 못했지만, 공화당에서 당적을 옮긴 알런 스펙터

Arlen Specter, 1930~2012 상원의원(펜실베이니아주)의 예비선거 승리를 위해 당내 도전자인 조 세스택Joe Sestak, 1951~ 하원의원에게 백악관을 대신해 경선 포기를 종용하는 악역도 맡았다.

클린턴의 강점은 아직도 미국 국민 3분의 2의 폭넓은 지지를 받고 있고, 오바마 대통령이 환영받지 못하는 곳에서 민주당 지지표를 모을 수 있다는 점이었다. 특히 불우한 어린 시절을 보낸 클린턴이 "당신들의 고통을 함께 느끼고 있어요"라고 말하며 다가서는 선거운동은 보수적인 유권자들에게도 효과를 보였다. 민주당의 상원의원 선거를 책임진 로버트 메넨데스Robert Menendez, 1954~ 상원의원(뉴저지주)은 "클린턴이 자발적으로 그런 의지를 보이고 있다는 점에 감동하고 있다"며 "그가 계속 선거판에 도움을 주길 기대한다"고 말했다.[13]

2010년 7월 31일 클린턴과 힐러리는 딸 첼시의 결혼식이라는 생의 축복을 누렸지만, 수십억 원의 돈을 들일 정도로 너무 호화판이라 일부 사람들의 빈축을 샀다. 신랑 마크 메즈빈스키Marc Mezvinsky, 1977~는 10대 때 워싱턴에서 친구로 만난 첼시의 오랜 연인이자 스탠퍼드대학 동기로 아이오와 출신 민주당 연방 하원의원을 지낸 유대계 에드워드 메즈빈스키Edward Mezvinsky, 1937~의 아들이었다. 마크는 스탠퍼드대학을 졸업, 골드만삭스의 투자 금융가로 있다가 맨해튼의 한 헤지펀드인 'G3 캐피털'에서 일하고 있었다.[14]

첼시는 뉴욕시 외곽에 있는 베르사유궁전 모양 대저택을 빌려 결혼식을 올렸는데, 총비용이 장소 대여료 25만 달러, 야외 천막 설치 70만 달러, 식대 80만 달러, 꽃값 20만 달러, 파티 플래너 17만 5,000달러 등 500만 달러(60억 원)가 들었다. 웨딩 총책은 살림의 여왕으로 유명한 마사 스튜어트Martha Stewart, 1941~였다. 이 호화 결혼식에 대해 박성희는 다음과 같이 말했다.

"클린턴 부부가 백악관을 떠난 뒤 자서전 출간과 강연 등으로 벌어들인 돈만 1억 달러가 넘는다니 500만 달러쯤은 가벼웠을 수도 있다. 하나밖에 없는 자식인 데다 아버지는 섹스 스캔들로 상처를 입었고 엄마는 바쁘니 미안한 마음에 그렇게라도 보상해주고 싶었는지 모른다. 그러나 미국 사회 일각에선 1971년 '미국 왕실의 행사'란 비난을 받았던 닉슨 전 대통령의 딸 트리샤Tricia의 결혼식에 버금간다는 비아냥이 나돌았다."[15]

## '힐러리 대통령 만들기'를 위해 뛰는 빌 클린턴

블룸버그통신은 2010년 10월 7~9일 미국 전역에서 성인 1,000명을 대상으로 한 정치인 호감도 조사(복수 응답)에서 힐러리가 64퍼센트로 1위를 차지했으며, 상승 추세가 뚜렷하다고 밝혔다. 현직 대통령 오바마는 53퍼센트에 그쳤고, 공화당의 세라 페일린Sarah Palin, 1964~ 전 부통령 후보는 38퍼센트로 나타났다. 2위는 차기 대선 후보군에 포함되어 있다고 보기 어려운 퍼스트레이디 미셸 오바마(62퍼센트)였다. 힐러리는 뜻밖에도 그를 좋아하는 미국인이 가장 많았을 뿐 아니라 그를 싫어하는 미국인도 가장 적었다. 응답자의 29퍼센트만 힐러리를 '비호감'이라고 대답한 데 반해 오바마는 38퍼센트, 페일린은 58퍼센트가 싫다고 답했다.

힐러리는 국무장관직을 수행하며 과거의 부정적 이미지를 완전히 씻어냈다는 평가를 받았다. 민주당 경선 당시 힐러리는 정직하고 담백한 이미지의 오바마와 대조적으로 차갑고 불화를 잘 일으키며, 속임수와 음모에 능한 인물로 비쳐졌지만, 이제는 국제적으로 가장 존경받는 인물로 부상했다. 미국 언론들은 9월 미국외교협회CFR에서 행한 힐러리의 '미국의 대외 정책 기조' 연설을 오바마 정부 최고의 연설로 꼽았다.[16]

2010년 11월 2일 미국 중간선거에 출마한 민주당 후보들이 가장 초청하고 싶어 하는 지지 연설자는 버락 오바마 대통령이 아니라 빌 클린턴 전 대통령이었다. 오바마의 지지율은 침체된 반면 클린턴의 대중적 인기는 여전히 뜨거웠다. 클린턴은 이에 화답하듯 벌써 80여 차례나 지지 연설자로 나섰다. 클린턴은 위기에 처한 오바마와 민주당을 돕기 위해 구원투수로 나선 것일까? 그것만은 아니었다.

클린턴은 10월 14일 뉴멕시코주 에스파뇰라Espanola의 민주당 유세장에서 이렇게 말했다. "나는 지난 2008년 민주당 경선에서 힐러리를 지지해준 모든 이들을 도울 계획입니다. 공직자 신분이기 때문에 지지 연설을 할 수 없는 힐러리를 대신해 나는 이 자리에 섰습니다." 그가 지지 연설을 해준 민주당 후보는 중간선거에 뉴멕시코 주지사 후보로 출마한 다이앤 데니시Diane Denish, 1949~ 뉴멕시코주 부지사로, 그녀는 2008년 민주당 경선에서 오바마가 아니라 힐러리를 지지했다.

영국 일간 『텔레그래프The Telegraph』는 "빌 클린턴은 2016년 대선에서 힐러리를 대통령에 당선시키기 위해 벌써부터 텃밭 관리를 시작한 것"이라고 분석했다. 클린턴은 『텔레그래프』와의 인터뷰에서 '힐러리가 2012년 대선에 오바마의 러닝메이트로 출마할 것인가'라는 질문에 "그녀가 이미 (아니라고) 밝혔다"라고 단호하게 말했다. 그러나 '힐러리가 2016년 대선에 재도전할 것인가'라는 질문에는 잠시 머뭇거린 뒤 "그녀가 직접 말할 사안이다"라고 대답을 회피했다.[17]

2010년 11월 2일 하원 중간선거에서 민주당은 88년 만에 최악의 패배를 맛보았다. 민주당에 고배苦杯를 안긴 공화당 지도자는 16년 전 깅리치 사단의 일원이었던 존 베이너John Boehner, 1949~ 하원의원이었다. 오바마는 공화당이 요구해온 '부자 감세 연장안'을 전격 수용하며 '적과의 동침'을 선언했다. 이와 관련, 오바마는 그런 타협 노선을 걸어온 클린턴의 생각을 국민에게 알리는 것이 좋겠다고 생각해 12월 10일 클린턴을 백악관에 초청해 기자들 앞에 같이 섰다.

오바마는 기자들에게 클린턴이 "아주 짧게 말씀하실" 거라고 했지만, 모처럼 신바람이 난 클린턴은 30분간 기자들의 질문까지 받아가며 자신의 정견政見을 토로하는 원맨쇼를 연출했다. 오바마는 기자단에 휴일 파티에 참석하기 위해 관저에서 기다리고 있는 미셸 오바마를 만나러 달려가봐야 한다고 했고, 오바마가 떠난 뒤에도 클린턴의 원맨쇼는 계속되었다. 『뉴욕타임스』의 한 기자는 흡사 오바마가 "클린턴에게 대통령직을 하청한 것" 같다고 썼다.[18]

오바마가 2011년 여름 대통령 재선 출마를 준비하기 시작했을 때에도 여전히 클린턴의 도움이 필요한 상황이었다. 이에 대해 힐러리의 전기를 쓴 조너선 앨런Jonathan Allen은 이렇게 말한다. "오바마가 2년이 넘는 임기 동안 인기를 점점 잃었던 반면, 빌은 폭넓은 인기를 회복하여 다시 한 번 민주당의 대부가 되었다. 그것이 재선 운동에서 부딪친 가장 큰 아이러니였다고 오바마의 보좌관들은 인정했다."[19]

## 벵가지 사건과 힐러리의 '뇌 손상' 의혹

힐러리는 국무장관으로서 강경한 모습을 보여주느라 바빴다. 오히려
지나칠 정도였다. 2011년 5월 2일 미 해군 특수부대 네이비실이 파키
스탄 아보타바드Abbottabad의 은거지를 급습해 오사마 빈 라덴Osama bin
Laden, 1957~2011을 사살했다. 2011년 10월 20일 아프가니스탄 카불
Kabul에서 CBS 뉴스와의 인터뷰를 위해 앉아 있던 힐러리는 측근 참
모인 후마 에버딘Huma Abedin, 1976~에게서 블랙베리(스마트폰)를 건네받
고 리비아의 무아마르 카다피Muammar Gaddafi, 1942~2011가 반란군에 의
해 사살되었다는 소식을 접했다. 그녀는 손뼉을 치고 웃으며 "왔노라,
보았노라, 그가 죽었노라" 하고 환호했다. 이에 조너선 앨런Jonathan
Allen은 "누가 봐도 힐러리의 이 요란한 반응은 완패한 적의 사망을 무
척이나 즐거워하는 승자의 부적절한 거드름이 분명했다"고 썼다.[20]

그러나 늘 거드름을 피울 수만은 없었다. 힐러리의 국무장관 임기
가 거의 끝나갈 즈음이던 2012년 9월 11일 리비아 주재 미국 대사인
크리스 스티븐스Chris Stevens, 1960~2012 등 미국인 4명이 벵가지Benghazi
의 미국 임시 공관에서 살해당해 잘 진행되고 있던 힐러리의 정치적
이미지 회복 작업에 찬물을 끼얹었다. 이는 두고두고 힐러리를 괴롭
힌다.[21]

클린턴은 2012년 대선 선거운동 마지막 7주 동안 오바마를 위해

37번의 지원 유세를 펼칠 정도로 오바마의 재선을 위해 열심히 뛰었지만, 그건 사실상 힐러리를 위한 운동이었다. 그는 가는 곳마다 오바마에게 '대단한 국무장관도' 있음을 유권자들에게 상기시켰으니 말이다. 클린턴이 유일하게 방문을 거절한 곳은 오바마의 추종자인 엘리자베스 워런Elizabeth Warren, 1949~이 상원의원 선거에 출마한 매사추세츠주였다. 이유는 단 하나. 워런은 힐러리의 경쟁자로 자주 언급되고 있었기 때문이다.

11월 6일 오바마의 재선 성공으로 힐러리 부부의 위상은 더 높아졌으며, 11월 8일 미국의 정치 전문 매체 『폴리티코Politico』는 2016년 대선에서 힐러리와 젭 부시Jeb Bush, 1953~가 맞붙을 가능성을 알리는 기사를 게재했다. 2008년 대선에서 오바마를 지지했던 당내 거물급 인사들도 속속 힐러리 지지를 선언하고 나섰지만, 이즈음 힐러리에게 불행한 일이 일어났다.

2012년 12월 힐러리는 벵가지 사태와 관련한 청문회에 출석하려고 했으나 장염에 걸려 실신해 머리를 부딪쳐 뇌진탕을 일으켜 병원에 입원하면서 한 달을 미루었다. 힐러리는 청문회 때 평소와 달리 안경을 쓰고 나와 눈길을 끌었다. 특히 렌즈에 줄무늬 홈이 있어 더욱 그랬는데, 전문가들은 뇌진탕 이후 물체가 겹쳐 보이는 복시複視 현상 교정용이라고 분석했다. 이후 힐러리의 '뇌 손상' 의혹이 제기되었다. 이 의혹도 이후 두고두고 힐러리를 괴롭히게 된다.[22]

2012년 12월 29일 『워싱턴포스트』는 '좋은 한 해good year'를 보낸 인물로 힐러리 부부를 선정했다. 클린턴은 민주당 전당대회의 명연설로 다시 한 번 '최고 인기 정치인'의 명성을 확인했고, 힐러리는 성공

적인 국무장관직 수행으로 '가장 유력한 차기 대선 후보'로 끊임없이
회자되고 있었다.[23]

## "여성의 야망과 포부 실현을 막는 '유리천장'을 없애자"

2013년 2월 1일 힐러리는 국무장관직에서 사임했는데, 그녀는 재임
4년 동안 112개국을 방문해 역대 국무장관 중에서 가장 많은 나라를
방문하는 기록을 세웠다. 그녀는 사임 후 CNN과의 인터뷰에서 "차기
대선에 출마할 계획은 없다"며 "당분간 강연·저술 활동을 할 것"이
라고 밝혔다. 2월 18일 세계 최대의 강연 에이전시인 해리워커Harry
Walker Agency는 홈페이지를 통해 힐러리와 독점 전속계약을 맺었다고
공식 발표했다. 해리워커는 이미 클린턴과도 전속계약을 맺는 등 명
사들의 강연을 전문적으로 대행해주는 업체였다.

이제 힐러리는 한 차례 강연에 10만 달러(약 1억 800만 원) 이상 받을
전망이어서 국무장관 시절 연봉인 18만 6,600달러(약 2억 100만 원)와
비교해보면 두 번의 강연으로 한 해 연봉을 넘어서는 셈이었다. 한편
클린턴은 대통령직에서 물러난 뒤 강연으로만 8,900만 달러(약 960억
원) 이상을 벌어들였다.[24]

2013년 6월 10일 힐러리는 네티즌과 실시간 소통하기 위해 트위터
를 시작했다. 힐러리는 이날 기존 트위터 계정(@HillaryClinton)에 짧
은 자기소개와 함께 첫 메시지를 올렸는데, 자기소개는 '아내, 엄마,
변호사, 여성 및 아동 인권 옹호자, 아칸소 주지사 부인, 대통령 부인,

미국 상원의원, 국무장관, 개 주인, 헤어 아이콘, 바지 정장 마니아, 유리천장을 깨는 사람(고위직에 이른 여성)'이라고 키워드 형식으로 풀어놓았다. 그리고 대선 출마 여부를 암시하는 듯한 'TBDTo Be Determined (추후 결정)'라고 끝맺었다.

언론들은 "정교한 정계 복귀 전략"(『워싱턴포스트』), "21세기형 대선 출마 선언"(『더위크』)이라며 정치적 의미를 부여했다. 『워싱턴포스트』는 "힐러리가 근엄하고 딱딱한 정치인에서 벗어나, 65세로 믿어지지 않는 신세대 감각을 뽐내고 있다"고 평가했으며, 『애틀랜틱』 온라인판은 "힐러리의 트위터 개시는 너무 늦었지만, 자신의 소셜미디어팀 도움을 받아 완전히 변신하는 데 성공했다"고 평가했다.[25]

그런데 묘한 일이었다. 같은 날 갤럽이 발표한 여론조사 결과에 따르면, 힐러리의 지지율은 4월의 64퍼센트에서 58퍼센트로 떨어진 것으로 나타났다. CNN의 여론조사 담당 국장인 키팅 홀랜드Keating Holland는 힐러리가 퍼스트레이디 시절 상원의원에 출마해 선거운동을 시작했을 때 지지율이 하락했던 전력을 언급하면서 "힐러리가 국무부를 떠나자마자 미국인들은 그녀를 다시 정치적인 시각으로 보기 시작했다"고 분석했다.[26]

2013년 11월 1일 힐러리는 펜실베이니아주에서 열린 여성 콘퍼런스에서 "여성의 야망과 포부 실현을 막는 '유리천장'을 없애자"고 역설했다. 이를 두고 미국 언론들은 힐러리가 2016년 대통령 선거 출마 의사를 간접적으로 내비친 것이라는 분석을 내놓았다.

힐러리는 청중 7,000여 명 앞에서 "정치·경제·사회 전 영역에서 완벽한 여성의 참여를 모색해야 한다"며 "여성이 고위직으로 진출하는 데 보이지 않는 한계가 여전히 존재한다"고 지적했다. 힐러리는 연설에서 차기 대권 도전 등을 직접 언급하지는 않았지만, 미국 언론들은 미국에서 아직 깨지지 않은 '유리천장'은 대통령이라는 점을 들며 힐러리가 이를 직접 깨겠다는 의사를 나타낸 것으로 해석했다.

11월 2일 버락 오바마 대통령의 재선 취임식 준비위원장을 맡았던 뉴욕주 민주당 상원의원 척 슈머Chuck Schumer, 1950~는 "2016년은 힐러리의 해"라며 출마를 촉구했다. 슈머는 이날 저녁 아이오와주에서 민주당이 개최한 '제퍼슨 잭슨 데이' 만찬에서 "당신이 출마한다면 확실히 승리할 것"이라고 말했다.[27]


## 1시간에 2억 원 버는 "생계형 억대 강연" 역풍

2014년 6월 9일 힐러리는 국무장관 시절을 담은 회고록『힘든 선택들 Hard Choices』의 출간과 관련 ABC 방송 인터뷰에서 "남편의 대통령 퇴임 뒤 우리는 '완전 빈털터리dead broke'였다. 주택담보대출과 딸 학비를 대야 했고 빚도 갚아야 했다. 생계를 위해 수십만 달러짜리 강연을 할 수밖에 없었다"고 발언해 논란을 빚었다. 100만 달러가 넘는 호화 저택이 2채나 있고, 『힘든 선택들』의 선인세先印稅로 1,400만 달러(약 142억 원)나 받으면서 무슨 '생계 곤란'이냐는 거다. 민주당 내부에서조차 "힐러리의 재산 발언은 큰 실수"라는 비판이 나왔다.

영국 BBC 방송은 "1,000만 달러의 빚이 있었다고 해도 유명 인사로 엄청난 잠재 수입 능력이 있는 부부가 힘들었다고 말하는 게 미국 대중의 공감을 불러일으키지는 않을 것 같다"고 보도했다. 시간당 최저임금 7.25달러(7,250원)를 받는 미국 저소득층이라면, 몇 시간 강연에 20만 달러(2억 원)에서 50만 달러(5억 원)를 챙기면서 "힘들게 살아왔다"고 말하는 힐러리를 곱게 봐주긴 어려운 일이었다.

소득 양극화로 불평등이 심화하는 상황이어서 '전관예우'로 비치는 고액 강연료도 논란거리여서 공화당 쪽 인사들도 공세에 나섰다. 보수적 월간지 『코멘터리Commentary』 편집장 존 포도레츠John Podhoretz, 1961~는 "클린턴 부부가 너무 가난해서 1,500만 달러 선인세로 불을 지펴야 했다"고 비아냥댔다.[28]

2014년 6월 12일 웹사이트 '셀러브리티네트워스celebritynetworth닷컴'은 미국 전직 대통령 가운데 최고 부자는 빌 클린턴과 힐러리 클린턴 부부라고 보도했다. 유명인 재산을 추적 보도하는 이 사이트는 클린턴의 자산이 8,000만 달러(약 813억 원), 힐러리는 2,150만 달러로 합쳐서 1억 달러(약 1,000억 원)를 상회한다고 전했다. 2위는 조지 W. 부시(3,500만 달러), 3위는 아버지 조지 H. W. 부시(2,500만 달러), 4위는 지미 카터(500만 달러) 순이었다.

빌 클린턴은 전 세계의 정부·기업·개인 파티 등에서 544번이나 마이크를 잡아 모두 1억 490만 달러(약 1,064억 원)를 벌어들였다. 2만 8,000달러(약 2,849만 원)였던 회당 강연료도 75만 달러(약 7억 6,000만 원)까지 치솟았다. 클린턴은 2011년 통신회사 에릭슨Ericsson의 홍콩 강연 때 75만 달러(약 7억 6,500만 원), 2013년 시몬 페레스Shimon Peres, 1923~2016 이스라엘 대통령 90회 생일 때 45분 연설로 50만 달러(5억여 원)를 받았다. 평균 강연료는 25만 달러 이상이었다.

빌 클린턴은 2004년 자서전 『마이 라이프My Life』를 출간하며 선인세先印稅 1,500만 달러(약 152억 원)를 받았으며, 힐러리도 자서전 『힘든 선택들』을 출간하면서 선인세로 1,400만 달러(약 142억 원)를 받았다. 셀러브리티네트워스는 "이 두 책은 역대 미국 출판물 선인세 1·2위"라고 했다.[29]

## '힐러리 패밀리'의 특권 퍼레이드

2014년 6월 14일 미국의 정치 전문 매체 『폴리티코Politico』는 "첼시가 올해 초 월별month-to-month 급여로 전환하기 전까지 NBC에서 연봉 60만 달러(약 6억 1,200만 원)에 달하는 급여를 받았다"고 보도했다. 첼시는 힐러리가 국무장관으로 재직하던 2011년 11월부터 NBC 방송기자로 활동하기 시작했으며, 2014년에도 재계약에 성공했다. NBC는 첼시를 채용할 당시에도 다른 언론사들에서 "경험이 없는 전직 대통령의 딸을 채용한다"는 비판을 받았다.

소식통들은 "NBC 측이 힐러리가 민주당 대선 후보로 출마할 때를 대비해 관계 유지 차원에서 첼시와 재계약한 것으로 안다"고 주장했다. NBC 방송 대변인은 그러나 "현재 계약에 대해 구체적으로 언급하지 않겠다"면서도 "우리는 첼시와 훌륭한 계약 관계를 지속할 것이고, 그의 활동에 만족하고 있다"고 밝혔다. 미국 경제 전문 인터넷매체인 『비즈니스인사이더Business Insider』는 이 보도가 사실이라면 첼시는 지난 2년 7개월 동안 총 58분 방송하면서 155만 달러를 받은 것이

라고 분석했다. 이는 방송 1초당 445달러(약 45만 4,500원)를 번 셈이었다.[30]

2014년 6월 17일 보수 성향의 시사주간지 『위클리스탠더드The Weekly Standard』는 출판계 소식통을 인용해 "지난 10일 발간된 힐러리의 두 번째 회고록 『힘든 선택들』이 일주일 동안 서점에서 6만 권 팔리는 데 그쳤다"고 보도했다. 전자책e-book 판매분 2만 4,000권을 합쳐도 9만 권에 못 미쳤다. 첫 주에 15만 권 정도가 팔릴 것으로 기대했던 출판사 '사이먼앤드슈스터'의 걱정이 이만저만 아니라고 잡지는 전했다.

애초 이 책은 출간 전 서점 쪽의 선주문량이 100만 권에 이르는 등 인기몰이가 예견되었다. 출판사가 힐러리에게 지불한 선인세만 1,400만 달러(약 142억 원)였다. 150만 권 정도를 팔아야 출판사가 수익을 낼 수 있는 거액이었다. 힐러리의 첫 회고록인 『살아 있는 역사』가 첫날 6만 권 넘게 판매되며 144만여 권이 팔린 것과 대조되는 판매 실적이었다.

힐러리가 전국을 돌며 회고록 서명 행사를 벌이고 있는 데도 책의 인기가 시들한 데는 '르윈스키 스캔들' 등을 담았던 전작에 비해 대중의 관심이 적다는 점과 아울러, 클린턴 일가의 잇단 '특권' 논란에 대한 국민들의 실망감도 한몫 했을 것이라는 분석이 나왔다.[31]

2014년 6월 27일 라스베이거스 네바다대학 학생회가 힐러리에게 편지를 보내 "강연료를 돌려달라"고 요구했다. 힐러리는 오는 10월 22만 5,000달러(약 2억 3,000만 원)를 받고 대학기금 모임에서 강연할 예정이었는데, 학생회가 "대학 등록금이 4년간 17퍼센트가량 오르는 상황에서 이렇게 비싼 강연료는 터무니없다"고 반발하고 나선 것이었다.

고액 강연료보다 문제가 된 것은 힐러리 측이 내건 조건들이었다. 계약서에 따르면, 힐러리 측은 이유를 불문하고 일방적으로 강연을 취소하거나 일정을 조정할 수 있었다. 연설 도중 누구도 연단에 올라올 수 없고, 질의자는 힐러리 측이 지명한다는 요구를 내걸었다. 강연의 주제와 시간도 모두 힐러리 측이 결정하고, 연설·리셉션 등 관련 행사는 언론에 비공개로 진행되어야 한다는 조건도 담겼다. 강연마다 귀빈용 티켓 20장을 힐러리 측에 제공해야 한다는 규정도 있었다.

힐러리의 고액 강연에 대한 반발은 '힐러리 패밀리'가 고액 강연료로 치부致富를 한 데 대한 미국인들의 불만을 반영한 것이었다. 힐러리 측은 네바다대학 학생회 요구에 "강연료는 AIDS 퇴치를 하는 '빌 힐러리 앤드 첼시 클린턴 재단'에 기부된다"고 해명했다. 그래도 클린턴 부부의 재산은 1억 150만 달러(1,032억여 원)로 전직 대통령 가운데 가장 많아, 논란은 계속될 수밖에 없었다.[32]

힐러리의 돈 욕심이 부른 이런 불미스러운 사건들은 이후로도 계속 불거져 나온다. "여성의 야망과 포부 실현을 막는 '유리천장'을 없애자"는 힐러리의 말은 더할 나위 없이 아름답지만, 누구를 위해 그리고 무엇을 위해 '유리천장'을 없애야 하는 건가 하는 의문이 제기되었다.

제10장
★
## "평범한 미국인들을 위한 챔피언이 되고 싶다"
★★★
2015년


## 힐러리의 '이메일게이트'

2015년 3월 2일 힐러리의 대권가도에 빨간불이 될지도 모를 대형 사건이 터졌다. 이른바 '이메일게이트' 사건이다. 이날 『뉴욕타임스』가 힐러리가 국무장관 재직 시절 정부 기관이 발급한 이메일 계정 대신 개인 이메일 계정을 이용했고, 업무상 이메일을 국무부 서버에 저장해야 한다는 규정도 지키지 않았다고 보도한 것이다. 이는 국무장관으로서 타국 지도자들과 주고받은 민감한 정보가 담긴 이메일이 별도의 보안 조치가 되어 있지 않은 개인 계정을 통해 오갔다는 뜻이다.

전 국립문서기록보관소NARA 소송 담당 국장 제이슨 배런Jason Barron

은 "장관급 인사가 의사소통 채널로 개인 이메일을 이용하도록 기관이 허용했다는 것은 상상하기 어려운 시나리오다"라고 말했다. 그는 다른 국무장관들도 업무에 개인 이메일을 사용한 적은 있었지만, 힐러리처럼 정부 이메일 계정을 만들지도 않고 임기 내내 개인 이메일만 사용한 경우는 거의 없었다고 설명했다.[1]

공화당 측은 힐러리가 연방법을 위반했을 뿐만 아니라 공직자로서 투명성이 부족하다며 공세를 퍼부었다. 『뉴욕타임스』가 이메일 스캔들을 보도한 후 8일간 침묵을 지키던 힐러리는 입지가 좁아지자 3월 10일 유엔본부 연설을 마친 후 기자회견을 갖고 해명에 나섰지만 궁색한 해명은 논란을 잠재우지 못했다.

힐러리는 기자회견에서 "재직 시절 관용 이메일 계정을 사용하지 않고 개인 이메일 계정만 사용한 것은 '편의convenience'를 위한 것이었다"며 "관용 이메일과 2개의 이메일 계정을 이용했더라면 더 좋았을 것"이라고 말했다. 힐러리는 그러나 "나는 법 규정을 충실히 지켰다"며 "개인 이메일로 정부의 기밀문서를 받지 않았다"고 주장했다. 또 6만 개의 이메일을 주고받았으며 절반 정도는 딸 결혼이나 어머니의 장례 등 사생활에 관한 것이어서 삭제했고 나머지는 국무부에 제출했다고 설명했다.

그러나 절반 정도의 개인 이메일을 삭제했다는 주장은 의혹을 더 키우고 말았다. 공화당 소속인 하원 벵가지특별위원회의 트레이 가우디Trey Gowdy, 1964~ 위원장은 "클린턴 전 장관의 기자회견은 의혹에 대한 해명보다 궁금증을 더 자아낸 회견이었다. 클린턴 전 장관이 4월에 의회 청문회에 나와 증언해야 한다"고 말했다. 가우디는 힐러리가 공적 이메일을 하나도 삭제하지 않았다는 점을 증명하려면 자택에 있는 개인 이메일 서버를 중립적인 제3의 단체에 넘겨야 한다고 촉구했다. 이에 대해 힐러리는 "개인 이메일 서버는 나와 남편의 통신 기록물을 저장하는 사생활에 관한 것"이라며 거부 의사를 밝혔다. 정치적 논란이 거세지면서 힐러리의 대선 출마 선언 시기가 당초 4월에서 여름 이후로 미루어질 것이란 전망이 나오기 시작했다.[2]

힐러리는 단지 '편의' 때문에 개인 이메일 계정만 사용했다고 했지만, 비판자들은 그 말을 믿지 않았다. 그들은 힐러리가 국무장관 업무와는 별도로 자신의 정치적 불법행위나 부도덕한 행위를 감추기 위해서 개인 이메일 계정을 사용했을 것이라고 주장했다.[3] 이 또한 두고두고 힐러리를 괴롭히는 그녀의 약점이 된다.

## "평범한 미국인들을 위한 챔피언이 되고 싶다"

이메일 스캔들 때문에 대선 출마 선언 시기가 여름 이후로 미루어질 것이란 전망을 비웃듯 힐러리는 2015년 4월 12일 미국인들의 '챔피언'이 되겠다며 2016년 대선 출마를 공식으로 선언했다. 그녀는 거창한 출정식 대신 자신의 페이스북 페이지에 '시작합니다Getting started'라는 제목의 2분 19초 분량의 대선 출마 동영상을 올리며 수개월 전부터 예상되었던 대선 출마의 첫걸음을 내딛었다.

그녀는 동영상을 통해 "평범한 미국인들은 챔피언을 필요로 하고 있고 내가 그 챔피언이 되고 싶다. 그래서 여러분이 현재보다 훨씬 더 나은 삶을 살고, 또 (각자의 영역에서) 앞서 나갈 수 있도록 하고 싶다"며 자신의 의지를 밝혔다. 이어 힐러리는 "이제 내가 여러분의 표를 얻기 위해 길을 나선다"며 "이제 여러분이 선택할 시간이고, 여러분이 나의 이 여정에 동참해주길 희망한다"고 말했다.

이날 출마 영상은 2008년 대선 때와는 확연하게 달라졌다. 힐러리는 2007년 1월 '이기기 위해 대선 판에 왔다I'm in it to win it'는 도발적인 캐치프레이즈를 내세운 출마 동영상에서 워싱턴 인근 자신의 대저택 소파에 앉아 1분 44초 내내 정치적 비전을 제시하는 다소 거만한 모습이었으나 이날 영상에선 다소곳하게 느껴질 정도로 '낮은 자세'를 유지했다. 『워싱턴포스트』는 "이번 대선에선 7년 전과 전혀 다른 힐러리를 보게 될 듯하다"고 평가했다.

힐러리가 내세운 새로운 선거 전략은 밑바닥 표심을 잡는 '로 키low key' 전략이었다. 2008년 대선 때와 같은 실패를 되풀이하지 않으려는 듯 힐러리는 대선 출마 선언 후 첫 행선지로 지난 2008년 경선에서 패배한 아이오와주를 잡았다. 화려한 출정식 대신 SNS를 통한 대선 출마 선언을 택한 것도 중산층과 젊은 유권자를 잡겠다는 의지로 받아들여졌다.[4]

힐러리는 아이오와주로 이동하면서 비행기 대신 '스쿠비'라는 별칭이 붙은 GMC의 밴 차량을 이용했다. 전세기를 타고 다니며 고액의 강연료를 챙겨 비난을 받았던 특권층 이미지를 탈피하고 친서민 행보를 강조하기 위한 의도로 풀이되었다.

4월 13일 힐러리는 지지자들에게 보낸 이메일에서 평범한 미국 가정들이 여전히 경제적 어려움을 겪고 있는 이때 CEO들은 일반 노동자보다 300배나 많은 연봉을 받고 있다며 문제를 제기했다. 이는 힐러리가 클린턴의 중도적 경제 정책에서 과감히 벗어나 진보 노선을 추구할 가능성을 시사하는 것으로 해석되었다.[5]

이날 힐러리가 진보적·서민적 이미지를 풍기기 위해 처음 모습을 드러낸 곳은 멕시코식 패스트푸드점인 '치폴레Chipotle'였다. 언론은 이를 단순한 식사가 아닌 정치적 행보라고 해석했다. 『허핑턴포스트』는 "2012년 대선 주자였던 밋 롬니 그리고 오바마 대통령도 치폴레를 찾았었다"며 "치폴레가 백악관으로 가는 길에 중요한 정차停車 장소가 됐다"고 말했다.

힐러리가 대선 출마 선언 후 첫 행보에서 치폴레를 찾은 것은 이곳이 서민적이면서도 기존 패스트푸드점과 달리 건강한 이미지와 성장하는 이미지를 갖고 있기 때문이었다. 기존의 부자·엘리트 이미지를 벗고 친서민과 중산층 살리기를 강조하고 있는 힐러리가 그런 이미지를 활용하려고 했다는 이야기다. 미국·캐나다·유럽에 1,700개 매장을 가진 치폴레는 값은 기존 패스트푸드점보다 약간 비싸지만, 웰빙 트렌드를 반영한 고품질 저칼로리 음식을 무기로 급성장했다. 영국 신문 『가디언』은 "힐러리는 대중적이지만 건강한 음식을 선택함으로써 정치적으로 매우 영리한 모습을 보였다"고 말했다.

『CNN머니』는 "젊은 유권자층을 고려했을 것"이라고 분석했다. 치폴레는 밀레니얼 세대에 압도적인 인기를 얻고 있는데, 밀레니얼 세대 유권자들의 지지가 상대적으로 약한 힐러리가 치폴레를 찾아 이들에게 어필하려고 했다는 것이다. 히스패닉 유권자를 의식해 멕시코음식을 택했다는 관측도 나왔다. 히스패닉 유권자층은 전통적으로 민주당 텃밭이었지만, 2016년 대선에선 멕시코 여성을 부인으로 둔 젭 부시Jeb Bush, 1953~와 쿠바 출신인 마코 루비오Marco Rubio, 1971~등 히스패닉의 표심을 빼앗을 만한 공화당 후보들이 포진해 있는 상황이었다.⁶

## "힐러리의 이미지가 회복 불가능할 정도로 망가졌다"

힐러리의 대선 출마 선언에 대해 공화당은 일제히 공세를 펼쳤다. 이미 대권 도전을 선언한 테드 크루즈Ted Cruz, 1970~ 상원의원(텍사스주)은 힐러리가 출마 선언을 하자마자 보도자료를 통해 "실패한 외교정책의 대표"라고 몰아붙였다. 그는 특히 "오바마-클린턴의 외교정책이 세계를 더 위험하게 만들었다"면서 "그녀가 지켜보는 사이에 러시아, 이란, ISIS 등이 부상했다"고 비난했다. 그는 힐러리가 대통령에 당선되는 것을 "오바마가 세 번째 임기를 하는 것"으로 비꼬기도 했다.

플로리다 전 주지사인 젭 부시는 지지자들에게 보낸 이메일에서 "그녀를 멈춰야 할 때가 됐다"고 선언했으며, 출마 선언이 있기 전인 이날 오전에는 "클린턴의 외교정책이 버락 오바마 외교정책과 연결돼 있다. 오바마-클린턴 외교정책은 동맹국과의 관계를 악화시켰으며 우리의 적들을 대담하게 만들었다"고 공격했다.

공화당 대선 후보 출마를 선언한 랜드 폴Rand Paul, 1963~ 상원의원(켄터키주)도 날을 세웠다. 그는 NBC 방송에서 "힐러리는 아주 위선적이며, 클린턴 일가는 자신들이 법 위에 있다고 생각한다"고 비판했다.

그는 사우디아라비아 성폭행 피해자 박해 사례를 거론하면서 "클린턴 재단은 성폭행 피해자가 공개적으로 채찍질당하는 나라로부터도 기부금을 받았다. 우리는 여성을 그렇게 대하는 나라로부터 물건을 살 게 아니라 아예 보이콧해야 한다"고 주장했다.

폴은 CNN 인터뷰에서는 크리스토퍼 스티븐스Christopher Stevens, 1960~2012 대사 등 미국인 4명이 숨진 벵가지 사건과 관련해 "힐러리가 사건 당일은 물론 그 이전 9개월 동안 보안 조치를 제대로 취하지 않았다. 보안을 강화해야 한다는 수십 번의 요구를 묵살했다"며 '힐러리 책임론'을 제기했다. 그는 자신의 대선 웹사이트에서 힐러리의 개인 이메일 사용 스캔들을 부각하며 '힐러리의 하드 드라이브Hillary's hard drive'를 판매하는 이색 캠페인도 벌였다.

또 다른 공화당 대선 후보인 린지 그레이엄Lindsey Graham, 1955~ 상원의원(사우스캐롤라이나주)도 외교정책 실패를 주요 공격 대상으로 삼았다. 그는 CNN에 출연해 2012년 벵가지 사건 등을 언급한 뒤 "힐러리는 오바마의 외교정책과 국내 정책을 고스란히 가지고 있다"며 오바마 정부의 실정과 힐러리를 연관시켰다.

2012년 공화당 대선 후보 출신인 밋 롬니Mitt Romney, 1947~ 전 매사추세츠 주지사 역시 이날 폭스뉴스 인터뷰에서 "국민은 변화를 원하는데 힐러리는 결코 변화에 맞는 인물이 아니다"면서 "힐러리는 워싱턴 정가가 만든 인물로, 워싱턴에 너무 오랫동안 있었다"고 비난했다. 그는 또 수년 동안 불거진 여러 스캔들 때문에 이제는 힐러리의 이미지가 회복 불가능할 정도로 망가졌다면서 특히 개인 이메일 사용 논란을 겨냥해 "힐러리가 믿지 못할 사람이라는 결과가 나온 여론조사를

당신도 봤을 것"이라고 말했다.[7]

힐러리를 겨냥한 온·오프라인의 '안티' 활동도 기승을 부리기 시작했다. 힐러리의 출마 선언이 있던 날 트위터에서는 '#내가 힐러리에게 투표하지 않는 이유Why I'm not voting for Hillary'가 미국 내 사용자들 사이에서 3시간여 동안 가장 인기 있는 해시태그(#)에 올랐다. 이 해시태그를 처음 시작한 마키스 영(19)은 "힐러리가 트위터를 통해 출마 선언을 하는 것을 보고 해시태그를 만들어야겠다는 생각이 떠올랐다"며 "간단하면서도 매우 힘 있는 수단"이라고 설명했다. 여기에 동조하는 네티즌들은 주로 2012년 리비아 벵가지 미국 영사관 피습 사건과 국무장관 시절 개인 이메일 사용 논란을 소재 삼아 맹공을 퍼부었다. 한 트위터 이용자는 벵가지 피습 때 숨진 4명의 사진을 올려 놓고 "진정한 미국인이라면 이것 이상의 (힐러리에게 투표하지 않는) 이유를 필요로 하지 않을 것"이라고 밝혔다.[8]


## "남편도 만족 못 시켰는데 미국을 만족시킬 수 있겠나"?

자신의 대선 출마 준비를 하느라 스트레스가 쌓였던 걸까? 아니면 자신의 입을 자기 자신조차 통제할 수 없었던 걸까? 힐러리가 대선에 출마한다는 이야기를 들은 공화당 대선 후보 도널드 트럼프Donald J. Trump, 1946~는 "제 남편도 만족을 못 시켰는데 과연 미국을 만족시킬 수 있겠나"는 글을 트위터에 올렸다가 삭제하는 해프닝을 벌였다.

힐러리를 싫어하는 동시에 여성 폄하 의식을 가진 사람들이 사석에서나 킬킬대며 농담으로 할 수 있는 말을 트위터에 올렸다가 다시 생각해본 것 같은데, 트위터를 비롯한 SNS는 과연 사적 영역인가 공적 영역인가? 이제 시간이 흐를수록 그런 고민조차 사치스러울 정도로 공사 영역의 구분이 완전히 파괴되는 막말의 대향연이 전개된다.

2015년 6월 16일 트럼프는 뉴욕 맨해튼 트럼프타워 로비에서 "미국을 다시 위대한 국가로 만들겠다"는 거창한 포부를 밝히며 대선 출마를 공식 선언했다. 배경에 8개의 성조기를 설치한 가운데 그는 "아메리칸 드림을 복원시킬 것을 맹세한다"며 "나는 신이 창조한 최고의 일자리인 '대통령이' 되겠다"고 말했다. "Make America Great Again(미국을 다시 위대하게 만들라)"이라는 트럼프의 슬로건은 로널드 레이건이 1980년에 대선 캠페인 슬로건으로 사용한 것인데, 트럼프는 보수의 전성시대였던 1980년대에 대한 향수를 불러일으키려고 한 건지도 모르겠다.[9]

2015년 7월 1일 위스콘신주의 매디슨Madison. 민주당 대통령 후보 경선에 출마한 버니 샌더스Bernie Sanders, 1941~ 상원의원(버몬트주)의 유세에 1만여 명이 모였다. 2016년 대선 관련 집회 규모로는 최대였다. 유력한 대선 후보인 힐러리의 최다 동원 청중 기록이 5,500여 명인 것을 감안하면 '샌더스 돌풍'이라고 할 만했다. 대중은 대형 은행 해체와 조세제도 개혁 등을 통한 부의 재분배를 주장하는 자칭 사회주의자 샌더스에게 열광했다.[10]

7월 초순 여론조사 결과 샌더스는 경선의 초반 흐름을 가늠하는 아이오와주에서 지지율이 두 달 새 15퍼센트에서 33퍼센트로 높아진 것으로 나타났다. 경선의 첫 판세를 좌우할 뉴햄프셔주 등 각종 여론조사에서 선두주자인 힐러리를 10퍼센트포인트 차로 뒤쫓고 있었다. 후원금도 1,500만 달러(약 168억 원)를 돌파했고, 대중 유세에서는 민주·공화 양당의 유력 후보들을 제쳤다. 양당 체제가 굳어진 미국에서 평생을 무소속으로 활동한 그의 뜻밖의 약진에 독주하던 힐러리 측도 경계하기 시작했다.

샌더스의 돌풍은 '사회주의자'를 자처하는 그의 주장에 유권자들이 공감한 결과였다. 그는 "미국에는 혁명이 필요하다"며 소득 불평등 해소와 중산층 복원을 최우선 과제로 제시했다. 월가의 대형 은행들을 해체하고 조세제도를 개혁해 극소수 슈퍼 부자들에게 몰려 있는 부를 재분배하겠다는 게 공약의 핵심이었다. 그를 극단주의자로 폄훼하는 견해도 있었지만, 그는 빈부 격차를 심화시키는 신자유주의 병폐를 막지 못하는 기성 정치에 대한 미국인들의 비판을 제대로 파악한 것이다.[11]

## 힐러리의 공약 제1호는 '이익 공유제'

2015년 7월 16일 힐러리는 뉴햄프셔주 도버Dover에서 열린 타운홀 미팅에서 소득 불평등 완화를 위해 이익 공유제를 확대할 것을 공약 제1호로 제안하면서 기업이 노동자에게 배분하는 이익의 15퍼센트에 대해 2년 동안 세액공제를 해주겠다고 밝혔다. 그녀는 연설에서 "기업들이 자사 경영진과 주주들뿐만 아니라 노동자들과 고객들, 그리고 지역사회와 국가를 보살피도록 할 필요가 있다"며 "기업이 자사 노동자들도 사업에 지분을 가진 것처럼 대우한다면 노동자들은 더 열심히 일하려 할 것"이라며 이 제도를 옹호했다.

힐러리의 이익 공유제 공약은 적잖은 반향을 불러일으켰는데, 이는 지난 수십 년간 기업들의 생산성은 크게 향상된 반면에 그 과실이 노동자보다는 주로 경영진과 투자자에게 돌아갔기 때문인 것으로 분석되었다. 미국 경제정책연구소EPI 조사 결과를 보면, 1948~1973년 생산성과 시간당 임금은 각각 97퍼센트, 91퍼센트 증가했다. 그러나 1973~2011년에는 생산성은 94퍼센트 증가한 반면 시간당 임금은 9퍼센트밖에 오르지 않았다. 또 기업들의 이익 증가가 주가에 반영되면서 나타나는 자본이득도 투자자들과 스톡옵션을 받은 경영진에게 돌아갔다. 중산층의 임금 정체 현상이 구조적으로 나타날 수밖에 없는 구조였다.

그러나 일각에선 이 제도의 한계도 지적했다. 펜실베이니아대학 와튼스쿨 교수 피터 카펠리Peter Cappelli는 『타임』 기고문에서 "대부분의 노동자들은 자신이 조금 더 열심히 일한다고 해서 기업 이익이 늘 것이라고 생각하지 않는 경향이 있는 만큼, 이 제도는 노동자들이 기업의 주요 의사 결정에 대한 참여도가 높아질 때만 의미가 있다"고 말했다. 그는 또 "기업들은 한편으론 이익금을 배분하면서 다른 한편으로는 그만큼 임금을 줄이는 편법을 쓸 수도 있다"고 지적했다.[12]

7월 31일 힐러리는 세금 명세와 건강 검진 결과를 전격 공개했다. 고액 강연료 논란과 국무장관 재임 시절 개인 이메일 사용 등으로 야기된 수세 국면을 돌파하기 위한 전략으로 풀이되었다. 힐러리 부부가 2007~2014년 연방정부와 주정부에 낸 세금을 토대로 8년 동안 벌어들인 수입을 추정하면 약 1억 4,000만 달러에 이르렀다. 강연료 수입은 힐러리가 2013년 한 해에만 36차례 연설로 850만 달러를 벌었으며, 빌 클린턴도 같은 기간 41차례 연설로 1,300만 달러의 수입을 올렸다. 힐러리의 나이(67)와 관련해 건강 문제가 거론되는 것에 대해서도 "매우 건강하다"는 주치의 서한을 공개했다.[13]

## 트럼프는 힐러리를 돕는 'X맨'인가?

2015년 8월 5일 『워싱턴포스트』는 힐러리와 트럼프를 둘러싸고 벌어진 'X맨(내부에 숨어 있는 적)' 논란을 보도했다. 6월 중순까지만 해도 트럼프의 대선 출마 이후 공화당 경쟁 후보들은 종종 '트럼프-힐러리 친분설'을 제기했지만, "어떻게 해서 결혼식(2005년 트럼프의 세 번째 결혼)에 참석하게 됐느냐"는 정도의 의혹이었다. 그런데 8월부터 '가짜 깃발 음모The False Flag Conspiracy'라는 이름 아래 '트럼프의 공화당 지지자 확보→탈당 후 무소속 출마→공화당 지지층 분열로 민주당 힐러리 후보 당선'의 시나리오가 원래부터 있었던 것 아니냐는 구체적인 음모론이 나오기 시작했다.

　『워싱턴포스트』는 "어디까지나 추측"이란 전제로 'X맨 음모론'을 뒷받침하는 몇 가지 '상황 증거'를 제시했다. 먼저 트럼프는 지난 14년 동안 3번이나 공화당과 민주당 사이를 오갔다. 2001년 민주당에서 공화당으로 말을 갈아탔고, 2008년에 다시 민주당으로 복당했지만, 2010년에 재차 공화당원이 되었다. 실제 1999년 트럼프는 "난 어디까지나 공화·민주당의 활동가일 뿐이다. 거의 동등하게 (양당을) 지지한다"고 털어놓은 바 있다. 이후 트럼프는 또 다른 인터뷰에선 자신이 활동하던 맨해튼은 민주당 텃밭이었다며, "그래서 민주당에 관여했지만involved 이후 진화했다evolved"고 대답하기도 했다.

트럼프는 클린턴 부부가 세운 '클린턴 재단'에 최소 10만 5,000달러(약 1억 2,350만 원)를 기부한 사실이 드러났다. 가장 의문스러운 건 트럼프의 대선 출마 선언 수 주 전에 있었던 '트럼프-빌 클린턴' 간 전화 통화였다. 트럼프가 공화당 후보 경선에 나설까 말까 고민하던 당시, 클린턴이 먼저 연락을 해왔는데, 공화당 내에서 더 큰 역할을 하겠다는 트럼프의 정치적 야망을 격려하면서 그의 대권 도전이 공화당에 실망한 정통 보수파에 희망이 될 것이라는 취지의 정치적 조언을 했다는 것이다. 트럼프의 한 측근은 "트럼프는 클린턴 전 대통령의 전화를 받고는 곧(6월 16일) 출마를 공식 선언했다"고 말했다. 요컨대, 부인인 힐러리가 민주당의 유력 대권 주자인데 클린턴 전 대통령이 '잠재적인 적'에게 조언한 것은 뭔가 수상하다는 주장이었다.

클린턴 측도 두 사람의 통화 사실은 인정했다. 다만 대선 출마와는 무관하다고 반박했다. 한 측근은 "트럼프가 몇 번 연락을 해와서 어쩔 수 없이 5월 말 전화를 걸었고, 일상적인 대화를 나눴을 뿐"이라고 말했다. 하지만 두 사람은 5월 이전에도 여러 차례 통화한 것으로 알려졌다.

문제는 트럼프가 클린턴이 예상한 대로 공화당 내 '보수 본색'을 자극하면서 2위와의 격차를 배 이상 유지하는 부동不動의 1위가 되었다는 점이다. 공화당 내 다른 후보 16명은 일제히 클린턴가家와의 '수상한 관계'를 이실직고하라고 나섰다. "아마도 도널드(트럼프)는 그의 단짝 힐러리 클린턴과 '거래deal'를 한 듯하다. 지금 계획대로 가면 그녀(클린턴)는 백악관에 진입할 것이다."(9일 젭 부시 후보 트위터) "트럼프가 지금 하고 있는 건 모두 다 연기"(유력 블로거 저스틴 레이몬도Justin Raimondo)란 주장을 펴는 이도 상당수였다.[14] 이 모든 음모론의 사실 여부는 이제 곧 시간이 말해줄 일이었다.

## 힐러리를 위협한 샌더스와 트럼프의 인기

미국 언론들은 8월 6일 밤 오하이오주 클리블랜드Cleveland에서 열린 공화당 대권 주자의 첫 텔레비전 토론을 보도하면서 "막말과 기행으로 끌어올렸다는 '트럼프 거품'은 전혀 꺼지지 않았고, 2위와 3위를 달리는 젭 부시와 스콧 워커는 왜소해 보였다"고 평가했다. 이날 힐러리는 로스앤젤레스에서 연예인 주도 후원금 모금 행사에 참석해 모델 겸 배우 킴 카다시안Kim Kardashian, 1980~ 등 유명 스타들과 '셀카'를 찍는 등 여유를 보였다. 그녀는 "공화당 토론은 볼 필요도 없고, 보지도 않을 것"이라고 일찌감치 트위터에 글을 올렸다. "똑같은 논쟁만 하고, 미국 시민이 진정 원하는 것은 하지 않는다"는 게 이유였다.[15]

힐러리에게 문제는 오히려 민주당 내부였다. 프랭클린피어스대학과 『보스턴헤럴드』가 8월 7일부터 10일까지 뉴햄프셔주의 민주당 예비선거 유권자를 대상으로 공동 조사를 한 결과를 보면, 샌더스는 44퍼센트를 기록해 37퍼센트에 그친 힐러리를 7퍼센트포인트 차로 따돌

렸다. 여론조사에서 샌더스가 힐러리를 제친 것은 이게 처음이었다.[16]

언론은 샌더스가 연일 유세에서 수만 명의 대중을 끌어모으는데 이어 힐러리를 앞지른 첫 여론조사까지 나오며 '힐러리 대세론'이 흔들릴 조짐을 보이고 있다고 보도했다. 샌더스 지지율은 출마 선언 한 달 전인 3월만 해도 5퍼센트에 못 미쳤지만 4월 말 출마 선언 뒤 꾸준히 상승해 6월 10퍼센트 선을 넘기고 8월 들어 20퍼센트 선에 도달했다.[17]

8월 25일 여론조사기관인 퍼블릭폴리시폴링Public Policy Polling이 발표한 여론조사에서도 뉴햄프셔주의 민주당 성향 지지자들은 힐러리(35퍼센트)보다 샌더스(42퍼센트)를 지지하는 것으로 나타났다. 샌더스의 유세에서 확인된 민심은 '정치 혁명', '중산층 복원', '무상 등록금'이었다.[18]

2015년 8월 27일 미국 퀴니팩대학의 여론조사에 따르면 트럼프는 젭 부시, 마코 루비오, 스콧 워커 등 공화당 선두 그룹을 한 자릿수 지지율로 주저앉혔다. 공화당 지지층 조사에서 트럼프는 지지율 28퍼센트로 선두를 질주했고, 부시와 루비오는 7퍼센트로 밀렸다. 특히 트럼프의 지지율은 공화당 골수 표에서 1등이었다. 보수 운동 단체인 티파티의 25퍼센트, 백인 복음주의자의 24퍼센트, '매우 보수' 응답자의 25퍼센트가 트럼프를 선택했다.

트럼프는 힐러리와의 양자 대결에서도 지난 5월 힐러리 50퍼센트 대 트럼프 32퍼센트로 크게 뒤졌으나 27일 45퍼센트 대 41퍼센트로 4퍼센트포인트 차로 따라 붙었다. 클린턴·부시·트럼프 3자 대결에선 각각 40퍼센트 대 24퍼센트 대 24퍼센트로, 트럼프가 제3후보로 독자 출마해도 젭 부시와 맞먹는 득표력을 보여주는 것으로 나타났다.[19]

이런 상황에서 젭 부시는 위기 돌파 카드로 '트럼프 때리기'를 선택했다. 한때 공화당 내 가장 유력한 주자로 스포트라이트를 받았으나, 트럼프에 밀려 영 맥을 못 추면서 지지율이 바닥권에 가까워지자 전략을 급수정해 자신의 약점인 '모범적인 학자', '유약함'의 이미지를 버리고 네거티브까지 동원한 공격적 이미지로 전환한 것이다.

부시는 9월 1일 공화당의 가치와 배치되는 트럼프의 과거 발언이 담긴 80초짜리 동영상에서 트럼프가 공화당의 가치와 달리 낙태를 지지했고, 부유층에 대한 과세와 버락 오바마 대통령의 경기 부양책을 지지했으며 힐러리에 대한 칭찬을 아끼지 않았다고 지적했다. 일례로 동영상을 보면 CNN 앵커 울프 블리처Wolf Blitzer, 1948-가 방송에 출연한 트럼프에게 '불특정한 이란과의 협상에서 누가 미국 대표로 나섰으면 좋겠느냐'는 질문을 하자 망설임 없이 "힐러리가 훌륭하게 일을 할 것"이라고 답하는 장면이 나왔다. 동영상에는 또 트럼프가 힐러리에 대해 "훌륭한 여성"이라고 평가하면서 "내가 수년 동안 그녀와 알고 지내 좀 편향된 평가이긴 하지만……"이라고 말하는 대목도 있었다.[20]

## 힐러리의 '진정성과 인간적 매력의 부족'

이메일 스캔들로 인해 '신뢰할 수 없는 공직자'라는 인식이 확산되면서 힐러리의 지지율이 급락하기 시작했다. 힐러리는 9월 10일 발표된 퀴니팩대학의 아이오와주 민주당원 여론조사에서 처음으로 샌더스에게 40퍼센트 대 41퍼센트로 뒤졌다. 7월 초만 해도 힐러리는 52퍼센트, 샌더스는 33퍼센트였다. 위기감에 휩싸인 참모들이 꼽은 원인은 '인간적인 매력 부족'이었다. 『뉴욕타임스』는 힐러리의 보좌진이 유머 감각과 '진심을 담는 능력'을 원했다고 보도했다.

공화당의 선거 전략가인 에릭 페른스톰Eric Fehrnstrom, 1961~도 "도널드 트럼프가 승승장구하고, 힐러리가 망가지는 요소는 같다. 바로 진정성"이라고 분석했다. 마음이 아닌 말로만 '서민 코스프레(따라 하기)'를 했다는 지적이다.

사실 '이메일게이트'만 하더라도 이 사건에 대한 힐러리의 냉소적 태도부터가 문제였다. 자료 일부를 삭제했다는 지적에 "컴퓨터 서버를 지운다wipe는 게 무슨 뜻이냐. 헝겊으로 닦는다wipe는 소리냐"라고 불통不通 개그를 한 것이 대표적이었다. 국민적 의혹을 남의 일인 양 농담한 게 여론을 악화시켰다. 능글능글한 표정으로 메신저 서비스의 일종인 스냅챗Snapchat을 사용한다고 말해 또 비호감을 샀다. 그녀는 "스냅챗을 쓰기 시작했는데, 좋은 점은 저절로 사라진다는 것"이라고 말했다. 이메일 삭제 의혹에 대한 비난 여론을 우회적으로 역逆비난한 것이었다.

귀족·불통의 이미지도 여전히 걸림돌이었다. 지난 4월 출마 선언 때만 해도 과거 잘못을 되풀이하지 않겠다며 '서민', '할머니 리더십'을 내세웠다. 미니밴을 타고 1,600킬로미터를 달려가 뉴햄프셔주에서 처음 선거운동을 했다. 전용기를 타고 다니며 호화 강연으로 수천억 원 재산을 손쉽게 모은 데 대한 비난을 의식해서였다. 하지만 그 먼 길을 달려가면서 힐러리는 단 한 번도 지역민들과 말을 섞지 않았다.

언론 인터뷰도 피했을 뿐만 아니라 기자들을 모욕하는 밧줄 사건마저 일으켰다. 힐러리는 미국의 최대 기념일인 7월 4일 독립기념일에 뉴햄프셔주의 한 마을을 찾아 주민들과 함께 거리를 행진했는데, 갑자기 보좌진들이 흰 밧줄을 들고 취재진이 힐러리에게 접근하는 것을 막았다. 이에 대한 비난이 빗발치자, 힐러리 캠프 홍보국장인 제니퍼 팔미에리Jennifer Palmieri, 1966~는 "뉴햄프셔 독립기념일 퍼레이드 때 밧줄을 사용해 접근을 막은 것은 힐러리와 국민 간의 간극을 그대로 드러내는 치명타였다"고 자인했다.

힐러리 측은 뒤늦게나마 본격 대응에 나섰다. 하루 전만 해도 방송에서 잘못이 없다던 힐러리는 9월 8일 AP통신 인터뷰에서 이메일게이트에 대해 처음 사과했다. 각종 여론조사에서 '거짓말쟁이', '비호감', '진실성 부족' 등의 이미지가 씌워진 데 대해 참모들 조언대로 '솔직하고 직설적이고 분명한 말로' 대응한 것이다. 감성 전략의 하나로 NBC 방송의 〈엘렌 드제너러스 쇼Ellen DeGeneres Show〉에 출연해 춤을 따라 추는 파격도 선보였다. 지미 팰런Jimmy Fallon, 1974~이 진행하는 〈더 투나잇 쇼The Tonight Show〉에도 출연해 '예능감'을 보여주기도 했다. '어머니' 활용 전략도 다시 나왔다. ABC 뉴스 인터뷰에서 "네가 믿는 것을 위해 싸우라는 어머니가 자꾸 생각나고 그립다"며 눈물까지 흘렸다.[21]


## "당신이 세계 최고의 보스"라고 아첨하는 참모들

국무부는 법원의 정보공개 명령에 따라 2015년 6월부터 힐러리의 개인 이메일을 매달 공개해 10월 30일까지 전체 이메일 3만여 건 가운데 절반가량이 세상에 알려졌는데, 이 또한 힐러리에게 적잖은 타격이 되었다. 무엇보다도 힐러리의 개인 이메일이 공개되면서 그녀에 대한 국무부 직원 등 참모들의 '아부 백태'도 함께 드러났기 때문이다.

『월스트리트저널』은 10월 31일 많은 참모가 자신들에게 일자리를 주고 이너서클로 편입시켜준 힐러리에게 이메일을 통해 일상적으로 칭찬을 늘어놓았다고 보도했다. 신문은 '이메일 아부'는 일반 직장에서도 흔히 있는 '전술'이지만, 힐러리의 이메일은 정부 고위급 관료들이 어떻게 아첨을 하는지 보여준다고 전했다. 특히, 힐러리가 종종 기사나 현안에 대한 의견을 참모들에게 부탁했지만, 건설적인 비판을 제공하는 답변은 거의 찾아볼 수 없었다는 것이다.

국무부 정책 국장이었던 앤마리 슬로터Ann-Marie Slaughter, 1958~는 2011년 힐러리에게 보낸 이메일에서, 리콴유李光耀, 1923~2015 전 싱가포르 총리가 클린턴을 당시까지 만난 '최고의 지도자들' 가운데 한 명으로 꼽았다고 썼다. 남편을 칭찬함으로써 에둘러 아부를 한 셈이다. 이에 힐러리가 "리콴유가 그 밖에 어떤 인물을 꼽았느냐"고 묻자 슬로터는 재차 이메일로 답신을 보내면서 말미에 "제 변변찮은 의견으로는 'HRC(힐러리 로댐 클린턴의 이니셜) 대통령'이 훨씬 위대할 것이라 생각합니다"고 했다.

앞서 보낸 이메일에서 "당신이 세계 최고의 보스"라고 낯 뜨거운 칭찬을 했던 슬로터는 『뉴욕타임스』 1면에 클린턴 전 장관의 사진이 실리자 "멋진 사진이 NYT를 장식했습니다. (NYT +0.23%▲)"이라 썼다. 클린턴의 사진 때문에 『뉴욕타임스』의 주가가 0.23퍼센트 올랐다는 아첨에 가까운 유머였다.

　다른 참모들도 힐러리에 초점을 맞춘 기사를 전달하는 형식으로 아부를 했으며, 특히 "사진이 잘 나왔다"고 칭찬하는 방식을 취했다. 힐러리가 2011년 시사주간지 『뉴스위크』의 커버스토리를 장식하자, 오랜 핵심 참모인 후마 에버딘Huma Abedin, 1976~은 자신이 이 사진을 얼마나 좋아하는지를 두 차례나 이메일을 보내 강조했다. 2011년 이라크 바그다드에서 공무를 수행 중이던 국무부 직원 마리아 오테로Maria Otero, 1950~는 힐러리에게 띄운 이메일에서 "여왕과 만찬을 함께하는 모습을 여기서 지켜봤는데, 너무나 멋졌다"라고 탄성을 터뜨렸다.

　국무부 부차관보를 지낸 필립 레인즈Philip Reigns는 2009년 힐러리가 헨리 키신저Henry Kissinger, 1923~ 전 국무장관과 공동 인터뷰를 하자 "두 시대가 만난 환상적인 미팅이었다"며 "특히 사진이 대단했다"는 이메일을 보냈다. 그는 또 힐러리가 텔레비전 프로그램에 등장한 프로그램을 본 다음 "(장관께서 주도하는) 게임이었다. 투수로서 퍼펙트게임 (선발 투수가 단 한 명의 주자도 진루시키지 않고 끝낸 게임) 아니면 최소한 무안타 게임"이라고 치켜세웠다.[22]


## 힐러리-트럼프의 '성차별주의자' 논쟁

2015년 12월 19일 힐러리가 민주당 대선후보 3차 텔레비전 토론 과정에서 "트럼프의 이슬람 혐오 발언을 IS가 동영상으로 내보내며 대원 모집에 활용한다"며 트럼프를 "IS의 최고 용병 모집자"라고 비난한 것이 발단이 되어 트럼프가 힐러리를 미친 듯이 공격해대는 일이 벌어졌다. 텔레비전 토론 직후 트럼프가 힐러리에게 "당신, 거짓말했으니 내게 사과하라"고 했지만, 힐러리가 사과하지 않자 막가파식으로 나간 것이다.

트럼프는 다음 날인 20일 방송 인터뷰에서 "힐러리가 미친 듯이 거짓말을 하고 있다"고 비판했다. 이어 트럼프는 21일 미시간주 그랜드래피즈Grand Rapids에서 열린 유세에서는 힐러리가 19일 3차 텔레비전 토론 도중 중간광고가 나가는 사이 잠시 화장실에 다녀오기 위해 자리를 비운 사실을 거론, "너무 역겹다"고 비아냥거리면서 "2008년 민주당 경선 때 클린턴이 이길 판이었는데, (버락) 오바마에 의해 'X됐다got schlonged'"고 조롱했다.

'슐롱schlong'은 남성 성기를 일컫는 이디시어(중앙·동유럽권 유대인들이 쓰는 언어)다. 트럼프의 '더러운 입'이 갈 데까지 갔다는 비난이 쏟아졌다. UPI통신은 "트럼프가 힐러리의 벨트 아래를 쳤다"고 했고, 『워싱턴포스트』는 "트럼프는 코미디언들이나 남자 대학생들이 동아리에서 쓰는 비속어를 주로 사용한다"고 꼬집었다.

파문이 커지자 트럼프는 22일 트위터에 "힐러리의 당시 패배를 신랄하게 표현하기 위해 이런 속어를 썼다"며 "'슐롱'은 저속한 말이 아니라 '참패하다'란 뜻이다. 미국 공영 라디오 방송 NPR의 진행자 닐 코넌Neal Conan, 1949~도 1984년 먼데일-페라로 대통령·부통령 후보에게 그 표현을 썼다"고 반박했다. 그러나 『워싱턴포스트』는 트럼프의 이런 해명이 말도 안 된다고 썼다. 이 신문은 하버드대학 전문가를 인용해 "트럼프의 저속함과 여성 혐오증을 감안할 때 이번 발언도 매우 의도적"이라며 "그가 힐러리와 여성을 비하하기 위해 실제로 존재하지 않는 용례를 만들어냈다"고 분석했다.

힐러리는 22일 아이오와주 지역신문 『디모인레지스터The Des Moines Register』 인터뷰에서 "트럼프가 성차별주의에 애호를 보인 것은 이번이 처음이 아니다. 트럼프는 여성에 성차별적인 발언을 하는 습관이 있다"고 비판했다. 그러자 트럼프는 24일 트위터에서 "힐러리, 당신이 성차별 애호가에 대해 불평했는데 도대체 누구를 말하는 것이냐. 나는 여성들에게 위대한 존경심을 갖고 있다"면서 영어 대문자로 "조심하라Be Careful!"고 경고한 데 이어 26일 트위터에서는 "힐러리가 자신의 남편을 선거 유세에 참여시킨다고 발표했지만, 그는 성차별 애호가임을 드러내왔다. 그래서 부적절하다"고 비판했다.

트럼프는 또 27일 CNN 인터뷰에서 "힐러리가 나에게 썼던 똑같은 단어(성차별 애호가)를 그녀에게 되돌려줬다"고 말했고, 28일 트위터에서는 "나를 상대로 여성 카드를 활용하고 있는 힐러리가 만약 남편의 끔찍한 여성 학대(추문) 기록을 끊어낼 수 있다고 생각한다면 이는 잘못된 것"이라고 일갈했다. 이 정도 했으면 멈출 법도 한데, 그는 결코 멈추지 않았다.[23]

12월 29일 트럼프는 아이오와주 카운실블러프스Council Bluffs 유세에서 "여성 대통령을 갖고 싶지만 클린턴은 아니다"라며 "그는 끔찍하다. 나를 머리 아프게 한다"고 일축했다. 트럼프는 다음 날 사우스캐롤라이나주 힐턴헤드Hilton Head 유세에선 힐러리 지원 사격에 나선 클린턴을 겨냥해 "남편이 나와서 나를 비난하기를 원한다"며 "그 남편이야말로 세계 최악의 학대자"라고 주장했다. 이어 트럼프는 클린턴 부부가 자신을 성차별주의자라고 비난한 것을 고려하면 이들을 계속 공격할 수밖에 없다며 "사람들이 당신에게 이래라저래라 하며 거짓말 하는 걸 두고 볼 수는 없다"고 말했다. 그는 "세상에 도널드 트럼프만큼 여성들을 존중하는 인물은 없다"며 "클린턴이 여성 카드를 꺼내 나를 때리고 있지만 그는 이길 수 없다"고 주장했다.[24]

하지만 트럼프의 그런 주장을 비웃듯, 12월 31일 영국 일간 『파이낸셜타임스』는 2016년 새해를 하루 앞두고 분야별 전문 기자들의 의견을 종합해 힐러리의 대통령 당선을 예측했다. 다만 "힐러리는 정치권이 매우 분열된 상황에서 대통령 임기를 시작하게 될 것"이라며 "허니문은 없을 것"이라고 했다.[25] 이 예측은 과연 들어맞을 것인가?

제11장
★
# "모든 미국인을 위한 대통령이 되겠다"
★★★
2016년 1~7월

## 다시 불거진 힐러리의 '건강 이상설'

2016년 1월 4일 그간 아내 힐러리를 동행하면서도 독자적 지원 유세를 피했던 클린턴은 뉴햄프셔주 내슈어Nashua에서 첫 단독 유세에 나섰다. 그는 "힐러리만큼 지식·경륜·자질을 갖춘 대통령 후보는 없다"고 말했다. 이어 "힐러리는 (아칸소주 변호사 시절) 공직에 출마하지는 않았지만 하는 일마다 다 잘 됐다"며 "변화를 일으키는 사람"이라고 치켜세웠다. 클린턴은 이날 "올해 대선은 약간 무섭다. 유권자들은 후보들의 발언을 심각하게 여겨야 한다"고 말했다. 아내를 대신해서 강경한 반이민·반이슬람 발언을 이어가는 공화당 후보들을 겨냥

했다.[1]

"힐러리만큼 지식·경륜·자질을 갖춘 대통령 후보는 없다"는 클린턴의 주장이 사실일망정 '건강'은 여전히 의문의 대상이었다. 2016년 1월 7일 힐러리의 '건강 이상설'이 다시 급격히 퍼졌다. 시작은 은퇴한 뉴욕 경찰이자 블레이즈 라디오를 진행하는 존 카딜로John Cardillo의 트위터였다. 그는 68세인 힐러리가 지난달 3차 텔레비전 토론 도중 중간광고 시간에 잠시 화장실에 가겠다며 자리를 비운 사실을 거론하며 "유력한 소식통들로부터 들었는데, 힐러리가 화장실에 간 것은 뇌 부상 문제가 재발했기 때문"이라고 주장했다.

카딜로는 트위터에 이어 보수 온라인 매체인 『브레이트바트뉴스Breitbart News』에 "한 연방요원과 뉴욕시에서 열리는 힐러리 행사 경호를 맡은 뉴욕 경찰 등 2명에게서 힐러리의 건강 관련 이야기를 들었다"며 "정보 제공자들은 단순한 개인적 친구 관계 이상"이라고 말했다. 카딜로는 "한 소식통은 힐러리가 연설을 마치고 나서 방향 감각을 잃어 거의 쓰러질 것 같았고, 안색이 매우 창백해졌고, 땀에 흠뻑 젖은 적도 있었다고 말했다"고 주장했다.

공화당 전략가인 로저 스톤Roger Stone, 1952~도 『브레이트바트뉴스』에 "힐러리에게 매우 중대한 건강 문제가 있는데도 출마한 것에 대해 많은 뉴욕 고위급 민주당원이 놀랍다는 말을 한 적이 있다"고 주장했다. 언론인 에드워드 클라인Edward Klein, 1937~도 이 매체에 "힐러리가 두통과 불면증, 손 떨림 등 여러 가지 병으로 고생하고 있다"며 "지난해 11시간 동안의 벵가지 청문회를 마치고는 기절해 보좌진 팔에 의지해 대기 차량 뒷자리로 겨우 실려갔다"고 주장했다. 이에 대해 힐러리 측은 "건강에 아무런 이상이 없어 대통령직을 수행하기에 적합하다는 주치의 소견을 이미 2015년 7월 받았다"며 건강 이상설을 일축했다.[2]

## "힐러리에게 끔찍했던 아이오와의 밤"

2016년 2월 1일 민주당 아이오와 경선 결과는 단 0.2퍼센트포인트 차이였다. 힐러리 49.8퍼센트, 샌더스 49.6퍼센트였다. 민주당은 "역사상 가장 적은 표 차이로 힐러리가 아이오와 코커스(당원대회)에서 이겼다"고 선언했다. 승자는 힐러리였지만 누구도 샌더스를 패자라고 부르지 않았다.[3]

위기의식을 느낀 힐러리 진영은 뉴햄프셔주 경선을 앞두고 여성 표 결집을 위해 나섰지만 무리를 범하고 말았다. 전 국무장관 매들린 올브라이트Madeleine Albright, 1937~는 "(같은 여성이면서) 힐러리를 돕지 않는 여성을 위해선 지옥에 공간이 마련돼 있다"고 발언해 논란을 불렀다. 페미니스트 글로리아 스타이넘Gloria Steinem, 1934~은 방송에서 "젊은 여자일수록 청년들이 버니 쪽에 있으니……"라고 밝혔다가 비판을 받았다. 청년 활동가들이 샌더스 측에 많아 젊은 여성들이 그쪽에 몰린다는 취지였기 때문이다.[4]

2016년 2월 9일 두 번째 경선인 뉴햄프셔주 프라이머리(예비경선)는 '아웃사이더의 반란'이라 할 만했다. 민주당에선 샌더스, 공화당에선 트럼프가 압도적인 승리를 거두었으니 말이다. 샌더스는 60퍼센트의 득표율로 힐러리에게 22퍼센트포인트 가까이 앞섰고, 트럼프도 득표율 35퍼센트로, 2위인 존 케이식John R. Kasich, 1952- 오하이오 주지사를 19퍼센트포인트 앞섰다.

두 아웃사이더의 승리를 선언하면서 CNN은 "민주 · 공화 양당의 기성 정치인에게 끔찍한 밤이 됐다"고 평가했다. 폭스뉴스는 "전면적인 봉기의 현장을 목도하고 있다"고 보도했다. 여론조사 전문가인 더글러스 숀Douglas Schoen은 폭스뉴스에 "정치 아웃사이더들이 선거판을 좌지우지하는 것이 현실로 드러났다"며 "기성 정치에 배신당한 미국인의 마음이 이번 경선 결과에 고스란히 반영됐다"고 말했다. 민주 · 공화 양당이 자신을 대변하지 못한다는 생각에 42퍼센트의 미국인이 무당파를 자처하고 있고, 이번 선거에 참여한 공화당 지지자 46퍼센트가 공화당 정치인에게 배신당한 느낌이라고 답했다는 여론조사 결과도 나왔다.

NBC 뉴스는 민주 · 공화 양당제에 근본적 변화를 맞은 미 정치에 대해 "우리가 정치 규범이라 여기던 전통과 관습은 이미 깨졌다"며 "미국이 서유럽 국가처럼 돼야 한다는 샌더스와 스스로 세력화한 보수 포퓰리스트 트럼프 모두 유럽에선 이미 성공이 입증된 후보 유형"이라고 했다.[5]

언론은 겉으론 극과 극처럼 보이는 트럼프와 샌더스의 공통점에도 주목했다. 트럼프는 8일 뉴햄프셔주 맨체스터Manchester 유세에서 "고액 기부자, 특수이익 관여자, 로비스트들이 국민을 완전히 통제하고 있다"며 "이들은 흡혈귀bloodsuckers"라고 비난했다. 같은 날 CNN 인터뷰에서 "큰 손들이 워싱턴을 통제하고 있다"던 샌더스는 9일엔 "월가와 억만장자들의 선거 매수를 더는 계속하게 만들 수 없다"고 주장했다. 가진 자의 정치를 비판하는 데선 둘 다 같았으며, 모두 '깨끗한 정치'를 내걸었다. 트럼프는 8일 "민주당이건 공화당이건 나만이 내 돈을 쓰는 유일한 후보"라고 했으며, 샌더스는 유세장마다 "내 경쟁자(힐러리 클린턴)는 백만장자들로부터 거액 후원금을 받지만 난 수백만 명의 보통 사람들로부터 평균 27달러씩 모금했다"며 '27달러의 기적'을 자랑했다.

대외 정책도 예상 외로 닮았다. "이라크전 결의안 때 힐러리 클린턴은 찬성했지만 나는 반대했다"는 게 샌더스의 단골 메뉴였는데, 트럼프 역시 이라크전 반대파로 "사담 후세인이 지금 이라크에 있었다면 세계가 더 안전했을 것이라는 게 100퍼센트"라고 주장했다. 이슬람국가IS 격퇴를 위한 미국의 역할을 놓고도 샌더스는 "우리가 전 세계의 경찰이 될 수도 없고 돼서도 안 된다"고 했으며, 트럼프도 공화당 주류와는 달리 "시리아에 IS도 있고 아사드(대통령)도 있는데 왜 둘이 싸우게 놔두지 않나. 우리는 (양쪽이 상처를 입은 후) 나머지를 챙기면 된다"고 했다. 두 사람은 환태평양경제동반자협정TPP에 대해 "재앙적"이라는 단어를 똑같이 썼다. 샌더스는 "대기업과 대형 금융사만 돈을 번다"고 했고, 트럼프는 "못난 워싱턴이 협상을 잘못해 일자리를 뺏기게 됐다"는 논리를 폈다.

그러다 보니 두 사람 지지층의 환호 역시 닮았다. 트럼프 지지자는 "트럼프는 (돈을 받지 않아) 빚을 진 게 없으니 국민을 위한 결정을 할 것이다. 그의 최고 덕목은 진정성authenticity이다"고 했고, 샌더스의 지지자는 "힐러리는 오염된 워싱턴 정치판에 머물면서 정책까지 오락가락했는데 샌더스는 진실하다genuine"고 했다. 이렇듯 트럼프와 샌더스, 그리고 그들의 지지자들이 '기득권 체제establishment'를 공격한다는 점에선 비슷했다.[6]

## "여성은 여성에게 투표해야 한다는 주장도 성차별주의"

2016년 2월 9일 밤 CNN은 경선 결과에 대한 입장을 밝힌 두 후보의 연설을 생방송으로 중계한 뒤 "샌더스는 우리We를, 힐러리는 나I를 거론해 대조된다"고 분석했다. 이는 힐러리가 2월 1일 아이오와주 경선에서 신승辛勝한 뒤 자축 연설을 하며 '나'라는 단어를 2번만 썼던 것에서 다시 달라진 양상이었다. 이날 힐러리가 10분의 연설에서 '나'는 39차례, '우리'는 24차례 말한 반면, 샌더스는 28분의 자축 연설에서 '우리'는 59차례, '나'는 26차례 말했다.

먼저 연설에 나선 샌더스는 환호하는 지지자들에게 "9개월 전 우리가 이곳에서 선거전을 시작할 땐 돈도 없었지만 미국의 가장 강력한 정치 조직(민심)에 의지했다"고 말했다. 반면 다른 장소에서 연설한 힐러리는 "내가 지난해 봄 선거를 시작했을 때 나는 이 나라가 심각한 도전에 직면하고 있음을 알고 있었다"고 말했다. 이 경선전의 주요 이슈 중 하나인 월가 개혁을 놓고도 샌더스는 "우리는 월가의 투기에 세금을 부과할 것"이라고 목소리를 높였는데, 힐러리는 "나는 월가의 지배에 싸우겠다. 나는 어떻게 할지를 알고 있다"고 강조했다.

인권을 놓고도 주어가 엇갈렸다. 샌더스는 "우리는 여성 · 게이 ·

장애인의 권리를 위해 싸워야 한다"고 했는데, 힐러리는 "인권은 여성의 권리이자 게이의 권리이고 노동자의 권리"라며 "이게 나라는 사람이고 내가 경선에 뛰어든 이유"라고 강조했다. 지지자를 향해 각종 공약을 내건 뒤 밝히는 다짐에서도 힐러리는 "이게 나의 약속"이라고 했지만 샌더스는 "이게 우리가 미래 세대를 위해 지켜야 할 약속"이라고 표현했다.[7]

'샌더스 열풍'은 세대 전쟁의 양상도 보였다. 2월 12일 발표된 로이터통신 전국 여론조사에서 35세 미만 민주당 성향 유권자의 57.1퍼센트가 샌더스를 지지했다. 힐러리는 35.8퍼센트에 머물렀다. 첫 경선지인 1일 아이오와에서 30세 미만 유권자 84퍼센트가 샌더스를 찍었고, 9일 뉴햄프셔에서도 이 그룹은 샌더스에게 85퍼센트의 압도적 지지를 보냈다.

샌더스는 여대생들 사이에서도 인기가 많았다. 조지타운대학 학생 앤(22)은 "힐러리를 통해 첫 여성 대통령을 배출하고 싶지 않으냐"는 질문에, "같은 여자니까 밀어줘야 한다는 생각은 틀렸다. 우리는 후보의 성별만 보고 투표할 만큼 멍청하지 않다"고 했다. 『워싱턴포스트』는 "힐러리의 여성 대통령 마케팅은 '금녀禁女 구역은 없다'는 유산을 물려주고 싶어 하는 중년 여성 유권자에게만 어필하고 있다"고 했다. 몇몇 학생은 "힐러리가 별로여서 샌더스를 찍으려 한다"고 했다. 조지워싱턴대학 로스쿨 학생 제이슨(29)은 "힐러리는 기성 정치권의 부품 같다"며 "그동안 고치지 못한 문제들을 아웃사이더 샌더스에게 한번 맡겨보고 싶다"고 했다.[8]

힐러리는 "최초의 여성(할머니) 대통령이 돼 내 딸, 내 손녀가 남자와 '동일노동 동일임금'을 받는 평등한 세상을 만들겠다"고 외쳤지만, 젊은 여성들은 "여성은 여성에게 투표해야 한다는 주장도 섹시즘(성차별주의)"이라고 반박했다. 『뉴욕타임스』는 "페미니즘 운동가들의 오랜 투쟁 덕분에 요즘 여자 아이들은 성차별을 거의 안 느끼며 자란다. 오히려 대학 학자금 빚, 좋은 일자리 부족 같은 경제적 불평등이 그들에겐 더욱 큰 문제"라고 분석했다.[9]

## "샌더스의 공약은 동화 같은 이야기"

힐러리를 공개적으로 지지한 『뉴욕타임스』는 2월 15일 진보 성향 좌파 경제학자들이 민주당 경선 후보인 샌더스의 경제 공약을 조목조목 비판하기 시작했다며 사실상 우회적인 '샌더스 때리기'에 나섰다. 기사의 핵심은 힐러리보다는 샌더스의 우군이라고 할 수 있는 '좌파 경제학자'들까지 샌더스의 공약은 "허황된 공약"이라 목청을 높이고 있다는 점이었다.

시카고대학 교수 오스턴 굴즈비Austan Goolsbee, 1969~는 "누군가 (샌더스의 공약을) '이상적'이라 평한 걸 들었지만 이쯤 되면 '마법에 걸린 강아지들이 당첨된 로또를 목에 걸고 하늘을 날아다니는 상황'으로 진화했다 할 수 있다'고 꼬집었다. 미국의 대표적 싱크탱크 브루킹스연구소의 보건 경제학자인 헨리 에런Henry J. Aaron은 "샌더스의 아이디어는 엄청난 호소력이 있지만 현재와 같은 양극화된 정치 구도하에선 '동화 같은 이야기fairy tale'"라며 "그가 대통령이 돼 거기에 온 힘을 쏟게 되면 정권은 급격히 붕괴될 것"이라 비판했다. 이에 샌더스 측은 "(『뉴욕타임스』의 보도는) 힐러리 측 학자들 주장"이라며 "우리도 몇몇 경제학자를 비롯해 130명의 전문가가 지지를 보내고 있다"고 반박했다.[10]

다른 언론들도 시도한 샌더스의 공약에 대한 검증 탓이었는지, 2016년 3월 1일 '슈퍼화요일Super Tuesday' 대회전에선 힐러리가 대승을 거두었다. '슈퍼화요일'은 미국 대통령 선거 과정 중 대통령 후보자를 지명할 수 있는 권한을 갖는 대의원을 가장 많이 선출하는 날로 10여 개 주에서 동시에 민주당과 공화당의 프라이머리가 실시된다. 2016년 3월 15일 힐러리는 경선 레이스의 중대 분수령으로 꼽히는 '미니 슈퍼화요일' 결전에서도 큰 승리를 거두었다.

그러나 샌더스는 3월 26일 치러진 워싱턴, 알래스카, 하와이 '서부 트리오'에서 압도적인 표차로 힐러리를 따돌림으로써 힐러리 대세론을 뒤집기에는 너무 늦었을망정 무시할 수 없는 막판 스퍼트를 보여주었다. 최대 격전지였던 워싱턴주(대의원 101명)에서는 득표율 72.7퍼센트로 힐러리(27.1퍼센트)에 45퍼센트포인트 넘는 격차로 승리했다. 알래스카주(16명)에선 81.6퍼센트 대 18.4퍼센트로 압승을 거두었고, 하와이주(25명)에서도 70퍼센트 가까운 득표율로 힐러리(30퍼센트)를 압도했다.

『뉴욕타임스』는 샌더스의 기사회생은 반反자유무역협정을 내세우며 미국이 잃어버린 제조업과 일자리를 되찾고 중산층을 되살리겠다는 공약이 유효했기 때문이라고 분석했다. 특히 세 자릿수 대의원이 걸린 워싱턴주에서 샌더스는 진보층과 청년층이 몰려 있는 도시와 백인 인구가 많은 농촌 지역에서 고른 지지를 확보했다.[11]

## "힐러리가 가난을 알기나 하나"

힐러리를 괴롭힌 건 샌더스라기보다는 오히려 트럼프였다. 2016년 4월 17일 트럼프는 뉴욕주 경선을 이틀 앞두고 뉴욕주 동남부의 포킵시Poughkeepsie와 북부의 워터타운Watertown에서 대규모 대중 유세를 하면서 "부정직한 힐러리Crooked Hillary", "거짓말쟁이 테드Lyin' Ted"라는 두 단어를 반복해서 사용해 열성 팬들에게서 환호와 박수를 이끌어냈다. 대선 본선의 잠재적 경쟁자인 힐러리와 당내 경선 라이벌인 테드 크루즈Ted Cruz, 1970~를 '모욕적으로' 묘사한 별명이었다. 유권자 사이에 두 주자에 대한 부정적 인식을 극대화하려는 트럼프식 선전술의 일환인 셈이었다.

트럼프는 힐러리와 크루즈가 거액의 후원자들에게서 선거 자금을 받고 있는 점을 겨냥해 "나는 스스로 선거 자금을 내고 있다"면서 "비행기를 띄울 때 모두 내 돈으로 한다"고 주장했다. 이어 "이것은 내가 특정 이해그룹이나 로비스트에 의해 조종을 받지 않는다는 의미"라고 강조했다. 트럼프는 또한 "이들(특정 이해그룹과 로비스트)은 '부정직한 힐러리'와 '거짓말쟁이 테드'를 조종할 수 있다"고 주장했다.[12]

『뉴욕포스트』는 힐러리가 2016년 4월 19일 뉴욕주 경선 승리 뒤 연설에서 소득 불평등을 개선하겠다고 강조했지만, 당시 입었던 재킷은 이탈리아 명품 브랜드 조르조 아르마니Giorgio Armani 제품으로 가격이 1만 2,495달러(약 1,400만 원)라고 보도했다. 이에 대해 보수 매체 『워싱턴프리비컨Washington Free Beacon』은 "미국 노동자 연소득 평균치의 40퍼센트에 달한다"고 비난했고, 트위터에선 '1만 2,000달러짜리 재

킷을 입고 불평등에 대한 연설을 해선 안 된다'거나 '(할인 유통업체) 타
깃의 옷보다 1만 2,000달러짜리 아르마니 재킷의 장점을 이야기하는
게 나앗을 것', '힐러리가 가난을 알기나 하나' 등의 비난이 쏟아졌다.

『뉴욕포스트』가 힐러리를 골탕 먹이려고 쓴 기사 같진 않다. 이 신
문은 2008년 대선에서 공화당 부통령 후보로 나선 세라 페일린Sarah
Palin도 당시 공화당 전당대회에서 15만 달러짜리 옷을 받아 구설수에
오른 적이 있다고 했고, 트럼프도 1벌에 7,000달러에 달하는 이탈리
아 명품 브랜드 '브리오니Brioni'의 정장을 즐겨 입는다고 전했으니 말
이다. 그러나 페일린과 트럼프는 괜찮아도 힐러리는 욕을 먹는 것, 그
게 바로 동서를 막론하고 진보를 내세우는 정치인의 숙명이다.

그런데 힐러리는 이런 문제점을 제대로 이해하고 있는 것 같지 않
았다. 트럼프의 전용기 유세를 문제 삼아 "일반인과는 동떨어진 사
람"이라고 비판하는 걸 보더라도 그랬다. 그녀는 2016년 4월 25일 델
라웨어주 윌밍턴Wilmington 유세에서 트럼프를 겨냥해 "미국의 대통령
이 되고 싶다면 미국을 잘 알고 친숙해져야 한다"면서 "미 전역의 각
계각층, 그리고 다양한 배경의 미국인들과 시간을 함께 보내야 한다"
고 말했다. 이어 "큰 비행기에서 내려 (자만 섞인) 대규모 유세를 하고,
또 자신이 생각할 수 있는 모든 사람을 모욕한 뒤 다시 그 큰 비행기를
타고 플로리다에 있는 자신의 골프장 클럽하우스나 뉴욕의 펜트하우
스로 돌아가는데 그렇게 해서는 세상 돌아가는 것을 알 수 없다"고 지
적했다. 지극히 옳은 말씀이지만, 이는 자주 이해상충 의혹이 다분한
축재蓄財 시비에 휘말려온 힐러리에게 부메랑으로 돌아갈 수 있는 비
판이었다.[13]

## "힐러리는 최악의 여성 학대자와 결혼했다"

2016년 5월 6일 트럼프는 오리건주 유세장에서 클린턴의 '르윈스키 성추문'을 언급하며 힐러리에 대한 공격의 포문을 열었다. 그는 "나보다 여성을 더 많이 존중하는 사람은 없다"며 "이와 반면에 미국 정치 역사상 빌 클린턴보다 여성에게 최악인 인물은 없었다"고 주장했다. 그는 "힐러리가 빌 클린턴과 바람을 피웠던 여자들에게 어떻게 했는지 들었느냐"며 "그러고도 어떻게 여자 문제로 나를 공격한단 말이냐"고 반문했다. 트럼프는 "힐러리가 빌 클린턴과 외도한 여성들에게 행한 행동들은 믿기 힘들만큼 잔인했다"며 "개탄스러울 뿐"이라고 말했다.

5월 7일 트럼프는 트위터를 통해서 힐러리의 '러닝메이트(부통령 후보)'로 거론되는 엘리자베스 워런Elizabeth Warren 민주당 상원의원을 '멍청이goofus'라고 부르며 "둘 다 패배시키겠다"고 했다. 또 "(여자) 카드가 없으면 아무도 힐러리에게 표를 주지 않는다"며 힐러리가 워런을 러닝메이트로 삼을 것이라고 비꼬기도 했다.

트럼프는 이날 워싱턴주 유세장에서도 "힐러리는 정치 역사상 최악의 여성 학대자abuser와 결혼했다"며 발언의 수위를 높였다. 트럼프는 또 월가와 힐러리의 관계를 문제 삼으며 힐러리는 '월가의 도구'라고 비판했다. 그는 "나는 버니 샌더스의 팬은 아니지만, 힐러리가 자신에게 돈을 주는 사람들에게 조종당한다는 그의 말은 100퍼센트 맞다"고 덧붙였다.[14]

5월 17일 『워싱턴포스트』는 "정치에서 (대선까지) 6개월은 '영겁의 시간'으로, 힐러리의 승리를 낙관할 수만은 없다"며 '힐러리가 질 수 있는 12가지 이유'를 제시했다. 『워싱턴포스트』가 지적한 첫째 이유는 힐러리의 자만심이었다. 경선 초반 50퍼센트가 넘는 전국 지지율을 기록할 때 힐러리는 '이메일 스캔들'에 대한 질문에 농담으로 답했으며 취재기자들을 소떼 몰 듯 밧줄을 이용해 이리저리 통제하기도 했는데, 이런 모습이 되풀이되면 승리에서 멀어질 수 있다는 것이다.

백악관을 떠날 당시 무일푼이었다던 힐러리가 1년도 안 돼 수백억 원이 넘는 돈을 버는 등 대중과 유리된 생활을 한 것도 문제였다. 샌더스처럼 대중의 열정을 불러일으키는 열정적 비전이 부족하다는 평가도 있었다. 힐러리는 자신에 대해 "타고난 정치가는 아니다"고 했지만, 유권자는 힐러리가 꿈꾸는 세상을 보고 싶어 한다는 것이다. 최악의 비호감도를 풍부한 국정 경험과 문제 해결 능력으로 덮어보려고 하지만 역부족이라는 지적도 있었다. 힐러리 부부를 오래 지지해온 한 인사는 『워싱턴포스트』에 "힐러리를 에너지 넘치는 멋진 힐러리로 만들고 싶은데 그런 약이 없다"고 했다.

젭 부시Jeb Bush, 1953- 후원자에게는 자신을 '트럼프보다 더 우파의 가치를 지키는 후보'라고 선전하고, 샌더스 지지자에게는 '진보적 어젠다를 계속 유지하겠다'고 구애求愛하는 등 필요에 따라 좌우를 오가는 모습도 양측 모두의 신뢰를 잃게 할 수 있다고 『워싱턴포스트』는 지적했다. 특유의 비밀주의, 이메일 스캔들로 인한 기소 가능성 등도 힐러리의 경쟁력을 떨어뜨리는 요인으로 꼽혔다. 클린턴의 자유분방한 지원 유세가 오히려 독이 될 수 있다는 경고도 나왔다.[15]

## "힐러리가 정말 여성들을 보호하는가?"

2016년 5월 19일 『워싱턴포스트』는 "힐러리가 마지막 유료 강연 중 하나인 '이베이 서밋'에서 20분 동안 직장에서 여성의 진급 등에 대해 강연하고는 31만 5,000달러(약 3억 5,000만 원)를 쓸어담았다"고 보도했다. 1분당 1,750만 원씩을 번 셈이다. 『워싱턴포스트』는 특히 IT 기업과 힐러리의 '유착' 관계에 집중했다. 2014년 이후 51회의 강연을 통해 힐러리가 번 돈 1,170만 달러(약 128억 원) 가운데 27퍼센트인 320만 달러(약 35억 원)가 IT 관련 기업에서 벌어들였다고 분석했다.

기업은 강연료를 지급하고, 그 기업 CEO는 직접 힐러리에게 정치자금을 대는 일도 많았다. 세일즈포스닷컴salesforce.com은 2015년 두 번의 강연에 45만 1,000달러(약 5억 원)를 지급했는데, CEO인 마크 베니오프Marc Benioff, 1964~는 힐러리를 지원하는 '레디 포 힐러리Ready for Hillary'라는 슈퍼팩(정치활동위원회)의 주요 기부자였다. 힐러리 부부에게 강연료를 준 기업·조직 72곳은 클린턴 재단에 기부금도 냈다. 시스코Cisco가 대표적으로, 힐러리에게 32만 5,000달러의 강연료를 준 것과 별도로, 2011년 최소 100만 달러(약 11억 원)를 재단에 기부했다.[16]

5월 22일 공개된 『워싱턴포스트』와 ABC 방송 조사에서 트럼프가 46퍼센트의 지지율로 44퍼센트에 그친 힐러리를 따돌린 것으로 나타나는 등 5월 19일부터 22일에 걸쳐 발표된 5곳의 여론조사 중 힐러리는 3곳에서 트럼프에게 뒤지는 것으로 나왔다. 5월 초 트럼프에 지는 조사 결과가 처음 나올 때까지만 해도 고개를 갸웃했던 이들도 이제는 "트럼프가 이길 공산이 있다"는 분석을 내놓기 시작했다. 아무리

트럼프가 여성·소수 인종 폄하 발언을 쏟아내도 힐러리와 트럼프의 비호감도는 같게 나왔기 때문이다.[17]

5월 23일 트럼프 진영은 인스타그램에 클린턴의 섹스 스캔들을 상기시키는 동영상을 올렸다. 이 영상에는 2명의 여성이 성폭행을 당했다는 육성이 흘러나오는 동안 클린턴은 시가를 물고 있다. 이어 힐러리의 사진과 웃음소리가 흘러나온다. 영상은 "힐러리가 정말 여성들을 보호하는가?"라는 자막이 깔리면서 끝난다.

이 영상에 육성이 나오는 여성들은 클린턴에게서 추행당했다고 주장하는 후아니타 브로드릭Juanita Broadrick, 1942~과 캐슬린 윌리Kathleen Willey, 1946~였다. 브로드릭은 클린턴이 아칸소 법무장관이던 1978년 호텔에서 그에게 강간을 당했다고 주장했고, 윌리는 1993년 백악관 집무실 복도에서 클린턴이 자신의 몸을 더듬었다고 주장했다. 이들의 주장은 일관성이 없는 데다, 클린턴의 다른 스캔들에 묻혀 별 주목을 못 받았다.[18]

2016년 5월 23일 힐러리는 서비스 노조 연차 총회에서 "트럼프는 자기 카지노를 파산시켰고, 이처럼 미국도 파산시킬 것"이라며 "미국에서 카지노로 손해 보는 사람이 누가 있느냐"고 반문했다. 트럼프의 '실패한 사업가' 이미지를 부각하려는 의도였다. 그러면서 힐러리는 "지금 필요한 인물은 연단에 선 불량배bully가 아니다"고 말했다.

트럼프는 다음 날 『워싱턴포스트』 인터뷰에서 힐러리를 겨냥해 '살인' 의혹까지 제기하며 네거티브 공세에 나섰다. 그는 "힐러리 클린턴 부부의 최측근 인사인 빈센트 포스터 전 백악관 법률고문이 1993년 자살한 사건이 수상쩍다"며 타살 의혹을 제기한 것이다. 20여 년 전

사건이었건만 주간 연예 잡지인 『내셔널인콰이어러National Enquirer』가 2015년 초 "클린턴 부부가 입을 막기 위해 살인 청부업자를 고용해 죽였거나 힐러리가 자살에 이르게 만들었을 것"이라며 살해설을 제기하자, 트럼프는 이 기사를 인용하면서 "살해 의혹을 주장하는 많은 이가 있다"고 쟁점화한 것이다.

트럼프는 "힐러리 측이 나에 대해 매우 추잡한 이야기를 한다"며 "그들이 그렇게 하는 한 나도 할 수 있는 어떤 일이라도 하겠다"고 말했다. 트럼프의 여성 편력, 여성 비하 행위 등을 보도한 『뉴욕타임스』 기사 등도 힐러리 쪽에서 나왔다는 주장이다.

힐러리 측은 이런 트럼프의 주장을 "어처구니없다"고 일축하면서 역공에 나섰다. 힐러리 선거 캠프는 콘퍼런스콜(전화 기자회견)에서 트럼프가 2006년 주택 시장 거품 붕괴, 2008년 글로벌 금융위기를 이용해 돈을 벌었을 가능성을 제기하면서 그를 '비정한 수전노'로 묘사했다. 힐러리 측은 "노동자 가족을 희생양 삼아 오로지 자신만을 위하는 인물이 트럼프"라고 했다.[19]

## 민주당 대통령 후보로 확정된 힐러리

2016년 6월 7일 힐러리는 가장 많은 대의원 546명이 걸린 캘리포니아에서 56퍼센트 대 43.1퍼센트(개표율 94퍼센트)로 샌더스를 앞섰고, 뉴저지(63.3퍼센트), 뉴멕시코(51.5퍼센트), 사우스다코타(51퍼센트) 등지에서도 승리했다. 이번 6개 주 경선에서 몬태나와 노스다코타를 제외한 4곳에서 이겨 명실상부한 민주당 후보가 된 것이다.

이날 힐러리는 뉴욕 브루클린Brooklyn에서 한 연설에서 "여러분 덕분에 우리나라에서 여성이 처음으로 주요 정당의 대선 후보가 되는 역사적인 이정표에 도달했다"고 강조했다. 힐러리는 경쟁 후보였던 샌더스의 협력을 호소하기 위해 "샌더스는 진보적 명분을 위해 오랫동안 투쟁해왔고, 특히 젊은 유권자들에게 큰 감흥을 줬다"고 치켜세운 뒤 "경선에서 나를 지지했건 샌더스를 지지했건 우리는 강하고 보다 나은 미국을 향해 함께 나아가야 한다"고 말했다.

하지만 샌더스는 이날 밤 캘리포니아주에서 한 연설에서 "트럼프의 승리를 막는 것보다 미국을 개조하는transform 게 더 중요하다"며 "다음 주 워싱턴 D.C. 경선은 물론 필라델피아(7월 말 전당대회)까지 투쟁을 이어나갈 것"이라고 경선을 포기할 뜻이 없음을 밝혔다. 샌더스의 완주라는 변수가 남아 있기는 했지만 사실상 대선이 '힐러리 대 트럼프'로 굳어지면서 두 후보는 당장 이날부터 서로를 겨냥해 격한 비난을 쏟아냈다.

힐러리는 "내 어머니는 약자를 괴롭히는 사람한테 절대로 물러서지 말라고 가르쳤는데, 이는 옳은 조언이었다"며 "기질 면에서 트럼프는 대통령이 될 자질이 없다"고 공격했다. 또 "트럼프는 장애를 지닌 (『뉴욕타임스』) 기자를 조롱하고 여성을 돼지라고 불렀다"며 "우린 트럼프처럼 (멕시코) 국경과 미국인들 사이에 벽을 세울 게 아니라 (화합을 위한) 다리를 놓아야 한다"고도 했다.

한편 트럼프는 이날 밤 뉴욕 북부 트럼프 내셔널 골프클럽 웨스트체스터에서 한 연설에서 "힐러리는 국무부를 마치 개인 헤지펀드처럼 악용했다"며 "(국무부 관리들에 대한) 접근권과 이권, 정부 계약 등을 팔아 수백만 달러(수십억 원)를 챙겼다"고 비판했다. "이 모든 것을 감추려고 개인 이메일 서버를 사용한 것"이라고 주장했다.[20]

6월 9일 오바마는 힐러리에 대한 지지를 공식으로 선언했다. 오바마는 백악관에서 한 연설이나 성명 발표가 아닌 힐러리 선거 캠프 홈페이지에 3분 16초짜리 지지 연설 비디오를 올리는 방식을 택함으로써 이번 선거의 중심은 어디까지나 힐러리란 점을 강조했다. 그는 이날 연설에서 "난 이 일(대통령)이 얼마나 힘든지 안다. 그래서 난 힐러리가 그걸 잘해낼 것임을 안다. 용기와 열정, 그 일을 해낼 수 있는 가슴이 있다. 그녀와 20차례 이상 토론을 했던 사람으로서 말할 수 있다"고 보장했다. 이에 힐러리는 "세상 전부를 얻은 셈이다. 오바마 대통령과 내가 여러 해에 걸쳐 격렬한 경쟁자에서 진정한 친구가 된 것이 기쁘고 영광스럽다"며 기뻐했다.[21]

이런 가운데 조 바이든Joe Biden, 1942~ 부통령, '트럼프 저격수'로 불리는 엘리자베스 워런Elizabeth Warren 연방 상원의원, 경선 주자였던 마틴 오말리Martin O'Malley, 1963~ 전 메릴랜드 주지사 등 민주당 거물들도 힐러리 지지를 이날 공개 선언하면서 힐러리의 대권 가도에 힘을 실어주었다.[22]

## "여성 대통령의 탄생은 그 자체로 엄청난 사건이다"

2016년 6월 16일 샌더스는 "민주당의 변화를 위해 힐러리와 협력하겠다"고 인터넷 연설에서 밝혔지만, 힐러리 지지 선언은 끝내 하지 않았다. 샌더스는 "앞으로 (대통령 선거일까지) 5개월간 트럼프가 크게 패배하게 하는 일이 남았다"며 "이를 위해 개인적으로 내 역할을 시작할 의지가 있다"고만 말했다. 샌더스는 자신이 추구한 진보적 정책을 힐러리가 더 많이 받아들이도록 압박하기 위해 지지 선언을 유보한 것으로 해석되었다.

반면 조지 W. 부시, 로널드 레이건 대통령 등 공화당 정부에서 외교·안보 요직을 맡았던 리처드 아미티지Richard Armitage, 1945~ 전 국무부 부장관이 민주당의 사실상 대통령 후보인 힐러리 지지를 선언했다. 그는 6월 16일 미국의 정치 전문 매체인 『폴리티코Politico』에 "트럼프는 공화당원으로 보이지 않는다. 공화당 이슈에 대해 배우기도 원하지 않는 듯하다"며 "그래서 나는 힐러리가 후보가 되면 표를 주겠다"고 말했다.

'토크쇼의 여왕'인 오프라 윈프리Oprah Winfrey도 이날 힐러리 지지를 공개 선언했다. 그녀는 연예 전문 정보 프로그램 〈엔터테인먼트투나잇Entertainment Tonight〉 인터뷰에서 "미국은 지금 결단을 내려야 할 때"라며 힐러리 캠프의 대선 슬로건을 인용하고 "나는 그녀를 지지한다 I'm with her"고 말했다. 윈프리는 특히 "지금은 여성들에게 중대한 순간으로, 여성 대통령의 탄생은 그 자체로 엄청난 사건"이라고 했다.[23]

6월 17일 마이크로소프트 창업자인 빌 게이츠Bill Gates, 1955~가 미국 민주당 대통령 후보 확정을 앞둔 힐러리를 지지할 뜻을 시사했다. 그는 한 언론 인터뷰에서 "게이츠 재단은 역대 정부와 좋은 관계를 유지해왔고 누가 대통령이 되든 협력하겠지만, 글로벌 보건 문제에 대해서는 힐러리와 빌 클린턴 전 대통령이 더 많은 경험을 갖고 있는 게 사실"이라고 말했다.

애플은 7월 오하이오주 클리블랜드Cleveland에서 열리는 공화당 전당대회에 자금이나 물품을 지원하지 않겠다는 뜻을 공화당 지도부에 통보했다. 『폴리티코Politico』는 "애플이 여성과 이민자, 사회적 약자 등을 향한 트럼프의 거친 발언을 문제 삼았다"면서 "수많은 이민자를 미국 밖으로 내쫓으려는 트럼프의 생각은 외국 출신 고급 인력을 미국으로 끌어들이려는 IT 기업들의 노력과 배치된다"고 했다. 애플은 2008년 대선 당시 민주·공화 양당에 14만 달러(약 1억 6,000만 원) 상당의 맥북 등을 지원했다.[24]

애플 외에도 웰스파고은행, JP 모건체이스 등 대형 금융업체와 모토롤라솔루션, UPS, 월그린 등이 내부적으로 후원 중단을 결정했다. 이들은 모두 밋 롬니Mitt Romney가 후보로 선출되었던 2012년 공화당 전당대회를 후원했던 업체들이다. 트럼프 반대론자의 비판이 거세지면서 트럼프와 엮이는 것을 우려한 때문으로 풀이되었다.[25]

반면 샌더스를 지지하는 3,000여 명의 진보적 활동가들은 18일 시카고에 모여 향후 진로를 논의하면서 힐러리에 대한 깊은 불신을 드러냈다. 샌더스를 지지했던 전미간호사노조의 로즈앤 디모로 집행이사는 "민주당 기구와 조직은 엄청나게 부패해 있다"며 "힐러리와 함께할 수 없다면 트럼프를 지지하라"는 말까지 했다.[26]

## 힐러리의 신뢰도에 타격을 입힌 '이메일게이트'

2016년 6월 27일 클린턴은 애리조나주 피닉스Phoenix를 떠나기 위해 공항에 있다가 로레타 린치Loretta E. Lynch, 1959~ 법무장관이 온다는 소식을 듣고 기다렸다. 클린턴은 계류장繁留場에 들어선 린치의 전용기를 확인해 접근했고 전용기에서 린치와 30분간 만날 수 있었다. 이 날은 공화당이 주도했던 하원 벵가지특별위원회가 2012년 크리스토퍼 스티븐슨Christopher Stevens, 1960~2012 미국 대사 등이 피살당했던 리비아 벵가지의 미국 영사관 습격 사건에 대한 조사 결과를 발표하기 하루 전날이었다.

이에 대해 트럼프는 힐러리가 국무장관 시절 공무에 개인 이메일 서버를 사용해 규정을 위반했던 이메일 스캔들과 관련해 수사에 압력을 행사하거나 수사 기밀을 몰래 얻기 위해 만난 게 아니냐는 의혹을 제기했다. 클린턴이 '외압' 논란을 자초한 꼴이 되었다.

트럼프는 "두 사람이 만났다는 얘기를 듣고 처음엔 농담인 줄 알았다"며 "(사실이라서) 정말 깜짝 놀랐다"고 밝혔다. 트럼프는 "나는 우리 시스템이 얼마나 잘못됐는지를 말해왔다"며 "끔찍하고 무시무시하다"고 비난했다. 공화당의 존 코닌John Cornyn, 1952~ 상원의원은 "법무부가 공정한 수사를 할 수 있다는 확신을 전혀 주지 못하고 있다"며 "(법무부를 대신해) 특별위원회가 필요하다"고 주장했다. 보수 성향의 민간단체인 '사법감시'는 법무부 감사관실이 두 사람의 회동을 조사해야 한다고 요구했다.

논란이 커지자 린치 법무장관은 "우리가 나눈 대화는 대부분 손자와 여행에 관한 내용이었다"며 "국무부 현안도, 벵가지 얘기도, 이메일 얘기도 나누지 않았다"고 의혹을 부인했다. 하지만 민주당에서도 비판이 나왔다. 크리스 쿤스Chris Coons, 1963~ 상원의원은 "법무장관은 전직 대통령과 짧고 우연한 사교적 만남조차 하지 말아야 했다"고 지적했다. 오바마의 백악관 상임고문을 지냈던 데이비드 액설로드David Axelrod, 1955~도 "(두 사람이 만난 건) 어리석은 선택이었다"고 일갈했다.[27]

2016년 7월 2일 힐러리는 이메일 스캔들과 관련해 미 연방수사국 FBI에서 3시간 30분가량 조사를 받았다. 다음 날 『워싱턴포스트』는 힐러리의 최대 난제는 '이메일 스캔들' 등으로 생긴 불신을 걷어내는 일이라고 말했다. NBC와 『월스트리트저널』의 공동 여론조사에서 응답자의 69퍼센트는 힐러리가 신뢰할 수 없다는 점을 우려했다. 6월 CBS 뉴스 조사에서도 '힐러리는 정직하지 않고 신뢰할 수 없는 인물'이라는 응답이 62퍼센트에 이르렀다. 2월 여론조사기관 갤럽의 조사에서도 힐러리를 생각하면 가장 먼저 떠오르는 이미지를 묻는 질문에 응답자의 21퍼센트가 '부정직하다', '거짓말쟁이다'라는 반응을 보였다.

『워싱턴포스트』는 "전문가 그룹은 물론 힐러리를 찍겠다는 지지자들조차 힐러리가 거짓말을 하거나 뭔가를 숨기고 있다고 말한다"고 전했다. 신뢰성 문제가 대선 과정에서 자신의 약점으로 꼽힌다는 점을 잘 알고 있는 힐러리도 일주일 전 연설에서 "많은 사람이 여론조사에서 나를 신뢰하지 않는다고 답한다"며 "그런 말을 듣는 것을 좋아하지는 않지만 (신뢰하지 않는다는 말) 뒤에 숨겨진 의미에 대해 많이 생각하고 있다"고 말했다. 그러면서 열정적인 활동과 헌신으로 자신을 향한 의심들을 걷어내도록 노력하겠다고 약속했다.[28]

## 트럼프의 극렬 지지자들 "힐러리 목을 매달아라"

2016년 7월 5일 미 연방수사국FBI 국장 제임스 코미James Comey, 1960~는 기자 회견을 열고 "클린턴 전 국무장관이 장관 재임 중 개인 e메일 서버로 송수신한 e메일 가운데 비밀 정보가 있었지만 '고의적 법 위반'의 의도는 없는 것으로 파악됐다. 법무부에 '불기소 권고'를 하는 것으로 결론 내렸다"고 말했다. 이로써 힐러리는 이메일 스캔들의 수렁에서 일단 벗어났기에 힐러리 캠프의 브라이언 팰런Brian Fallon 대변인은 이날 "누누이 얘기했듯 개인 e메일 계정을 사용한 건 실수이며 이 문제가 해결돼 기쁘다"는 환영 성명을 발표했다.

하지만 힐러리가 법적 책임은 면했을망정 코미 국장의 회견 내용은 "날카로운 '구두 기소'였다"(CNN)란 의견이 지배적이었다. 그동안 힐러리가 입버릇처럼 반복해왔던 "(개인 e메일 서버로) 송수신할 당시는 그 어떤 것도 비밀로 분류된 게 없었다"(나중에 비밀로 분류되었다는 뜻)는 주장은 사실과 다른 것으로 드러났다. 대쪽으로 소문난 코미 국장도 법적 면죄부는 주었을망정 "국가 기밀을 다룬 그녀의 행태는 극도로 부주의했다. 명백히 입증은 안 되지만 적대 세력(해커)들이 그녀의 개인 e메일 계정에 접근하는 게 가능했다고 본다"며 힐러리를 강하게 비난했다.

언론들은 "코미 국장은 대통령 자질의 두 기둥인 (힐러리의) 판단력과 능력에 대해 기소한 것이나 마찬가지"(『뉴욕타임스』), "e메일 이슈는 선거일까지 힐러리를 따라다닐 것"(『워싱턴포스트』)이라고 평했다. "술은 마셨지만 음주운전은 아니다"란 말과 같다는 비아냥도 나왔다.[29]

공화당은 지도부가 나서 수사 결과 발표를 비난했다. 연방 하원의장 폴 라이언Paul Ryan, 1970~은 "국가 안보에 관한 정보를 이렇게 무모하게 다룬 힐러리를 기소하지 않는 것은 끔찍한 전례를 만드는 셈"이라며 "미국인은 이러한 부정직과 잘못된 판단의 행태를 거부할 것"이라고 했다.[30]

7월 5일 노스캐롤라이나주 그린즈버러Greensboro와 롤리Raleigh에서 잇따라 열린 트럼프의 유세 현장은 '힐러리 성토대회'가 되었다. 트럼프는 이날 유세에서 "FBI는 부정직한crooked 힐러리가 국가 안보를 손상했다고 말하면서도 기소는 않는다고 한다. 사법 시스템이 조작됐다"고 비난했다. 또 트럼프는 "적들이 거짓말쟁이 힐러리의 파일을 갈취했을지도 모른다. 이것만으로도 힐러리가 미국 대통령이 돼서는 안 된다는 것을 보여준다"며 "유권자들이 사기꾼 힐러리를 심판할 것"이라고 했다.

트럼프의 유세 현장에는 사실상 민주당 후보인 힐러리를 향해 입에 담기 힘든 욕설을 담은 구호가 넘쳐났다. '암캐bitch'라는 외침은 셀 수 없을 정도로 쏟아져나왔고, 특히 트럼프의 연설에 고무된 성난 지지자들은 힐러리의 "목을 매달아라Hang that bitch"라는 구호까지 내뱉었다. 수사 결과를 발표한 코미 국장의 사퇴를 촉구하는 목소리도 잇따랐다. 『뉴리퍼블릭The New Republic』은 "힐러리는 사법제도criminal justice에서 벗어나겠지만 여기 모인 군중의 마음속에는 다른 정의가 있다"며 "그들은 지금 그녀의 죽음을 원하고 있다"고 과열 양상을 우려했다.[31]

## "샌더스가 신념을 저버리고 '사기꾼' 힐러리에게 갔다"

2016년 7월 12일 샌더스가 공식적으로 힐러리에 대한 지지를 선언했다. 샌더스는 이날 오전 뉴햄프셔주 포츠머스Portsmouth에서 힐러리와 처음으로 공동 유세에 나선 자리에서 "힐러리가 민주당 경선에서 승리했으며, 승리를 축하한다"며 "내가 왜 힐러리를 지지하는지, 그리고 왜 힐러리가 다음 대통령이 돼야 하는지를 분명히 하기 위해 이 자리에 섰다"고 밝혔다.

샌더스는 "11월 대선으로 향하면서 힐러리가 단연코 그것(대통령직)을 가장 잘할 수 있는 후보라는 사실에 의심의 여지가 없다"며 "힐러리가 미국의 차기 대통령이 될 수 있도록 모든 것을 다하겠다"고 다짐했다. 힐러리는 연설을 마친 샌더스를 꼭 껴안고 고맙다는 말을 연발했다. 힐러리는 샌더스가 "옆으로 밀려난 사람들을 정치의 중심으로 끌어들였고 나라를 걱정하는 젊은이들에게 활기와 영감을 불어넣었다"고 추어올리며 "당신의 도움으로 우리는 도널드 트럼프를 꺾고 우리 모두가 믿을 수 있는 미래를 함께 만들기 위해 힘을 모을 것"이라고 말했다.

샌더스는 민주당 안팎의 압력에도 경선 포기를 끝까지 미루며 자신의 주요 공약들을 민주당 강령에 반영시켰다. "우리는 공정한 경제를 위해 월가의 탐욕과 방종에 대항해 싸운다"는 시위 구호 같은 선언이 민주당 정강에 들어간 것을 두고 경제 매체인 CNBC는 "민주당이 역사상 가장 진보적인 정강을 제정했다"고 평했다. 민주당 정강 정책에는 그 밖에도 '시간당 최저임금 15달러로 인상', '돈 정치' 개혁안, 사

형제 폐지, 사회복지 확대 등 샌더스의 공약들이 담겼다.[32]

샌더스의 힐러리 지지에 트럼프는 맹비난을 가했다. 트럼프는 "샌더스가 신념을 저버리고 '사기꾼' 힐러리 클린턴에게 갔다"며 "샌더스는 힐러리를 지지한다고 했는데 지지자들은 화가 많이 났다"라고 주장했다.[33]

7월 13일 퀴니팩대학이 발표한, '스윙 스테이트'로 불리는 대표적 경합주인 플로리다 · 펜실베이니아 · 오하이오주 여론조사 결과는 힐러리에게 밀리며 주저앉는 듯했던 트럼프의 지지율이 핵심 승부처에서 다시 반등한 것으로 나타났다. 그 원인으로 힐러리의 이메일 스캔들 후유증과 더불어 정치적 양극화가 지목되었다.

이날 발표된 퓨리서치센터의 여론조사에 따르면 '백인 복음주의자'들의 78퍼센트가 트럼프를 지지했고 힐러리는 17퍼센트를 얻는 데 그쳤다. 이는 2012년 공화당의 밋 롬니Mitt Romney 후보가 얻었던 지지세(73퍼센트)보다 늘어난 수치였다. 반면 『월스트리트저널』 · NBC 조사에선 펜실베이니아 · 오하이오주 2곳에서 흑인 유권자의 트럼프 지지율은 0퍼센트라는 결과가 나왔다.[34]

7월 17일 발표된 CNN과 미국 전략연구컨설팅ORC 여론조사에서 민주당의 힐러리(42퍼센트)가 트럼프(37퍼센트)를 5퍼센트포인트 앞섰다. 하지만 공화당이 주최하는 전당대회 축하 행사에 참가한 백인 청년 닉 폴리는 "'트럼프를 지지하는가'라고 물을 때 답을 하지 않으면 트럼프 지지자"라면서 "트럼프 지지자들은 (속내를 드러내지 않아) 여론조사에서 보이지 않을 뿐"이라고 주장했다.[35]

## "좌파는 문화전쟁에서 승리했지만……"

2016년 7월 21일 트럼프는 공화당 전당대회 후보 수락 연설에서 "이제는 글로벌리즘Globalism(세계주의)이 아니라 미국 우선America First, 즉 아메리카니즘Americanism(미국주의)이 우리의 새로운 신조가 될 것"이라고 선언했다. 그는 이에 따라 자신이 대통령이 될 경우 한·미 자유무역협정FTA을 비롯한 모든 무역협정의 재협상 등 보호무역, 법과 질서의 행사를 통한 안전 회복, 불법 이민 통제 등을 우선적으로 추진하겠다고 강조했다.

트럼프는 이러한 미국의 문제가 "부패된" 기존 정치 세력 때문에 해결되지 않고 있다며, "힐러리가 (기존) 시스템들을 계속 유지해줄 것이기 때문에 거대 기업과 엘리트 미디어, 거대한 정치자금 기부자들이 클린턴에 줄을 섰다"고 몰아세웠다. 트럼프는 "그녀는 꼭두각시고, 그들이 줄을 조종하고 있다"고 주장했다. 하지만 평소처럼 과도하게 선동적이지는 않았다. ABC 방송 등 언론들은 "힐러리 클린턴 이야기가 나오자 대회장 내의 흥분한 청중들이 '그녀를 감옥으로Lock Her Up'이란 구호를 연호했지만 트럼프는 손을 저으며 '11월에 그녀에게 이기자Let's defeat her'고 점잖고 어른답게 대응한 게 인상적이었다"고 평했다.[36]

7월 22일 힐러리는 민주당 부통령 후보(러닝메이트)로 팀 케인Tim Kaine, 1958- 버지니아주 상원의원을 지명했다. 언론은 힐러리가 케인을 러닝메이트로 선택한 데는 케인이 노동자 출신 가정에서 자라 승부처인 미시간·오하이오·펜실베이니아 등 '러스트벨트Rust Belt(쇠락한 공업지대)' 지역에서 강점을 갖고 있다는 점과 함께 일하기 '편한' 부통령이라는 점이 작용했다고 분석했다. 『뉴욕타임스』는 "케인이 스페인어를 유창하게 구사해 히스패닉 유권자들을 끌어들일 수 있다는 장점도 고려됐다"고 지적했다.[37]

반면, 공화당과 트럼프는 케인을 월스트리트에 포획된 부패 정치인이라고 부르면서 맹공을 퍼부었다. 트럼프는 트위터에서 "(진보 성향인) 버니 샌더스 연방 상원의원 지지자들은 케인이 선택된 데 분노하고 있다"며 "케인은 은행들에 의해 지배돼왔고 지금도 지배되고 있다"고 말했다. 특히, 공화당 측은 케인이 버지니아 주지사와 부지사로 근무하던 8년간 20만 달러(약 2억 3,000만 원)어치 선물을 받았다는 점을 집중적으로 공격했다.[38]

누가 이길까? 영화감독 마이클 무어Michael Moore의 주장을 들어보자. 그는 7월 23일 『허핑턴포스트』에 올린 「트럼프가 승리할 5가지 이유」라는 글에서 "나는 내가 사는 나라에 대해 큰 희망을 품고 있다. 상황은 나아졌다. 좌파는 문화전쟁에서 승리했다. 게이와 레즈비언들이 결혼할 수 있다. 그 어떤 설문조사에서도 미국인 대다수는 진보적 입장을 취한다. 여성에 대한 동등 임금, 합법적 낙태, 더 강력한 환경법, 총기 규제 강화, 마리화나 합법화. 큰 변화가 일어났다. 올해 22개 주에서 승리를 거둔 사회주의자도 있다. 사람들이 집에서 소파에 앉은 채 X-박스나 플레이스테이션으로 투표할 수 있다면 힐러리가 압승을 거둘 거라는 걸 나는 의심하지 않는다"며 다음과 같이 말한다.

"그러나 미국의 선거는 그렇게 진행되지 않는다. 사람들은 집에서 나가서 줄을 서야 투표할 수 있다. 그리고 가난한, 흑인이나 히스패닉 지역에 살 경우 줄이 더 길 뿐 아니라 그들이 투표를 하지 못하도록 하는 온갖 조치가 취해진다. 그래서 대부분의 선거에서 투표율은 50퍼센트를 넘기기도 힘들다. 그게 11월의 문제다. 누가 가장 열성적으로 투표를 하고 싶어 할까? 이 물음에 대한 답은 당신도 안다. 어떤 후보의 지지자들이 가장 광적인가? 선거일에 어떤 열광적인 지지자들이 새벽 5시에 일어나서 하루 종일 모두 투표를 하러 가라고 선동하고 다닐까? 그렇다. 그게 우리가 처한 가장 높은 수준의 위험이다. 스스로를 속이려 들지 말라. 힐러리의 멋진 TV 광고가 아무리 많이 나와도, 토론에서 힐러리가 트럼프를 제압한다 해도, 자유주의자들이 트럼프에게 갈 표를 빼앗는다 해도 그를 막지는 못한다."[39]

## 샌더스 지지자들의 힐러리에 대한 반감

물론 마이클 무어의 주장은 힐러리의 당선을 위해 투표를 많이 해야 한다는 선동이었다. 그러나 힐러리에겐 자꾸 좋지 않은 일이 계속해서 일어나고 있었다. 2016년 7월 23일 샌더스 지지자들은 폭로 전문 매체 위키리크스Wikileaks가 공개한 민주당 전국위원회DNC, Democratic National Committee 간부 7명의 이메일 내용에 울분을 터뜨렸다. 민주당 전당대회를 주최하고 당 후보들을 위한 선거 자금을 모집하는 DNC는 경선 과정에서 중립을 유지해야 한다. 그럼에도 2015년 1월부터 2016년 5월까지 주고받은 1만 9,252건의 이메일에는 "샌더스가 무신론자란 이야기를 들은 것 같은데 그렇다면 '우리 사람들'과 선을 그을 수 있을 것 같다", "그는 대통령이 되지 못할 것" 등 샌더스의 대선 캠페인을 방해하기 위한 제안들이 담겨 있었다.

민주당 주류 측이 샌더스에게 불리한 결정을 여러 차례 내렸고, 데비 와서먼 슐츠Debbie Wasserman Schultz, 1966~ DNC 위원장이 샌더스를 '거짓말쟁이'라고 불렀다는 사실까지 알려져 샌더스 지지자들을 자극했다. 샌더스의 신앙에 대한 정보를 수집하라고 DNC 간부가 지시한 내용도 있어 샌더스 지지자들은 "승리를 도둑맞았다"며 흥분한 것으로 알려졌다. 샌더스의 선대 본부장인 제프 위버Jeff Weaver, 1966~는 이날 "우리가 도널드 트럼프의 부인 멜라니아의 찬조 연설문을 표절이라 주장하며 설명을 요구했듯 민주당도 누군가 책임을 져야 한다"고 주장했다.[40]

7월 24일 전당대회를 하루 앞두고 상황이 이처럼 예사롭지 않게 돌아가자 민주당은 이날 오후 4시쯤 와서먼 의장의 전격 사임을 발표했다. 25일 찬조 연설에 나서는 샌더스가 '이상 행동'에 나설 가능성을 사전 예방하기 위해 신속한 조치를 취한 것이다. 샌더스는 이날 NBC 방송 인터뷰에서 "이번 논란이 기존의 힐러리 지지 입장 표명에 영향을 줄 것이냐"는 질문에 "아니다"라고 분명하게 답하며 지지를 철회하지 않을 뜻을 밝혔다. 그는 또 성명에서 "슐츠 의장이 민주당의 미래를 위해 올바른 결정을 했다. 2016년 대선 경선에서는 결코 그러지 못했는데 당 지도부는 항상 대선 후보 지명 절차에 있어 공정해야 한다"고 강조했다.[41]

하지만, 샌더스 지지자 1,000여 명은 이날 오후 전당대회가 열리는 필라델피아 시내에 모여 "우리는 힐러리에게 투표하지 않을 것"이라며 행진을 벌였다. 『뉴욕타임스』는 샌더스 지지자들의 시위 깃발에는 "기성 정치 종식을 도와달라!", "힐러리에게 투표하지 말자!"라는 구호가 있었다며, "지난주 클리블랜드 공화당 전대(전당대회) 때의 어떤 항의 시위보다도 규모가 더 컸다"고 전했다. 시위에 참가한 상당수는 녹색당 후보인 질 스타인Jill Stein, 1950~을 지지할 것이라고 말했다.[42]

민주당 전당대회 첫날인 7월 25일 퍼스트레이디 미셸 오바마 Michelle Obama, 1964~는 찬조 연설에서 "오늘 아침 노예들이 만들었던 백악관에서 일어나 나의 아름다운 흑인 딸들이 개를 데리고 노는 것을 봤다"며 "힐러리 클린턴으로 인해 내 딸들이, 우리 모두의 아들과 딸들이 여성도 미국 대통령이 될 수 있음을 당연하게 여기게 됐다"고 말했다. 미셸은 이어 "우리 친구 힐러리가 유일하게 미국 대통령이 될 진정한 자질을 갖췄다"며 "나는 그녀와 함께하겠다"고 선언했다.

샌더스도 30분간의 격정 연설에서 '힐러리 대오 단결'을 호소했다. 엘리자베스 워런 상원의원의 힐러리 지지 연설에 이어 샌더스가 나설 땐 대회장에 "버니" 연호가 계속되며 '샌더스 전당대회장'을 방불케 했다. 연호 때문에 샌더스가 5분간 연설을 시작하지 못했을 정도다. 샌더스는 "경선 결과에 나보다 실망한 사람은 없었다"며 지지자들을 달랜 뒤 "힐러리의 생각과 리더십으로 보면 반드시 차기 대통령이 돼야 한다"고 못을 박았다. "그녀와 함께해 자랑스럽다"고도 말했다.

전당대회 첫날은 이렇게 환호와 박수로 일단 마무리되었지만 수 시간 전까지만 해도 대회장 안팎에선 분노한 샌더스 지지자들로 혼란이 계속되었다. 샌더스 지지자 500여 명은 이날도 시청 앞을 차지했다. '그녀(힐러리)를 감옥에lock her up'라는 구호가 또 튀어나왔다. 대회장

앞까지 행진한 지지자들은 샌더스가 직접 나와 자제를 요구했지만 오히려 야유로 반발했다. 일부는 대회장에 들어가겠다며 철제 펜스를 넘으려 했고, 이 과정에서 50여 명이 체포되었다.[43]

## "모든 미국인을 위한 대통령이 되겠다"

2016년 7월 26일 민주당은 전당대회에서 힐러리를 후보로 공식 확정했다. 힐러리는 영상 메시지를 통해 "유리천장에 가장 큰 금을 냈다. 내가 아마 대통령이 되겠지만 다음 차례(여성 대통령)는 바로 여러분 중 한 명"이라고 말했다. 이날 클린턴은 "1971년 봄에 한 소녀를 만났다. 화장기 없고 큰 안경을 쓴 그녀에게 자석처럼 끌렸다"며 찬조 연설을 시작했다. 그는 "아내는 나를 결코 떠난 적이 없다. 여러분을 떠나지 않을 것"이라고 말했다.

그러나 힐러리 후보 확정 후 대회장에선 샌더스 지지자들이 일제히 나가버리며 곳곳에 빈자리가 드러났다. 일부 지지자들은 미디어센터에 난입해 침묵시위를 벌였다. 대회장을 나가던 샌더스 지지자들은 "버니가 힐러리 지지를 선언했다는 게 가슴 아프다"며 "오늘로 트럼프가 대통령이 될 가능성이 커졌다"고 주장했다.[44]

민주당 전당대회 셋째 날인 7월 27일 버락 오바마 대통령은 45분간에 걸친 찬조 연설에서 "한 가정의 엄마, 할머니로서 미국의 가치를 위해 평생을 바치고 아이들의 번창을 위해 모든 것을 다할 후보, 모든 미국인을 위해 기회의 영역을 확대할 단 한 사람은 바로 힐러리 클린턴"이라며 전폭적 지지를 호소했다. 오바마는 연설을 마치며 청중들이 잊고 있었던 "담대한 희망"을 다시 꺼냈다. 8년 전 대선 때 돌풍을 몰고 온 그 구호다. 그는 "고난에 맞서는 희망, 불확실 속에서의 희망, 담대한 희망!"이라며 "미국은 그 희망을 지난 8년간 입증해왔다"고 외쳤다. 힐러리는 전당대회 마지막 날 등장하는 관례를 깨고 오바마의 이 언급 직후 대회장을 가득 채운 환호 속에 등장해 두 팔을 벌려 그와 포옹했다. 행사장은 '오바마'와 '힐러리'를 연호하는 지지자들 목소리로 떠나갈 듯했다. 『뉴욕타임스』는 이를 놓고 "희망optimism의 바통을 넘겨줬다"고 묘사했다.[45]

7월 28일 민주당 전당대회의 마지막 찬조 연사는 클린턴의 외동딸 첼시였다. 아들 에이든을 출산한 지 5주 만에 무대에 오른 첼시는 "나의 환상적이고, 사려 깊고, 유쾌한 엄마"라고 힐러리를 소개한 뒤 어린 시절을 회고했다. "넘어졌을 때 엄마가 일으켜준 뒤 꼭 안아줬던 기억"을 떠올렸고 "축구 시합부터 교회 활동까지" 적극적으로 함께했다고 했다. "자신의 삶에 어떤 일이 생겨도 엄마는 언제나 내 곁에 있었다"며 "국민 옆에도 늘 함께할 것"이라고 강조했다. 이어 첼시는 맞서 싸워온 힐러리의 투사적 면모를 언급했다. "엄마는 누구를 위해 싸우는지를 절대 잊지 않는다. 나의 엄마는 듣는 사람, 행동하는 사람, 그리고 열정과 신념과 치열한 정의와 사랑으로 움직이는 여성이다."[46]

힐러리는 58분간 이어진 전당대회 후보 수락 연설에서 '함께together'라는 단어를 16번 사용하며 통합의 리더십을 역설했다. 힐러리는 "미국인들은 나 혼자 고칠 수 있다고 말하지 않으며 우리가 함께 고칠 것이라고 말한다"며 "모든 미국인을 위한 대통령이 되겠다"고 재차 강조했다. 힐러리는 이날 트럼프의 이름을 22번이나 언급하면서, 그가 테러나 전쟁 같은 위기 상황에 대처한 경험이 없고, 가벼운 처신으로 핵무기 다루는 일을 맡을 자격도 없다고 했다. 힐러리는 어머니가 준 교훈으로 연설을 마무리했다. 그녀는 "어린 시절 친구들에게 괴롭힘을 당했을 때 '우리 집에 겁쟁이가 있을 공간은 없다'는 어머니의 말씀은 옳았다"며 "미국의 운명이 우리의 선택에 달려 있다. 계속 싸워나가겠다. 함께하면 더 강해진다"고 했다.[47]

2016년 7월 28일 여론조사기관 라스무센Rasmussen이 발표한 전국 단위 여론조사에서 힐러리의 지지율은 43퍼센트로, 트럼프(42퍼센트)를 1퍼센트포인트 앞섰다. 이 조사는 민주당 전당대회 기간인 26~27일에 이루어졌다. 라스무센은 지난 5월 이후 다른 기관들의 조사에서 힐러리가 우위를 보일 때도 트럼프가 앞선 조사 결과를 내놓았는데, 힐러리가 역전한 것은 이번이 처음이었다. 전당대회 흥행도 민주당이 공화당보다 성공적이란 결과가 나왔다. 시청률 조사기관인 닐슨이 집계한 지난 26일 민주당 전당대회 시청자는 2,470만 명으로, 공화당의 전당대회 둘째 날인 지난 19일 1,980만 명을 500만 명 가까이 앞섰다.[48]


## 무슬림 전사자 부모를 모욕한 트럼프의 '자살골'

"모든 미국인을 위한 대통령이 되겠다"는 힐러리의 말은 새로울 것이 없는 진부한 표현이었지만, 이 말은 7월 28일 민주당 전당대회에 연사로 나선 이라크전쟁 전사자 후마윤 칸Humayun Khan, 1976~2004 대위의 부친 키즈르 칸Khizr Khan, 1950~이 트럼프를 비판하면서 벌어진 일련의 사태에 비추어 강한 울림을 갖는 말이 되었다.

키즈르 칸은 전당대회 연설에서 트럼프의 무슬림 입국 금지 공약을 비판하며, '미국은 나의 아들이 희생한 조국'이라며 미국 헌법 책자를 꺼내 들고 '법 앞의 평등한 보호'라고 쓰인 부분을 찾아보라고도 했다. 이에 트럼프는 이틀 뒤인 30일 ABC 인터뷰에서 "힐러리 캠프가 써준 내용이냐"며 비아냥대면서 "칸 부부가 연사로 나섰지만, 아버지만 발언한 것은 여자는 말할 수 없게 돼 있어서"라며 무슬림의 여성 차별을 비꼬고 나왔다.

그러자 후마윤의 어머니인 가잘라 칸Ghazala Khan, 1951~은 31일 『워싱턴포스트』 기고문에서 "아들이 숨진 지 12년이 지난 지금도 아들의 사진이 있는 방에 들어가지 못한다"며 "아들의 대형 사진이 있는 전당대회 무대에 올랐을 때 감정을 가눌 수가 없어 남편이 연설하고 싶은지 물었을 때, 할 수 없다고 답했다"고 반박했다. 아버지 키즈르 칸도 CNN에 출연해 "트럼프는 시커먼 영혼을 가진 사람"이라며 "(멕시코계) 판사와 이민자, 무슬림 이민자를 경멸하는 식의 분열적인 언사는 헌법의 기본 원칙에 완전히 반한다"고 말했다.

그럼에도 트럼프는 물러서지 않았다. 그는 31일 트위터에 글을 올려 "12년 전 이라크전에서 숨진 칸 대위는 영웅이지만, 무슬림 입국 금지 공약은 급진 이슬람 테러 조직에 관한 문제"라고 말했다. 이어 "키즈르 칸으로부터 사악한 공격을 받았다. 나도 대응할 권리가 있지 않으냐"라고 썼다. 트럼프는 특히 "이라크전에 찬성표를 던진 것은 힐러리이지, 내가 아니다"라고 힐러리에게 비난의 화살을 돌리기도 했다.

힐러리는 같은 날 오하이오주 클리블랜드Cleveland에서 "가족에게 헌신한 칸을 향해 트럼프는 무슬림 비하 발언만 했다"며 "인종과 종교, 장애를 이유로 모욕을 가하고, 희생양으로 만드는 사람에게 치가 떨린다"고 말했다.

공화당 지도부도 일제히 트럼프의 발언을 비판했다. 폴 라이언Paul Ryan, 1970~ 연방 하원의장은 성명을 내고, "많은 무슬림 미국인이 우리 군에서 용감하게 싸우고 희생했다. 칸 대위와 그 부모의 희생은 언제나 존경받아야 한다"고 말했다. 미치 매코널Mitch McConnell, 1942~ 연방 상원 원내대표도 성명을 통해 "특정 종교인 전체에 대해 입국을 금지하는 것은 미국의 가치에 반하는 것이라는 칸 가족의 생각에 동의한다"고 말했다. 젭 부시Jeb Bush, 1953~ 전 플로리다 주지사는 트위터에 "믿을 수 없을 만큼의 결례"라고 남겼다.[49]

베트남전쟁 참전 용사인 존 매케인John McCain, 1936~ 연방 상원의원(애리조나)은 "내가 트럼프의 말에 얼마나 동의하지 않는지 더 강조할 필요도 없다. 그의 발언은 공화당의 시각을 대변하지 않는다"고 말했다. 윌리엄 코언William Cohen, 1940~ 전 국방장관은 "아무리 정치라고 해도 한계가 있다"며 "트럼프의 발언에 경악했다. 그를 잠재적인 미군 최고사령관으로 지지하기 어려운 이유"라고 말했다. 트럼프와 경쟁했던 존 케이식John R. Kasich, 1952~ 오하이오 주지사도 "칸 대위는 영웅이다. 그의 가족을 위해 기도해야 한다"고 말했다. 공화당 지지 성향이 강한 '골드 스타 패밀리Gold Star Family(미군 전사자 가족 모임)'와 해외참

전용사회VFW 등도 일제히 트럼프의 공개 사과를 요구하고 나섰다.[50]

그 어느 때보다 강한 이런 일련의 비판으로 인해 트럼프의 대선 후보 생명은 끝장이 날 것처럼 보였다. 이런 분위기는 8월 내내 지속되었는데, 9월 들어 조금 다른 양상이 나타난다. 대선일인 11월 8일까진 어떤 일이 일어날지 알 수 없지만, 이제 마지막 장에서 8~9월에 일어난 일들을 살펴보기로 하자.

제12장
★
"나를 차갑고 무감정하다고
여기는 사람들을 이해한다"
★★★
2016년 8~9월

## "트럼프는 대통령이 될 자격이 없다"

무슬림 전사자 부모를 모욕해 과거 그 어느 때보다 강한 여론의 집중 포화를 받은 트럼프는 어떻게 대응했던가? 트럼프 지지자인 로저 스톤Roger Stone, 1952~은 트위터에 "(후마윤의 아버지인) 키즈르 칸Khizr Khan, 1950~은 힐러리를 돕는 '무슬림형제단' 요원"이라고 비방해 논란을 키웠지만, 트럼프는 키즈르 칸에 대한 비방은 자제하면서 언론과 힐러리에 대한 비난의 강도를 높여나가는 걸로 대응하기로 결심한 것 같았다.

8월 1일 트럼프는 펜실베이니아주 메카니스버그Mechanicsburg 유세에서 샌더스의 힐러리 지지를 비판하며 "샌더스는 악마와 거래를 했다. 힐러리는 악마"라고 했다. 오하이오주 유세에서는 "오는 11월 대선이 (나에게) 불리한 쪽으로 조작될 우려가 있다"며 선거 조작론을 제기했다.[1]

트럼프는 CNN이 하루 종일 자신의 무슬림 비하 발언을 문제 삼자 자신의 트위터에 "CNN은 힐러리의 보도 공장Press Shop", "요즘 사람은 힐러리만큼 CNN을 안 믿는다"는 등 6개의 CNN 비난 글을 연달아 올렸다. 이날 오후에도 "공화당 전당대회 첫날 불법 이민자의 폭력에 희생당한 연사의 연설 도중 CNN은 생중계를 끊었다" 등의 내용으로 CNN을 비난했다. 그는 경선 때부터 CNN이 힐러리에게 치우쳐 있다며 "CNN은 Clinton News Network(클린턴 뉴스 방송국)의 약자"라 조롱했다(원래는 Cable News Network의 약자).

트럼프 캠프는 이미 『워싱턴포스트』, 『허핑턴포스트』 등 20여 개 매체에 대해 취재를 금지한 상태였는데, 트럼프는 이날 저녁 오하이오주 유세에선 "『뉴욕타임스』 보도는 매우 부정직하다"며 『뉴욕타임스』의 유세 취재 금지를 시사했다. 이제 트럼프는 힐러리뿐만 아니라 '언론과의 전쟁'을 이겨내야 하는 처지로 몰린 셈이었다.

실제 대다수 언론이 트럼프에게 비판적이었다. 예컨대 8월 1일 『워싱턴포스트』 홈페이지 초기 화면에 실린 칼럼 6개는 「트럼프 거짓말 모음」 등 모두가 트럼프를 공격하는 것 일색이었다. 시카고대학 교수 헤럴드 폴락Harold Pollack은 칼럼에서 "트럼프는 외부의 적을 이용해 정치적 이익을 꾀하는 점에서 1950년대 정치적 반대자를 공산주의자로 매도했던 조지프 매카시와 공통점이 있다"고 맹공했다.

그러나 트럼프 측은 "신문은 물론 방송까지 처음부터 대놓고 '트럼프 낙선'을 위한 흠잡기에 혈안이 돼 있다"며 "그들은 '클린턴 재단'과 외국 정부의 은밀한 거래 등 힐러리의 구린 곳은 쳐다보려 하지도 않는다"고 비난했다. 이에 대해 『뉴욕타임스』의 편집인 딘 베케이Dean Baquet, 1956~는 "힐러리 캠프로부터도, 버니 샌더스 캠프로부터도 '혹독하고 편파적'이란 불만을 들었다"며 "모든 후보가 그렇게 생각한다면 우리가 잘하고 있다는 것"이라고 반박했다. CNN은 아예 트럼프의 반발을 무시했다.[2]

8월 2일 버락 오바마는 리셴룽李顯龍, 1952~ 싱가포르 총리와 정상회담 후 기자회견에서 트럼프의 전몰장병 부모 비하 발언에 대한 질문에 "대통령이 될 자격이 없다"고 말했다. 그는 트럼프가 국가를 위해 희생한 전몰장병 가족들을 공격할 수 있다는 생각을 갖고 있다는 것만으로도 나라를 이끌 준비가 되어 있지 않다는 뜻이라고 했다. 그는 공화당 지도부가 왜 계속해서 트럼프에 대한 지지를 유지하고 있는지 모르겠다며 "공화당 지도부 스스로 질문을 던져봐야 한다"고 밝혔다.

트럼프는 이에 즉각 성명을 내고 "오바마 대통령은 힐러리 클린턴 국무장관과 함께 세상을 불안정하고, 덜 안전한 곳으로 만든 외교정책을 짜낸 실패한 지도자"라며 "대통령에 부적합한 사람은 바로 오바마 대통령이고, 힐러리 역시 똑같다"고 반박했다. 미국의 정치 전문 매체 『폴리티코Politico』는 트럼프의 무슬림 비하 발언과 관련해 "트럼프는 지금까지 거의 모든 전통적인 한계를 넘어서 왔지만, 이번처럼 지나친 적은 없었다"고 지적했다.[3]

## "트럼프, 정신병자 아닌가?"

연일 실언에도 다른 사람들의 문제 제기에 반드시 막말로 보복해야 직성이 풀리는 트럼프의 정신 상태에 대한 의문이 제기되었다. NBC 방송은 트럼프가 자신이 지은 건물에 자기 이름을 붙이는 것에서 보듯 '나르시시스트', '소시오패스'로 종종 불려왔다며 심지어 그의 지지자들조차 이라크전쟁 전몰장병 부모를 비하하고 블라디미르 푸틴 Vladimir Putin, 1952~ 러시아 대통령을 편드는 듯한 발언을 하는 것에 놀라서 쓰러질 지경이라고 전했다. 이 방송은 보수 진영과 공화당 내에서도 트럼프의 정신 상태에 대해 물어보는 사람이 많다고 보도했다. 오바마 행정부의 보좌관을 지낸 스티븐 래트너Steven Rattner, 1952~는 "누군가가 그의 심리 상태를 체크해서 왜 그가 저렇게 행동하는지, 과연 정신 건강에 문제가 없는지 알아봐야 한다"고 말했다.[4]

로버트 케이건Robert Kagan, 1958~ 브루킹스연구소 선임 연구원은 8월 2일 『워싱턴포스트』 칼럼에서 트럼프에 대해 "자기 파괴적"일 정도로 "자신을 주체할 수 없는" 성격장애 증상을 보인다고 절망감을 나타냈다. 케이건은 트럼프의 공격적 언행들이 기득권층에 대한 지지자들의 분노를 선동해 지지세를 규합하려는 노회한 선거 전술 차원이 아니라 화가 나면 자신을 스스로 주체하거나 억제하지 못하는 병적 증상의 발현이었을 뿐임이 드러났다고 주장했다. 정치적 위선에 대한 도전으로 보인 것은 의도치 않은 부수 효과일 뿐이라는 것이다.

케이건은 "사소한 비판이나 반대도 용납하지 못하고 결과적으로 자신에게 불리해지는데도 일일이 몇 배로 되갚아야 직성이 풀리는"

트럼프가 대통령이 되었을 때를 상상하며 "위험스러울 정도로 불안정한 성질을 지닌 독재자"가 될 것이라고 걱정했다. "그가 다른 나라를 다룰 때, 국내의 비판자들을 다룰 때, 통치하고 법을 집행할 때, 휘하의 사법 당국과 정보기관들에 지시를 내릴 때, 언론과 야당을 다룰 때, 자당 내 반대파를 다룰 때" 자기 파괴적 자아통제 불능이라는 성격장애가 결정적으로 작동하리라는 것이다.

사실, 트럼프의 말썽 많은 언행을 정치적 전술이 아니라 정신적인 병적 증상의 발현이라고 보는 분석은 후보 경선이 본격화한 2016년 초부터 이미 제기되었다. 트럼프는 자신이 인생에서 경쟁력을 갖추기 위해 하루 3~4시간밖에 자지 않으며 때로는 1시간 남짓 자도 괜찮다고 자랑하고 다녔는데, 그게 바로 '수면 박탈sleep deprivation' 증후라는 것이다.[5]

트럼프의 정신감정 의뢰를 촉구하는 온라인 청원 캠페인도 시작되는 등 트럼프에 대한 정신감정 논란이 과열 양상을 보이자, 미국정신의학회는 성명을 내 '개인에 대한 정신감정은 비윤리적'이라며 자제할 것을 촉구했다. 마리아 오퀜도Maria Oquendo 미국정신의학회 회장은 '골드워터 규정Goldwater rule'을 거론하며 "올해 대선은 매우 특이한 상황이고, 따라서 몇몇 사람들은 후보자들에 대해 정신 상태를 분석하고 싶어할 것이다. 그러나 이 행위는 비윤리적일 뿐만 아니라 무책임한 행위"라고 강조했다.

골드워터 규정이란 '전문가들이 정신의학적 주제들에 대한 의견을 말하는 것은 괜찮지만, 개인에 대해 정신의학적 진단을 내리는 것은 옳지 않다'고 명시한 규정이다. 이 규정은 1964년 미국 대선에 출마했던 배리 골드워터Barry Goldwater, 1909~1998 공화당 후보의 이름에서 따왔다. 당시 미국의 한 잡지사에서는 1만 2,000여 명의 정신과 의사들에게 골드워터 후보에 대한 정신감정을 의뢰한 바 있는데, 약 2,400여 개의 응답을 분석한 결과 골드워터의 정신 상태가 대통령직을 수행하기에 적합하지 않다는 결론이 나왔다. 이후 미국 사회에서는 이 조사에 대한 윤리적 문제가 제기되었고, 개인에 대한 정신감정을 금지한 골드워터 규정이 만들어졌다. 미국정신의학협회는 1973년부터 이 규정을 따르고 있다.[6]

## 트럼프, "핵무기 있는데 사용하면 왜 안 되느냐?"

그러나 '골드워터 규정'이 트럼프를 보호해주는 데엔 한계가 있었다. 트럼프의 정신 상태를 의심하면서 반감을 표할 수 있는 표현의 자유가 보장된 이상 트럼프가 그마저 막아낼 수는 없는 일이었다. 트럼프에 대한 반감 표명엔 공화당 인사들까지 대거 가세하고 나섰다.

2016년 8월 2일 트럼프의 고향 뉴욕이 지역구인 리처드 해나Richard L. Hanna, 1951~ 공화당 하원의원은 『시러큐스닷컴syracuse.com』에 기고한 칼럼에서 "트럼프는 나라를 이끌기에 적합하지 않다"며 "나는 클린턴에게 투표하겠다"고 선언했다. 또 "트럼프는 공격적이고 자기중심적인 사기꾼"이라 혹평했다. 해나는 트럼프가 이라크전쟁 전몰장병 부모인 키즈르 칸 부부에게 퍼부은 막말이 계기였다고 했다. 이어 그는 "힐러리에 동의하지 않는 부분도 많지만 교육 확대나 여성 건강보험 개선 등 몇 가지 주제에선 나의 의견과 같다"며 "힐러리가 이 나라를 이끌 수 있다고 믿는다"고 밝혔다. 2014년 뉴욕주에서 3선에 성공한 해나는 동성 결혼을 지지하고 낙태 금지법에 반대하는 등 중도 성향으로 평가받는 의원이었다.[7]

트럼프의 최측근 인사인 크리스 크리스티Chris Christie, 1962~ 뉴저지 주지사의 전 참모 마리아 코멜라Maria Comella도 CNN 인터뷰에서 "선동가인 트럼프를 지지하지 않는다는 선언만으로는 부족하다. 힐러리에게 투표하겠다"고 말했다. 경선 주자였던 젭 부시Jeb Bush, 1953~ 전 플로리다 주지사의 핵심 참모인 샐리 브래드쇼Sally Bradshaw는 공화당을 탈당하면서 "트럼프는 여성 혐오자이며 편견에 사로잡힌 자아 도취자"라며 "플로리다주에서 박빙 양상이 나타나면 힐러리에게 투표하겠다"고 말했다.

공화당의 오랜 후원자들도 등을 돌렸다. 대표적인 '큰손'인 휼렛패커드HP 최고경영자CEO 멕 휘트먼Meg Whitman, 1956~은 2일 성명을 통해 "트럼프의 선동 정치는 미국 국민성의 뼈대를 훼손하고 있다"며 "미국은 힐러리가 제시했던 안정적이고 미래지향적인 리더십이 필요하다"고 말했다.

이런 상황에서도 트럼프는 "나는 아무것도 후회하지 않는다"며 물러서지 않았다. 오히려 그는 자신을 비판했다는 이유로 11월 연방의원 선거를 위해 당내 경선 중인 폴 라이언Paul Ryan, 1970~ 연방 하원의장과 존 매케인John McCain, 1936~ 연방 상원의원에 대해 "예비 경선에서 지지하지 않을 수 있다"며 엄포를 놓았다. 그는 "라이언을 좋아하지만, 미국이 끔찍한 시대에 처해 있고, 우리는 아주 강력한 리더십이 필요하다"면서 라이언에게 도전한 폴 넬런Paul Nehlen이 선거운동을 아주 잘하고 있다고 했다. 이 같은 분열 양상으로 공화당 내에서는 "대선보다 의회 다수당을 지키는 게 더 중요하다"는 발언을 하는 사람들이 늘기 시작했다.[8]

트럼프에겐 엎친 데 덮친 격으로, 트럼프가 2016년 초 당내 후보 경선 과정에서 만난 외교정책 전문가에게 미국이 핵무기를 보유하고 있는데도 왜 사용할 수 없는지에 대해 반복해 물어보았다는 사실이 알려졌다. 8월 3일 전 공화당 하원의원 출신으로 MSNBC 방송 앵커인 조 스카버러Joe Scarborough, 1963~는 자신이 공동 진행하는 〈모닝 조Morning Joe〉에서 조지 부시George W. Bush 행정부 시절 중앙정보국CIA 국장을 지낸 마이클 헤이든Michael V. Hayden, 1945~과 대담하면서 이런 일화를 소개했다.

스카버러는 "몇 달 전에 국제적인 명성이 있는 외교정책 전문가가 트럼프에게 조언을 해주기 위해 만났다"며 "트럼프는 '우리가 핵무기를 보유하고 있는데, 왜 사용하면 안 되느냐'고 세 번이나 물어봤다고 한다"고 소개했다. 그는 "이런 것(무지함)이 트럼프 주변에 외교 전문가가 없는 이유 중의 하나"라며 "한 시간 동안의 브리핑 과정에서 트럼프는 '왜 핵무기를 사용할 수 없는지'를 세 번이나 물었다"고 다시 한 번 말했다.

트럼프 선거 캠페인 총책임자는 폴 매나포트Paul Manafort, 1949~는 폭스뉴스와의 인터뷰에서 스카버러의 말은 "전혀 사실이 아니다"고 강력히 부인했지만, 헤이든의 이어진 발언은 전 CIA 국장이라는 무게감 때문에 많은 사람에게 불안감을 안겨주기에 충분했다. 스카버러가

"주변 동료들 가운데 트럼프에 조언하고 있는 사람을 알고 있느냐"고 묻자, 헤이든은 "아무도 없다"고 대답했다. 헤이든은 트럼프가 일관성이 없고 위험하다며 지지 선언을 거부했을 뿐만 아니라, "트럼프가 대통령에 당선되면 미군이 그의 명령을 거부할 가능성이 있다"고 말했다.[9]

## 트럼프 낙마에 대비한 공화당의 '플랜B 시나리오'

2016년 8월 3일 폭스뉴스의 대선 지지율 조사 결과, 힐러리는 49퍼센트로 트럼프(39퍼센트)를 10퍼센트포인트 차이로 앞섰다. 힐러리가 트럼프를 두 자릿수 차이로 따돌린 건 지난 6월 말 이후 한 달 반 만이었다. 폭스뉴스는 "응답자의 61퍼센트가 e메일 스캔들(클린턴이 국무장관 재직 때 개인 e메일로 기밀문건 등을 보낸 사건)로 힐러리가 정직하지 못하다고 답했음에도 그를 더 지지하는 건 대통령 자질에서 트럼프보다 낫다고 여기기 때문"이라고 지적했다. 64퍼센트가 힐러리에 대해 대통령 자질을 갖췄다고 답한 반면, 트럼프는 37퍼센트에 그쳤다. 69퍼센트가 트럼프가 전사자 부모에게 한 비판은 "한도를 넘어선 것"이라고 답했다.

폴 라이언Paul Ryan, 1970~ 연방 하원의장, 미치 매코널Mitch McConnell, 1942~ 연방 상원 원내대표에 이어 이날 뉴트 깅리치Newt Gingrich, 1943~ 전 하원의장마저 "계속해서 실수하는 트럼프를 뽑을 정도로 힐러리가 나쁜 후보는 아니다"며 "트럼프가 힐러리의 대통령 당선 가능성을 높여주고 있다"고 가세했다. 공화당에서 몇 손가락에 꼽히는 친親트럼프 인사였던 깅리치는 언론 인터뷰에서 "이번 대선은 힐러리와 트럼프 두 사람 가운데 누가 더 용납될 수 없는 인물이냐의 대결인데, 지금과 같은 방식으론 트럼프가 대선을 이길 수 없다"고 말했다.

급기야 당 지도부가 트럼프 낙마에 대비한 '플랜B 시나리오'를 검토 중이란 보도마저 나왔다. ABC 방송은 "당 주요 인사들이 트럼프의 기이한 행동에 좌절하고 혼란스러워하고 있다"며 "트럼프가 중도 낙마할 경우 내부 규정상 공화당 전국위원회RNC, Republican National Committee 위원 168명이 트럼프의 '대타'를 결정한다"고 전했다.

트럼프에 대한 공화당의 압박도 이어졌다. 위스콘신주 상원의원 론 존슨Ron Johnson, 1955~ 등 경합주 후보들은 "트럼프가 키즈르 칸 부부에게 공식적으로 사과해야 한다"고 주장했다. 그동안 트럼프를 옹호해온 라인스 프리버스Reince Priebus, 1972~ RNC 위원장은 트럼프 캠프의 선대 위원장인 폴 매너포트Paul Manafort, 1949~를 비롯한 핵심 인사들에게 전화를 걸어 트럼프가 "라이언과 매케인 지지를 거부하겠다"고 한데 대해 극도의 실망감과 분노를 드러낸 것으로 보도되었다.[10]

천하의 트럼프도 더는 견디긴 어렵다고 판단한 걸까? 그는 자신을 비판한 폴 라이언 하원의장과 존 매케인 상원의원을 지역 경선에서 지지하지 않겠다고 선언한 지 사흘 만에 '항복'했다. 8월 5일 트럼프는 라이언 하원의장의 지역구인 위스콘신주 그린베이Green Bay 유세에서 라이언 하원의장에 대한 지지를 공식적으로 밝혔다. 그는 "우리 사이에 이견이 있을 수 있지만, 친구로서 그런 것이지 진정한 변화를 위한 승리를 향해 함께 노력하는 것을 멈추지 않을 것"이라며 " 다시 미국을 위대하게'라는 우리의 공동 미션을 위해, 나는 우리의 하원의장 폴 라이언을 지지하고 지원한다"고 선언했다. 그러면서 "그는 좋은 사람이다. 우리는 몇 가지 문제에서 의견이 다를지 몰라도, 대부분은 일치한다"고 말했다.

트럼프는 또 자신의 '무슬림 비하' 발언을 비판하는데 동참했던 존 매케인 상원의원(애리조나)과 켈리 에이욧Kelly Ayotte, 1968~ 상원의원(뉴햄프셔)도 지지한다며 "우리는 단결해야 한다"고 말했다. 그는 "군과 공직에서 우리나라를 위해 일한 존 매케인 상원의원을 매우 존경한다"며 "그의 재선을 전적으로 지지한다"고 밝혔다.

트럼프는 공화당 지도부에 꼬리를 내린 대신, 힐러리에 대한 적반하장賊反荷杖식 인신공격을 이어갔다. 그는 "한편으로 그녀는 괴물monster이고 다른 한편으로는 약한 사람"이라며 "대통령이 될 만큼 충분히 강하지 않다"고 주장했다. 또 "완전히 불안정하고 균형을 잃었다"며 대통령이 되기에는 진실성이 부족하다고 덧붙였다.[11]

## "트럼프 몰락? 미국 대선 끝난 게 아니다"

트럼프는 당 주류 쪽과의 갈등에 대해 사실상 사과하며 꼬리를 내렸지만, 일부 공화당 전략가들을 비롯해 오는 11월 대선일에 의원 선거를 함께 치러야 하는 현역 연방의원들은 트럼프와 거리두기를 본격화하기 시작했다. 이미지가 추락한 트럼프에 기대는 것보다는, '대통령은 힐러리, 의원은 공화당'이라는 독자적 선거 전략이 당과 의원 선거에 유리하다고 보았기 때문이다. 11월 8일 대선일에는 상원의원 전체 100명 가운데 3분의 1인 34명과 하원의원 435명을 선출하는 연방의회 선거가 동시에 치러진다.

2016년 8월 6일 『뉴욕타임스』는 공화당 '슈퍼팩(정치활동위원회)' 전략가들이 트럼프의 대선 패배를 기정사실로 여기고 힐러리가 집권하면 이를 견제하기 위해 공화당 의원이 많아야 한다는 논리의 선거 광고 제작을 논의하고 있다고 보도했다. 트럼프의 지지율이 곤두박질치자 트럼프의 그늘에서 벗어나는 것이 상·하원 선거에 유리하다고 판단했기 때문이다.

그래서 대통령 후보가 자신의 지역구에서 유세를 하는데도 현역 의원이 참석하지 않는 진풍경도 벌어졌다. 트럼프는 5일 위스콘신과 아이오와에서 유세를 했지만 이곳 현역 의원인 론 존슨Ron Johnson, 1955~ 상원의원(위스콘신주)과 데이비드 영David Young, 1968~ 하원의원(아이오와주)은 다른 곳에서 따로 행사를 열었다. 노골적인 거리두기였다.

심지어, 일부 공화당 의원들은 지역 선거 과정에서 트럼프가 대통령이 되면 자신이 맞서겠다고 밝히기도 했다. 패트릭 투미Patrick Toomey, 1961~ 상원의원(펜실베이니아)은 5일 기자들과의 콘퍼런스콜(전화 기자회견)에서 "트럼프는 자기 멋대로인 유형"이라며 "유권자들이 대선과 상원의원 선거에서 다른 선택을 할 것"이라고 말했다. 공화당 지도부 상당수도 '트럼프가 당의 번영을 위협하는 존재'라는 결론을 내리고 언제쯤 상원의원 선거 후보들이 트럼프와 거리를 두도록 할지 고민하는 것으로 알려졌다.[12]

8월 6일 『중앙일보』 워싱턴 특파원 채병건은 「트럼프 몰락? 미국 대선 끝난 게 아니다」는 칼럼에서 "미국 대선은 구도로 보면 이미 끝난 싸움이다. 트럼프 지지율은 오래전에 추락했어야 했다. 민주ㆍ진보 진영은 오바마+샌더스+엘리자베스 워런으로 상징되는 단일 대오를 만들었다. 반면 보수는 분열돼 있다. 부시 가문+밋 롬니 등 구주류가 이탈했고 당 지도부(폴 라이언)와 원로 그룹(존 매케인)은 트럼프와 싸우고 있다. 『워싱턴포스트』ㆍ『뉴욕타임스』ㆍCNN 등 주류 언론들은 몇 달째 '트럼프 당선=미국 몰락'의 메시지를 주입하며 트럼프 무너뜨리기에 올인하고 있다"며 다음과 같이 말했다.

"그럼에도 지금 미국 대선의 이면엔 주류 언론들이 부각하지 않는 또 다른 전선이 있다. 아웃사이더 트럼프는 뒤집으면 워싱턴 정치와 차별화한 '트럼프식 새 정치'다. 분열의 정치건 분노의 정치건 기존과 다르다. 반면 클린턴은 언제적 사람인가. 백악관에 들어가며 영부인으로 출발했을 때가 23년 전이다. 빌 클린턴에 한 차례 열광했던 이들이 23년간 겪어봤던 또 다른 클린턴에게서 새로움을 찾을 수 있을까. 오바마에 열광했던 이들이 오바마에게 졌던 클린턴에 다시 열광할 수 있을까. 클린턴이 두 자릿수로 격차를 벌린 여론조사가 나왔지만 이는 클린턴이 이슈를 주도했기 때문도 아니고 열정적인 지지표에서 트럼프를 앞섰기 때문도 아니다. 스스로 무덤을 판 트럼프의 입에 힘입어 클린턴이 반사이익을 얻었을 뿐이다. 반사이익만으론 대선 승리를 장담할 수 없다. 그러니 대선은 아직 끝난 게 아니다."[13]

## 트럼프가 지지자들에게 힐러리를 죽이도록 교사했는가?

2016년 8월 9일 힐러리의 국무장관 재임 시절 국무부와 클린턴 재단 사이의 유착을 보여주는 이메일이 공개되었다. 보수 성향 시민단체인 '사법감시'가 공개한 힐러리의 이메일 중에는 힐러리의 핵심 측근인 후마 애버딘Huma Abedin, 1976~ 전 수행실장과 셰릴 밀스Cheryl Mills 비서실장이 클린턴 재단의 핵심 직원과 주고받은 것도 있었다. 이에 따르면 애버딘은 재단 직원의 부탁을 받고 재단의 고액 기부자인 레바논계 나이지리아인 사업자를 주레바논 미국 대사와 연결시켜준 것으로 되어 있었다. 이 직원이 재단 관련 인물의 인사 청탁을 한 것도 있었다. 이에 대해 트럼프 캠프의 스티븐 밀러Stephen Miller 정책 국장은 "힐러리는 공직을 개인적 축재를 위한 수단 이상으로 보지 않았다. 그녀가 벌어들인 모든 돈은 국민의 복지를 희생한 대가"라고 비판했다.[14]

그러나 이걸 비교적 사소한 문제로 만들어버린 트럼프의 '막말'이 또 터져나왔다. 트럼프가 이번에는 총기 소유와 휴대 권리를 보장한 미국 수정헌법 제2조 지지자들에게 힐러리의 생명을 위협하도록 교사했다는 논란에 휩싸인 것이다. 논란의 발단은 트럼프의 8월 9일 노스캐롤라이나주 윌밍턴Wilmington 유세 발언에서 비롯되었다.

트럼프는 이날 유세에서 "힐러리는 근본적으로 수정헌법 제2조를 폐지하려고 한다"면서 "아무튼 그녀가 (대선에서 승리해 현재 공석 중인) 연방대법관을 임명하게 된다면 여러분이 할 수 있는 것은 아무것도 없다"고 단언했다. 힐러리가 집권할 경우 진보 우위 구도의 연방대법원을 앞세워 수정헌법 제2조 폐지 수순을 밟을 것이라는 주장인 셈이었다. 트럼프는 그러면서 "아마도 수정헌법 지자자들이 있긴 하지만……"이라고 덧붙였다.

바로 트럼프가 첨언한 이 대목이 문제가 되었다. 힐러리 캠프의 선대본부장인 로비 무크Robby Mook, 1979~는 당장 "트럼프의 말은 위험한 것"이라면서 "대통령에 도전하는 사람은 어떤 식으로든 폭력을 조장해서는 안 된다"고 비판했다. 민주당의 에릭 스왈웰Eric Swalwell, 1980~ 연방 하원의원은 아예 트위터에서 "트럼프가 누군가에게 힐러리를 죽이도록 제안한 것"이라며 백악관 비밀경호국SS이 수사해야 한다고 촉구했다.

그러나 트럼프 캠프의 제이슨 밀러Jason Miller 대변인은 "트럼프는 단지 수정헌법 제2조 지지자들이 영향력이 크다는 것을 언급했을 뿐"이라며 힐러리 캠프의 폭력 조장 주장을 일축했다. 수정헌법 제2조 지지자들에게 관련 법률이 폐지되지 않도록 그들의 집단적 영향력을 행사해야 한다는 점을 호소했을 뿐이라는 것이다.

논란이 커지자 트럼프는 이날 저녁 텔레비전에 출연해 "내 발언은 총기 권리 운동의 파워를 언급한 것이지 다른 어떤 해석도 있을 수 없다"고 말했다. 트럼프의 부통령 러닝메이트인 마이크 펜스Mike Pence, 1959~도 이날 유세에서 "트럼프의 발언은 수정헌법 제2조 지지자들에게 '관련 법률이 폐지되지 않도록 집단적 영향력을 행사해야 한다'고 명확히 제시한 것"이라며 "그런데 그들(힐러리와 언론)이 교묘하게 발언을 왜곡하고 있다"고 불만을 터트렸다.

하지만, 미국 주요 언론들은 트럼프의 발언을 주요 뉴스로 일제히 다루면서, 이는 총기 소유 지지자들의 직접적 행동을 선동했다는 논란을 불러일으키고 있다고 보도했다. 『뉴욕타임스』는 힐러리가 당선되면 총기 소유 지지자들이 자신들의 손으로 문제를 처리할 수 있다는 가능성을 트럼프가 제기한 것처럼 비쳤다고 보도했다. 보수 성향의 『월스트리트저널』도 트럼프가 힐러리에게 폭력을 선동하는 것으로 비판자들이 해석하는 즉석 연설로 또 다른 폭풍을 야기했다고 전했다. CNN은 "이날 논란은 원고 없이 쏟아내는 트럼프 스타일이 이제는 그에게 '정치적 두통거리'가 되고 있음을 보여준다"고 지적했다.[15]

『워싱턴포스트』는 9일 트럼프가 대중을 분노하게 하는 문제성 발언을 퍼부어 언론의 헤드라인을 장식해 인지도를 높인 다음, 여론과 언론의 반격을 당할 때 해당 발언을 부정해 논란을 피해가는 전략을 펼치고 있다고 분석했다. '문제성 발언→언론 헤드라인 장식→발언 부정'의 이른바 3단계 화법을 펼치고 있다는 것이다. 이 신문은 "트럼프의 발언들이 실제 농담이거나 비꼰 표현일 수 있고, 그의 말대로 진의가 왜곡됐을 수도 있다. 하지만 그를 경솔하다고 보는 사람들이 늘어나고 있다는 사실에는 변함이 없다"며 트럼프 측을 이해하려는 듯한 단서를 달았지만, 트럼프의 뜻은 표 결집을 위한 의도된 도발이라는 쪽에 무게를 두었다.[16]

## "트럼프와 트럼프주의를 구분해야 한다"

2016년 8월 9일 『월스트리트저널』은 "요즘 인기가 크게 떨어진 트럼프와 트럼프가 몰고 온 정치 현상인 트럼프주의Trumpism를 구분해서 인식할 필요가 있다"면서, 그 근거로 『월스트리트저널』과 NBC 방송 공동 여론조사 결과를 제시했다. 이 조사에 따르면 "대통령의 능력과 자질 측면에서 누가 더 나은가"라는 질문에서 트럼프는 거의 전 항목에 걸쳐 힐러리에게 열세였다. 그러나 '워싱턴 기성 정치에 변화를 가져올 능력'에서만큼은 트럼프가 48퍼센트 대 26퍼센트로 크게 앞섰다. 트럼프는 후보 수락 연설에서 미국의 총체적 위기를 강조한 반면 힐러리는 희망적인 발언을 많이 했다. 트럼프 연설에 동의하는 유권자는 52퍼센트였지만, 힐러리 연설은 36퍼센트의 지지만 얻었다.

『월스트리트저널』은 "트럼프가 트럼프주의를 만들어낸 것이 아니다. 미 유권자들 저변에 깔려 있는 기성 정치권에 대한 분노와 현 경제 상황에 대한 불만에 트럼프가 잘 올라탄 것"이라고 분석했다. 그 덕분에 트럼프는 역대 어느 공화당 대선 후보보다 폭발적인 풀뿌리 동원력을 과시했다. 트럼프가 7월 한 달간 200달러 이하 소액 기부로 모금한 자금은 6,400만 달러(약 701억 원)로, 4년 전 공화당 후보 밋 롬니의 같은 기간 모금액(1,900만 달러)의 3배가 넘었다. 대표적 진보 인사인 마이클 무어Michael Moore, 1954~ 영화감독조차도 블로그 등을 통해 "인정하기 싫지만 트럼프가 대통령이 될 것 같다. 기성 정치권에 분노하는 유권자들이 '트럼프가 당선되면 어떤 일이 벌어질까' 하는 호기심에서라도 그를 찍게 될 것"이라고 예측했다.[17]

8월 9일 트럼프는 〈폭스 비즈니스뉴스〉 인터뷰에서 "나는 항상 좋은 기질을 갖고 있으며 이 때문에 여기까지 오게 됐다"며 "이기고 있을 때 갑자기 변화하기 시작하는 것은 부적절하다"고 말했다. 트럼프는 자신의 트위터 계정에 "공화당 경선에서 했던 것과 마찬가지로 워싱턴의 주류 인사들을 상대로 출마한 것"이라며 "미국을 혼란에 빠뜨린 사람은 바로 그 사람들"이라고 주장했다.[18]

8월 9일 민주·공화 양당 선거 전략가가 함께 조직하고 언론사 기자들이 참관한 '월마트 맘 심층 토론회'가 열렸다. 월마트 맘Walmart moms은 한 달에 한 번 이상 월마트 같은 대형마트를 방문하는, 영·유아기나 청소년기의 자녀를 둔 18~44세의 여성으로, 전체 미국 유권자 가운데 14~17퍼센트를 점하고 있다. 이들은 대부분 중산층과 빈곤층 사이에 있으며, 백인이 압도적으로 많지만, 공화당·민주당 한쪽으로 뚜렷이 쏠리지 않아 부동층으로 분류된다.

경합주로 분류되는 오하이오주 콜럼버스Columbus와 애리조나주 피닉스Phoenix에서 각각 10명씩 총 20명의 월마트 맘이 토론장에 앉았고, 기자들은 워싱턴에서 영상으로 지켜보았다. 토론회 후원은 월마트가 맡았다. 이들은 대부분 이번 대선에 큰 기대를 갖고 있지 않았다. 트럼프는 물론 같은 여성인 힐러리에 대해서도 원색적인 욕설까지 등장하는 등 비판이 압도적으로 많았다.

콜럼버스에서 공무원으로 일하는 이바니아는 '트럼프에 대해 어떤 생각을 갖고 있나'라는 질문에 "페인트공이 의사가 할 일을 대신 하겠다는 것 같다. 도대체 뭘 고치겠다는 건지 모르겠다"고 답했다. 피닉스의 아니타는 '힐러리에 어울리는 올림픽 종목'으로 "펜싱"이라고 답했다. "등 뒤에서 잘 찌를 것 같아서"가 이유였다. 트럼프도 어울리는 종목으로 '펜싱'이 꼽혔다. "엉망진창인 헤어스타일을 감출 수 있어서"라는 게 이유였다. '대통령 트럼프'라는 말에 대한 느낌을 묻자 "오 마이 갓(세상에나)"이라는 답이 나왔다. '여성 대통령'에 대한 기대도 찾아보기 힘들었다. "내가 늙었는지 모르겠지만 아직 때가 아니다", "힐러리는 인정머리가 없다"는 등 혹평이 많았다.

하지만 당선 가능성에서는 힐러리가 우세를 보였다. 20명 가운데 자신을 '트럼프 지지자'라고 밝힌 이는 5명이었는데 이들도 모두 힐러리 당선 확률을 더 높게 보았다. 미국의 정치 전문 매체 『폴리티코 Politico』는 네거티브 경쟁으로 치닫는 선거전, 경마식 보도에 열중하는 언론, 후보자 선택권이 제한된 상황 등이 이들을 냉담하게 만들고 있다고 분석했다.[19]

## 힐러리를 지지하는 공화당원들 '힐리컨스'

2016년 8월 10일 힐러리는 아이오와주 디모인Des Moines 유세에서 트럼프가 수정헌법 제2조(총기 소유권) 지지자들에게 자신의 암살을 부추기는 듯한 발언을 한 일은 "도를 넘었다"고 지적했다. 힐러리는 "당신이 대통령 후보라면 말이 중요하다. 당신의 말이 엄청난 결과를 초래할 수도 있다"며 트럼프의 일상적인 도 넘은 발언이 또 하나 추가되었다고 강조했다. 이어 "그는 무심하게 전사자 가족을 모욕하고 더 많은 나라가 핵무기를 가져야 한다고 말한다. 이제는 생각 없이 폭력을 조장하고 있다"며 "이런 일 하나하나는 간단히 말해 트럼프가 미국 대통령이자 최고사령관이 될 자질이 없다는 점을 보여준다"고 말했다.[20]

그러나 굳이 힐러리가 나설 필요조차 없었다. 언론이 나서서 트럼프에게 맹폭격을 퍼부었으니 말이다. 2016년 8월 10일 『뉴욕타임스』

의 저명 칼럼니스트 토머스 프리드먼Thomas Friedman, 1953~은 「트럼프가 수정헌법 제2조 지지자들에게 눈짓으로 신호를 보내다」라는 칼럼을 통해 "사람들이 여기서 불을 갖고 놀고 있다. 그리고 트럼프보다 큰 화염방사기는 없다"며 "정치는 잊어라. 그는 역겨운 인간disgusting human being이다. 그의 자녀들은 그를 부끄러워해야 한다"고 주장했다.

8월 10일 뉴욕에서 발행되는 일간 신문인 『뉴욕데일리뉴스』는 1면 사설을 통해 아예 트럼프의 공화당 대통령 선거 후보 사퇴를 촉구했다. 이 신문은 「더는 농담이 아니다This isn't a joke any more」는 사설을 1면에 싣고 전날 트럼프가 힐러리의 암살을 시사한 것을 퇴진 이유로 내세웠다. 『워싱턴포스트』도 전 공화당 하원의원이자 방송 앵커인 조 스카버러Joe Scarborough, 1963~가 트럼프를 버릴 것을 촉구하는 칼럼을 실었다.

그러나 트럼프는 비판적인 언론을 향해 또 한 번 원색적인 표현을 동원해 비난에 나섰다. 트럼프는 스카버러가 진행하는 MSNBC 방송의 〈모닝 조Morning Joe〉에 대해 트위터에 "〈모닝 조〉의 약점은 시청률이 낮다는 거다. 나도 더는 보지 않는다. 슬프고 시대에 뒤떨어져 있다"고 비꼬았다. 트럼프는 또 자신의 발언이 폭력을 선동하지 않았다고 변호한 보수 논객인 댄 봉기노Dan Bongino, 1974~를 비판한 CNN 유명 앵커 돈 레몬Don Lemon, 1966~에 대해 트위터를 통해 "바위처럼 멍청하다"고 비난했다.[21]

8월 10일 미 의회 전문지 『더힐The Hill』은 "트럼프의 연이은 막말과 불안한 행보에 반발해 힐러리를 지지하는 공화당원들이 새로운 트렌드를 형성하고 있다"며 "'클린턴 리퍼블리컨Clinton Republican', '힐리컨스Hillicans'가 대선에 큰 영향을 미칠 것이다"고 했다. 1980년 대선 당시 민주당원들이 경제 불황을 이유로 자당 소속의 지미 카터 대통령을 외면하고 공화당 후보인 로널드 레이건을 지지한 '레이건 데모크라츠Reagan Democrats'와 정반대의 현상이라는 이야기였다. 레이건은 이런 민주당원의 지지를 받아 대선에서 압승을 거둘 수 있었다.[22]

힐러리 캠프는 '힐리컨스'를 새로운 트렌드로 만들기 위해 공화당 인사 영입을 위한 '투게더 포 아메리카Together for America'라는 단체까지 만들었다. 힐러리도 기회 있을 때마다 공화당원들의 주요 관심사인 외교 안보 정책에 대한 자신의 경쟁력과 '매파 성향'을 내세웠으며, 트럼프는 변덕스럽고 기질이 불안정해 핵무기 발사 권한을 지닌 미군 통수권자로 부적절하다는 점을 집중적으로 부각했다.

그러나 힐러리의 매파적 대외 정책에 마뜩잖아 하던 민주당 진보 진영에서는 "힐러리가 너무 나가는 것 아니냐"는 의심을 보이기 시작했다. 이들은 특히 힐러리의 경선 경쟁자였던 샌더스가 지난 2월 토론회에서 헨리 키신저Henry Kissinger, 1923~를 두고 "미국 현대사에서 가장 파괴적이었던 국무장관 중 한 명"이라고 혹평했음에도, 힐러리 쪽이 키신저의 지지를 이끌어내려고 시도하는 것에 비판적 반응을 보였다.[23]


## "트럼프를 버리고 상·하원 선거에서라도 살아남아야 한다"

"공화당이 트럼프 이름을 새긴 닻을 목에 걸고 물에 빠져 죽는 상황은 막아야 한다." 2016년 8월 11일 미국의 정치 전문 매체 『폴리티코

Politico』는 공화당 전 간부 등 당원 90여 명이 공화당 전국위원회RNC에 이런 내용을 담은 공개서한을 보냈다고 보도했다. 이들은 "트럼프를 버리고 상·하원 선거에서라도 살아남아야 한다"며 트럼프를 포기하고 당의 자금과 인력을 연방 상·하원 의원 선거로 돌리라고 주장했다. 이 서한은 뉴트 깅리치 전 하원의장의 대변인을 지냈던 앤드루 와인스타인Andrew Weinstein이 주도했고, 고든 험프리Gordon J. Humphrey 전 상원의원(뉴햄프셔주)과 크리스 셰이스Chris Shays 하원의원(코네티컷주), 톰 콜먼Tom Coleman 전 하원의원(미주리주), 빈 웨버Bean Webber 전 하원의원(미네소타주) 등이 서명했다.

시사주간지 『타임』은 이날 내부 사정에 정통한 공화당 고위 관리 2명의 말을 인용해 라인스 프리버스 RNC 위원장이 지난주 트럼프와 전화 통화를 하면서 "실패한 선거 전략을 바꾸지 않으면 당으로서는 당력의 초점을 대선에서 투표용지상의 하단 선거(연방 상·하원 선거)로 옮길 수도 있다"고 말했다고 보도했다. 11월 8일 대선을 포기하고 같은 날 실시되는 연방 상·하원 선거에 집중할 수 있음을 시사했다는 것이다.[24]

그러나 트럼프는 이날 CNBC와의 인터뷰에서 경합주에서 힐러리와의 지지율 격차를 어떻게 좁혀나갈지를 묻는 질문에 "지금 내가 하는 방식을 끝까지 유지해나갈 것"이라며 결국 "(대선에서 승리해 백악관에서) 일을 하거나 매우 매우 멋진 긴 휴가를 보내게 될 것"이라고 말했다. 트럼프는 "나는 영리하고 좋은 생각을 가졌지만 정치적 정당성이 다소 모자라 90일 후에 (대통령이 되는 데) 미치지 못하더라도 괜찮다"며 "(패배하면) 좋은 일상으로 되돌아가겠지만 우리는 승리할 것이라고 생각한다. 두고 볼 일"이라고 했다.

트럼프는 이날 플로리다주 올랜도Orlando에서 복음주의 목사들 앞에서 가진 연설에서도 '약한 모습'을 드러냈다. 그는 전통적으로 공화당 강세 지역인 유타주에서 부진한 것을 언급하며 "우리는 정말 잘못된 이야기를 해왔다"고 말했다. 유타주에선 주지사가 트럼프를 지지하고 있지만, 많은 모르몬교 신자가 트럼프에게 강한 반대 목소리를 내고 있었다. 트럼프는 또 목사들에게 "문제에 부딪혔다"며 선거 패배로 대법원을 잃을 수 있다고 설명했다. 그는 다음 대통령이 9명의 대법관 가운데 5명까지 자신의 성향에 맞는 인사로 채울 수 있다는 점을 강조했다.

트럼프의 발언은 막말을 거침없이 해가며 자신감 있는 모습을 보인 이전 태도와는 사뭇 다른 분위기를 풍긴 것이어서 AP통신은 "대선이 석 달도 남지 않는 시점에서 주요 정당의 대선 후보가 자신감을 드러내지 않은 태도를 보인 것은 흔한 일이 아니다"고 지적했다. 반면 공화당 전략가인 마이크 듀헤임Mike DuHaime은 트럼프에게서 새로 발견된 자기 인식이 긍정적인 효과를 불러올 것이라고 설명했다. 그는 "취약성을 보여주고 약점이 있다는 점을 인정하는 것은 트럼프의 인간미를 부각하고 호감도를 높일 수 있을 것"이라고 강조했다.[25]

## "나는 사기꾼 힐러리가 아니라 사기꾼 언론과 싸우고 있다"

트럼프는 주눅이 든 반면, 힐러리의 남편 클린턴은 아내의 '이메일 스캔들'에 대해 기고만장氣高萬丈한 모습을 보여 대조를 이루었다. 8월 12일 클린턴은 네바다주 라스베이거스Las Vegas에서 열린 '아시안아메리칸 언론인협회' 주최 회의에서 "e메일에 대해 거짓말을 한 민주당 대선 후보를 왜 믿어야 하느냐"는 한 청중의 질문에 "미 연방수사국FBI 수사 발표는 헛소리였으며 힐러리는 사설 서버로 기밀문서를 주고받지 않았다"고 주장했다.

클린턴은 "(코미 국장은) FBI 수사관들이 문제의 이메일에서 'C', 즉 기밀classified 표시가 된 문서를 봤다고 했지만 'C'는 내부 직원들끼리 장관 지시 전까지 그 문건을 논의하지 말라는 의미로 표기되는 것일 뿐"이라고 말했다. 또 "국무부 직원들은 장관이 누구든 (자신을) 전화로 호출하기 전까지 그 문건을 공개적으로 논의하지 말라는 뜻으로 'C'를 써놓는다고 한다. 여러분은 이것이 국가 안보를 위협하는 것처럼 들리느냐"고 반문했다.

그는 분이 덜 풀린 듯 제임스 코미James Comey, 1960~ 국장의 "극도로 부주의했다"는 지적에 대해 "e메일에 포함됐던 외교관 300명이 정말 국가 안보를 부주의하게 다뤘다고 생각하느냐"며 "힐러리를 논외로 하더라도 그것이 가능한 일이냐"고 불만을 터뜨렸다.

하지만 클린턴의 이날 발언에 대해 'FBI의 불기소 권고→법무무의 불기소 처분으로 이미 마무리된 사안을 다시 문제 삼으며 쓸데없는 발언을 했다"는 지적이 나왔다. 트럼프 측은 즉각 "클린턴이 e메일 사건 왜곡에 나서기 시작했다"며 클린턴의 발언을 문제 삼고 나섰다.[26]

8월 13일 『뉴욕타임스』는 「도널드 트럼프에게서 트럼프 구하기 작전이 실패한 내막」이라는 기사로 트럼프가 처한 상황을 꼬집었다. 이

신문은 트럼프가 지난 6월 코리 루언다우스키Corey Lewandowski, 1973~ 선거 대책 본부장을 전격 경질했던 시점을 기점으로 막말과 모욕 대신 '텔레프롬프터(원고 표시 장치)'를 읽는 대통령 후보다운 모습을 갖출 수 있었지만 그렇지 못하면서 심각한 상황에 빠졌다고 보도했다.

이에 트럼프는 자신의 트위터 계정을 통해 "망해가는『뉴욕타임스』가 소설을 쓰고 있다"며 "항상 나에 대해 쓰는 것은 존재하지 않는 익명의 소식통을 인용해서 쓴다"고 비난했다. 그는 이날 코네티컷주 페어필드Fairfield 유세장에서도 "나는 사기꾼 힐러리가 아니라 사기꾼 언론과 싸우고 있다"며 "이번 선거에서 진짜 적은 언론"이라고 주장했다. 또 "『뉴욕타임스』는 망해가고 있으며 조만간 폐간할 것"이라면서 "『뉴욕타임스』의 취재 자격을 박탈하는 문제를 고려할 것"이라고 협박했다. "『뉴욕타임스』에는 몇몇 재능 없는 기자들이 있는데 그들은 지옥에 갈 것"이라며 지지자들에게 기자들을 향해 야유를 퍼부을 것을 선동하기도 했다.[27]

1,000만 트위터 팔로어를 확보한 트럼프는 SNS 파급력에 관한 한 1등 주자였다. 온라인 매체『슬레이트Slate』는 지난 4월 대선 주자들의 트위터를 분석한 후 "트럼프가 트위터를 지배한다. 별 생각 없이 해도 트럼프는 트윗이 날라다니게 만드는 듯하다"고 표현했다. 『슬레이트』는 "호전적이면서 사과를 하지 않는 자기중심적인 트럼프에겐 140자 트위터가 안성맞춤"이라고 분석했다.[28] 하지만 주류 언론에서 트럼프는 사실상의 적敵으로 간주되고 있었으니, 그의 트위터 메시지가 갈수록 과격해진 건 당연한 일이었는지도 모른다.

8월 14일 트럼프는 다시 트위터에 언론을 비판하는 글을 10건이나

올리면서 "나는 언론 때문에 큰 피해를 입고 있는 반면, 힐러리는 엄청난 보호를 받고 있다"며 "역겹고 부패한 언론이 나를 정당하게 보도하고, 잘못된 해석을 하지 않았다면 20퍼센트 차이로 힐러리를 이기고 있을 것"이라고 주장했다. 트럼프는 "언론은 나의 실제 메시지를 다루지 않았고 청중 규모나 열광적 반응도 보여주지 않았다", "힐러리의 거짓은 언론에 노출되지 않고 보호받고 있다"고도 했다.[29]

그러나 트럼프의 언론 비난은 보수 성향의 『월스트리트저널』마저 설득하지 못했다. 이 신문은 8월 15일 사설에서 "트럼프는 다른 사람에 대한 비난을 중단하고 대통령 후보처럼 행동해야 한다. 그렇지 않으면 대통령 후보직을 부통령 후보인 마이크 펜스에게 넘기라"고 촉구했다. 『월스트리트저널』은 "노동절인 9월 5일까지 트럼프가 변화하지 못하면 공화당은 트럼프에 대한 희망을 버리고 상·하원 선거에 집중해야 할 것"이라고 경고했다. 미국의 선거분석기관 업샷Upshot은 "힐러리가 트럼프에게 패배할 확률은 프로 미식축구 선수가 20야드(18.3미터) 라인에서 골을 넣지 못하는 확률(12퍼센트)과 비슷하다"며 '힐러리 대통령 확률'을 88퍼센트로 못 박았다.[30]


## 트럼프의 입에서 처음 나온 '후회한다'는 단어

2016년 8월 15일 트럼프는 오하이오주 영스타운Youngstown에서 한 외교정책 연설에서 "우리의 가치를 존중하고 미국인을 존중하는 사람들만 미국에 들어올 수 있다"고 했다. 그는 "냉전 시절 미국은 사상 검증 테스트를 했다"며 "오늘날 닥친 위협들에 맞서기 위해서 우리는 새로운 검증 방법을 개발해야 한다. 나는 이것을 '특단의 심사extreme vetting'라 부르겠다"고 했다. 사상 검증을 거쳐 입국 허용 여부를 결정하겠다는 것이다. 그는 "최근 발생한 극단주의 이슬람 테러를 보면 테러범들이 이민자 또는 이민자 자녀라는 공통점이 있다"고도 했다.

트럼프는 또 "이민 신청자의 사상을 검증할 새 절차가 시행되기 전까지는 테러 경력이 있는 이민자 출신국에서 제출된 이민 신청은 한시적으로 받지 않겠다"고 했다. 그는 구체적 국가 명을 거론하지는 않았지만, "미국에 악의적인 태도를 가진 사람들, 샤리아(이슬람 율법)가 미국 법을 대체해야 한다고 믿는 사람들, 테러 단체에 소속돼 있거나 동조하는 사람들"이라고 대상을 규정했다. 트럼프는 이어 "대통령에 당선되면 국무부와 국토안보부에 이 국가들의 명단을 작성하라고 요구할 것"이라고 했다.[31]

8월 16일 트럼프는 위스콘신주 WKBT-TV 인터뷰에서 "힐러리에게 뒤지고 있는데 전략 수정이 필요하지 않느냐"는 질문에 "모든 이들이 '당신은 (태도를) 전환하게 될 것'이라고 말하지만 나는 바꾸지 않겠다"고 말했다. 트럼프는 "전환을 하려 한다면 그것은 국민들에게 솔직하지 않은 것"이라고 말했다.[32]

그럼에도 이대론 곤란하다고 생각했던 걸까? 트럼프는 다음 날인 17일 선거운동 캠프의 최고경영자CEO로 보수 성향 인터넷 매체 『브레이트바트뉴스Breitbart News』의 공동 창업자인 스티븐 배넌Stephen Bannon, 1953~을 임명했다. 지난 6월 캠프 출범 때부터 선거 대책 본부장을 맡아 '트럼프를 트럼프답게Let Trump be Trump'라는 슬로건 아래

'막말 선거운동'을 이끌어온 코리 루언다우스키를 경질하고, 공화당 주류 전략가인 폴 매너포트Paul Manafort, 1949~를 기용한 지 두 달 만에 다시 캠프 수장을 바꾼 것이다. 매너포트는 2선으로 물러났다.

새 캠프의 책임자인 배넌은 '정치 공작 전문가이자 길거리 싸움꾼' 이라는 평을 듣는 인물이어서, 트럼프가 다시 '막말 선거 전략'을 강화해 마지막 반전을 꾀할 것이라는 예상이 나왔지만, 결과는 뜻밖이었다. 트럼프는 18일 밤 노스캐롤라이나주 샬럿Charlotte 유세장에서 다음과 같이 말함으로써 장내에 순간 "오~" 하는 탄성과 웅성거림을 일게 만들었으니 말이다.

"여러분, 열띤 토론 중에 그리고 여러 이슈를 말하다 때로는 올바른 단어를 선택하지 않거나 잘못된 이야기를 할 때가 있죠. 나도 그랬습니다. 믿을지 안 믿을지는 모르지만 난 그걸 후회하고regret 있습니다. 특히 개인적 아픔을 유발했을 수 있는 발언들을 매우 후회하고 있습니다."

2015년 6월 16일 대선 출마 선언 이후 14개월 동안 트럼프의 입에서 '후회한다'는 단어가 나온 것 자체가 처음이었기 때문에 사람들이 놀랄 만도 했다. 그는 또 "모든 유색인종의 아이들을 '아메리칸드림'으로 완전히 껴안을 때까지 쉬지 않을 것"이라거나 "아프리칸-아메리칸(흑인)들이 나에게 기회를 주면, 놀랄 만한 결과가 생길 것"이라며 유색인종에 대한 본격적인 구애에 나서기도 했다. 트럼프는 "내가 여러분에게 약속할 수 있는 것은 '내가 항상 진실을 얘기한다는 것'"이라고 덧붙였는데, 왜 '진실'을 후회하고 사과해야 하는지 이에 대한 답은 없었다.

미국의 정치 전문 매체 『폴리티코Politico』는 이날 트럼프의 발언에 대해 "공화당 후보로 내정된 지 108일 만에 뒤늦게 대선 본선 모드로 전환했다"면서도 "뒤늦은 감이 있다"고 했다. 트럼프에게 비판적인 매체들은 "소수 인종 유권자들이 트럼프의 발언에 영향을 받을 것 같지 않다"(『뉴욕타임스』), "트럼프 캠프의 변화가 24시간 정도는 지속될 것 같다"(CNN) 등 냉소적 반응을 보였다.[33]

## 힐러리를 끝까지 괴롭히는 '이메일게이트'

트럼프는 뒤늦게 추락하는 지지율 만회를 위해 흑인 유권자 쪽으로도 고개를 돌렸다. 그는 8월 19일 미시간주 유세 때 디트로이트Detroit에서 90분 정도 떨어진 다이몬데일Daimon Dale에서 흑인들을 향해 "당신들은 가난 속에 살고 있고, 흑인 젊은층의 실업률이 58퍼센트에 이를 정도로 직업도 구하기 힘들다. (민주당을 안 찍는다고) 도대체 잃을 게 뭐가 있느냐"고 주장했다. 트럼프는 20일 버지니아주 프레더릭스버그Fredericksburg 유세에선 "공화당은 에이브러햄 링컨의 정당이다. 나는 우리 당이 다시 한 번 흑인 유권자들의 고향이 되길 바란다"고 말하기도 했다.[34]

그러나 여전히 변하지 않은 건 그의 성질머리였다. MSNBC의 뉴스 프로그램인 〈모닝 조〉의 여성 앵커인 미카 브레진스키Mika Brzezinski, 1967-가 자신의 버지니아주 연설을 "술을 마신 것처럼 질주했다"고 평가하자 인신공격으로 보복을 가한 것이다. 그는 22일 브레진스키를 정신병 환자로 몰아붙이면서 그가 공동 앵커인 조 스카버러와 연인 관계임을 시사하는 발언을 해 논란을 일으켰다. 그는 트위터에 "오늘 아침 안 그래도 시청률 낮은 〈모닝 조〉를 보려고 했는데 도저히 볼 수가 없었다"며 "미카 브레진스키는 제정신이 아닌 신경증 환자고 비정상인"이라고 했다. 그는 이어 "상황이 진정된다면, 조 스카버러와 그의 오랜 여자 친구인 브레진스키의 실상을 얘기해주겠다"면서 두 앵커를 '광대들'이라고 비하했다.

이 정도면 지지율이 힐러리에게 확 기울어야 할 텐데, 힐러리에게도 여전히 '이메일 스캔들'이라고 하는 약점이 있었다. 22일 미 연방수사국FBI은 힐러리의 사설 이메일 서버에서 국무장관 시절 주고받은 이메일 1만 4,900건을 새로 발견해 국무부에 넘겼다고 밝혔다. FBI가 발견한 이메일 규모는 힐러리가 2014년 12월 국무부에 제출한 이메일(3만여 건)의 절반 가까운 규모로, 업무 관련 이메일을 모두 제출했다는 힐러리의 주장은 또 거짓말이 되었을 뿐만 아니라 클린턴 재단의 문제로까지 비화되었다.

보수 성향의 시민단체인 '사법감시'가 입수한 힐러리 최측근 후마 애버딘Huma Abedin, 1976~의 이메일을 분석한 결과, 클린턴 재단의 고액 기부자인 바레인 왕실의 왕세자와 힐러리의 면담을 추진했고, 또 다른 고액 기부자인 와서만 재단Wasserman Foundation의 부탁으로 영국 축구계 관계자에 대한 비자 발급을 도우려 했다는 내용이 포함되어 있었다. 바레인 왕실은 클린턴 재단에 5~10만 달러(약 5,600만~1억 1,200만 원)를 기부했고, 비자를 부탁한 와서만 재단은 500~1,000만 달러(약 56억~112억 원)를 낸 것으로 알려졌다.

트럼프는 이와 관련해 클린턴 재단을 "미국 정치 사상 가장 부패한 기업"이라며 인권 후진국에서 걷은 기부금을 돌려주고 재단의 문을 닫아야 한다고 공격했다. 『폴리티코』는 "클린턴 재단과 이메일 스캔들은 선거 끝까지 힐러리를 괴롭힐 것"이라고 보도했다. 두 후보에 실망한 유권자들은 '제3후보'에 눈길을 주고 있었다. ABC 뉴스가 최근 여론조사기관 SSRS와 함께한 온라인 조사에서 응답자의 35퍼센트가 "제3당 대통령 후보에게 투표하는 것을 염두에 두고 있다"고 답했다.[35]

## "뇌진탕 때문에……기억 안 난다" 39번 말한 힐러리

트럼프는 아울러 힐러리의 건강 이상설을 집요하게 물고 늘어졌다. 8월 16일 트럼프가 "클린턴은 이슬람국가IS를 대적하기엔 정신적·육체적으로 정력이 부족하다"며 공론화를 시도한 이후 카트리나 피어슨Katrina Pierson, 1976~ 트럼프 캠프 대변인은 18일 방송 인터뷰에서 "힐러리가 실어증을 앓고 있다"고 주장했으며, 트럼프 측 인사인 루돌프 줄리아니Rudolph Giuliani 전 뉴욕시장은 22일 "(인터넷에 접속해) '힐러리 건강 질환'이라고 입력해보라. 동영상을 직접 보라"고 주장했다.[36]

힐러리는 22일 ABC 토크쇼 〈지미 키멀 라이브Jimmy Kimmel Live!〉에 출연해 진행자 지미 키멀Jimmy Kimmel, 1967~에게서 "건강한 거 맞느냐"는 질문을 받고, 키멀에게 팔목을 들이대며 "내가 말하는 동안 맥박을 짚고 살아 있는지 확인해보라"고 농담을 하는가 하면 키멀이 건강 테스트를 위해 마련한 피클이 담긴 유리병 뚜껑을 열어보이기도 했다.

힐러리는 "힐러리는 중병을 앓고 있어 6개월 안에 죽을 수도 있다" 고 한 주간지 『내셔널인콰이어러』의 2015년 10월 기사에 대해서는 "덕분에 매번 숨 쉴 때마다 새로운 인생을 살고 있다"고 했다. 건강 이 상설을 제기한 트럼프에 대해서는 "왜 그렇게 말도 안 되는 전략을 취 하는지 모르겠다"며 "후보 토론 준비를 할 때 트럼프 대역을 맡길 인 물을 찾기가 너무 어렵다. 괴상망측한 질문을 할 사람을 찾아야 하기 때문"이라고도 했다.[37]

이와 관련, CNN은 23일 "(2008년 대선 때) 버락 오바마의 출생 의혹 을 제기했던 이들인 '버서birther'처럼 (힐러리를 공격하는) '헬서healther' 가 싸구려 과학과 음모 이론으로 힐러리의 뇌 손상을 주장하고 있다" 고 비판했으며, 『워싱턴포스트』는 "역겨운 공격"이라고 비난했다.[38]

그러나 9월 2일 공개된 미 연방수사국FBI의 이메일 스캔들 수사 보 고서는 건강 이상설 제기가 결코 '역겨운 공격'만은 아니라는 걸 시사 해주기에 충분했다. 이 보고서에 따르면 힐러리는 2개월 전인 7월 2일 3시간 30분에 걸친 FBI 대면 조사에서 "2012년 말 뇌진탕 이후 받은 모든 보고 내용이 기억나지 않는다 do not recall"며 무려 39번이나 "기 억나지 않는다"고 답했다. 힐러리는 또 '기밀이 담겨 있다confidential' 는 의미로 이메일에 붙이는 'C'가 무슨 뜻인지도 몰랐으며, 순서를 나 타내는 부호인 줄 알았다고 답변했다. 게다가 이메일 송수신에 사용 했던 휴대전화 2개와 11개의 모바일 기기 중 일부를 분실한 적도 있 는 것으로 나타났다.

이에 트럼프는 "힐러리가 새빨간 거짓말을 하거나, 총명하지 않거나 둘 중의 하나"라며 "거짓말이 들통날까봐 지난해 12월 이후 270일 넘게 공식 기자회견을 못 열고 있다"고 비판했다. 트럼프의 러닝메이트인 마이크 펜스Mike Pence, 1959~ 부통령 후보도 NBC 인터뷰에서 "힐러리는 리처드 닉슨 이후 가장 정직하지 않은 대통령 후보"라고 주장했다.[39]

힐러리가 국무장관 시절 글로벌 차원에서 미국 기업들을 돕는 건 당연한 일이었지만, 문제는 그런 도움을 받은 기업 중 44개 기업이 클린턴 재단의 산하에 있는 클린턴 글로벌 이니셔티브Clinton Global Initiative에 32억 달러를 기부하는 등 수상쩍은 점이 많다는 것이었다. 클린턴 재단을 둘러싼 각종 의혹과 관련, 힐러리는 24일 CNN의 간판 앵커인 앤더슨 쿠퍼Anderson Cooper, 1967~와 가진 인터뷰에서 "연기가 많이 나지만a lot of smoke, 불은 어디에도 없다there's no fire"며 "국무장관으로 일하면서 어떤 외부 세력의 영향도 받지 않았다. 내가 옳다고 생각하는 것에 근거해 정책 결정을 내렸다"고 했다. 클린턴도 "우리는 좋은 일을 하려고 한다. 일자리를 만들고 생명을 구하는 데 어떤 잘못이 있는지 나는 잘 모르겠다"며 "기부자들도 그들이 무엇을 하고 있는지 분명히 알고 있다"고 했다.

하지만 연기가 계속 무럭무럭 피어오른다는 게 문제였다. 해외 후원금도 의혹 대상이 되었다. 클린턴 재단이 지난 15년간 모은 해외 후원금은 20억 달러(약 2조 2,400억 원)로 사우디아라비아, 아랍에미리트, 카타르, 쿠웨이트, 오만, 브루나이, 알제리 등 중동 국가가 많았는데, 이 국가들은 한결같이 미국 국무부가 성차별과 인권침해 등으로 문제를 제기한 나라들이었다. 힐러리가 장관 때 만나거나 통화를 한 민간단체 인사 154명 가운데 최소 85명 이상이 클린턴 재단에 기부했으며, 클린턴 재단에 최소 860만 달러(약 96억 원)를 기부한 우크라이나의 억만장자 빅토르 핀추크Victor Pinchuk, 1960- 는 힐러리 집에까지 초청받은 것으로 밝혀졌다.[40]

## "힐러리의 이미지가 25년 공직 재임 기간 중 가장 나빠졌다"

이메일 스캔들, 건강 이상설, 후원금 의혹 등 일련의 악재 때문인지 7월 말 민주당 전당대회 이후 무슬림계 미군 전사자 가족 비하 논란으로 급락했던 트럼프의 지지율은 살아나는 반면, 힐러리의 지지율은 빠지는 추세를 보였다. 8월 30일 『로스앤젤레스타임스』와 서던캘리포니아대학USC 공동 조사에서 트럼프는 45.1퍼센트의 지지율로 힐러리(42.3퍼센트)를 역전했다. 9월 2일 발표된 로이터통신과 입소스IPSOS 여론조사(8월 26일~9월 1일)에서도 트럼프의 지지율은 40퍼센트로 힐러리(39퍼센트)를 1퍼센트포인트 앞섰다. 라스무센이 8월 29~30일 실시한 조사에서도 트럼프는 40퍼센트, 힐러리는 39퍼센트였다.

『워싱턴포스트』와 ABC 방송의 조사(8월 31일)에서 유권자의 56퍼센트가 힐러리에 대해 비호감이라고 응답했는데, 이는 역대 최악이었다. 『워싱턴포스트』는 힐러리가 선거 유세나 인터뷰보다도 1회 입장권이 5만 달러(약 5,600만 원)에 달하는 선거 자금 모금 행사에 치중하면서 서민층과도 멀어지는 등 "힐러리의 이미지가 25년 공직 재임 기간 중 가장 나빠졌다"고 말했다.[41]

9월 4일 『뉴욕타임스』는 힐러리가 8월 마지막 2주 동안 22번의 펀드 레이징 행사를 했고 이를 통해 총 5,000만 달러(약 558억 원)를 긁어모았다며 참석 시간당 모금액은 15만 달러(약 1억 6,760만 원)에 이르렀다고 보도했다. 이 기사에 따르면, 힐러리 캠프의 파이낸스팀은 참가자와 가족이 힐러리와 만날 수 있는 여러 가지의 옵션을 제공했는데, 헤지펀드 거물 애덤 센더Adam Sender의 뉴욕 새그하버Sag Harbor 주택에서 열린 행사에서는 2,700달러를 낸 어린이에게 질문권을 주었으며, 힐러리와 함께 가족사진을 찍으려면 1만 달러를 내야 했다. 비벌리힐스에서 열린 힐러리와의 식사 참석은 10만 달러 기부 약속이 조건이었다.

수억 원을 내면서 힐러리 행사에 참석하는 것에 대해 『뉴욕타임스』는 "돈 많고 힘 있는 인사들은 유명인과 만나는 것을 신분 과시용으로 삼는 경향이 있다"며 "올여름 이들의 톱 리스트에 힐러리가 올라 있는 것"이라고 썼다.

일찌감치 힐러리에 대한 지지 선언을 했던 『뉴욕타임스』는 일반 대중이 힐러리에게 접근하기 어렵다는 사실을 언급하면서 "하지만 돈이 많고 자신에게 수십만 달러를 쓸 수 있는 몇몇 부자에게는 만나는 것 이상을 허용하고 있다"고 꼬집었다. 또 힐러리가 몇 개월 동안 기자회견을 하지 않고 있다는 비판을 받고 있다면서 "그렇지만 비벌리힐스와 실리콘밸리, 뉴욕 햄프턴 등에 사는 갑부들로부터는 수백 개의 질문을 받아 대답했다"고 지적했다. 실제로 트럼프가 2016년 들어 17차례 공식 기자회견을 한 반면 힐러리는 274일째 기자회견을 열지 않고 있었다.

이와 관련, 위스콘신주 마케트대학의 여론조사 전문가 찰스 프랭클린Charles Franklin은 "(힐러리 캠프의) 지금 상황을 보면 마치 힐러리가 국제우주정거장ISS에 가만히 앉아 트럼프가 자멸하는 것을 지켜보면서 올 가을을 보내도 된다는 식으로 비친다"고 꼬집었다. 미 의회 전문지 『더힐The Hill』도 "힐러리가 사적인 고액 선거 기금 모금 행사에 참석하고 9월 26일 첫 대선 후보 TV 토론을 준비하는 데 매진하느라 유세장에서 거의 사라졌다"며 "힐러리가 민주당 전당대회 이후 잇단 재앙적 헛발질로 지지율이 급락한 트럼프를 상대로 시간 끌기 전략을 쓰는 것처럼 보인다"고 지적했다. 힐러리의 소극적이고 수동적인 '시간 끌기 전략run-out-the-clock strategy'이 위기를 자초하고 있다는 것이다.[42]

## "나를 차갑고 무감정하다고 여기는 사람들을 이해한다"

왜 기자회견을 하지 않느냐는 비판에 지친 힐러리는 9월 5일 처음으로 전용기에 수행 기자들을 태운 데 이어, 9월 8일 뉴욕주 남동부 화이트플레인스White Plains의 공항 활주로에서 278일 만에 기자회견을 가졌다. 그녀는 "대선 보도가 불만스럽다"고 말을 시작했다. 이메일 스캔들, 클린턴 재단의 고액 기부자 유착 관계 같은 기사들이 잇따른 데 대한 일종의 항의였다.

힐러리는 "오랫동안 정치에 몸담은 나를 차갑고 무감정하다고 여기는 사람들을 이해한다"고 말했다. 여성으로서는 드물게 하버드대학 로스쿨에 지원해 시험을 보러 갔을 때 주변 남학생들에게 당한 집단 괴롭힘을 언급하면서 "그때도 그랬고, 변호사로 활동할 때도 마찬가지로 젊은 여성으로서 감정을 통제하는 법을 배워야만 했다"고 말했다. 자신이 트럼프 못지않게 비호감도가 높은 데 대한 일종의 변명이었다.

힐러리는 이어 트럼프를 거칠게 공격했다. 전날 트럼프가 블라디미르 푸틴Vladimir Putin, 1952~ 러시아 대통령을 극찬한 것과 관련, 그녀는 "적대적인 국가의 독재자를 칭찬한 것은 비애국적일 뿐만 아니라 우리 국민과 대통령에 대한 모욕"이라며 "군 통수권자로서 트럼프는 무자격자"라고 주장했다. 힐러리는 또 트럼프가 군 수뇌부를 무능하다고 비판하면서 개편을 시사한 것과 관련해서는 "레이건 전 대통령이 살아 있었다면 미군 장성들을 공격하고 러시아 대통령을 격찬한 공화당 대선 후보를 어떻게 바라볼지 궁금하다"고 했다.

트럼프도 대대적인 반격에 나섰다. 오하이오주 클리블랜드Cleveland 유세에서 클린턴 재단의 외국인 기부금 수령과 국무부 유착 의혹을 끄집어내고 "힐러리는 국무장관을 하면서 대가를 받고 특혜를 줬다"며 "러시아에 우라늄을 주고, UBS 은행에 특혜를 베풀었고, 아이티의 지인과 가족에게 계약을 팔아넘겼다"고 말했다. 트럼프는 클린턴 재단을 '범죄 기업'이라고 부르면서 "힐러리가 이메일을 깔끔하게 삭제한 것도 이런 비리를 은폐하기 위한 것"이라고 말했다.[43]

힐러리의 트럼프에 대한 짜증과 분노의 수준이 인내의 한계를 넘어선 걸까? 그녀는 "나를 차갑고 무감정하다고 여기는 사람들을 이해한다"고 했지만, 이게 빈말임을 드러내는 실언을 하고 말았다. 힐러리는 9월 9일 뉴욕에서 열린 LGBT(레즈비언 · 게이 · 양성애자 · 트랜스젠더)

행사에서 "극히 일반적인 관점에서 보면 트럼프를 지지하는 절반을 개탄할 만한deplorable 집단이라고 부를 수 있다"고 말해 논란을 빚었다. 힐러리는 "이들은 인종차별주의자·성차별주의자이고, 동성애·외국인·이슬람 혐오 성향을 띤다"면서 "트럼프가 지지자들의 차별주의 성향을 부추겼다"고 했다. 이어 "트럼프의 뒤에 선 절반의 사람들은 구제할 수 없는 지경에 이르렀다"고도 했다.

힐러리의 발언에 발끈한 트럼프는 10일 트위터에 "힐러리가 나의 지지자들, 열심히 일하는 수백만 명의 사람을 아주 심하게 모독했다"며 "향후 여론조사에서 이 발언에 대한 대가를 치를 것"이라고 말했다. 힐러리는 비판의 목소리가 커지자 곧바로 유감을 표명했다. 그는 "지극히 일반적인 관점에서 얘기한 것인데 결코 좋은 생각이 아니었다. '절반'이라고 말한 것은 잘못된 것이고 후회한다"고 말했다. 그러면서도 그녀는 "트럼프는 '알트-라이트(온라인상 극우 네티즌)'를 비롯해 백인 우월주의자들을 자신들의 대변자로 여긴다"며 트럼프의 인종·종교·성차별적 발언을 거듭 공격했다.

이에 트럼프는 "최악의 실수에 대해 솔직하게 잘못을 인정하지 않고 다시 재탕 발언으로 상황을 반전시키려고 한다"며 "힐러리가 수백만 미국인에 대한 증오와 편협한 속내를 드러냈다"고 말했다. 또 이메일 스캔들과 관련해 힐러리가 기소되지 않은 데 대해 "사람들이 지켜보는 가운데 총으로 누군가의 가슴 한복판을 쏜다고 해도 힐러리는 기소되지 않을 것이다. 힐러리를 감옥에 보내는 것보다 더 나은 일이 바로 11월 8일(대선일)에 승리하는 것"이라고 말했다.[44]

## "끝날 때까지는 끝난 게 아니다"

2016년 9월 11일 힐러리에게 건강 이상설을 입증해주는 듯한 대형 악재가 터지고 말았다. 이날 힐러리는 뉴욕 맨해튼에서 열린 9·11 테러 15주년 추모 행사에 참석했다가 1시간 30분 후 돌연 수행원의 부축을 받고 현장을 떠났다. 그 직후 힐러리는 인근 도로에서 밴 차량을 기다리던 중 수행원이 옆에서 붙잡지 않으면 혼자 서 있을 수 없을 정도로 10초 동안 세 차례나 휘청거렸다. 힐러리는 특히 차량에 오르려 할 때 갑자기 무릎이 꺾이며 몸이 앞으로 고꾸라져 바닥에 넘어질 뻔했지만 경호원이 붙잡고 있어서 가까스로 부상을 면했다. 힐러리는 고꾸라지면서 한쪽 신발까지 벗겨져 뉴욕 경찰이 이 신발을 현장에서 수거했다.

대다수 언론은 "힐러리가 거의 졸도faint한 것으로 보인다"며, '휘청 사건'이 아니라 '졸도 사건'으로 규정했으며, 트위터엔 이 '휘청' 또는 '졸도' 장면이 담긴 동영상이 올랐고 유튜브 등을 통해 급속하게 퍼졌다. 힐러리는 12일 샌프란시스코·로스앤젤레스 등을 찾아 모금 행사를 하고 연설도 할 계획이었지만, 이 일정도 모두 취소해 건강 이상설에 날개를 달아준 셈이 되고 말았다. 그간 집요하게 힐러리의 건강 이상설을 제기해온 트럼프는 역풍이 일 것을 우려해 "빨리 낫기를 바란다"는 덕담만 했지만, 트럼프의 대리인 격인 루돌프 줄리아니 Rudolph Giuliani 전 뉴욕시장 등은 힐러리를 향해 의료 기록 공개를 촉구했고, 트럼프도 자신의 건강 기록을 공개하겠다고 했다.[45]

힐러리 캠프는 폐렴 때문이라고 해명했다. 힐러리는 바로 이날

CNN과의 인터뷰에서 "큰 문제가 되지 않을 것이라고 생각해" 폐렴에 걸린 사실을 비밀로 유지했다고 했지만, 오히려 이게 더 문제가 되었다. 『뉴욕타임스』는 12일 힐러리가 정치적 위협이라고 느낄 때마다 "사생활 영역"이라며 반사적으로 웅크리는 경향이 있으며, 이런 측면에서 폐렴이 공개된 방식도 지지자들의 우려와 반대자들의 비판을 동시에 받고 있다고 지적했다.

버락 오바마 대통령의 선거 전략가 출신으로 백악관 선임 고문을 지낸 데이비드 액설로드David Axelrod, 1955~는 트위터를 통해 "폐렴은 항생제로 고칠 수 있다. 그런데 불필요한 문제(의혹)를 계속 야기하는 힐러리의 건강하지 못한 프라이버시 애호는 무엇으로 치료하냐"고 꼬집었다. 이 같은 지적에 힐러리 캠프 측은 "좀더 잘 대처할 수 있었는데 아쉽다. 언론에 제대로 정보를 제공하지 않은 것은 참모들 책임이다. 후회한다"고 꼬리를 내렸지만, 트럼프 선대 본부장 켈리엔 콘웨이Kellyanne Conway, 1967~는 트위터에서 액설로드의 지적은 "전적으로 옳은 말"이라며 되치기에 활용했다.[46]

미국 프로야구 월드시리즈의 유일한 퍼펙트게임 승리를 이끈 전설적 포수 요기 베라Yogi Berra, 1925~2015는 "끝날 때까지는 끝난 게 아니다It ain't over till it's over"는 명언을 남겼다. 힐러리와 트럼프의 경쟁, 아니 전쟁은 이 책의 원고를 마감하는 9월 중순 현재 바로 그 명언을 떠올리게 만드는 양상을 보이고 있다. 여기서 이야기를 끝내는 게 아쉽지만, 최종 결과는 11월 8일에 확인하기로 하고 이제 '맺는말'로 넘어가 힐러리에 대한 중요한 이야기 몇 가지에 대해 생각해보기로 하자.

맺는말
★

# 힐러리를 위한 변명

## "힐러리 증오가 국가적 소일거리가 되었다"

우리는 지금까지 본문을 통해 힐러리의 '극단, 독선, 분열, 탐욕'을 충분히 살펴보았다. 나는 힐러리의 그런 점에 대해 매우 비판적이지만, 균형 감각은 갖고 싶다. 미국 하버드대학 역사학자 헨리 루이스 게이츠Henry Louis Gates, 1950~는 1990년대 중반 "힐러리를 증오하는 것이 국가적 소일거리가 되었다"고 했는데,[1] 그런 증오의 내용과 수준의 적절성을 따져볼 필요가 있지 않을까?

그런 문제의식에서 나는 그녀를 위한 변명으로 이 책을 끝맺고 싶다. 적극적인 변명은 아니다. 소극적인 변명이다. 전면적인 변명도 아니다. 힐러리가 여자이기 때문에 더 당하는 것은 없는지, 선의해석 benefit of the doubt의 기회는 주어야 하는 게 아닌가 하는 수준의 변명이다.

내 변명은 "그것이 힐러리의 문제인가, 여성의 문제인가?", "그것이 힐러리의 문제인가, 인간의 문제인가?", "그것이 힐러리의 문제인가, 정치의 문제인가?", "그것이 힐러리의 문제인가, 미국의 문제인가?" 라는 물음에 치중할 것이다. 즉, 인간과 정치와 미국의 문제를 변명하기보다는 인간과 정치와 미국의 문제임에도 힐러리의 문제로 보는 건 아닌가 하는 의문을 제기한다는 점에서 소극적이고 부분적인 변명이라는 것이다.

역사학자 길 트로이Gil Troy, 1961~는 10년 전에 출간한 『세계 최고의 여자 힐러리론Polarizing First Lady』(2006)에서 힐러리를 이해할 수 있는 한 단어로 '양극화polarizing'를 꼽았다.[2] 이는 힐러리가 양극화된 평가를 받았다는 의미이기도 하지만, 힐러리 스스로 이미 양극화된 미국 정치를 더욱 양극화로 몰아간 '양극화의 전사'이기도 했다는 걸 뜻하는 말이다.

본문에서 살펴보았듯이, 미국은 '초당파성hyperpartisanship', '반쪽짜리 대통령the president of half of America' 등과 같은 말이 나올 정도로 격렬한 당파 싸움으로 몸살을 앓고 있다.[3] "내 편 아니면 모두 적"이라는 적대와 증오가 미국 사회에 만연해 있다. 그렇게 양극화되어 있는 미국 정치판에서 힐러리는 탁월한 '양극화의 전사'였다.

힐러리 클린턴은 여자고, 빌 클린턴은 남자라는 사실은 잠시 잊고 둘 다 똑같은 사람으로 보자. 힐러리는 클린턴보다 강한 사람이었다. 인간관계는 물론 국제 문제를 바라보는 시각에서도 그랬다. 이게 늘 문제가 되었지만, 남녀차별을 할 뜻이 없다면 담담하게 있는 그대로 봐주자. 그녀가 매우 강한 사람이었다는 걸 말해주는 증언과 주장은 무수히 많다.

## "힐러리가 '개 같은 년'이기 때문에 힐러리가 좋다"

20년간 그들의 가장 중요한 정치 컨설턴트였던 딕 모리스Dick Morris는 아군에서 적군으로 변하기 전에 이런 말을 한 적이 있다. "힐러리는 빌 클린턴에게는 없는 장점을 가지고 있었습니다. 바로 킬러 본능입니다. 그녀는 변호를 할 때도 언제나 직설적이었어요. 상대방을 공격하는 식이었지요. 빌에게 있는 미묘함이나 세밀함은 찾을 수 없었습니다."[4]

클린턴의 대통령 첫 임기 동안 함께 일했던 데이비드 거겐David Gergen은 이렇게 말한다. "내가 본 빌 클린턴은 하루도 거르지 않고 부인으로부터의 정서적 승인을 필요로 하는 사람이었습니다. 그녀에게 상당히 의지하고 있었고, 언제나 그녀에 대한 이야기를 했으며, 마치 그녀가 견고한 요새 같은 거대한 지브롤터 바위라도 되는 양 행동했어요. 관계가 균형을 이룰 때면 그들은 서로를 칭찬했습니다. 그들의 동맹 관계가 빌의 리더십의 원천이었어요. 그녀가 닻이라면 그는 돛이었죠. 그는 이상주의자였고 그녀는 현실주의자였으며, 그녀는 전략가였고 그는 전술가였어요."[5]

그런데 힐러리의 그런 강함이 문제가 된다. 한 40대 사무직 여성은

"힐러리의 그 집요한 권력욕이 두렵다"고 했는데,[6] 이는 힐러리 반대자들이 빠트리지 않고 지적하는 힐러리의 본질적 특성이다. 그런데 힐러리를 지지하는 후기 페미니스트 카미유 파글리아Camille Paglia, 1947~는 힐러리의 '집요한 권력욕'을 옹호한다.

파글리아는 많은 사람에게서 비판을 받은 힐러리와 클린턴의 '공동 집권'을 긍정 평가하면서 그들이야말로 남녀가 동등하다는 걸 보여준 새로운 페미니즘의 상징이라고 말한다. 그녀는 힐러리와 클린턴이 각각 전통적인 성 역할과 고정관념의 반대 역할을 보여주었다는 것도 긍정 평가한다. 파글리아는 힐러리가 욕을 먹는 이유가 힐러리를 지지할 이유라고 말한다. 힐러리가 '개 같은 년bitch'이라고 욕을 먹기 때문에 힐러리가 좋다는 것이다.[7]

파글리아의 생각에 전적으로 동의할 순 없을망정, 힐러리가 많은 사람에게 '개 같은 년'이 된 이유 중 핵심이라 할 '집요한 권력욕'은 공정한 평가가 필요하다. 우리 모두 가슴에 손을 얹고 생각해보자. 우리는 남자에겐 '집요한 권력욕'을 거의 문제 삼지 않는다. 저널리스트인 엘리자베스 콜버트Elizabeth Kolbert, 1961~의 말마따나, 힐러리가 남자였다면 무자비한 성향 덕분에 사람들의 존경을 쉽게 얻었을지도 모른다. '집요한 권력욕'에 반드시 따라붙기 마련인 표리부동表裏不同만 해도 그렇다. 정치의 속성을 감안해 남성 정치인에게는 그게 어느 정도 용납된다. 그런데 여성에겐? 왜 우리는 여성에게만 '집요한 권력욕'과 '표리부동'을 문제 삼는 걸까? 이와 관련, 콜버트는 이렇게 말한다.

"정치적 경주에 임하는 여성 앞에는 온갖 종류의 장애물이 막아선다. 여성이 그 책임을 질 정도로 충분히 강하지 못하든 심술궂은 성격 때문이든 상관없다. 또한 여성이 너무 남성적이거나 남성적이지 못해도 마찬가지다. 외모가 괜찮아도 반대 세력이 생겨나고 못생겨도 마찬가지다. 기혼으로 자녀를 기르는 것도 미혼에 자녀가 없는 것만큼이나 문제가 된다. 정리하자면, 여성에게는 늘 암묵적으로 이중 잣대가 적용된다. 여성 정치인은 남성 정치인보다 순수한 목적을 가졌으며, 동정심이 더 많으며, 개인적인 야망보다 사회적 이슈가 원동력으로 작용한다고 가정한다. 요컨대, 우리는 여성에게 정치라는 것을 넘어서 달라고 요구한다."[8]

## 여성에게 정치를 넘어서 달라고 요구하는 '이중구속'

여성에게 정치라는 것을 넘어서 달라고 요구하는 것은 전형적인 '이중구속double bind'이다. 이중구속은 해도 안 되고 안 해도 안 되는 상황이다. 조지타운대학 언어학 교수 데버러 테넌Deborah Tannen, 1945~이 잘 지적했듯이, "만약 여성이 지도자로서의 기대에 부응하려면 자연스레 훌륭한 여성의 행동 양식을 위반하게 된다. 반대로 여성과 관련된 기대에 부응하려고 할 때 훌륭한 지도자의 특성에서는 멀어진다."[9]

직장에서 남녀평등을 위해 애써온 페이스북 최고운영책임자COO 셰릴 샌드버그Sheryl Sandberg, 1969~는 "여성은 일을 할 때 '마음에 드는 것'과 '존경을 받는 것' 사이에서 줄타기를 해야 하는 반면 남성들은 그런 걱정을 할 필요가 없다"며 "이러한 편견 때문에 여성이 겪는 '이중구속'을 우리는 표면으로 드러내고 인지하고 고쳐야만 한다"고 역

설한다.[10]

평범한 여성으로 살아가려고 해도 그런 이중구속 상황에 처하기 마련인데, 대통령을 꿈꾸는 여성에겐 어떻겠는가. 이중구속의 홍수 속에서 헤엄쳐야 하는 게 아닐까? 힐러리는 자신이 겪어온 이중구속의 딜레마를 이렇게 토로한 적이 있다. "여성들은 딜레마에 처하곤 한다. 한편으론 똑똑하게 자립해야 한다. 반면, 아무도 언짢게 하지 말고 누구의 발도 밟지 말아야 한다. 그러지 않으면 자기주장이 강하다는 이유로 아무도 안 좋아하는 사람이 되어버린다."[11]

우리는 '꿈'이라는 단어를 사랑하면서도 그것이 좀더 구체화된 '야망'에 대해선 경계심을 가지며, 특히 여성의 야망에 대해 그런다. 어릴 때부터 대통령이 되겠다고 마음먹고 평생 그 꿈의 실현을 위해 살아온 사람이 있다. 이런 사람에 대해 어떻게 생각하건 그 사람이 남자냐 여자냐에 따라 우리의 평가는 크게 달라진다. 페미니스트 작가 캐서 폴릿Katha Pollitt, 1949~이 지적했듯이, " '야망이 있다ambitious'라는 단어가 여성에게 쓰이면 추하다는 뜻으로 통용되는 현실에서 우리는 결코 동등해질 수 없다."[12] 우리는 '야망에 불타는 남자'와 '야망에 불타는 여자'를 동등하게 대해 주지 않는다.

세계적으로 성공한 여성 지도자들의 공통된 특성은 대부분 '호전성'이었다. 왜 그럴까? 가장 큰 이유는 유권자들이 여성 지도자를 바라보는 시각이다. 군 통수권자로서 전쟁도 불사할 만큼 강한가? 유권자들이 가장 궁금해하는 이런 의문을 불식시키기 위해 여성 정치인은 자신의 강함과 투쟁성을 입증해야만 한다. 그래야만 지도자의 위치에 오를 수 있다.

힐러리가 걸어온 길도 바로 그것이었다. 앞서 보았듯이, 그녀는 상원의원이 된 후 매파들의 본거지인 상원 군사위원회에 들어갔으며, 조지 W. 부시George W. Bush, 1946~ 대통령의 이라크전쟁을 지지했다. 그런 필사적인 노력 덕분에 힐러리는 2008년 대선을 앞두고 군 통수권자로서 역량을 묻는 여론조사에서 민주당 내 경쟁자인 버락 오바마보다 훨씬 높은 평가를 받게 된다. 그러나 이라크전쟁 지지는 그녀가 오바마에게 패한 결정적 이유 중의 하나가 되었다.

이런 '이중구속'은 여성 정치인에게 더 가혹하게 작용하지만, 남성 정치인이라고 해서 완전히 자유로운 건 아니다. 유권자와 언론이 정치인에게 '이중구속' 상황을 유발하는 요구를 자주 하기 때문이다. '머리말'에서 후안무치厚顔無恥와 관련해 지적했듯이, 유권자와 언론은 지도자를 꿈꾸는 정치인들에게 권력 의지, 집념, 소신, 뚝심, 의연함, 정의감, 포용력 등을 요구하는 동시에 이런 덕목들과의 경계가 모호한 권력욕, 집착, 아집, 불통, 불감, 독선, 정실주의에 대해선 매섭게 비판한다. 그러나 권력 의지-권력욕, 집념-집착, 소신-아집, 뚝심-불통, 의연함-불감, 정의-독선, 포용력-정실주의의 차이는 불명확할뿐더러 결과에 의해 소급 판단된다.

이런 '이중구속'은 유권자와 언론이 정치를 국리민복國利民福의 수단으로 보는 동시에 정치인 개인의 드라마로 보는 이중 관점을 갖고 있기 때문에 생겨나는 것이다. 그래서 '대의를 위한 양보'를 칭찬하는 동시에 그것을 '중도 포기'로 조롱하는 양립하기 어려운 모순이 자연스럽게 저질러진다. 비판에 잘 반응하는 건 칭찬받을 일이지만, 그건 동시에 '오락가락'으로 욕먹게 되어 있다. 이걸 잘 아는 정치인들에겐 유권자와 언론의 요구를 경청하기보다는 무시할 줄 아는 게 슬기로운 지혜로 간주되기 마련이다. '이중구속'에 관한 논의가 정치 저널리즘의 주요 의제가 되어야 할 이유다.

## "'힐러리 모델'은 딸에겐 좋지만 아내에겐 안 된다"

강한 야망을 갖고 정치를 넘어서라는 요구에 응하지 않는 힐러리에겐 필요한 수준의 비판을 넘어 온갖 저주가 쏟아진다. 특히 우익 진영에서 말이다. 라디오 토크쇼 진행자 돈 아이머스Don Imus, 1940~는 한 프로그램에서 힐러리가 사탄이라고 11번이나 언급했으며, 글렌 벡Glenn Beck, 1964~은 힐러리를 '적그리스도'라 했고, 마이클 새비지Michael Savage, 1942~는 힐러리를 '히틀러주의자'라고 했다.[13]

물론 힐러리는 독선적이고 오만하다. 그녀가 "나는 이 사회에서 여성이 살아가는 방식의 근본적인 변화를 대표한다"고 말했을 때,[14] 제발 그런 말은 남들이 해주게끔 기다려주면 안 되겠느냐는 생각을 하면서 혀를 끌끌 차는 사람이 어디 한둘일까? 그럼에도 힐러리가 한 중년 남성에게서 들었다는 다음과 같은 말은 힐러리에 대한 평가는 보는 관점에 따라 다를 수밖에 없다는 걸 잘 말해준다. "나는 내 딸이 당신처럼 자랐으면 좋겠어요. 하지만 내 마누라가 그렇게 되는 것은 정말이지 싫습니다."[15]

똑같은 사람에 대한 평가라도 아버지의 관점과 남편의 관점이 다를 수 있듯이, 권력욕도 사실상 관점의 문제다. 잘 생각해보자. 권력욕과 권력 의지는 어떻게 다른가? 남자의 권력욕과 여자의 권력욕에 대해 아무런 차별 없이 공정한 평가를 해주고 있는가? 이 두 가지 질문에 답할 필요가 있다. 이와 관련, 힐러리를 지지하는 리베카 보해넌 Rebecca Bohanan은 다음과 같은 주장을 편다.

"힐러리 클린턴이 대통령이 되기를 원하는 것은 잘못이 아니다. 대통령이 되길 원한다고 해서 힐러리를 사악하게 묘사하는 것은 성차별이다. 힐러리가 정치계에 입문하게 된 이유에 대해 온갖 각도의 분석이 있다. 나는 새로운 질문을 제기하고 싶다. 그게 왜 중요한가? 버니 샌더스가 처음으로 대선에 출마해보겠다는 이유가 무엇이었는지에 대한 기사가 하나라도 있었나? 샌더스가 자신이 대통령 적임자라고 생각해서 사악하다는 글이 있나? 왜 우리 모두는 힐러리가 대통령이 되고 싶어 하는 게 잘못이라고 생각할까? 대통령이 되길 원하는 정치인들은 정말 많다. 그들의 사다리의 가장 위에 있는 직업이다. 힐러리는 지금 그 자리를 원한다. '언제, 왜?'를 묻는 대신 '잘된 일이네'라고 말할 수는 없나?"[16]

물론 "잘된 일이네"라고 말할 수 없는 수많은 이유가 있겠지만, "여자가 그렇게까지 권력욕이 강하다니!"라는 편견이 알게 모르게 연탄가스처럼 스며든 것은 아닌지 성찰해볼 필요가 있겠다. 길 트로이 Gil Troy는 광란의 수준에 이른 '힐러리 죽이기'를 '현대판 마녀사냥'으로 규정하면서, 그렇게 된 이유 중의 하나로 힐러리 부부의 공동 통치가 케네디 대통령 시절 재클린 케네디 Jacqueline Kennedy, 1929~1994처럼 신화적 기준에 미치지 못했을 뿐만 아니라 대다수 미국인에게 위협적이고 미국답지 않은 것으로 여겨졌다는 점을 들었다.

"여전히 수백만 명의 미국인은 미국의 도덕성과 운명에 대해 논할 때 전통적인 성 역할을 기반으로 해서 사고했다. 힐러리의 '위험한 여성성'에 대한 경고나 '여성적 지위'에 대한 공격, 힐러리의 동기를 사소한 것으로 치부한 것이나 그녀의 이미지가 '부자연스럽다'고 비난하는 것은 페미니즘에서 '통치에 대한 우리의 성차별적 개념'을 묘사하는 고전적인 방법 그대로였다. 중세시대의 왕과 왕비를 떠올리게 하는 케네디 대통령 부부의 카멜롯 시절이 미국 본토에서 자생한 클린턴 부부의 평등주의 파트너십보다 더 인기가 좋았던 것이다."[17]

## "힐러리에게 미소 지으라는 말은 그만하라"

같은 맥락에서 힐러리가 '비호감의 여왕'이 된 이유도 다시 생각해볼 필요가 있다. 이런 제안이 타당하다는 걸 시사해주는 주장 하나를 살펴보자. 『뉴욕타임스』 칼럼니스트 데이비드 브룩스David Brooks, 1961~는 「왜 힐러리는 트럼프 못지않게 비호감인가」라는 칼럼에서 "여러분은 힐러리 클린턴이 재미 삼아 하는 일이 뭔지 아는가. 버락 오바마가 재미 삼아 하는 일은 누구나 안다. 골프와 농구다. 트럼프가 재미 삼아 하는 일도 누구나 알 것이다. 굳이 얘기하지 않겠다. 그러나 클린턴이 재미 삼아 하는 일은 알기 어렵다. 그렇다 보니 클린턴을 소개할 때 사람들은 그의 공적인 역할만 언급하게 된다. 지난해 11월 클린턴이 대통령감인지 알아본 집단 인터뷰가 좋은 예다"며 다음과 같이 말한다.

"참가자들은 클린턴을 묘사하면서 그의 직무와 관련된 단어만 썼다. '클린턴은 여러 가지 일을 동시에 해치운다', '조직적이고 속임수를 잘 쓴다' 같은 식이었다. 왜 이런 현상이 나타날까. 클린턴의 삶이 일과 경력, 출세에 장악돼 있기 때문이다. 클린턴의 남편도 같은 정치인이고, 딸은 클린턴 재단에서 일한다. 클린턴의 친구들은 성공한 사람들만 모이는 파티장에서 만난 사람이 전부다. 클린턴의 측근들은 클린턴이 따뜻하고 다정한 사람이라고 입을 모은다. 그러나 클린턴을 접해보지 않은 보통의 미국인 입장에선 '정치인'이란 이미지 외에 클린턴의 인간적 면모를 상상하기 어렵다. 미국인들에게 클린턴이 인간적으로 느껴진 대목은 그가 자신을 '할머니'로 지칭했을 때뿐일 것이다. 그 밖에 클린턴의 이미지는 이력서나 정책 보고서로만 존재한다."

이어 브룩스는 "미국인들이 클린턴에 비호감을 느끼는 이유는 일중독자에게 비호감을 느끼는 것과 비슷하다. 일중독은 일종의 감정적 자기소외다. 일에만 몰입해 자신을 소모하며 감정은 철저하게 배제한다. 상대방의 인간성도 업무나 자리로 평가한다. 사람이 대인관계에서 갈구하기 마련인 인간적 친밀함의 영역에까지 업무를 개입시킨다. 이런 일중독자는 '사람으로 태어나 의사(혹은 기업인이나 정치인)로 죽다' 같은 슬픈 묘비명 아래 묻히는 신세가 될 수도 있다"며 다음과 같이 말했다.

"TV에 나타나는 클린턴의 얼굴을 보라. 인간이라기보다 '선수(프로페셔널)'란 느낌이 들지 않는가. 클린턴은 완벽에 가까운 인물이다. 늘 부지런하고 계획적이며, 목표에 집중하고 주변에 대해 의심의 끈을 놓지 않는다. 하지만 우리 같은 사람이 아니라 워싱턴 정치 머신에 종속된 하나의 '기관'으로 느껴질 뿐이다. 클린턴은 인간적인 면모를 숨기고 공적인 모습만 비치려는 스타일 때문에 사생활에 관심 있고 개성을 중시하는 SNS 시대 정신과 정면으로 충돌할 수밖에 없다. 미국인 대부분이 살아온 경험과도 충돌한다. 미국인들은 업무를 벗어나 개인적인 시간을 보낼 때 생기를 되찾고 살아 있음을 느낀다. 클린턴은 그 반대다. 그러니 당연히 많은 미국인에게 클린턴은 교활하고 권력 지향적인 마키아벨리로 여겨질 수밖에 없다."[18]

꽤 설득력 있는 주장이지만, 이 주장은 여전히 무의식의 세계에서 남녀차별 의식이 있는 유권자들의 감성을 절대적 기준으로 삼을 때에만 설득력을 가질 뿐이다. 힐러리와 유권자들 사이에서 매개 역할을 하는 언론인 역시 그들이 갖고 있는 여성에 대한 고정관념에 근거해 힐러리를 보겠다고 들면 말릴 방법이 없다. 예컨대, 힐러리에게 인간적인 면모가 부족하다는 비판에 대해 리베카 보해넌Rebecca Bohanan이 제기한 다음과 같은 항변은 그런 고정관념에 대한 재고再考를 요구하는 게 아닐까?

"아무도 버니 샌더스에게 미소 지으라고 하지 않았다. 여성들에게 미소 지으라는 말은 그만하라. 힐러리의 수락 연설 중 버니 샌더스가 얼굴을 찡그리며 짜증스럽게 숨을 내쉬는 모습이 카메라에 잡혔다. 나는 그의 유치한 행동을 비난하는 뉴스 기사 수백 개가 쏟아질 줄 알았다. 그런데 단 한 개도 없었다. 뭐, 그건 괜찮다. 그러나 전 세계 남녀들이여, 내가 기분 좋지 않은 날 얼굴을 찌푸리고 길을 걸어갈 때, 또는 힐러리가 벵가지 소식 같은 끔찍한 일을 들으며 얼굴을 찡그린 게 카메라에 잡혔을 때, 샌더스에게 보여주는 것과 같은 예의를 차리고 나나 힐러리에게 미소 지으라고 말하지 말길 바란다."[19]

어찌 미소뿐이랴. 외모에 대한 품평은 주로 여성을 겨냥한다. 민주당 경선에서 오바마와 한판 승부를 겨루었던 힐러리는 볼품없는 스타일 때문에 비난을 받아야 했다. 힐러리는 여성성을 강조하면 선거에서 불이익을 받을까 두려워 치마 대신 남성적인 바지 정장을 택했는데, 재킷이 엉덩이까지 내려오는 볼품없는 재킷을 입었다며 많은 매체에서 공격을 받았다. 애초에 힐러리가 당시 대선에서 승리할 걸로 예상했던 조지 W. 부시가 백악관 집무실 책상에 앉아 했다는 말도 그런 공격의 연장선상에 있음은 두말할 나위가 없다. "힐러리의 뚱뚱한 엉덩이fat keister가 이 책상에 앉을 때까지 기다려 보자."[20]


## '교활하고 권력 지향적인 마키아벨리' 근성 없는 지도자도 있는가?

나는 힐러리에게 '교활하고 권력 지향적인 마키아벨리' 근성이나 기질이 농후하다는 데에 동의하며, 그것이 칭찬할 만한 것은 아니라는 데에도 동의하지만, '교활하고 권력 지향적인 마키아벨리'는 적어도 대통령이 되고자 하는 정치인이라면 누구나 가져야 할 필수 덕목이라고 생각한다. 미국의 역대 대통령들 가운데 그렇지 않은 대통령의 이름을 단 한 명이라도 제시할 수 있는가? 미국인들에게서 존경받는 그 어떤 대통령이건 그는 '교활하고 권력 지향적인 마키아벨리' 근성이나 기질이 있었기에 그 자리에 오른 것임을 잊어선 안 된다.

미국의 문제를 힐러리의 문제로 보는 것도 다시 생각해볼 필요가 있다. 정치평론가이자 저널리스트인 다이애나 존스턴Diana Johnstone은

『카오스의 여왕: 힐러리 클린턴은 무슨 잘못을 저질러왔는가Queen of Chaos: The Misadventures of Hillary Clinton』(2015)에서 힐러리가 미국 대통령이 된다면 제3차 세계대전, 즉 '핵전쟁'이 발발할 가능성이 매우 높아진다며 자신도 여성이지만 여성 대통령의 탄생보다는 제3차 세계대전을 막는 게 훨씬 더 시급하다고 주장한다.[21]

기대를 갖고 읽은 『카오스의 여왕』은 솔직히 실망스러운 책이었다. 힐러리 이야기는 별로 없고, 미국의 제국주의적 패권주의에 관한 이야기가 대부분이며, 힐러리를 그 틀에 꿰맞춘 듯한 느낌이 들었기 때문이다. 미국은 민주주의 체제가 아니라 '경제적 엘리트economic elites'에 의해 지배되는 '과두제oligarchy'이며, 힐러리는 '미국 예외주의American Exceptionalism'의 오만hubris을 의인화한 인물이라는 존스턴의 주장엔 동의하기 어렵지 않다.[22] 하지만 힐러리를 포함한 대선 후보들은 그 체제를 이끄는 동시에 졸卒에 불과할 수 있다는 점도 고려하는 게 필요하지 않을까? 앞서 지적했듯이, 지도자를 꿈꾸는 여성 정치인에게 가해지는 '이중구속'도 고려해야 하지 않을까?

제3차 세계대전을 일으킬 정도인지는 모르겠지만, 힐러리가 호전적이라는 건 분명한 사실이다. 힐러리의 호전성에 대한 우려엔 상당 부분 동의할 수 있지만, 국제관계에서 호전성은 힐러리의 문제라기보다는 미국의 문제가 아닐까? 물론 힐러리보다는 덜 호전적인 정치인이 많이 있긴 하지만, 미국 대선판이 힐러리와 트럼프 사이의 대결 구도가 된 이상 힐러리와 트럼프를 동시에 놓고 평가하는 게 공정하지 않을까? 예컨대, 진보적 영화감독 마이클 무어Michael Moore가 자신이 차선 또는 차악으로 힐러리를 택한 이유에 대해 다음과 같이 말한 것도 고려해볼 필요가 있지 않겠느냐는 것이다.

"우리끼리니 솔직하게 이야기해도 될까? 미리 말해두자면 나는 힐러리를 (많이) 좋아한다. 나는 힐러리가 부당한 오명을 쓰고 있다고 생각한다. 그렇지만 힐러리가 이라크전쟁에 찬성표를 던졌을 때 나는 다시는 힐러리에게 투표하지 않겠다고 맹세했다. 지금까지 나는 그 약속을 어긴 적이 없다. 파시스트의 싹이 보이는 사람이 우리 군의 총사령관이 되는 것을 막기 위해 나는 이 약속을 깰 것이다. 슬프지만 나는 클린턴이 어떤 형태로든 군사 행동을 할 거라고 생각한다. 클린턴은 매파이며 오바마보다 우파다. 하지만 트럼프의 미친 손가락은 버튼을 누를 것이다. 그러면 끝장이다."[23]

진보적인 유권자들은 힐러리가 이라크전쟁에 찬성표를 던진 것에 분노해 2008년 대선에서 버락 오바마를 택했지만, 본문에서 보았듯이 오바마 진영이 '교활하고 권력 지향적인 마키아벨리'식 선거운동에 능했을 뿐 오바마와 힐러리의 차이는 거의 없었다. 그 누가 대통령이 되건 미국의 '패권'이나 '영광'을 지켜야 한다는 본원적 굴레에서 자유로울 수 있을까? 미국인들은 실패한 전쟁에 분노하는 것이지 승리한 전쟁에 대해선 늘 열광해왔다는 것도 고려해야 하지 않을까?

마이클 무어는 "힐러리는 정말 인기가 없다. 유권자의 거의 70퍼센트 가까이가 힐러리는 믿을 수 없으며 정직하지 않다고 생각한다. 힐러리는 옛날식 정치를 대표하며, 선거에서 이길 수 있는 것 외에는 아무것도 믿지 않는다"고 말했는데, 이는 오히려 힐러리가 자신의 권력욕을 충족시키는 데에 여전히 '교활하고 권력 지향적인 마키아벨리' 전략·전술에 서투르다는 걸로 이해해야 하지 않을까?

## 후보가 '최악의 최고 지도자 선출제'를 넘어설 수 있는가?

미국인들이 권력욕 못지않게 싫어하는 힐러리의 또 다른 특성은 고위 공직자로서 공적 봉사와 자신의 '리무진 리버럴limousine liberal' 행태 사이에 아무런 갈등이 없다고 믿는 위선이다. 버니 샌더스의 매체 고문이자 수십 년 지기인 태드 디바인Tad Devine, 1955~은 "브루클린 출신의 74세 사회주의자가 이토록 인기를 얻는 데는 이유가 있다. 기득권층에 대한 불만이 하늘을 찌를 듯하는데, 힐러리 클린턴은 기득권층의 상징이다"고 했다.[24] 맞다. 사실 힐러리는 탐욕스러운 기득권층의 상징으로서 특히 돈 욕심이 많다.

경북대학교 사회학과 교수 김광기는 「힐러리가 되면 안 되는 이유」라는 제목의 『경향신문』 칼럼에서 "힐러리는 민주당 대선 후보 경선에 나오면서 월가 규제와 중산층 수호자가 될 것을 약속했다. 그런데 과연 이 말들에 일말의 진정성이라도 있는 것일까? 지금까지 엄청난 강연료 수입으로 재산을 불려 상위 1퍼센트에 입성한 힐러리가 '서민 코스프레'로 '짜잔' 하고 갑자기 중산층 수호자를 자처하고 나섰으니 기가 찰 노릇이다"며 다음과 같이 말한다.

"힐러리의 강연료를 통한 재산 불리기의 첫 번째 문제점은 그것이 공직과 관련이 깊다는 것이다. 국무장관에서 퇴임한 후 힐러리는 약 16개월간 무려 3,000만 달러(약 360억 원)의 강연료 수입을 올려 재산을 불렸다. 힐러리가 장관일 때는 전직 대통령 남편이 해외에서 행한 강연으로 무려 4,800만 달러(약 576억 원)의 수입을 올렸다. '이해상충'이란 의심의 눈초리도 아랑곳하지 않고 215회에 걸친 전직 대통령의 해외 강연을 허락했던 장본인은 바로 부인 힐러리 국무장관이었다. 고액 강연료도 문제지만 더 큰 문제는 그 돈이 과연 어디서 나왔는가 하는 것이다. 모두 대기업, 특히 월가의 대형 금융기관이다. 남편 해외 강연의 재정 후원업체도, 그리고 힐러리에게 고액 강연료를 지불한 곳 또한 모건스탠리, 골드만삭스, JP 모건 등과 같은 월가의 대형 금융기관이다."[25]

반면 힐러리를 옹호하는 안병진은 "힐러리가 여성운동 투사에서 금융자본과 타협하는 네오리버럴로 변신한 것은 민주당의 변화를 보여주는 산 역사"라고 주장한다. "샌더스 등 좌파 일각에서는 이를 두고 '악마에게 영혼을 팔았다'고 비난하지만, 전통적 리버럴들로서는 제조업이 퇴조해가는 자본의 위기를 돌파하고 진보가 시대의 변화에 적응하고 집권할 수 있도록 고민한 결과였을 뿐이다. 1990년대의 민주당은 이슈 선점과 감각에서는 공화당 못지않은 매우 현대적인 정당으로 완전히 탈바꿈하였다."[26]

힐러리에게 과연 그런 깊은 뜻이 있었을까? 그러한 탈바꿈이 과연 무엇을 위한 것인가? 이런 반문을 제기할 수 있겠지만, 이게 여기에서 논점은 아니다. 네오리버럴로 변신한 것과 이해상충 의혹이 다분한 개인적 축재는 별 관계가 없다. 문제는 힐러리의 사적인 행태다. 나는 힐러리의 부패에 분노하는 김광기의 주장에 가까운 쪽의 생각을 갖고 있지만, 미국 선거제도, 아니 민주주의가 그렇게 생겨먹었다는 점도 고려할 필요가 있다고 생각한다. 힐러리의 축재는 자신의 대통령 꿈을 실현하기 위한 수단인 점도 있었으니 말이다.

본문에서 충분히 밝혔듯이, 미국 대선은 사실상 '돈 싸움'이다. 역사학자 제임스 맥그리거 번스James MacGregor Burns, 1918~2014가 잘 지적했듯이, 미국의 상업화된 선거는 "세계 민주주의 국가들 가운데 최악의 최고 지도자 선출제"라는 걸 어찌 부인할 수 있으랴. 설사 '과잉 순응'이었을망정 힐러리는 자신의 야망을 실현하기 위해 그런 시스템에 잘 순응해왔을 뿐이다. 2008년 대선의 민주당 경선에서 힐러리가 오바마에 패배한 주요 이유 중 하나는 선거 자금의 부족 때문이었지만, 이런 이야기는 정치 평론의 곁가지로만 취급될 뿐이다.

## '플루토크라트'가 지배하는 정치

힐러리의 축재가 선거 자금에 대비하기 위한 것만은 아니었지만, 이 또한 문제는 힐러리만 그런 건 아니라는 데에 있다. 힐러리 부부가 돈을 너무 밝힌다는 비판이 끊임없이 제기되었지만, 좀 심하다는 것일 뿐 그들만 그런 건 아니었다는 말이다.

2004년 대선의 민주당 대선 후보 지명전에 참가한 존 에드워즈John Edwards, 1953~는 "지난 수십 년 동안 민주당이 끊임없이 저지른 죄악은 속물근성이었다"고 주장했다. 노동운동가 앤디 스턴Andy Stern, 1950~은 민주당 정치인들의 전형적 이미지를 "볼보자동차를 몰고 다니고, 비싼 커피를 홀짝이고, 고급 포도주를 마시고, 동북부에 살고, 하버드나 예일대를 나온 리버럴"로 규정했다.[27]

앞서 지적했듯이, 민주당은 정치 참여에서부터 정치자금에 이르기까지 부자 유권자들에게 과도하게 의존하고 있어 사실상 그들에게 발목이 잡힌 상태이기 때문에 경제정책상 좌클릭하기가 어렵게 되어 있다. 지난 수십 년간 가난한 사람들마저 공화당에 표를 던진 이유에 대해 『뉴욕타임스』 칼럼니스트 니컬러스 크리스토프Nicholas Kristof는 2004년 '민주당의 여피화the yuppication of the Democratic Party'를 지적했다.[28]

민주당을 사실상 지배하는 부자 유권자들의 대부분은 '플루토크라트plutocrat(재벌)'며, 그래서 미국 민주주의는 사실상 '금권정치 체제plutocracy'라는 비판의 목소리가 높다. 캐나다 정치인이자 작가인 크리스티아 프릴랜드Chrystia Freeland, 1968~는 『플루토크라트: 모든 것을 가진 사람과 그 나머지Plutocrats: The Rise of the New Global Super-Rich and the Fall of Everyone Else』(2012)에서 미국 정치인들과 그 유권자들 사이의 경제적 격차, 이로 인한 입장의 차이는 계속 벌어지고 있다며 다음과 같이 말한다.

"여기서 확실한 사실 한 가지는, 정치 경력의 경제적 가치는 공직을 떠나고 난 뒤에 비로소 빛을 발한다는 것이다. 정치인들은 자리에서 물러나고 나서야 그들이 보유하고 있던 플루토크라트들과의 인맥을 돈으로 바꿀 수 있다. 그러한 환금화가 이루어지고 나면 그들은 억만장자의 반열에 올라서기도 한다. 2000년에서 2007년 사이에 클린턴 부부는 1억 1,100만 달러를 벌어들였는데, 그중 거의 절반은 클린턴이 연설의 대가로 받은 돈이었고, 또한 그 가운데 상당 부분은 세계적인 플루토크라트들이 지불한 것이었다."[29]

맷 드러지Matt Drudge 같은 폭로 전문꾼이 먹고사는 것도 그런 위선 덕분이었다. 그는 2000년대에도 민주당 유력 정치인 '죽이기'를 위해 맹활약했는데, 2002년 존 케리John Kerry가 150달러짜리 이발을 했다는 보도에 이어, 2007년엔 존 에드워즈가 400달러짜리 이발을 하고 이 비용을 선거운동 본부에 청구했다는 사실을 폭로해 이들은 물론 민주당의 이미지에 큰 타격을 입혔다.[30]

사회주의자인 버니 샌더스는 어떤가? 그가 민주당 경선이 끝나자마자 휴양지에 6억 3,000만 원짜리 별장을 구입한 사건은 어떻게 보아야 할까? "샌더스는 정치권에서 반세기 가량 일해왔는데 이 정도의 집은 가질 수 있는 것 아니냐"며 사람들의 비판이 지나치다는 옹호론도 있긴 했지만, 샌더스가 '서민층과 함께하는 사회주의자'로 자처했던 것을 지적하면서 "위선자"라는 비난이 거세게 쏟아졌다. 일부는 배신감을 토로하면서 자신이 낸 후원금을 돌려달라고 요구했다.[31]

『중앙일보』 워싱턴총국장 김현기 역시 '충격'이라고 말한다. "민주적 사회주의자를 자처하며 '1퍼센트가 99퍼센트를 지배하는 사회의 종식'을 외치던 그가 경선이 끝나자마자 휴양지에 6억 3,000만 원짜리 별장을 구입하다니. 별장 포함 집이 3채란다. 이런 사회주의자의 외침에 서민과 중산층 유권자들이 그토록 열광했던 것인가. 미국다운 정치 문화일지 모른다. 하지만 겉과 속이 다른 후보들, 자신들의 잣대로 '정의'를 휘두르는 언론 권력, 정책 아닌 '덜 거짓말 후보'를 놓고 고민하는 유권자……, 이 모두 결코 정상은 아니다. 우리가 배울 것은 더더욱 아니다. 한국 정치가 이들에 뒤처질 이유가 없다."[32]

## "워싱턴은 '진실'이 아니라 '연기'의 공간이다"

안병진은 힐러리가 '영혼의 정치'를 추구했다고 주장한다. 그와 인터 뷰를 한 기자가 이 주장은 힐러리의 이미지와 안 맞아 보인다고 하자, 안병진은 "힐러리는 매파임이 분명하지만, 현실과 이상 사이에서 고 뇌하는 정치인이다"고 답한다.³³ 현실과 이상 사이에서 고뇌하는 정 치인이 힐러리뿐이랴. 모든 정치인이 다 그렇다고 봐야 하지 않을까? 힐러리에겐 오히려 독선이 더 문제였던 건 아닐까?

"예수는 모든 사실을 알고도 그를 사랑했어요. 우리도 서로를 사랑 해요." 예수가 자신을 3번 부인한 베드로를 용서했듯이 자신도 남편 을 용서했다며 힐러리가 한 말이다. 사람들은 힐러리가 자신을 예수 에, 클린턴을 베드로에 비유했다는 사실을 놀라워했다.³⁴

자신을 특별하게 생각하는 힐러리의 멘털리티를 드러내는 이런 에 피소드는 무수히 많다. 독선은 그런 멘털리티에서 생겨나는 법인데, 힐러리에겐 여기에 '아웃사이더 기질'까지 가세했다. 동부 명문대에 서 공부를 하는 등 자신을 인사이더로 간주할 만한 충분한 조건을 갖 추었으면서도 아칸소에서 아칸소 사투리까지 익히며 지낸 18년 세월 에 기대어 그녀는 자신을 아웃사이더로 간주해 좌우를 막론하고 기득 권 체제에 도전한다고 믿음으로써 자신의 독선을 정당화했다. 그녀가 언론에 대해 매우 불편해하는 것은 성격 탓도 있겠지만 바로 그런 이 유 때문이기도 했다. 거짓말을 사소하게 여기는 심리도 그런 독선과 무관치 않았다.

사실 그런 생각을 할 만도 했다. 1992년 대선 때 조지 W. 부시George

W. Bush, 1946~ 대통령은 빌 클린턴과 앨버트 고어를 '촌놈들bozo'이라고 불렀으며, 라디오 토크쇼 진행자 돈 아이머스Don Imus, 1940~는 클린턴을 '남부의 가난한 촌놈'이라고 부르는 등 아칸소 비하는 공공연히 이루어졌다. 공개적으로 그랬을진대 사석에선 얼마나 많은 아칸소 비하가 이루어졌겠는가.

정작 문제는 설사 힐러리가 '영혼의 정치'를 추구한다고 해도 그것보다 우선적인 것은 그 꿈을 실현하기 위해서라도 권력을 가져야만 한다는 데에 있었다. 그래서 월가와 타협하는 건 물론이고 온갖 의문스러운 권모술수를 동원하기도 했던 것이다. 워싱턴이라고 하는 환경이 그걸 요구하기도 했다.

클린턴의 대통령 당선 직후 미 연방준비제도이사회 의장 앨런 그린스펀Alan Greenspan, 1926~은 클린턴 행정부의 고위직 후보로 이름이 오르내리던 오랜 친구에게 이런 말을 들려주었다. "이곳에는 음흉한 인간들이 득실거리고 있어. 자기를 때려눕히려고 하는 사람과 매일 대결해나갈 각오가 없다면, 워싱턴으로 올 생각은 아예 안 하는 것이 좋아. 워싱턴이란 곳은 세상과 동떨어져서 모두 자기만 생각하고, 노상 마녀재판을 열지 않으면 속이 안 풀리는 곳이지. 정치에 뜻을 둔 자는, 오늘은 누가 화형을 당하고 누가 단두대에서 사라지는가 하고 매일 창밖에 주의를 쏟고 있지."[35]

어떤 저명한 여류 인사는 힐러리에게 직접 이런 말을 들려주기도 했다. "당신은 워싱턴에 관해 모르는 것이 있습니다. 모두들 정책을 내걸고 싸우지만, 실은 정책이 어떻든지 간에 상관없습니다. 오히려 신경이 쓰여 견딜 수 없는 것은 만찬 때 어느 사람 옆자리에 앉는가 하

는 점입니다."<sup>36</sup>

『뉴욕타임스』칼럼니스트 레슬리 겔브Leslie Gelb는 1993년 워싱턴을 떠나며 이렇게 말했다. "워싱턴은 진실에 무관심하다. 진실은 보도된 기사들 간의 갈등이나 정치 조련사들의 경연장으로 격하되었다. 이제 진실은 증거에 의해서가 아니라 어떻게 연기하느냐에 의해 판단되고 있다. 진실은 두려움이다. 여론조사에 대한 두려움, 특정 이익에 대한 두려움, 판단 받는 것이 두려워 남을 판단하는 것에 대한 두려움, 권력과 특권을 잃는 것에 대한 두려움이다. 거짓을 받아들이는 것이 진실이 되어버렸다."<sup>37</sup>

## "좌우가 아니라 '하층부 대 상층부'의 대결이다"

어찌 워싱턴뿐이었으랴. 시대적 상황도 성공을 타락과 불가분의 관계로 만들었다. 1990년대의 사회 분위기는 1920년대의 황금만능주의를 재현한 듯 보였으며, 이는 디팩 초프라Deepak Chopra, 1947~의 『성공의 7가지 영적인 법칙The Seven Spiritual Laws of Success』(1994), 폴 제인 필저 Paul Zane Pilzer, 1954~의 『신은 당신이 부유하기를 원한다God Wants You To Be Rich』(1995) 등과 같은 베스트셀러를 통해서도 잘 드러났다.

그런 상황에서 정치는 거의 공공연하게 값으로 흥정되는 시장터로 바뀌기 시작했다. 금권의 정치 통제력이 증대되면서 '대통령 매수하기Buying the Presidency'와 '의회 매수하기Buying of Congress'에 대한 새로운 연구와 책들이 연이어 출간되었다. 엘리자베스 드루Elizabeth Drew, 1935~

는 『미국 정치의 부패The Corruption of American Politics』(1999)라는 적나라
한 제목의 책을 출간했다. 전문가들은 2000년 이전까지의 대통령 선
거 자금 모금을 "부의 예선Wealth primary" 이라고 이름 붙였는데 이는 거
액 기부자의 후원이라는 새로운 선거 요소를 압축한 표현이었다. 일부
인사들은 예비선거 자체를 '국가적 경매national auction'라고 조롱했다.[38]

2000년 대선에 녹색당 후보로 출마한 랠프 네이더Ralph Nader, 1934~
는 선거운동의 마지막 며칠 동안 "(공화·민주) 양당은 서로 다른 모습
을 한 2개의 머리를 가진 하나의 기업 정당corporate party으로 변형되었
다"고 비난했다. 또 네이더는 빌 게이츠Bill Gates, 1955~의 재산이 미국
내 저소득층 1억 2,000만 명의 재산을 합친 것과 같고, 최고경영자들
의 월급은 보통 직장인들의 400배에 달하며, 어린아이들의 20퍼센트
가 굶주리고 있다고 말했다.[39]

비단 네이더뿐만 아니라 2000년 대선을 전후로 부패가 합법적으로
이루어지고 있다는 한탄이 쏟아졌다. 부와 기업의 정치 지배는 직접
적이고 기소 가능한 '경성' 부패와 뇌물이 베일을 쓰고 법과 규제가
의심스러운 목적으로 왜곡되는 '연성' 부패를 통해 계속되고 있으며
이는 1세기 전 기업의 상원 지배와 유사한 점이 있다는 것이다.[40]

풀뿌리 민주주의 운동가인 짐 하이타워Jim Hightower, 1943~의 지론이
그들의 생각을 잘 대변해준다고 볼 수 있겠다. 하이타워는 "우리에게
제3당이 필요하다고 말하는 이들이 있다. 그러나 우리에게 필요한 건
제2당이다" 며 다음과 같이 주장했다.

"미국 정치의 실제 영역은 우파와 좌파가 아니라 상층부와 하층부
로 나뉘어 있다. 우파 대 좌파는 이론에 지나지 않는다. 상층부 대 하

충부가 바로 우리가 경험하는 현실이다. 오늘날 대부분의 사람은 자신이 상층부 권력자들과 서로 목소리조차 들리지 않는 거리로 멀어져 있음을 잘 알고 있다. 권력자들이 공화당이나 민주당, 보수주의자나 자유주의자 가운데 어느 쪽의 탈을 쓰고 있건 사정은 마찬가지다."[41]

이게 오늘날에도 통용되는 미국 정치의 현주소다. 아니 대부분의 나라에서 정치는 그런 식으로 이루어진다. 우리는 그런 정치가 바뀌길 소망하며, 그런 정치판을 확 뒤집을 수 있는 정치인이 나타나길 열망하지만, 그건 영원한 이상理想이라는 걸 안다. 힐러리는 자신의 이상을 실현하기 위해 타고난 전사처럼 싸우면서도 그런 현실에 잘 적응해왔다. 오히려 지나치게 적응을 잘해서 문제였을 정도로 말이다. 본말전도本末顚倒가 아닌가 하는 생각이 들 정도로 말이다.


## "페미니스트와 진보주의자들의 위선과 계급 편견"

미국 정치의 타락이 힐러리의 부정적 행태에 대한 면죄부가 될 수는 없다. 나는 인간, 정치, 미국의 문제일지라도 그 문제를 특정 대선 후보에게 묻는 것은 정당하다고 믿는다. 그래야 변화가 가능하기 때문이다. 나의 '힐러리를 위한 변명'은 그걸 전제로 하면서도 우리가 미처 의식하지 못하는 성차별 고정관념이 힐러리를 평가하는 데에 작용했을 가능성에 주목해보자는 뜻이었다.

영국에선 딸부자 아버지일수록 진보 성향을 띤다는 조사 결과가 나온 적이 있는데, 영국 워릭대학 교수 앤드루 오즈월드Andrew Oswald,

1953~는 "딸의 존재는 아버지들의 정치적 견해를 변화시키며 '여성적 욕구'를 훨씬 호의적으로 받아들이게 한다"고 말했다.[42] 『한겨레』 국제에디터 권태호의 다음과 같은 말은 딸을 둔 아빠일수록 힐러리에게 호의적일 가능성이 높다는 걸 시사해준다. "힐러리가 대통령이 되길 바란다. 도널드 트럼프를 견딜 수 없기 때문이지만, 그가 주창하는 '소수자 보호, 다양성 존중, 중산층 회복' 등의 가치는 전 세계가 지향할 지점이기 때문이다. 그리고 나는 딸의 아빠다."[43]

나 역시 두 딸의 아버지로서 '진보 성향'은 모르겠지만, '여성적 욕구'를 비교적 호의적으로 받아들이는 동시에 여성에 대한 비판에 대해선 한 번 더 생각해보는 버릇을 갖게 된 건 분명하다. 그래서 나 자신도 의식하지 못하는 가운데 힐러리에 대해 필요 이상의 너그러움을 베풀었을 가능성이 있음을 부인하지 않겠다. 다만 그런 무의식 세계의 가능성에 대한 고려는 남녀차별이 여전히 맹위를 떨치는 사회에서 힐러리에 대한 평가에도 적용되어야 한다고 믿을 뿐이다.

그러나 우리는 동시에 많은 페미니스트의 '힐러리를 위한 변명'에 알게 모르게 권력의 위계질서가 작동할 수 있음에 유념할 필요가 있다. 1996년 대선 일주일 전 저널리스트 스튜어트 테일러Stuart Taylor가 『아메리칸로이어American Lawyer』에 기고한 폴라 존스Paula Jones, 1966~ 사건을 재검토한 글이 그 점을 잘 지적하고 있어 살펴볼 필요가 있겠다.

테일러는 『뉴스위크』의 이반 토머스Evan Thomas, 1951~가 폴라 존스를 가리켜 "트레일러 주차 숙소에서 나오는 헤어스타일 요란한 너저분한 여자"라고 표현한 것처럼 기자들이 폴라 존스를 간단히 무시해버린 것을 비판했다. 그는 "클린턴이 행한, 저열하지는 않다고 하더라도 최소한 탐욕적인 행위"에 대한 폴라 존스의 고발은 1991년 페미니스트에 의해 웃음거리가 되었던 클래런스 토머스Clarence Thomas, 1948~ 연방대법관 지명자가 행했던, 훨씬 덜 심각한 행위에 대한 애니타 힐 Anita Hill, 1956~ 교수의 증언을 뒷받침할 증거보다 훨씬 더 강력하다고 했다. 이처럼 애니타 힐과 폴라 존스에 대한 반응이 대조를 보인 것과 관련해 테일러는 "페미니스트와 진보주의자들의 위선(혹은 무지) 및 계급 편견" 때문이라고 주장했다.**

테일러의 주장은 1997년 1월 13일 『뉴스위크』 커버에 폴라 존스를 등장시키는 결과를 가져왔는데, 사실 폴라 존스는 힐러리를 둘러싼 페미니즘 논쟁에서 중요한 상징적 의미를 갖는 인물이었다. 굳이 페미니스트들을 끌어들이지 않더라도, 힐러리가 클린턴의 여자들에 대해 보인 공격적 태도는 "페미니즘이 힐러리만의 것인가?"라는 의문을 불러일으키기에 충분했다.

"힐러리가 빌 클린턴과 외도한 여성들에게 행한 행동들은 믿기 힘들만큼 잔인했다"는 트럼프의 주장은 과장된 것일망정, 힐러리가 그 여성들을 대한 태도는 자신이 과거에 역설했던 성적 피해 여성에 대한 절대적 옹호와는 거리가 멀었다. 힐러리의 지지자들 역시 마찬가지였다. 우리는 권력이 있거나 유명한 사람들만의 페미니즘에만 관심을 갖는 건 아닌가? 이는 힐러리는 물론 모든 페미니스트가 두고두고 곱씹어봐야 할 의문이다.

## '대통령의 영웅화'를 넘어서

2016년 대선과 관련해 수많은 예측이 쏟아져나오고 있지만, 사실 나는 누가 이기고 지느냐에 별 관심이 없다. 나는 민주주의에 대한 불신, 더 파고들면 대통령제, 아니 지도자 민주주의의 문제를 우리 모두의 숙제로 삼는 게 훨씬 더 중요하다고 생각하며 이에 더 큰 관심을 갖고 있다.

누구나 다 인정하겠지만, 모든 나라의 지도자들이 실제보다 큰 사람인 것처럼 보이기 위한 쇼를 한다. 왜? 대중이 그걸 원하기 때문이다. 어렸을 때부터 그렇게 교육을 받아서 또는 세뇌洗腦 당해서 그러는 건지도 모르겠다. 미국 역사학자 하워드 진Howard Zinn, 1922~2010은 다음과 같이 말한다.

"미국의 역사교육에서는 부자와 권력 있는 사람-정치 지도자, 기업가 등-의 행적을 강조한다. 교실 수업은 흔히 대통령에게 집중된다. 교사들이 널리 사용하는 책 가운데 하나는 역대 대통령의 초상화가 벽에 가득 걸려 있고 그것을 바탕으로 역사 과목을 가르치는 한 교실의 예를 감탄스럽게 소개한다. 우리 미국인은 정치 지도자를 신처럼 떠받들고 도처에 초상화를 내걸고 동상을 세우는 다른 나라 사람을 비웃곤 한다. 그러나 우리 문화에서는 대통령의 더없이 사소한 행동을 대단히 중대한 일인 양 간주한다."[45]

왜 그러는 걸까? 딕 모리스Dick Morris는 "미국은 역사적으로 군주제를 경험해보지 못했기 때문에 재미있는 오락거리는 할리우드에서 찾으려 하는 반면, 백악관에서는 어떤 위대한 지도자를 기대하는 경향이 있다"고 말하지만,[46] 미국만 그런 것도 아니다. 작가 존 스타인벡 John Steinbeck, 1902~1968은 "우리는 대통령에게 도저히 한 사람이 해낼 수 없는 일과, 도저히 한 사람이 감당할 수 없는 책임과, 도저히 한 사람이 견뎌낼 수 없는 압박을 주고 있다"고 말했다.[47]

어찌 생각하면 대통령제란 인간이 만들어낸 우스꽝스러운 제도임이 틀림없지만, 사람들은 대통령제에 대해 매우 진지하다. '대통령의 영웅화'는 지금도 계속되고 있으며, 이는 대통령에 대한 미국인들의 과잉 기대에서 잘 드러나고 있다. 칼럼니스트 로버트 새뮤얼슨Robert Samuelson, 1945~은 미국인들은 대통령이 번영을 가져다줄 것으로 가정하지만, 불행하게도 그런 가정의 진실성을 확률로 따지면 16분의 1 정도라고 말했다.[48] '제왕'은 백악관에 있는 게 아니라 미국인들의 마음속에 있는 것이다.

그 점에선 한국은 미국과 매우 비슷한 나라다. 둘 다 대통령제 국가이기 때문에 그러는 걸까? 그래서 국내에서도 대통령제 대신 내각제를 하자는 목소리가 끊임없이 나오는 걸까? '제왕적 대통령'은 대통령제 국가의 숙명인가? 관련이 전혀 없진 않겠지만, '강력한 지도자'에 대한 열망은 내각제 국가에서도 나타나는 것인바, 그것만으론 다 설명할 수 없는 다른 이유가 있는 것 같다. 국가주의와 민족주의가 '영웅 대망론'의 더 큰 이유가 아닌가 싶다. 정신분석학자 에릭 에릭슨Erik Erikson, 1902~1994은 사람들은 공포와 위기의 시대에 '카리스마에 대한 갈망'에 빠질 수 있다고 했다.[49] 카리스마에 굶주린 대중이 많다는 건 그만큼 사회적 불안정이 심하다는 걸로 볼 수 있다.

한국 정치는 불확실성과 불안정성이 매우 높아 게임으로 구경하기엔 최고급이다. 물론 세계 최고 수준이다. 자해自害 파워도 세계 최강 수준이다. 정치는 엔터테인먼트 산업이기도 하다는 점에서 보자면, 우리는 정치인들에게 감사를 해야 할지도 모르겠다. 그러나 정치를 엔터테인먼트로만 소비하는 건 어리석은 과소비 아닌가?

힐러리는 민주주의의 근본적 시스템의 문제를 상징하기도 한다. 평범한 유권자들이 이상적으로 여기는 일을 하거나 적어도 저지르지 않기를 바라는 일은 하지 않으면서 지도자의 위치에 올라갈 수는 없다. 모든 면에서 이럴 수도 없고 저럴 수도 없는 이중구속 상태에 처해 있는 정치인들에게 요구되는 최고의 덕목은 아슬아슬한 줄타기를 잘해내는 것이다. 이 점에서 여성은 남성에 비해 매우 불리하다. 이 점을 둘러싸고 전개된 힐러리의 페미니즘과 힐러리를 둘러싸고 벌어진 문화전쟁은 앞으로도 지속될 문제이기에, '힐러리학'이라는 게 생겨난다면 바로 그 문제를 집중적으로 다루어야 하지 않을까?

## 머리말  힐러리는 누구와 싸우는가?

1   윤희영, 「힐러리와 트럼프, 네로 황제와 히틀러」, 『조선일보』, 2016년 8월 30일.

2   조국 외, 「조국 서울대 교수를 만나다: '이상돈 · 김호기의 대화' (9)」, 『경향신문』, 2011년 4월 18일,
    9면.

3   Gene Healy, 『The Cult of the Presidency: America's Dangerous Devotion to Executive
    Power』(Washington, D.C.: Cato Institute, 2008), p.255.

4   윤정호, 「트위터로 뜬 트럼프, 트위터로 망하나」, 『조선일보』, 2016년 8월 30일.

5   Stanley B. Greenberg, 『The Two Americas: Our Current Political Deadlock and How to
    Break It』(New York: Thomas Dunne Books, 2005); Ronald Brownstein, 『The Second Civil
    War: How Extreme Partisanship Has Paralyzed Washington and Polarized America』(New
    York: Penguin Books, 2007).

6   Robert D. Putnam & David E. Campbell, 『American Grace: How Religion Divides and
    United Us』(New York: Simon & Schuster, 2010), p.516.

7   데이비드 브록(David Brock), 한승동 옮김, 『우익에 눈먼 미국: 어느 보수주의자의 고백』(나무와숲,
    2002), 199, 210쪽.

8   래리 플린트(Larry Flynt) · 데이비드 아이젠바흐(David Eisenbach), 안병억 옮김, 『섹스, 거짓말,
    그리고 대통령』(메디치, 2012/2015), 333쪽.

9   James Davison Hunter, 『Culture Wars: The Struggle to Define America』(New York:
    BasicBooks, 1991), pp.49~51. 문화전쟁을 둘러싼 논쟁에 대해선 James Davison Hunter &
    Alan Wolfe, 『Is There a Culture War?: A Dialogue on Values and American Public Life』

(Washington, D.C.: Brookings Institution Press, 2006); Morris P. Fiorina et al., 『Culture War?: The Myth of a Polarized America』, 3rd ed.(New York: Longman, 2011) 참고.

10  김현기, 「속 미국 대선 관전기 1」, 『중앙일보』, 2016년 8월 16일.

11  Tammy Bruce, 『The New Thought Police: Inside the Left's Assault on Free Speech and Free Minds』(New York: Forum, 2001); Diane Ravitch, 『The Language Police: How Pressure Groups Restrict What Students Learn』(New York: Alfred A. Knopf, 2003); Bernard Goldberg, 『Arrogance: Rescuing America from the Media Elite』(New York: Warner Books, 2003), p.19.

12  김덕한, 「힐러리 9부 능선에…트럼프는 시간이 없다」, 『조선일보』, 2016년 8월 17일; 손제민, 「샌더스 지지하던 18~34세, 대다수 "클린턴 찍겠다"」, 『경향신문』, 2016년 8월 19일.

13  신수정, 「트럼프, 알고 보면 온건한 남자?…이민 정책 제외하면 중도파」, 『헤럴드경제』, 2016년 3월 5일; 정의길, 「트럼프는 막말만 하지 않는다」, 『한겨레』, 2015년 12월 26일; 부형권, 「트럼프를 얕잡아보지 말아야 하는 이유」, 『동아일보』, 2016년 1월 4일; 정의길, 「트럼프 현상은 미국을 개혁할 수도 있다」, 『한겨레』, 2016년 5월 19일; 『Donald Trump: A Biography(pamphlet)』(2016), p.17; 「Donald Trump」, 『Wikipedia』.

14  김은정, 「흑인 대의원 2%뿐 "역대 전당대회 중 가장 백인 중심적"」, 『조선일보』, 2016년 7월 22일.

15  Robert P. Jones, 『The End of White Christian America』(New York: Simon & Schuster, 2016), pp.1, 105; 강인선, 「미국, 백인들의 잔치는 끝났다」, 『조선일보』, 2016년 7월 30일.

16  안병진, 『미국의 주인이 바뀐다: 건국 이후 첫 주류 교체와 미국 문명의 새로운 패러다임』(메디치, 2016), 8, 29~30쪽; 안창현, 「"미국은 이미 문명 전환기에 접어들었다"」, 『한겨레』, 2016년 7월 22일.

17  강준만, 「'자본 없는 반란'이 가능한가?: 페미니즘, 상업주의, 그리고 마돈나」, 『이미지와의 전쟁: 커뮤니케이션 사상가와 실천가들』(개마고원, 2000), 293~326쪽 참고.

18  Liza Featherstone, ed., 『False Choices: The Faux Feminism of Hillary Rodham Clinton』(New York: Verso, 2016) 참고.

19  데보라 태넌(Deborah Tannen), 「이중구속: 너무 여성적이어도, 너무 남성적이어도 안 되는 딜레마」, 수전 모리슨(Susan Morrison) 엮음, 유숙렬 · 이선미 옮김, 『힐러리 미스터리』(미래인, 2008), 145~146쪽.

20  고경태, 「'그녀'를 탄압하지 마세요」, 『한겨레21』, 2005년 11월 15일, 10면.

**제1장  "여성 차별은 나에게 깊은 상처를 주었다"**

1  칼 번스타인(Carl Bernstein), 조일준 옮김, 『힐러리의 삶』(현문미디어, 2007), 38~62쪽; 데이비드 매라니스(David Maraniss), 권노갑 옮김, 『백악관 가는 길: 빌 클린턴 미국 대통령 전기』(풀빛, 1995/1996), 200~201쪽; 게일 시히(Gail Sheehy), 유정화 옮김, 『힐러리의 선택: 대통령을 경영한 여자』(한국방송출판, 1999/2001), 48~52쪽; Jeff Gerth & Don Van Natta Jr., 『Her Way: The Hopes and Ambitions of Hillary Rodham Clinton』(New York: Back Bay Books, 2007/2008), pp.15~16; Dinesh D'Souza, 『Hillary's America: The Secret History of the Democratic Party』(Washington, D.C.: Regnery, 2016), p.2.

2  칼 번스타인(Carl Bernstein), 조일준 옮김, 『힐러리의 삶』(현문미디어, 2007), 38~62쪽; 데이비드 매라니스(David Maraniss), 권노갑 옮김, 『백악관 가는 길: 빌 클린턴 미국 대통령 전기』(풀빛, 1995/1996), 201쪽; 게일 시히(Gail Sheehy), 유정화 옮김, 『힐러리의 선택: 대통령을 경영한 여자』(한국방송출판, 1999/2001), 54쪽; 힐러리 로댐 클린턴(Hillary Rodham Clinton), 김석희 옮김, 『살

아 있는 역사』(웅진지식하우스, 2003/2007), 35쪽; 리웨이(李維), 권하정 옮김, 『힐러리 이야기: 힐 러리의 사랑과 꿈과 열정』(집사재, 2004/2008), 63쪽; 힐러리 클린턴(Hillary Rodham Clinton), 이수정 옮김, 『집 밖에서 더 잘 크는 아이들』(디자인하우스, 1995/1996), 161쪽; Jeff Gerth & Don Van Natta Jr., 『Her Way: The Hopes and Ambitions of Hillary Rodham Clinton』(New York: Back Bay Books, 2007/2008), pp.16~17; Cynthia Levinson, 『Hillary Rodham Clinton: Do All the Good You Can』(New York: Balzer+Bray, 2016), pp.22~23.

3   칼 번스타인(Carl Bernstein), 조일준 옮김, 『힐러리의 삶』(현문미디어, 2007), 63~75쪽; 데이비드 매라니스(David Maraniss), 권노갑 옮김, 『백악관 가는 길: 빌 클린턴 미국 대통령 전기』(풀빛, 1995/1996), 203~204쪽; 게일 시히(Gail Sheehy), 유정화 옮김, 『힐러리의 선택: 대통령을 경영한 여자』(한국방송출판, 1999/2001), 56~64쪽; 힐러리 로댐 클린턴(Hillary Rodham Clinton), 김석희 옮김, 『살아 있는 역사』(웅진지식하우스, 2003/2007), 15, 45~50쪽; 에드워드 클라인(Edward Klein), 서영조 옮김, 『힐러리의 진실』(행간, 2005/2006), 73~74쪽; 캐런 블루멘탈(Karen Blumenthal), 김미선 옮김, 『프레지던트 힐러리: 세상을 변화시키고 싶은 꿈과 열망의 롤모델』(움직 이는서재, 2016), 45~46쪽; 데니스 에이브럼스(Dennis Abrams), 정경옥 옮김, 『힐러리 파워』(명진 출판, 2009), 115쪽; Jeff Gerth & Don Van Natta Jr., 『Her Way: The Hopes and Ambitions of Hillary Rodham Clinton』(New York: Back Bay Books, 2007/2008), pp.18~22; Dinesh D'Souza, 『Hillary's America: The Secret History of the Democratic Party』(Washington, D.C.: Regnery, 2016), p.3.

4   힐러리 로댐 클린턴(Hillary Rodham Clinton), 김석희 옮김, 『살아 있는 역사』(웅진지식하우스, 2003/2007), 52쪽.

5   베티 프리댄(Betty Friedan), 김행자 옮김, 『여성의 신비』(평민사, 1963/1996); Myra Marx Ferree & Beth B. Hess, 『Controversy and Coalition: The New Feminist Movement』(Boston, Mass.: Twayne Publishers, 1985), p.36.

6   이창신, 「미국 여성과 또 하나의 역사: '평등'과 '해방'을 위한 투쟁」, 김형인 외, 『미국학』(살림, 2003), 355~386쪽.

7   케네스 데이비스(Kenneth C. Davis), 이순호 옮김, 『미국에 대해 알아야 할 모든 것, 미국사』(책과 함께, 2003/2004), 502~506쪽; 벨 훅스(Bel Hooks), 박정애 옮김, 『행복한 페미니즘』(큰나, 2000/2002), 92쪽.

8   Jerome Karabel, 『The Chosen: The Hidden History of Admission and Exclusion at Harvard, Yale and Princeton』(Boston, MA: Houghton Mifflin, 2005), pp.410~414; Daniel Boorstin, 『The Americans: The Democratic Experience』(New York: Vintage Books, 1973/1974), pp.487~488.

9   Jerome Karabel, 『The Chosen: The Hidden History of Admission and Exclusion at Harvard, Yale and Princeton』(Boston, MA: Houghton Mifflin, 2005), pp.415~447; 니컬러스 크리스토프, 「『The New York Times』 여성이 출세해야 남성도 잘된다」, 『중앙일보』, 2016년 8월 9일; 「Seven Sisters(Colleges)」, 『Wikipedia』.

10  칼 번스타인(Carl Bernstein), 조일준 옮김, 『힐러리의 삶』(현문미디어, 2007), 82~83쪽.

11  칼 번스타인(Carl Bernstein), 조일준 옮김, 『힐러리의 삶』(현문미디어, 2007), 87쪽; Karen Blumenthal, 『Hillary Rodham Clinton: A Woman Living History』(New York: Feiwel and Friends, 2016), pp.38~39.

12  케네스 데이비스(Kenneth C. Davis), 이순호 옮김, 『미국에 대해 알아야 할 모든 것, 미국사』(책과 함께, 2003/2004), 527쪽; 손세호, 『하룻밤에 읽는 미국사』(랜덤하우스, 2007), 286쪽.

13  칼 번스타인(Carl Bernstein), 조일준 옮김, 『힐러리의 삶』(현문미디어, 2007), 99쪽; Jeff Gerth &

Don Van Natta Jr., 『Her Way: The Hopes and Ambitions of Hillary Rodham Clinton』(New York: Back Bay Books, 2007/2008), p.31; Karen Blumenthal, 『Hillary Rodham Clinton: A Woman Living History』(New York: Feiwel and Friends, 2016), pp.48~49.

14  칼 번스타인(Carl Bernstein), 조일준 옮김, 『힐러리의 삶』(현문미디어, 2007), 103쪽; Jeff Gerth & Don Van Natta Jr., 『Her Way: The Hopes and Ambitions of Hillary Rodham Clinton』(New York: Back Bay Books, 2007/2008), p.30.

15  게일 시히(Gail Sheehy), 유정화 옮김, 『힐러리의 선택: 대통령을 경영한 여자』(한국방송출판, 1999/2001), 116~117쪽.

16  류재훈, 「힐러리 오바마는 한 뿌리?」, 『한겨레』, 2007년 3월 27일; 오재식, 「[추천사] 힘없는 사람들에게 희망을 심어준 알린스키」, 솔 D. 알린스키, 박순성·박지우 옮김, 『급진주의자를 위한 규칙: 현실적 급진주의자를 위한 실천적 입문서』(아르케, 1971/2008), 10쪽.

17  P. Slevin, 「For Clinton and Obama, a Common Ideological Touchstone」, 『The Washington Post』, March 25, 2007; D. Brooks, 「The Wal-Mart Hippies」, 『The New York Times』, March 4, 2010; T. J. Sugrue, 「Saul Alinsky: The Activist Who Terrifies the Right」, 『Salon』, February 7, 2012; Jeff Gerth & Don Van Natta Jr., 『Her Way: The Hopes and Ambitions of Hillary Rodham Clinton』(New York: Back Bay Books, 2007/2008), p.33; Dinesh D'Souza, 『Hillary's America: The Secret History of the Democratic Party』(Washington, D.C.: Regnery, 2016), pp.24, 171~191; 힐러리 로댐 클린턴(Hillary Rodham Clinton), 김석희 옮김, 『살아 있는 역사』(웅진지식하우스, 2003/2007), 68~69쪽; 오재식, 「[추천사] 힘없는 사람들에게 희망을 심어준 알린스키」, 솔 D. 알린스키, 박순성·박지우 옮김, 『급진주의자를 위한 규칙: 현실적 급진주의자를 위한 실천적 입문서』(아르케, 1971/2008), 10쪽; 임성수, 「힐러리—오바마 '정치 스승'은 알린스키 교수」, 『국민일보』, 2007년 3월 26일; 류재훈, 「힐러리 오바마는 한 뿌리?」, 『한겨레』, 2007년 3월 27일; 고태성, 「이론가 힐러리·행동가 오바마 '젊은 날 좌파의 추억'」, 『한국일보』, 2007년 3월 27일; 김진호, 「'알린스키 빈민운동' 힐러리·오바마 이념의 뿌리」, 『경향신문』, 2007년 3월 27일.

18  칼 번스타인(Carl Bernstein), 조일준 옮김, 『힐러리의 삶』(현문미디어, 2007), 106~108쪽; 데이비드 매라니스(David Maraniss), 권노갑 옮김, 『백악관 가는 길: 빌 클린턴 미국 대통령 전기』(풀빛, 1995/1996), 208쪽; 게일 시히(Gail Sheehy), 유정화 옮김, 『힐러리의 선택: 대통령을 경영한 여자』(한국방송출판, 1999/2001), 106쪽; 힐러리 로댐 클린턴(Hillary Rodham Clinton), 김석희 옮김, 『살아 있는 역사』(웅진지식하우스, 2003/2007), 71~75쪽; Jeff Gerth & Don Van Natta Jr., 『Her Way: The Hopes and Ambitions of Hillary Rodham Clinton』(New York: Back Bay Books, 2007/2008), p.36; Karen Blumenthal, 『Hillary Rodham Clinton: A Woman Living History』(New York: Feiwel and Friends, 2016), pp.59~61.

19  Dinesh D'Souza, 『Hillary's America: The Secret History of the Democratic Party』(Washington, D.C.: Regnery, 2016), p.2; 칼 번스타인(Carl Bernstein), 조일준 옮김, 『힐러리의 삶』(현문미디어, 2007), 114~125쪽; 게일 시히(Gail Sheehy), 유정화 옮김, 『힐러리의 선택: 대통령을 경영한 여자』(한국방송출판, 1999/2001), 119쪽; 힐러리 로댐 클린턴(Hillary Rodham Clinton), 김석희 옮김, 『살아 있는 역사』(웅진지식하우스, 2003/2007), 69쪽; Jeff Gerth & Don Van Natta Jr., 『Her Way: The Hopes and Ambitions of Hillary Rodham Clinton』(New York: Back Bay Books, 2007/2008), p.34; Cynthia Levinson, 『Hillary Rodham Clinton: Do All the Good You Can』(New York: Balzer+Bray, 2016), p.52.

**1** Jeff Gerth & Don Van Natta Jr., 『Her Way: The Hopes and Ambitions of Hillary Rodham Clinton』(New York: Back Bay Books, 2007/2008), pp.13~14, 44~45; 데이비드 매라니스 (David Maraniss), 권노갑 옮김, 『백악관 가는 길: 빌 클린턴 미국 대통령 전기』(풀빛, 1995/1996), 52, 64, 197~198쪽; 칼 번스타인(Carl Bernstein), 조일준 옮김, 『힐러리의 삶』(현문미디어, 2007), 133~141쪽; 힐러리 로댐 클린턴(Hillary Rodham Clinton), 김석희 옮김, 『살아 있는 역사』(웅진지식하우스, 2003/2007), 86~87쪽; 「Clinton, Hillary Rodham」, 『Current Biography』, 63:1 (January 2002), p.30.

**2** George R. Stewart, 『Names of the Land: A Historical Account of Place-Naming in the United States』(New York: New York Review of Books, 2008), p.90; William Morris & Mary Morris, 『Morris Dictionary of Word and Phrase Origins』, 2nd ed.(New York: Harper & Row, 1971), p.342; 「Arkansas」, 『Wikipedia』.

**3** 길 트로이(Gil Troy), 정성희 옮김, 『세계 최고의 여자 힐러리론』(늘봄, 2006/2008), 102쪽.

**4** 데이비드 매라니스(David Maraniss), 권노갑 옮김, 『백악관 가는 길: 빌 클린턴 미국 대통령 전기』 (풀빛, 1995/1996), 21~43쪽; 게일 시히(Gail Sheehy), 유정화 옮김, 『힐러리의 선택: 대통령을 경영한 여자』(한국방송출판, 1999/2001), 160~162, 382쪽; 빌 클린턴(Bill Clinton), 정영목 · 이순희 옮김, 『빌 클린턴의 마이 라이프 1』(물푸레, 2004), 11~12쪽; 「'괴로움은 감추도록 교육받았다'」, 『뉴스위크』(한국판), 1992년 4월 1일, 21면.

**5** 데이비드 매라니스(David Maraniss), 권노갑 옮김, 『백악관 가는 길: 빌 클린턴 미국 대통령 전기』 (풀빛, 1995/1996), 19~55, 74~76, 185쪽; 게일 시히(Gail Sheehy), 유정화 옮김, 『힐러리의 선택: 대통령을 경영한 여자』1999/2001), 167~174쪽; 안재훈, 「미국 대통령 클린턴은 누구인가」, 『신동아』, 1992년 12월호; 셀리 베델 스미스(Sally Bedell Smith), 김태훈 옮김, 『정치를 사랑하다: 클린턴 부부의 아직 끝나지 않은 도전』(에버리치홀딩스, 2007/2009), 104~107쪽; 빌 클린턴(Bill Clinton), 정영목 · 이순희 옮김, 『빌 클린턴의 마이 라이프 1』(물푸레, 2004), 101쪽.

**6** 데이비드 매라니스(David Maraniss), 권노갑 옮김, 『백악관 가는 길: 빌 클린턴 미국 대통령 전기』 (풀빛, 1995/1996), 96~98, 145~158, 173, 309쪽.

**7** 칼 번스타인(Carl Bernstein), 조일준 옮김, 『힐러리의 삶』(현문미디어, 2007), 133~141쪽; 빌 클린턴(Bill Clinton), 정영목 · 이순희 옮김, 『빌 클린턴의 마이 라이프 1』(물푸레, 2004), 270쪽; Jeff Gerth & Don Van Natta Jr., 『Her Way: The Hopes and Ambitions of Hillary Rodham Clinton』(New York: Back Bay Books, 2007/2008), pp. 44~45; 「Clinton, Hillary Rodham」, 『Current Biography』, 63:1(January 2002), p.30.

**8** 게일 시히(Gail Sheehy), 유정화 옮김, 『힐러리의 선택: 대통령을 경영한 여자』(한국방송출판, 1999/2001), 142~143, 186쪽; 캐런 블루멘탈(Karen Blumenthal), 김미선 옮김, 『프레지던트 힐러리: 세상을 변화시키고 싶은 꿈과 열망의 롤모델』(움직이는서재, 2016), 117~118쪽.

**9** 칼 번스타인(Carl Bernstein), 조일준 옮김, 『힐러리의 삶』(현문미디어, 2007), 132~133쪽; 데이비드 매라니스(David Maraniss), 권노갑 옮김, 『백악관 가는 길: 빌 클린턴 미국 대통령 전기』(풀빛, 1995/1996), 275~276쪽; 게일 시히(Gail Sheehy), 유정화 옮김, 『힐러리의 선택: 대통령을 경영한 여자』(한국방송출판, 1999/2001), 146~147쪽; 길 트로이(Gil Troy), 정성희 옮김, 『세계 최고의 여자 힐러리론』(늘봄, 2006/2008), 63쪽; Jeff Gerth & Don Van Natta Jr., 『Her Way: The Hopes and Ambitions of Hillary Rodham Clinton』(New York: Back Bay Books, 2007/2008), pp.43~44, 112.

**10** 힐러리 로댐 클린턴(Hillary Rodham Clinton), 김석희 옮김, 『살아 있는 역사』(웅진지식하우스,

2003/2007), 98~99쪽.

11  데이비드 매라니스(David Maraniss), 권노갑 옮김, 『백악관 가는 길: 빌 클린턴 미국 대통령 전기』
    (풀빛, 1995/1996), 233~240쪽; 게일 시히(Gail Sheehy), 유정화 옮김, 『힐러리의 선택: 대통령을
    경영한 여자』(한국방송출판, 1999/2001), 31쪽; 빌 클린턴(Bill Clinton), 정영목 · 이순희 옮김, 『빌
    클린턴의 마이 라이프 1』(물푸레, 2004), 296~297쪽.

12  칼 번스타인(Carl Bernstein), 조일준 옮김, 『힐러리의 삶』(현문미디어, 2007), 154~158쪽; 길 트로
    이(Gil Troy), 정성희 옮김, 『세계 최고의 여자 힐러리론』(늘봄, 2006/2008), 75쪽; 힐러리 로댐 클
    린턴(Hillary Rodham Clinton), 김석희 옮김, 『살아 있는 역사』(웅진지식하우스, 2003/2007), 103
    ~104쪽.

13  칼 번스타인(Carl Bernstein), 조일준 옮김, 『힐러리의 삶』(현문미디어, 2007), 162~168, 429~430
    쪽; 게일 시히(Gail Sheehy), 유정화 옮김, 『힐러리의 선택: 대통령을 경영한 여자』(한국방송출판,
    1999/2001), 154~155쪽; Karen Blumenthal, 『Hillary Rodham Clinton: A Woman Living
    History』(New York: Feiwel and Friends, 2016), pp.98~99.

14  칼 번스타인(Carl Bernstein), 조일준 옮김, 『힐러리의 삶』(현문미디어, 2007), 30쪽; 데이비드 매라
    니스(David Maraniss), 권노갑 옮김, 『백악관 가는 길: 빌 클린턴 미국 대통령 전기』(풀빛, 1995/
    1996), 261쪽; 길 트로이(Gil Troy), 정성희 옮김, 『세계 최고의 여자 힐러리론』(늘봄, 2006/2008),
    69쪽.

15  칼 번스타인(Carl Bernstein), 조일준 옮김, 『힐러리의 삶』(현문미디어, 2007), 132~133쪽; 데이비
    드 매라니스(David Maraniss), 권노갑 옮김, 『백악관 가는 길: 빌 클린턴 미국 대통령 전기』(풀빛,
    1995/1996), 275~276쪽.

16  게일 시히(Gail Sheehy), 유정화 옮김, 『힐러리의 선택: 대통령을 경영한 여자』(한국방송출판,
    1999/2001), 191쪽.

17  데이비드 매라니스(David Maraniss), 권노갑 옮김, 『백악관 가는 길: 빌 클린턴 미국 대통령 전기』
    (풀빛, 1995/1996), 169쪽.

18  데이비드 매라니스(David Maraniss), 권노갑 옮김, 『백악관 가는 길: 빌 클린턴 미국 대통령 전기』
    (풀빛, 1995/1996), 286~287쪽; 힐러리 로댐 클린턴(Hillary Rodham Clinton), 김석희 옮김, 『살
    아 있는 역사』(웅진지식하우스, 2003/2007), 116쪽.

19  게일 시히(Gail Sheehy), 유정화 옮김, 『힐러리의 선택: 대통령을 경영한 여자』(한국방송출판, 1999
    /2001), 186쪽.

20  게일 시히(Gail Sheehy), 유정화 옮김, 『힐러리의 선택: 대통령을 경영한 여자』(한국방송출판, 1999
    /2001), 196쪽.

21  게일 시히(Gail Sheehy), 유정화 옮김, 『힐러리의 선택: 대통령을 경영한 여자』(한국방송출판, 1999
    /2001), 200~202쪽; Karen Blumenthal, 『Hillary Rodham Clinton: A Woman Living History』
    (New York: Feiwel and Friends, 2016), pp.86~87.

22  길 트로이(Gil Troy), 정성희 옮김, 『세계 최고의 여자 힐러리론』(늘봄, 2006/2008), 77쪽.

23  칼 번스타인(Carl Bernstein), 조일준 옮김, 『힐러리의 삶』(현문미디어, 2007), 195쪽.

24  칼 번스타인(Carl Bernstein), 조일준 옮김, 『힐러리의 삶』(현문미디어, 2007), 196~214,
    292~293, 499~500쪽; 데이비드 매라니스(David Maraniss), 권노갑 옮김, 『백악관 가는 길: 빌
    클린턴 미국 대통령 전기』(풀빛, 1995/1996), 322~327쪽; 게일 시히(Gail Sheehy), 유정화 옮김,
    『힐러리의 선택: 대통령을 경영한 여자』(한국방송출판, 1999/2001), 270~275쪽; 힐러리 로댐 클린
    턴(Hillary Rodham Clinton), 김석희 옮김, 『살아 있는 역사』(웅진지식하우스, 2003/2007), 132~
    135쪽; 샐리 베델 스미스(Sally Bedell Smith), 김태훈 옮김, 『정치를 사랑하다: 클린턴 부부의 아직
    끝나지 않은 도전』(에버리치홀딩스, 2007/2009), 48~49쪽; Jeff Gerth & Don Van Natta Jr.,

『Her Way: The Hopes and Ambitions of Hillary Rodham Clinton』(New York: Back Bay Books, 2007/2008), pp.54~55, 67.

25 칼 번스타인(Carl Bernstein), 조일준 옮김, 『힐러리의 삶』(현문미디어, 2007), 217~219쪽.

26 데이비드 매라니스(David Maraniss), 권노갑 옮김, 『백악관 가는 길: 빌 클린턴 미국 대통령 전기』(풀빛, 1995/1996), 317~318, 336~337쪽; 샐리 베델 스미스(Sally Bedell Smith), 김태훈 옮김, 『정치를 사랑하다: 클린턴 부부의 아직 끝나지 않은 도전』(에버리치홀딩스, 2007/2009), 111~117쪽.

27 케이티 마턴(Kati Marton), 이창식 옮김, 『숨은 권력자, 퍼스트레이디』(이마고, 2001/2002), 481쪽; 데이비드 거겐(David Gergen), 서율택 옮김, 『CEO 대통령의 7가지 리더십: 리처드 닉슨에서부터 빌 클린턴까지』(스테디북, 2000/2002), 467쪽.

28 샐리 베델 스미스(Sally Bedell Smith), 김태훈 옮김, 『정치를 사랑하다: 클린턴 부부의 아직 끝나지 않은 도전』(에버리치홀딩스, 2007/2009), 26쪽; 로널드 케슬러(Ronald Kessler), 임홍빈 옮김, 『벌거벗은 대통령 각하』(문학사상사, 1995/1997), 245~246쪽.

29 칼 번스타인(Carl Bernstein), 조일준 옮김, 『힐러리의 삶』(현문미디어, 2007), 220~229, 240~244쪽; 게일 시히(Gail Sheehy), 유정화 옮김, 『힐러리의 선택: 대통령을 경영한 여자』(한국방송출판, 1999/2001), 232, 246쪽.

30 칼 번스타인(Carl Bernstein), 조일준 옮김, 『힐러리의 삶』(현문미디어, 2007), 234쪽; 데이비드 매라니스(David Maraniss), 권노갑 옮김, 『백악관 가는 길: 빌 클린턴 미국 대통령 전기』(풀빛, 1995/1996), 331~332쪽.

31 칼 번스타인(Carl Bernstein), 조일준 옮김, 『힐러리의 삶』(현문미디어, 2007), 236~240쪽; 데이비드 매라니스(David Maraniss), 권노갑 옮김, 『백악관 가는 길: 빌 클린턴 미국 대통령 전기』(풀빛, 1995/1996), 329~336쪽; 힐러리 로댐 클린턴(Hillary Rodham Clinton), 김석희 옮김, 『살아 있는 역사』(웅진지식하우스, 2003/2007), 136~137쪽.

32 칼 번스타인(Carl Bernstein), 조일준 옮김, 『힐러리의 삶』(현문미디어, 2007), 245~248쪽; 데이비드 매라니스(David Maraniss), 권노갑 옮김, 『백악관 가는 길: 빌 클린턴 미국 대통령 전기』(풀빛, 1995/1996), 341~342, 352~358쪽; 게일 시히(Gail Sheehy), 유정화 옮김, 『힐러리의 선택: 대통령을 경영한 여자』(한국방송출판, 1999/2001), 231, 240~245쪽; 길 트로이(Gil Troy), 정성희 옮김, 『세계 최고의 여자 힐러리론』(늘봄, 2006/2008), 74쪽; 힐러리 로댐 클린턴(Hillary Rodham Clinton), 김석희 옮김, 『살아 있는 역사』(웅진지식하우스, 2003/2007), 141쪽; 빌 클린턴(Bill Clinton), 정영목 · 이순희 옮김, 『빌 클린턴의 마이 라이프 1』(물푸레, 2004), 418쪽.

33 Megan Erikson, 「Waging War on Teachers」, Liza Featherstone, ed., 『False Choices: The Faux Feminism of Hillary Rodham Clinton』(New York: Verso, 2016), pp.64~72; 칼 번스타인(Carl Bernstein), 조일준 옮김, 『힐러리의 삶』(현문미디어, 2007), 249~258쪽; 게일 시히(Gail Sheehy), 유정화 옮김, 『힐러리의 선택: 대통령을 경영한 여자』(한국방송출판, 1999/2001), 251~254쪽; 빌 클린턴(Bill Clinton), 정영목 · 이순희 옮김, 『빌 클린턴의 마이 라이프 1』(물푸레, 2004), 458쪽.

34 게일 시히(Gail Sheehy), 유정화 옮김, 『힐러리의 선택: 대통령을 경영한 여자』(한국방송출판, 1999/2001), 281~282쪽; 데이비드 매라니스(David Maraniss), 권노갑 옮김, 『백악관 가는 길: 빌 클린턴 미국 대통령 전기』(풀빛, 1995/1996), 386쪽.

35 게일 시히(Gail Sheehy), 유정화 옮김, 『힐러리의 선택: 대통령을 경영한 여자』(한국방송출판, 1999/2001), 280~283쪽; 샐리 베델 스미스(Sally Bedell Smith), 김태훈 옮김, 『정치를 사랑하다: 클린턴 부부의 아직 끝나지 않은 도전』(에버리치홀딩스, 2007/2009), 48쪽.

36 강준만, 『춤추는 언론 비틀대는 선거: 언론과 선거의 사회학』(아침, 1992).

37 칼 번스타인(Carl Bernstein), 조일준 옮김, 『힐러리의 삶』(현문미디어, 2007), 260쪽.

38  데이비드 매라니스(David Maraniss), 권노갑 옮김, 『백악관 가는 길: 빌 클린턴 미국 대통령 전기』
    (풀빛, 1995/1996), 398~401쪽; 게일 시히(Gail Sheehy), 유정화 옮김, 『힐러리의 선택: 대통령을
    경영한 여자』(한국방송출판, 1999/2001), 285~293, 420~421쪽; 빌 클린턴(Bill Clinton), 정영목·
    이순희 옮김, 『빌 클린턴의 마이 라이프 1』(물푸레, 2004), 492~493쪽.

39  칼 번스타인(Carl Bernstein), 조일준 옮김, 『힐러리의 삶』(현문미디어, 2007), 261~266쪽; 데이비
    드 매라니스(David Maraniss), 권노갑 옮김, 『백악관 가는 길: 빌 클린턴 미국 대통령 전기』(풀빛,
    1995/1996), 402~405쪽; 빌 클린턴(Bill Clinton), 정영목·이순희 옮김, 『빌 클린턴의 마이 라이프
    1』(물푸레, 2004), 504~505쪽.

40  게일 시히(Gail Sheehy), 유정화 옮김, 『힐러리의 선택: 대통령을 경영한 여자』(한국방송출판,
    1999/2001), 300쪽; 샐리 베델 스미스(Sally Bedell Smith), 김태훈 옮김, 『정치를 사랑하다: 클린
    턴 부부의 아직 끝나지 않은 도전』(에버리치홀딩스, 2007/2009), 80~81쪽.

41  칼 번스타인(Carl Bernstein), 조일준 옮김, 『힐러리의 삶』(현문미디어, 2007), 267~272쪽; 게일 시
    히(Gail Sheehy), 유정화 옮김, 『힐러리의 선택: 대통령을 경영한 여자』(한국방송출판, 1999/2001),
    297~307쪽.

**제3장 "나는 그저 내 남자 곁에 서 있는 그런 여자가 아니에요"**

1  칼 번스타인(Carl Bernstein), 조일준 옮김, 『힐러리의 삶』(현문미디어, 2007), 272~274쪽; 게일 시
   히(Gail Sheehy), 유정화 옮김, 『힐러리의 선택: 대통령을 경영한 여자』(한국방송출판, 1999/2001),
   310~312쪽; Jeff Gerth & Don Van Natta Jr., 『Her Way: The Hopes and Ambitions of
   Hillary Rodham Clinton』(New York: Back Bay Books, 2007/2008), pp.85~86.

2  게일 시히(Gail Sheehy), 유정화 옮김, 『힐러리의 선택: 대통령을 경영한 여자』(한국방송출판,
   1999/2001), 316~317쪽; 밥 우드워드(Bob Woodward), 임홍빈 옮김, 『대통령의 안방과 집무실』
   (문학사상사, 1994/1995), 39~41쪽; 로버트 라이시(Robert B. Reich), 남경우 외 옮김, 『국가의 일』
   (까치, 1991/1994).

3  제임스 하딩(James Harding), 이순희 옮김, 『알파독: 그들은 어떻게 전 세계 선거판을 장악했는
   가?』(부기, 2008/2010), 338쪽; 딕 모리스(Dick Morris), 홍수원 옮김, 『피워게임의 법칙』(세종서적,
   2002/2003), 43~44쪽. 클린턴의 '기회, 책임, 공동체'에 대해선 빌 클린턴(Bill Clinton), 임인배 옮
   김, 『희망과 역사 사이에서』(동방미디어, 1996/1998) 참고.

4  밥 우드워드(Bob Woodward), 임홍빈 옮김, 『대통령의 안방과 집무실』(문학사상사, 1994/1995),
   35~36쪽.

5  게일 시히(Gail Sheehy), 유정화 옮김, 『힐러리의 선택: 대통령을 경영한 여자』(한국방송출판, 1999
   /2001), 337쪽; 길 트로이(Gil Troy), 정성희 옮김, 『세계 최고의 여자 힐러리론』(늘봄, 2006/
   2008), 86쪽; 밥 우드워드(Bob Woodward), 임홍빈 옮김, 『대통령의 안방과 집무실』(문학사상사,
   1994/1995), 56~59쪽.

6  밥 우드워드(Bob Woodward), 임홍빈 옮김, 『대통령의 안방과 집무실』(문학사상사, 1994/1995),
   60~62쪽; 빌 클린턴(Bill Clinton), 정영목·이순희 옮김, 『빌 클린턴의 마이 라이프 1』(물푸레,
   2004), 557쪽.

7  캐슬린 홀 재미슨(Kathleen Hall Jamieson), 원혜영 옮김, 『대통령 만들기: 미국 대선의 선거 전략
   과 이미지 메이킹』(백산서당, 1996/2002), 485~486쪽; 빌 클린턴(Bill Clinton), 정영목·이순희 옮
   김, 『빌 클린턴의 마이 라이프 1』(물푸레, 2004), 639~644쪽.

8  이철민, 「미 역대 대통령들의 스캔들: 베일 뒤에 가려진 사생활 파헤친 『백악관의 내부』」, 『주간조선』,

1995년 6월 22일, 42~46면.

9 「유럽 '미 클린턴 추문' 조롱/'여인 속옷 고무줄이 정치 생명 좌우'」, 『경향신문』, 1992년 2월 1일, 4면; 칼 번스타인(Carl Bernstein), 조일준 옮김, 『힐러리의 삶』(현문미디어, 2007), 287쪽.

10 칼 번스타인(Carl Bernstein), 조일준 옮김, 『힐러리의 삶』(현문미디어, 2007), 289쪽; 길 트로이(Gil Troy), 정성희 옮김, 『세계 최고의 여자 힐러리론』(늘봄, 2006/2008), 91쪽; 힐러리 로댐 클린턴(Hillary Rodham Clinton), 김석희 옮김, 『살아 있는 역사』(웅진지식하우스, 2003/2007), 159~160쪽; 「Stand by Your Man」, 『위키백과』; 래리 플린트(Larry Flynt)·데이비드 아이젠바흐(David Eisenbach), 안병억 옮김, 『섹스, 거짓말, 그리고 대통령』(메디치, 2012/2015), 328~330쪽; Jeff Gerth & Don Van Natta Jr., 『Her Way: The Hopes and Ambitions of Hillary Rodham Clinton』(New York: Back Bay Books, 2007/2008), pp.95~96; Karen Blumenthal, 『Hillary Rodham Clinton: A Woman Living History』(New York: Feiwel and Friends, 2016), pp.161~162.

11 김영진, 「미 대권 후보 '여난'에 덜미」, 『국민일보』, 1992년 1월 28일; 정연주, 「취재원도 돈 주고 독점」, 『한겨레』, 1994년 2월 1일, 12면; 더글러스 러시코프(Douglas Rushkoff), 방재희 옮김, 『미디어 바이러스』(황금가지, 1994/2002), 82쪽.

12 이준구, 『대통령을 만드는 사람들: 선거의 귀재, 정치 컨설턴트』(청아출판사, 2010), 153~154쪽; 샐리 베델 스미스(Sally Bedell Smith), 김태훈 옮김, 『정치를 사랑하다: 클린턴 부부의 아직 끝나지 않은 도전』(에버리치홀딩스, 2007/2009), 40쪽; 로널드 케슬러(Ronald Kessler), 임홍빈 옮김, 『벌거벗은 대통령 각하』(문학사상사, 1995/1997), 235~236쪽.

13 문창극, 「대통령 후보 성추문 보도의 기준」, 『중앙일보』, 1992년 1월 28일; 칼 번스타인(Carl Bernstein), 조일준 옮김, 『힐러리의 삶』(현문미디어, 2007), 288~289쪽.

14 KBS, 「미국 대통령 선거전 보도 성향」, 『KBS 해외방송정보』, 503호(1992년 8월 14일), 80면; 칼 번스타인(Carl Bernstein), 조일준 옮김, 『힐러리의 삶』(현문미디어, 2007), 289쪽.

15 샐리 베델 스미스(Sally Bedell Smith), 김태훈 옮김, 『정치를 사랑하다: 클린턴 부부의 아직 끝나지 않은 도전』(에버리치홀딩스, 2007/2009), 53쪽; Jeff Gerth & Don Van Natta Jr., 『Her Way: The Hopes and Ambitions of Hillary Rodham Clinton』(New York: Back Bay Books, 2007/2008), p.96; Karen Blumenthal, 『Hillary Rodham Clinton: A Woman Living History』(New York: Feiwel and Friends, 2016), p.163.

16 밥 우드워드(Bob Woodward), 임홍빈 옮김, 『대통령의 안방과 집무실』(문학사상사, 1994/1995), 63~65쪽; Eleanor Clift, 「'여자'에…'병역'에…고비마다 정면 돌파」, 『뉴스위크』(한국판), 1992년 4월 1일, 20면.

17 정동우, 「클린턴, 연설 때 속어 즐겨 쓴다」, 『동아일보』, 1994년 4월 13일, 7면.

18 Eleanor Clift, 「'여자'에…'병역'에…고비마다 정면 돌파」, 『뉴스위크』(한국판), 1992년 4월 1일, 20면.

19 KBS, 「'대통령' 상품의 시장 판매 테스트」, 『KBS 해외방송정보』, 506호(1992년 9월 30일), 60면; 이석우, 「여론조사 좋아하는 클린턴」, 『중앙일보』, 1994년 4월 6일, 27면.

20 칼 번스타인(Carl Bernstein), 조일준 옮김, 『힐러리의 삶』(현문미디어, 2007), 292~298, 499~500쪽; 길 트로이(Gil Troy), 정성희 옮김, 『세계 최고의 여자 힐러리론』(늘봄, 2006/2008), 98~99쪽; 힐러리 로댐 클린턴(Hillary Rodham Clinton), 김석희 옮김, 『살아 있는 역사』(웅진지식하우스, 2003/2007), 161~163쪽; Jeff Gerth & Don Van Natta Jr., 『Her Way: The Hopes and Ambitions of Hillary Rodham Clinton』(New York: Back Bay Books, 2007/2008), pp.108~112; Karen Blumenthal, 『Hillary Rodham Clinton: A Woman Living History』(New York: Feiwel and Friends, 2016), pp.164~165.

21 빌 클린턴(Bill Clinton), 정영목·이순희 옮김, 『빌 클린턴의 마이 라이프 1』(물푸레, 2004), 591쪽.

22 빌 클린턴(Bill Clinton), 정영목 · 이순희 옮김, 「빌 클린턴의 마이 라이프 2」(물푸레, 2004), 847쪽; 안재훈, 「미국 대통령 클린턴은 누구인가」, 「신동아」, 1992년 12월호.

23 「'괴로움은 감추도록 교육받았다」, 「뉴스위크」(한국판), 1992년 4월 1일, 21면.

24 안재훈, 「미국 대통령 클린턴은 누구인가」, 「신동아」, 1992년 12월호.

25 Jonathan Alter, 「클린턴 '인격' 직선적이지 못한 게 흠」, 「뉴스위크」(한국판), 1992년 4월 1일, 23면.

26 KBS, 「'대통령' 상품의 시장 판매 테스트」, 「KBS 해외방송정보」, 506호(1992년 9월 30일), 60면; 이석우, 「여론조사 좋아하는 클린턴」, 「중앙일보」, 1994년 4월 6일, 27면.

27 박찬수, 「[유레카] 시스터 술자 모멘트」, 「한겨레」, 2015년 5월 18일; 밥 우드워드(Bob Woodward), 임홍빈 옮김, 「대통령의 안방과 집무실」(문학사상사, 1994/1995), 76~78쪽; 길 트로이(Gil Troy), 정성희 옮김, 「세계 최고의 여자 힐러리론」(늘봄, 2006/2008), 129~130쪽; 딕 모리스(Dick Morris), 손지애 · 박소정 옮김, 「나는 이기기 위해 도전한다」(리더스북, 2005/2007), 37~38쪽; 빌 클린턴(Bill Clinton), 정영목 · 이순희 옮김, 「빌 클린턴의 마이 라이프 1」(물푸레, 2004), 600~601쪽.

28 「클린턴의 필승 구호」, 「시사저널」, 1992년 7월 30일, 7면.

29 Walter Isaacson, 「A Time for Courage」, 「Time」, November 16, 1992, p.18.

30 칼 번스타인(Carl Bernstein), 조일준 옮김, 「힐러리의 삶」(현문미디어, 2007), 31~32, 293~298쪽; 캐런 블루멘탈(Karen Blumenthal), 김미선 옮김, 「프레지던트 힐러리: 세상을 변화시키고 싶은 꿈과 열망의 롤모델」(움직이는서재, 2016), 171~172쪽.

31 더글러스 러시코프(Douglas Rushkoff), 방재희 옮김, 「미디어 바이러스」(황금가지, 1994/2002), 85~87쪽.

32 이준구, 「대통령을 만드는 사람들: 선거의 귀재, 정치 컨설턴트」(청아출판사, 2010), 158~161쪽; 밥 우드워드(Bob Woodward), 임홍빈 옮김, 「대통령의 안방과 집무실」(문학사상사, 1994/1995), 99~100쪽.

33 박수만, 「'경제지상' 공격적 외교로(미국이 변하고 있다: 3)」, 「경향신문」, 1992년 11월 7일, 2면; 「Clinton Whispered, But Voters Roared」, 「Time」, November 16, 1992, p.11.

34 김학순, 「물갈이 의회도 '개혁격랑'(미국이 변하고 있다: 5)」, 「경향신문」, 1992년 11월 10일, 2면.

35 이혁재, 「80년대 변화로 본 미 대선의 이슈들」, 「조선일보」, 1992년 10월 22일, 14면.

36 김학순, 「사회적 가치 중심 수정작업(미국이 변하고 있다: 6)」, 「경향신문」, 1992년 11월 11일, 5면.

37 이경형, 「언론의 '손들어주기'에 웃고 운다」, 「서울신문」, 1992년 10월 24일, 5면.

38 제임스 B. 트위첼(James B. Twitchell), 최기철 옮김, 「럭셔리 신드롬: 사치의 대중화, 소비의 마지막 선택」(미래의창, 2002/2003), 130~132쪽; 데이비드 캘러헌(David Callahan), 강미경 옮김, 「치팅컬처: 거짓과 편법을 부추기는 문화」(서돌, 2004/2008), 142쪽.

39 길 트로이(Gil Troy), 정성희 옮김, 「세계 최고의 여자 힐러리론」(늘봄, 2006/2008), 101쪽.

40 길 트로이(Gil Troy), 정성희 옮김, 「세계 최고의 여자 힐러리론」(늘봄, 2006/2008), 239쪽.

41 알렉스 캘리니코스(Alex Callinicos) · 크리스 하먼(Chris Harman), 이원영 옮김, 「노동자 계급에게 안녕을 말할 때인가」(책갈피, 2001), 103쪽.

42 Andrew Gelman et al., 「Red State, Blue State, Rich State, Poor State: Why Americans Vote the Way They Do」(Princeton, NJ: Princeton University Press, 2008), p.24; David Callahan, 「Fortunes of Change: The Rise of the Liberal Rich and the Remaking of America」(Hoboken, NJ: John Wiley & Sons, 2010), pp.31~32; 우태희, 「오바마 시대의 세계를 움직이는 10대 파워」(새로운제안, 2008), 38~40쪽.

43 Michael Kramer, 「Why Clinton Is Catching On」, 「Time」, January 20, 1992, p.16.

44 Howard Fineman, 「선거 후 민주─공화당 당면 과제 무엇인가」, 「뉴스위크」(한국판), 1992년 11월 18일, 32면.

**45** 놈 촘스키(Noam Chomsky) · 데이비드 바사미언(David Barsamian), 강주헌 옮김, 『촘스키, 세상의 권력을 말하다 2』(시대의창, 1998/2004), 208~209쪽.

**46** 사라 에번스(Sara M. Evans), 조지형 옮김, 『자유를 위한 탄생: 미국 여성의 역사』(이화여자대학교출판부, 1997/1998), 494쪽.

**47** 김학순, 「클린턴 부인 집중 공격 부시 전략 실패」, 『경향신문』, 1992년 9월 14일, 6면.

**48** 케빈 필립스(Kevin P. Phillips), 오삼교 · 정하용 옮김, 『부와 민주주의: 미국의 금권정치와 거대 부호들의 정치사』(중심, 2002/2004), 569쪽.

**49** 놈 촘스키(Noam Chomsky), 오애리 옮김, 『507년, 정복은 계속된다』(이후, 1993/2000), 97쪽.

**제4장 "이 나라는 클린턴 부부에게 투표했습니다"**

**1** 칼 번스타인(Carl Bernstein), 조일준 옮김, 『힐러리의 삶』(현문미디어, 2007), 308~319쪽; 게일 시히(Gail Sheehy), 유정화 옮김, 『힐러리의 선택: 대통령을 경영한 여자』(한국방송출판, 1999/2001), 373쪽; 힐러리 로댐 클린턴(Hillary Rodham Clinton), 김석희 옮김, 『살아 있는 역사』(웅진지식하우스, 2003/2007), 177쪽; 샐리 베델 스미스(Sally Bedell Smith), 김태훈 옮김, 『정치를 사랑하다: 클린턴 부부의 아직 끝나지 않은 도전』(에버리치홀딩스, 2007/2009), 64쪽; 빌 클린턴(Bill Clinton), 정영목 · 이순희 옮김, 『빌 클린턴의 마이 라이프 1』(물푸레, 2004), 297~298쪽.

**2** 칼 번스타인(Carl Bernstein), 조일준 옮김, 『힐러리의 삶』(현문미디어, 2007), 343~344쪽.

**3** 샐리 베델 스미스(Sally Bedell Smith), 김태훈 옮김, 『정치를 사랑하다: 클린턴 부부의 아직 끝나지 않은 도전』(에버리치홀딩스, 2007/2009), 87쪽.

**4** 칼 번스타인(Carl Bernstein), 조일준 옮김, 『힐러리의 삶』(현문미디어, 2007), 344~347, 363, 452쪽.

**5** 게일 시히(Gail Sheehy), 유정화 옮김, 『힐러리의 선택: 대통령을 경영한 여자』(한국방송출판, 1999/2001), 333~334, 368쪽.

**6** 김사승, 「클린턴 TV 토론 생중계 선호」, 『문화일보』, 1993년 2월 25일, 11면.

**7** Stanley W. Cloud, 「Clinton vs. the Press」, 『Time』, June 7, 1993, p.19; 김사승, 「클린턴 TV 토론 생중계 선호」, 『문화일보』, 1993년 2월 25일, 11면.

**8** 정해영, 「평균 36세 '젊은 백악관'」, 『조선일보』, 1993년 4월 22일, 7면.

**9** 김영진, 「백악관의 '홈 얼론'」, 『국민일보』, 1993년 5월 16일, 5면.

**10** 칼 번스타인(Carl Bernstein), 조일준 옮김, 『힐러리의 삶』(현문미디어, 2007), 392~395쪽; 로널드 케슬러(Ronald Kessler), 임홍빈 옮김, 『벌거벗은 대통령 각하』(문학사상사, 1995/1997), 312쪽.

**11** 조지 스테퍼노펄러스(George Stephanopoulos), 최규선 옮김, 『너무나 인간적인』(생각의나무, 1998/1999), 205~206쪽.

**12** 칼 번스타인(Carl Bernstein), 조일준 옮김, 『힐러리의 삶』(현문미디어, 2007), 308~316, 407, 467~468, 487쪽; 게일 시히(Gail Sheehy), 유정화 옮김, 『힐러리의 선택: 대통령을 경영한 여자』(한국방송출판, 1999/2001), 365~367, 374쪽; 길 트로이(Gil Troy), 정성희 옮김, 『세계 최고의 여자 힐러리론』(늘봄, 2006/2008), 121, 133, 138~139, 147~148, 201, 204쪽; 밥 우드워드(Bob Woodward), 임홍빈 옮김, 『대통령의 안방과 집무실』(문학사상사, 1994/1995), 181쪽; 샐리 베델 스미스(Sally Bedell Smith), 김태훈 옮김, 『정치를 사랑하다: 클린턴 부부의 아직 끝나지 않은 도전』(에버리치홀딩스, 2007/2009), 56, 90~91, 120, 160~162쪽; 존 B. 로버츠(John B. Roberts II), 김형곤 옮김, 『위대한 퍼스트레이디 끔찍한 퍼스트레이디: 대통령을 만든 여자들』(선인, 2005), 447쪽; 빌 클린턴(Bill Clinton), 정영목 · 이순희 옮김, 『빌 클린턴의 마이 라이프 2』(물푸레, 2004), 667쪽; 데이비드 거겐(David Gergen), 서율택 옮김, 『CEO 대통령의 7가지 리더십: 리처드 닉슨에서부

터 빌 클린턴까지』(스테디북, 2000/2002), 426~430쪽; 에드워드 클라인(Edward Klein), 서영조 옮김, 『힐러리의 진실』(행간, 2005/2006), 279~280쪽; Jeff Gerth & Don Van Natta Jr., 『Her Way: The Hopes and Ambitions of Hillary Rodham Clinton』(New York: Back Bay Books, 2007/2008), pp.123~125, 152~153.

13  게일 시히(Gail Sheehy), 유정화 옮김, 『힐러리의 선택: 대통령을 경영한 여자』(한국방송출판, 1999 /2001), 492쪽; 길 트로이(Gil Troy), 정성희 옮김, 『세계 최고의 여자 힐러리론』(늘봄, 2006/ 2008), 135쪽; Jeff Gerth & Don Van Natta Jr., 『Her Way: The Hopes and Ambitions of Hillary Rodham Clinton』(New York: Back Bay Books, 2007/2008), pp.217~218.

14  길 트로이(Gil Troy), 정성희 옮김, 『세계 최고의 여자 힐러리론』(늘봄, 2006/2008), 192~193쪽; 김 성진, 『미국 역사를 바꾸는 여걸 힐러리 클린턴』(씨앤북스, 2015), 94~95쪽; Karen Blumenthal, 『Hillary Rodham Clinton: A Woman Living History』(New York: Feiwel and Friends, 2016), pp.222~223.

15  딕 모리스(Dick Morris), 손지애 · 박소정 옮김, 『나는 이기기 위해 도전한다』(리더스북, 2005/2007), 318~320쪽; 길 트로이(Gil Troy), 정성희 옮김, 『세계 최고의 여자 힐러리론』(늘봄, 2006/2008), 292쪽; 샐리 베델 스미스(Sally Bedell Smith), 김태훈 옮김, 『정치를 사랑하다: 클린턴 부부의 아직 끝나지 않은 도전』(에버리치홀딩스, 2007/2009), 291쪽.

16  에드워드 클라인(Edward Klein), 서영조 옮김, 『힐러리의 진실』(행간, 2005/2006), 344~347쪽.

17  칼 번스타인(Carl Bernstein), 조일준 옮김, 『힐러리의 삶』(현문미디어, 2007), 449~450쪽; 샐리 베델 스미스(Sally Bedell Smith), 김태훈 옮김, 『정치를 사랑하다: 클린턴 부부의 아직 끝나지 않은 도전』(에버리치홀딩스, 2007/2009), 129~130쪽.

18  길 트로이(Gil Troy), 정성희 옮김, 『세계 최고의 여자 힐러리론』(늘봄, 2006/2008), 263~264쪽.

19  샐리 베델 스미스(Sally Bedell Smith), 김태훈 옮김, 『정치를 사랑하다: 클린턴 부부의 아직 끝나지 않은 도전』(에버리치홀딩스, 2007/2009), 314~315쪽.

20  칼 번스타인(Carl Bernstein), 조일준 옮김, 『힐러리의 삶』(현문미디어, 2007), 429쪽; 게일 시히 (Gail Sheehy), 유정화 옮김, 『힐러리의 선택: 대통령을 경영한 여자』(한국방송출판, 1999/2001), 378~379쪽.

21  샐리 베델 스미스(Sally Bedell Smith), 김태훈 옮김, 『정치를 사랑하다: 클린턴 부부의 아직 끝나지 않은 도전』(에버리치홀딩스, 2007/2009), 345~346쪽.

22  밥 우드워드(Bob Woodward), 임홍빈 옮김, 『대통령의 안방과 집무실』(문학사상사, 1994/1995), 305쪽.

23  칼 번스타인(Carl Bernstein), 조일준 옮김, 『힐러리의 삶』(현문미디어, 2007), 458~462쪽; 게일 시히(Gail Sheehy), 유정화 옮김, 『힐러리의 선택: 대통령을 경영한 여자』(한국방송출판, 1999/ 2001), 371, 375쪽; 길 트로이(Gil Troy), 정성희 옮김, 『세계 최고의 여자 힐러리론』(늘봄, 2006/ 2008), 195쪽.

24  칼 번스타인(Carl Bernstein), 조일준 옮김, 『힐러리의 삶』(현문미디어, 2007), 463~464쪽; 샐리 베델 스미스(Sally Bedell Smith), 김태훈 옮김, 『정치를 사랑하다: 클린턴 부부의 아직 끝나지 않은 도전』(에버리치홀딩스, 2007/2009), 174~175쪽.

25  데이비드 거겐(David Gergen), 서율택 옮김, 『CEO 대통령의 7가지 리더십: 리처드 닉슨에서부터 빌 클린턴까지』(스테디북, 2000/2002), 384~385쪽; 김왕근, 「미 지, '대통령 만들기' 비판」, 『조선 일보』, 1993년 11월 26일, 6면; 홍정기, 「클린턴 갈피 못 잡는 인사정책」, 『문화일보』, 1993년 6월 11일, 7면.

26  「클린턴 인기 만회 작전, 백악관 진용 개편 홍보팀 대폭 보강」, 『조선일보』, 1993년 6월 2일, 7면.

27  데이비드 거겐(David Gergen), 서율택 옮김, 『CEO 대통령의 7가지 리더십: 리처드 닉슨에서부터

빌 클린턴까지』(스테디북, 2000/2002), 398~401쪽; 정해영, 「백악관, 언론에 화해 요청」, 『조선일
보』, 1993년 6월 15일, 7면.

28 칼 번스타인(Carl Bernstein), 조일준 옮김, 『힐러리의 삶』(현문미디어, 2007), 480~483,
501~502쪽; 게일 시히(Gail Sheehy), 유정화 옮김, 『힐러리의 선택: 대통령을 경영한 여자』(한국방
송출판, 1999/2001), 385쪽; 래리 플린트(Larry Flynt) · 데이비드 아이젠바흐(David Eisenbach),
안병억 옮김, 『섹스, 거짓말, 그리고 대통령』(메디치, 2012/2015), 336~337쪽; 빌 클린턴(Bill
Clinton), 정영목 · 이순희 옮김, 『빌 클린턴의 마이 라이프 2』(물푸레, 2004), 848~849쪽.

29 조지 스테퍼노펄러스(George Stephanopoulos), 최규선 옮김, 『너무나 인간적인』(생각의나무,
1998/1999), 277쪽.

30 조지 스테퍼노펄러스(George Stephanopoulos), 최규선 옮김, 『너무나 인간적인』(생각의나무,
1998/1999), 278쪽; 게일 시히(Gail Sheehy), 유정화 옮김, 『힐러리의 선택: 대통령을 경영한 여자』
(한국방송출판, 1999/2001), 376~377쪽; 길 트로이(Gil Troy), 정성희 옮김, 『세계 최고의 여자 힐
러리론』(늘봄, 2006/2008), 154쪽; 힐러리 로댐 클린턴(Hillary Rodham Clinton), 김석희 옮김,
『살아 있는 역사』(웅진지식하우스, 2003/2007), 242~249쪽; 샐리 베델 스미스(Sally Bedell
Smith), 김태훈 옮김, 『정치를 사랑하다: 클린턴 부부의 아직 끝나지 않은 도전』(에버리치홀딩스,
2007/2009), 181~188쪽; Jeff Gerth & Don Van Natta Jr., 『Her Way: The Hopes and
Ambitions of Hillary Rodham Clinton』(New York: Back Bay Books, 2007/2008), pp.125~
128.

31 칼 번스타인(Carl Bernstein), 조일준 옮김, 『힐러리의 삶』(현문미디어, 2007), 503~505쪽; 게일
시히(Gail Sheehy), 유정화 옮김, 『힐러리의 선택: 대통령을 경영한 여자』(한국방송출판, 1999/
2001), 393쪽; 데이비드 거겐(David Gergen), 서율택 옮김, 『CEO 대통령의 7가지 리더십: 리처드
닉슨에서부터 빌 클린턴까지』(스테디북, 2000/2002), 419~423쪽; 케이티 마턴(Kati Marton), 이창
식 옮김, 『숨은 권력자, 퍼스트레이디』(이마고, 2001/2002), 500~501쪽.

32 칼 번스타인(Carl Bernstein), 조일준 옮김, 『힐러리의 삶』(현문미디어, 2007), 28쪽.

33 John K. Wilson, 『The Myth of Political Correctness: The Conservative Attack on Higher
Education』(Durham: Duke University Press, 1995), p.7.

34 칼 번스타인(Carl Bernstein), 조일준 옮김, 『힐러리의 삶』(현문미디어, 2007), 506~510쪽; 게일 시
히(Gail Sheehy), 유정화 옮김, 『힐러리의 선택: 대통령을 경영한 여자』(한국방송출판, 1999/2001),
402쪽; 길 트로이(Gil Troy), 정성희 옮김, 『세계 최고의 여자 힐러리론』(늘봄, 2006/2008), 181쪽;
래리 플린트(Larry Flynt) · 데이비드 아이젠바흐(David Eisenbach), 안병억 옮김, 『섹스, 거짓말,
그리고 대통령』(메디치, 2012/2015), 338쪽; 이진, 『나는 미국이 딱 절반만 좋다』(북&월드, 2001),
214쪽; 데이비드 브록(David Brock), 한승동 옮김, 『우익에 눈먼 미국: 어느 보수주의자의 고백』(나
무와숲, 2002), 218쪽.

35 Mark Hosenball & Michael Isikoff, 「'우익의 음모'는 아직도 계속되는가」, 『뉴스위크』(한국판),
1998년 4월 15일, 47면; 게일 시히(Gail Sheehy), 유정화 옮김, 『힐러리의 선택: 대통령을 경영한
여자』(한국방송출판, 1999/2001), 269쪽; 데이비드 브록(David Brock), 한승동 옮김, 『우익에 눈먼
미국: 어느 보수주의자의 고백』(나무와숲, 2002), 300~301쪽.

36 칼 번스타인(Carl Bernstein), 조일준 옮김, 『힐러리의 삶』(현문미디어, 2007), 512~514쪽; 게일 시
히(Gail Sheehy), 유정화 옮김, 『힐러리의 선택: 대통령을 경영한 여자』(한국방송출판, 1999/2001),
268~269쪽; 데이비드 매라니스(David Maraniss), 권노갑 옮김, 『백악관 가는 길: 빌 클린턴 미국
대통령 전기』(풀빛, 1995/1996), 123~125쪽; 조너선 앨런(Jonathan Allen) · 에이미 판즈(Amie
Parnes), 이영아 옮김, 『힐러리 로댐 클린턴』(와이즈베리, 2014/2015), 468~469쪽; 데이비드 브록
(David Brock), 한승동 옮김, 『우익에 눈먼 미국: 어느 보수주의자의 고백』(나무와숲, 2002),

221~239쪽; Jeff Gerth & Don Van Natta Jr., 「Her Way: The Hopes and Ambitions of Hillary Rodham Clinton」(New York: Back Bay Books, 2007/2008), pp.268~269.

37  칼 번스타인(Carl Bernstein), 조일준 옮김, 『힐러리의 삶』(현문미디어, 2007), 521~529, 542~545쪽; 데이비드 매러니스(David Maraniss), 권노갑 옮김, 『백악관 가는 길: 빌 클린턴 미국 대통령 전기』(풀빛, 1995/1996), 123~125쪽.

38  길 트로이(Gil Troy), 정성희 옮김, 『세계 최고의 여자 힐러리론』(늘봄, 2006/2008), 196쪽.

39  길 트로이(Gil Troy), 정성희 옮김, 『세계 최고의 여자 힐러리론』(늘봄, 2006/2008), 251쪽.

40  빌 클린턴(Bill Clinton), 정영목 · 이순희 옮김, 『빌 클린턴의 마이 라이프 2』(물푸레, 2004), 891~892쪽.

41  선재규, 「백악관 내부이야기 美 정가 화제」, 『연합뉴스』, 1994년 6월 14일. 밥 우드워드(Bob Woodward), 임홍빈 옮김, 『대통령의 안방과 집무실』(문학사상사, 1994/1995) 참고.

42  밥 우드워드(Bob Woodward), 임홍빈 옮김, 『대통령의 안방과 집무실』(문학사상사, 1994/1995), 319~320쪽; 조지 스테퍼노펄러스(George Stephanopoulos), 최규선 옮김, 『너무나 인간적인』(생각의나무, 1998/1999), 418~420쪽.

43  조지 스테퍼노펄러스(George Stephanopoulos), 최규선 옮김, 『너무나 인간적인』(생각의나무, 1998/1999), 424쪽; 샐리 베델 스미스(Sally Bedell Smith), 김태훈 옮김, 『정치를 사랑하다: 클린턴 부부의 아직 끝나지 않은 도전』(에버리치홀딩스, 2007/2009), 274~275쪽.

44  칼 번스타인(Carl Bernstein), 조일준 옮김, 『힐러리의 삶』(현문미디어, 2007), 546~555쪽.

45  칼 번스타인(Carl Bernstein), 조일준 옮김, 『힐러리의 삶』(현문미디어, 2007), 563~566쪽; 힐러리 로댐 클린턴(Hillary Rodham Clinton), 김석희 옮김, 『살아 있는 역사』(웅진지식하우스, 2003/2007), 315~316, 334~335쪽; Jeff Gerth & Don Van Natta Jr., 「Her Way: The Hopes and Ambitions of Hillary Rodham Clinton」(New York: Back Bay Books, 2007/2008), pp.139~140.

46  조지 스테퍼노펄러스(George Stephanopoulos), 최규선 옮김, 『너무나 인간적인』(생각의나무, 1998/1999), 435~436, 440~441쪽.

47  칼 번스타인(Carl Bernstein), 조일준 옮김, 『힐러리의 삶』(현문미디어, 2007), 556쪽.

48  밥 우드워드(Bob Woodward), 임홍빈 옮김, 『대통령의 안방과 집무실』(문학사상사, 1994/1995), 257~259쪽.

49  샐리 베델 스미스(Sally Bedell Smith), 김태훈 옮김, 『정치를 사랑하다: 클린턴 부부의 아직 끝나지 않은 도전』(에버리치홀딩스, 2007/2009), 148~150쪽; 데이비드 거겐(David Gergen), 서율택 옮김, 『CEO 대통령의 7가지 리더십: 리처드 닉슨에서부터 빌 클린턴까지』(스테디북, 2000/2002), 382쪽.

50  게일 시히(Gail Sheehy), 유정화 옮김, 『힐러리의 선택: 대통령을 경영한 여자』(한국방송출판, 1999/2001), 403~408쪽; 밥 우드워드(Bob Woodward), 임홍빈 옮김, 『대통령의 안방과 집무실』(문학사상사, 1994/1995), 292~293쪽.

51  송철복, 「비틀거리는 클린턴」, 『경향신문』, 1994년 8월 18일, 7면.

52  Janathan Alter, 「클린턴 권위 실추, 민주당 의원도 말 안 듣는다」, 『뉴스위크』(한국판), 1994년 8월 24일, 30면; 최현수, 「죽 쑤는 클린턴」, 『국민일보』, 1994년 8월 20일, 5면.

53  Rich Thomas, 「물러난 레이건 클린턴 발목 잡아」, 『뉴스위크』(한국판), 1994년 7월 6일, 34~35면; 칼 번스타인(Carl Bernstein), 조일준 옮김, 『힐러리의 삶』(현문미디어, 2007), 569~572쪽.

54  칼 번스타인(Carl Bernstein), 조일준 옮김, 『힐러리의 삶』(현문미디어, 2007), 572~574쪽.

55  Robert Bernstein, 「The Speed Trap」, John de Graaf, ed., 「Take Back Your Time: Fighting Overwork and Time Poverty in America」(San Francisco, CA: Berrett-Koehler Publishers,

2003), p.103; Susan Gregory Thomas, 『Buy, Buy Baby: How Consumer Culture Manipulates Parents and Harms Young Minds』(New York: Mariner Books, 2007), p.224.

56  Catherine Lutz & Anne Lutz Fernandez, 『Carjacked: The Culture of the Automobile & Its Effect on Our Lives』(New York: Palgrave, 2010), pp.150~151; Howard Kurtz, 『Hot Air: All Talk All the Time—How the Talk Show Culture Has Changed America』(New York: BasicBooks, 1996/1997), p.259.

57  Richard A. Viguerie & David Franke, 『America's Right Turn: How Conservatives Used News and Alternative Media to Take Power』(Chicago: Bonus Books, 2004), pp.188~189; 래리 플린트(Larry Flynt)·데이비드 아이젠바흐(David Eisenbach), 안병억 옮김, 『섹스, 거짓말, 그리고 대통령』(메디치, 2012/2015), 337쪽; 김승련, 「'민주당 때리기' 일등공신은 러시 림보」, 『동아일보』, 2005년 3월 10일.


## 제5장 "인간의 권리는 여성의 권리, 여성의 권리는 인간의 권리"

1  게일 시히(Gail Sheehy), 유정화 옮김, 『힐러리의 선택: 대통령을 경영한 여자』(한국방송출판, 1999/2001), 418~419, 423~424쪽; 길 트로이(Gil Troy), 정성희 옮김, 『세계 최고의 여자 힐러리론』(늘봄, 2006/2008), 128쪽; 케이티 마턴(Kati Marton), 이창식 옮김, 『숨은 권력자, 퍼스트레이디』(이마고, 2001/2002), 467쪽.

2  이철희, 『디브리핑: 클린턴과 블레어, 그리고 그 참모들』(운주사, 2002), 19~22쪽; 이준구, 『대통령을 만드는 사람들: 선거의 귀재, 정치 컨설턴트』(청아출판사, 2010), 175쪽.

3  칼 번스타인(Carl Bernstein), 조일준 옮김, 『힐러리의 삶』(현문미디어, 2007), 300~301쪽.

4  칼 번스타인(Carl Bernstein), 조일준 옮김, 『힐러리의 삶』(현문미디어, 2007), 575~581쪽.

5  힐러리 클린턴(Hillary Rodham Clinton), 이수정 옮김, 『집 밖에서 더 잘 크는 아이들』(디자인하우스, 1995/1996), 14쪽; 칼 번스타인(Carl Bernstein), 조일준 옮김, 『힐러리의 삶』(현문미디어, 2007), 581~592쪽.

6  칼 번스타인(Carl Bernstein), 조일준 옮김, 『힐러리의 삶』(현문미디어, 2007), 614~629쪽; 길 트로이(Gil Troy), 정성희 옮김, 『세계 최고의 여자 힐러리론』(늘봄, 2006/2008), 237~238쪽.

7  「논객 새파이어 "힐러리는 타고난 거짓말쟁이" 비난」, 『조선일보』, 1996년 1월 13일; Jeff Gerth & Don Van Natta Jr., 『Her Way: The Hopes and Ambitions of Hillary Rodham Clinton』(New York: Back Bay Books, 2007/2008), p.157.

8  「힐러리 헐뜯은 칼럼니스트 클린턴, 패주고 싶다며 분노」, 『중앙일보』, 1996년 1월 12일; 샐리 베델 스미스(Sally Bedell Smith), 김태훈 옮김, 『정치를 사랑하다: 클린턴 부부의 아직 끝나지 않은 도전』(에버리치홀딩스, 2007/2009), 374쪽.

9  「논객 새파이어 "힐러리는 타고난 거짓말쟁이" 비난」, 『조선일보』, 1996년 1월 13일; 이장규, 「'힐러리는 거짓말쟁이' 발단—클린턴·새파이어 말싸움 2회전」, 『중앙일보』, 1996년 1월 13일.

10  칼 번스타인(Carl Bernstein), 조일준 옮김, 『힐러리의 삶』(현문미디어, 2007), 614~629쪽; 게일 시히(Gail Sheehy), 유정화 옮김, 『힐러리의 선택: 대통령을 경영한 여자』(한국방송출판, 1999/2001), 462~465쪽.

11  길 트로이(Gil Troy), 정성희 옮김, 『세계 최고의 여자 힐러리론』(늘봄, 2006/2008), 240~241쪽.

12  딕 모리스(Dick Morris), 홍수원 옮김, 『파워게임의 법칙』(세종서적, 2002/2003), 58~62쪽.

13  리처드 세넷(Richard Sennett), 유병선 옮김, 『뉴캐피털리즘: 표류하는 개인과 소멸하는 열정』(위즈덤하우스, 2006/2009), 192~198쪽.

14  샐리 베델 스미스(Sally Bedell Smith), 김태훈 옮김, 『정치를 사랑하다: 클린턴 부부의 아직 끝나지 않은 도전』(에버리치홀딩스, 2007/2009), 342~343쪽.

15  게일 시히(Gail Sheehy), 유정화 옮김, 『힐러리의 선택: 대통령을 경영한 여자』(한국방송출판, 1999/2001), 444~448쪽; 길 트로이(Gil Troy), 정성희 옮김, 『세계 최고의 여자 힐러리론』(늘봄, 2006/2008), 233~234쪽; 샐리 베델 스미스(Sally Bedell Smith), 김태훈 옮김, 『정치를 사랑하다: 클린턴 부부의 아직 끝나지 않은 도전』(에버리치홀딩스, 2007/2009), 353~354쪽; Jeff Gerth & Don Van Natta Jr., 『Her Way: The Hopes and Ambitions of Hillary Rodham Clinton』(New York: Back Bay Books, 2007/2008), pp.151~152; Diana Johnstone, 『Queen of Chaos: The Misadventures of Hillary Clinton』(Petrolia, CA: CounterPunch Books, 2015), p.58; Cynthia Levinson, 『Hillary Rodham Clinton: Do All the Good You Can』(New York: Balzer+Bray, 2016), pp.151~156.

16  Sidney Blumenthal, 『Permanent Campaign: Inside the World of Elite Political Operations』(Boston, Mass.: Beacon Press, 1980).

17  강준만, 『춤추는 언론 비틀대는 선거: 언론과 선거의 사회학』(아침, 1992), 63쪽.

18  이철희, 『디브리핑: 클린턴과 블레어, 그리고 그 참모들』(운주사, 2002), 52~53쪽; 이준구, 『대통령을 만드는 사람들: 선거의 귀재, 정치 컨설턴트』(청아출판사, 2010), 167~168쪽; 매슈 크렌슨(Matthew A. Crenson)·벤저민 긴즈버그(Benjamin Ginsberg), 서복경 옮김, 『다운사이징 데모크라시: 왜 미국 민주주의는 나빠졌는가』(후마니타스, 2004/2013), 414쪽.

19  빌 클린턴(Bill Clinton), 정영목·이순희 옮김, 『빌 클린턴의 마이 라이프 2』(물푸레, 2004), 949쪽.

20  샐리 베델 스미스(Sally Bedell Smith), 김태훈 옮김, 『정치를 사랑하다: 클린턴 부부의 아직 끝나지 않은 도전』(에버리치홀딩스, 2007/2009), 304~311쪽.

21  이상석, 「미 대선 후보 TV 광고 비방전 가열」, 『한국일보』, 1996년 5월 27일, 7면.

22  데이비드 브록(David Brock), 한승동 옮김, 『우익에 눈먼 미국: 어느 보수주의자의 고백』(나무와숲, 2002), 401~411쪽.

23  이재호, 「행복에 잠긴 '레이건의 후예들'」, 『동아일보』, 1996년 8월 14일, 7면.

24  칼 번스타인(Carl Bernstein), 조일준 옮김, 『힐러리의 삶』(현문미디어, 2007), 645~646쪽; 길 트로이(Gil Troy), 정성희 옮김, 『세계 최고의 여자 힐러리론』(늘봄, 2006/2008), 255쪽; Jeff Gerth & Don Van Natta Jr., 『Her Way: The Hopes and Ambitions of Hillary Rodham Clinton』(New York: Back Bay Books, 2007/2008), p.167.

25  이준구, 『대통령을 만드는 사람들: 선거의 귀재, 정치 컨설턴트』(청아출판사, 2010), 168~170쪽; 길 트로이(Gil Troy), 정성희 옮김, 『세계 최고의 여자 힐러리론』(늘봄, 2006/2008), 252쪽.

26  Scott Collins, 『Crazy Like a Fox: The Inside Story of How Fox News Beat CNN』(New York: Portfolio, 2004), p.24.

27  Ken Auletta, 『Backstory: Inside the Business of News』(New York: The Penguin Press, 2003), p.258.

28  Juliet Eilperin, 『Fight Club Politics: How Partisanship Is Poisoning the House of Representatives』(New York: Rowman & Littlefield, 2006), p.1.

29  이기동, 「클린턴·힐러리/미 대선 승리 백악관 재입성 주인공들」, 『서울신문』, 1996년 11월 7일, 7면.

30  게일 시히(Gail Sheehy), 유정화 옮김, 『힐러리의 선택: 대통령을 경영한 여자』(한국방송출판, 1999/2001), 441쪽; 박인규, 「'경제'가 승부 갈랐다/클린턴 승인 뭔가」, 『경향신문』, 1996년 11월 7일, 3면.

31  데이비드 브룩스(David Brooks), 형선호 옮김, 『보보스: 디지털 시대의 엘리트』(동방미디어, 2000/2001), 271쪽.

32  놈 촘스키(Noam Chomsky), 강주헌 옮김, 『실패한 교육과 거짓말』(아침이슬, 2000/2001), 51쪽.

33  칼 번스타인(Carl Bernstein), 조일준 옮김, 『힐러리의 삶』(현문미디어, 2007), 656~664쪽; 힐러리 로댐 클린턴(Hillary Rodham Clinton), 김석희 옮김, 『살아 있는 역사』(웅진지식하우스, 2003/ 2007), 460~462, 617쪽.

34  이재호, 「'~게이트'는 영원한 유행어/미 워터게이트 이후 아류 20건 넘어」, 『동아일보』, 1997년 6월 19일, 9면.

35  Matt Bai, 「루머 퍼뜨리는 온라인 잡지 성업」, 『뉴스위크』(한국판), 1997년 8월 27일, 79면.

36  오애리, 「정보 독점 성역 깬 '사이버 영웅'」, 『문화일보』, 1999년 7월 8일, 8면.

37  「Drudge, Matt」, 『Current Biography』, 1998; 오애리, 「정보 독점 성역 깬 '사이버 영웅'」, 『문화일보』, 1999년 7월 8일, 8면.

38  데이비드 브록(David Brock), 한승동 옮김, 『우익에 눈먼 미국: 어느 보수주의자의 고백』(나무와숲, 2002), 426~427쪽.

39  래리 플린트(Larry Flynt) · 데이비드 아이젠바흐(David Eisenbach), 안병억 옮김, 『섹스, 거짓말, 그리고 대통령』(메디치, 2012/2015), 343쪽; 정연주, 「클린턴 '성기 특징' 신문 1면에」, 『한겨레』, 1997년 10월 17일, 7면.

제6장  "나는 클린턴의 목을 비틀어버리고 싶었다"

1  James Moore & Wayne Slater, 『The Architect: Karl Rove and the Dream of Absolute Power』(New York: Three Rivers Press, 2007), pp.70~73; Jeannette Walls, 『DISH: How Gossip Became the News and the News Became Just Another Show』(New York: Perennial, 2001), pp.1~10, 332.

2  게일 시히(Gail Sheehy), 유정화 옮김, 『힐러리의 선택: 대통령을 경영한 여자』(한국방송출판, 1999/2001), 26쪽; 래리 플린트(Larry Flynt) · 데이비드 아이젠바흐(David Eisenbach), 안병억 옮김, 『섹스, 거짓말, 그리고 대통령』(메디치, 2012/2015), 344쪽; 에드워드 클라인(Edward Klein), 서영조 옮김, 『힐러리의 진실』(행간, 2005/2006), 13, 145~146쪽.

3  게일 시히(Gail Sheehy), 유정화 옮김, 『힐러리의 선택: 대통령을 경영한 여자』(한국방송출판, 1999/2001), 480쪽; 홍은택, 「[지퍼게이트 1년] 클린턴 오리발 작전이 망신살 자초」, 『동아일보』, 1999년 1월 23일, 8면; Hilary Clinton, 정채연 정리, 「발췌 요약/힐러리 클린턴의 『살아 있는 역사』: 때려죽이고 싶었던 내 남편 클린턴의 매력」, 『월간조선』, 2003년 7월, 626~635쪽.

4  최현수, 「"클린턴의 여자들 줄잡아 100여 명"」, 『국민일보』, 1998년 1월 23일, 7면; 칼 번스타인(Carl Bernstein), 조일준 옮김, 『힐러리의 삶』(현문미디어, 2007), 681~682쪽.

5  게일 시히(Gail Sheehy), 유정화 옮김, 『힐러리의 선택: 대통령을 경영한 여자』(한국방송출판, 1999/2001), 40쪽.

6  래리 플린트(Larry Flynt) · 데이비드 아이젠바흐(David Eisenbach), 안병억 옮김, 『섹스, 거짓말, 그리고 대통령』(메디치, 2012/2015), 347~352쪽.

7  홍은택, 「흑인-소녀-친구부인 클린턴의 여인 수백 명」, 『뉴스플러스』, 1998년 2월 12일, 44~45면.

8  조지 스테퍼노펄러스(George Stephanopoulos), 최규선 옮김, 『너무나 인간적인』(생각의나무, 1998/1999), 544~545쪽; 길 트로이(Gil Troy), 정성희 옮김, 『세계 최고의 여자 힐러리론』(늘봄, 2006/2008), 284~285쪽.

9  데이비드 브록(David Brock), 한승동 옮김, 『우익에 눈먼 미국: 어느 보수주의자의 고백』(나무와숲, 2002), 474~478쪽; 칼 번스타인(Carl Bernstein), 조일준 옮김, 『힐러리의 삶』(현문미디어, 2007), 674~675쪽; Jeff Gerth & Don Van Natta Jr., 『Her Way: The Hopes and Ambitions of

Hillary Rodham Clinton』(New York: Back Bay Books, 2007/2008), p.183.

10  게일 시히(Gail Sheehy), 유정화 옮김, 『힐러리의 선택: 대통령을 경영한 여자』(한국방송출판, 1999
    /2001), 28쪽.

11  칼 번스타인(Carl Bernstein), 조일준 옮김, 『힐러리의 삶』(현문미디어, 2007), 688~689쪽.

12  홍은택, 「흑인-소녀-친구부인 클린턴의 여인 수백 명」, 『뉴스플러스』, 1998년 2월 12일, 44~45면.

13  게일 시히(Gail Sheehy), 유정화 옮김, 『힐러리의 선택: 대통령을 경영한 여자』(한국방송출판, 1999
    /2001), 481쪽.

14  길 트로이(Gil Troy), 정성희 옮김, 『세계 최고의 여자 힐러리론』(늘봄, 2006/2008), 251쪽.

15  윤희영, 「계부는 알코올…동생은 약물…」, 『조선일보』, 1998년 1월 27일, 7면.

16  홍은택, 「흑인-소녀-친구부인 클린턴의 여인 수백 명」, 『뉴스플러스』, 1998년 2월 12일, 44~45면.

17  게일 시히(Gail Sheehy), 유정화 옮김, 『힐러리의 선택: 대통령을 경영한 여자』(한국방송출판, 1999
    /2001), 483쪽; 길 트로이(Gil Troy), 정성희 옮김, 『세계 최고의 여자 힐러리론』(늘봄, 2006/2008),
    279~280쪽.

18  길 트로이(Gil Troy), 정성희 옮김, 『세계 최고의 여자 힐러리론』(늘봄, 2006/2008), 290~291쪽;
    Dinesh D'Souza, 『Hillary's America: The Secret History of the Democratic Party』
    (Washington, D.C.: Regnery, 2016), pp.25~26, 193~221.

19  배국남, 「클린턴과 섹스 스캔들 입방아 오르면 돈방석」, 『한국일보』, 1998년 4월 14일, 12면.

20  빌 오라일리(Bill O'Reilly), 손희승 옮김, 『좋은 미국, 나쁜 미국, 멍청한 미국』(서울문화사, 2000
    /2001), 114~115쪽.

21  「클린턴 비난자는 섹스의 적」, 『한겨레』, 1998년 3월 11일, 11면.

22  김태윤, 「플레이보이誌 창간인 휴 헤프너 '바람둥이 인생' 영화화」, 『동아일보』, 1999년 6월 22일,
    A17면; 길 트로이(Gil Troy), 정성희 옮김, 『세계 최고의 여자 힐러리론』(늘봄, 2006/2008), 305쪽.

23  빌 클린턴(Bill Clinton), 정영목·이순희 옮김, 『빌 클린턴의 마이 라이프 2』(물푸레, 2004), 1075
    ~1076쪽.

24  Hillary Clinton, 정재연 정리, 「발췌 요약/힐러리 클린턴의 '살아 있는 역사': 때려죽이고 싶었던 내
    남편 클린턴의 매력」, 『월간조선』, 2003년 7월, 626~635쪽; 힐러리 로댐 클린턴(Hillary Rodham
    Clinton), 김석희 옮김, 『살아 있는 역사』(웅진지식하우스, 2003/2007), 613~614, 622, 692쪽.

25  게일 시히(Gail Sheehy), 유정화 옮김, 『힐러리의 선택: 대통령을 경영한 여자』(한국방송출판, 1999
    /2001), 515쪽.

26  허승호·구자룡, 「'스타 보고서'로 본 클린턴-르윈스키 만남서 대배심 증언까지」, 『동아일보』, 1998년
    9월 14일, 9면; 길 트로이(Gil Troy), 정성희 옮김, 『세계 최고의 여자 힐러리론』(늘봄, 2006/2008),
    282쪽; 게일 시히(Gail Sheehy), 유정화 옮김, 『힐러리의 선택: 대통령을 경영한 여자』(한국방송출
    판, 1999/2001), 522~523쪽; 「'섹스' 어휘 5천 개 킨제이 보고서 방불」, 『동아일보』, 1998년 9월
    14일, 9면.

27  강수진, 「"너무 낯 뜨거워…"/美 언론 보도 고민」, 『동아일보』, 1998년 9월 14일, 9면.

28  임춘웅, 「백악관 포르노」, 『서울신문』, 1998년 9월 24일, 7면.

29  길 트로이(Gil Troy), 정성희 옮김, 『세계 최고의 여자 힐러리론』(늘봄, 2006/2008), 294쪽.

30  Gary Donaldson, ed., 『Modern America: A Documentary History of the Nation Since 1945』
    (Armonk, NY: M.E.Sharpe, 2007), p.319; 김승련, 「클린턴 '증언비디오' 공개」, 『동아일보』, 1998년
    9월 22일, 12면; 홍은택, 「'비디오 증언 공개' 이모저모」, 『동아일보』, 1998년 9월 22일, 12면.

31  신재민, 「클린턴 비디오 증언 공개」, 『한국일보』, 1998년 9월 23일, 7면.

32  임춘웅, 「백악관 포르노」, 『서울신문』, 1998년 9월 24일, 7면.

33  김세원, 「앵글로 색슨의 위선, 광신적 마녀사냥: 프랑스가 보는 클린턴 '지퍼게이트'」, 『신동아』,

1998년 11월, 419~423쪽.

34    정동선, 「소문난 변강쇠 테크닉은 수준 이하: 섹스 왕국 일본 성 전문가가 본 클린턴 섹스」, 『일요신
      문』, 1998년 10월 18일, 42면; 염태정, 「'클린턴 유머 시리즈' 인기」, 『중앙일보』, 1998년 9월 30일,
      8면.

35    Matthew Hindman, 『The Myth of Digital Democracy』(Princeton, NJ: Princeton University
      Press, 2009), p.140; 「MoveOn.org」, 『Wikipedia』; 우태희, 『오바마 시대의 세계를 움직이는 10
      대 파워』(새로운제안, 2008), 313쪽; 무브온(MoveOn.org), 송경재 외 역, 『나라를 사랑하는 50가지
      방법』(리북, 2010), 21쪽; Daniel Bennett & Pam Fielding, 『The Net Effect: How
      Cyberdemocracy Is Changing the Political Landscape』(Merrifield, MA: e-advocates
      Press, 1999), p.34; David Karpf, 『The MoveOn Effect: The Unexpected Transformatrion of
      American Political Advocacy』(New York: Oxford University Press, 2012), p.4.

36    「'클린턴 스캔들'에 美 여성운동 뒤죽박죽」, 『경향신문』, 1998년 9월 28일, 3면.

37    「르윈스키는 유대인 스파이?」, 『동아일보』, 2001년 8월 17일, A23면.

38    「래리 플린트 편지 '스타에게 일자리'」, 『한겨레』, 1998년 9월 25일, 8면.

39    래리 플린트(Larry Flynt)·데이비드 아이젠바흐(David Eisenbach), 안병익 옮김, 『섹스, 거짓말,
      그리고 대통령』(메디치, 2012/2015), 362~363쪽; 배국남, 「'플린트 파일' 美 정가 술렁」, 『한국일보』,
      1999년 1월 9일, 7면.

40    김연극, 「"클린턴 탄핵 반대한다"」, 『조선일보』, 1998년 10월 30일, 11면.

41    홍은택, 「"30년 짓누른 적자 털어버렸다"/ 지금 워싱턴은 '흑자 축제' 중」, 『동아일보』, 1998년 2월
      4일, 7면.

42    송충식, 「미 보수 정치 기로에」, 『경향신문』, 1998년 11월 9일, 5면.

43    최이정, 「돈이라도 벌자? 정계 복귀 대비?」, 『일요신문』, 1999년 11월 7일, 20면.

44    칼 번스타인(Carl Bernstein), 조일준 옮김, 『힐러리의 삶』(현문미디어, 2007), 723~724쪽; 게일 시
      히(Gail Sheehy), 유정화 옮김, 『힐러리의 선택: 대통령을 경영한 여자』(한국방송출판, 1999/2001),
      491쪽.

45    빌 클린턴(Bill Clinton), 정영목·이순희 옮김, 『빌 클린턴의 마이 라이프 2』(물푸레, 2004), 1173쪽.

46    배국남, 「'포르노 왕'이 정가의 '저승사자'로」, 『주간한국』, 1999년 1월 14일, 51면.

47    신재민, 「美 정가 '섹스 매카시즘' 공포」, 『한국일보』, 1998년 12월 22일, 7면.

48    길 트로이(Gil Troy), 정성희 옮김, 『세계 최고의 여자 힐러리론』(늘봄, 2006/2008), 307쪽.

제7장   "나는 십자가에 못 박히고 말 거예요"

1     Jeff Gerth & Don Van Natta Jr., 『Her Way: The Hopes and Ambitions of Hillary Rodham
      Clinton』(New York: Back Bay Books, 2007/2008), p.202.

2     박두식, 「美 정계 '플린트 리스트'에 떤다」, 『주간조선』, 1999년 1월 28일, 65면.

3     김태윤, 「탄핵 재판서 클린턴 공격 땐 '공화의원 불륜 폭로' 엄포」, 『뉴스플러스』, 1999년 2월 18일,
      15면; 윤희영, 「性에 대한 위선 깨겠다」, 『조선일보』, 1999년 1월 14일, 9면.

4     정재연, 「'性 추문 사냥꾼' 플린트 딸이 비난 기자회견 가져」, 『조선일보』, 1999년 1월 9일, 25면.

5     박두식, 「美 정계 '플린트 리스트'에 떤다」, 『주간조선』, 1999년 1월 28일, 65면; 최이정, 「클린턴 공
      격하는 공화당 '성 추문 의원 도 있다'」, 『일요신문』, 1999년 1월 17일, 40면; 「허슬러 발행인, 미 공
      화의원 성 추문 폭로」, 『중앙일보』, 1999년 1월 13일.

6     최철호, 「클린턴 '마무리 구상' 주도 박차」, 『서울신문』, 1999년 2월 14일, 11면; 정연주, 「부결로 막

내린 탄핵: 미 선거 정국 시동」, 『한겨레』, 1999년 2월 13일, 3면; 정연주, 「백악관 미소, 공화는 '부메랑' 우려」, 『한겨레』, 1999년 2월 14일, 9면.

7  데이비드 브록(David Brock), 한승동 옮김, 『우익에 눈먼 미국: 어느 보수주의자의 고백』(나무와숲, 2002), 493쪽.

8  딕 모리스(Dick Morris), 이형진·문정숙 옮김, 『VOTE.com: 인터넷과 직접민주주의, 그리고 쌍방향 대화』(아르케, 1999/2000), 206~207쪽.

9  게일 시히(Gail Sheehy), 유정화 옮김, 『힐러리의 선택: 대통령을 경영한 여자』(한국방송출판, 1999/2001), 372쪽.

10  정연주, 「스타의 집착엔 이유가 있다」, 『한겨레21』, 1998년 10월 15일, 32~33면.

11  박해현, 「 '변태는 바로 스타 검사'」, 『조선일보』, 1998년 9월 29일, 15면.

12  정연주, 「백악관 미소, 공화는 '부메랑' 우려」, 『한겨레』, 1999년 2월 14일, 9면; 「 '원초적 본능' 작가 에스테르해즈: 클린턴 성추문 소설책 펴내」, 『한겨레』, 2000년 7월 27일, 8면; 길 트로이(Gil Troy), 정성희 옮김, 『세계 최고의 여자 힐러리론』(늘봄, 2006/2008), 316쪽.

13  조지 스테퍼노펄러스(George Stephanopoulos), 최규선 옮김, 『너무나 인간적인』(생각의나무, 1998/1999), 16쪽.

14  이혜운, 「 "르윈스키 탄핵 소동에 지친 클린턴 백악관에서는 사고 안 치겠다 결심"」, 『조선일보』, 2009년 9월 23일.

15  딕 모리스(Dick Morris), 홍대운 옮김, 『신군주론』(아르케, 1999/2002), 142~143쪽.

16  에드워드 클라인(Edward Klein), 서영조 옮김, 『힐러리의 진실』(행간, 2005/2006), 215~234쪽; Jeff Gerth & Don Van Natta Jr., 『Her Way: The Hopes and Ambitions of Hillary Rodham Clinton』(New York: Back Bay Books, 2007/2008), p.6.

17  칼 번스타인(Carl Bernstein), 조일준 옮김, 『힐러리의 삶』(현문미디어, 2007), 734~742쪽; 게일 시히(Gail Sheehy), 유정화 옮김, 『힐러리의 선택: 대통령을 경영한 여자』(한국방송출판, 1999/2001), 534쪽.

18  엘런 피츠패트릭(Ellen Fitzpatrick), 김경영 옮김, 『가장 높은 유리천장 깨기: 미국 대선에 도전한 세 여성의 이야기』(글항아리, 2016), 224~226쪽; 에드워드 클라인(Edward Klein), 서영조 옮김, 『힐러리의 진실』(행간, 2005/2006), 257~267쪽.

19  이미숙, 「부시의 '신앙심'이 세계를 긴장시킨다」, 『문화일보』, 2004년 5월 2일.

20  정은령, 「근본주의자 부시」, 『동아일보』, 2003년 3월 14일.

21  테드 할스테드(Ted Halstead)·마이클 린드(Michael Lind), 최지우 옮김, 『정치의 미래: 디지털 시대의 신정치 선언서』(바다출판사, 2001/2002), 7, 133~135쪽.

22  국기연, 「美 종교-정치 성향 연관성 높다」, 『세계일보』, 2004년 8월 6일.

23  칼 번스타인(Carl Bernstein), 조일준 옮김, 『힐러리의 삶』(현문미디어, 2007), 744~748쪽; 존 하일먼(John Heilmann)·마크 핼퍼린(Mark Halperin), 정병선 옮김, 『게임 체인지: 오바마는 힐러리를 어떻게 이겼는가』(컬처앤스토리, 2010/2011), 36~37쪽; 양모듬, 「印稅 가장 많이 받는 정치인, 클린턴 부부라는데…」, 『조선일보』, 2014년 6월 30일; Jeff Gerth & Don Van Natta Jr., 『Her Way: The Hopes and Ambitions of Hillary Rodham Clinton』(New York: Back Bay Books, 2007/2008), p.221.

24  윤정호, 「 "2008년 大選 슬로건은 Yes, we can 작년에는 Ctrl+Alt+Del(재부팅 키: 醫保 개혁 시작부터 홈피 다운 사태 빚은 것 비유)였다"」, 『조선일보』, 2014년 5월 6일.

25  이승철, 「클린턴 美 대통령 결산」, 『경향신문』, 2001년 1월 15일, 13면.

26  Hamilton Jordan, 「The First Grifters」, 『Wall Street Journal』, February 20, 2001; Dinesh D'Souza, 『Hillary's America: The Secret History of the Democratic Party』(Washington, D.C.:

Regnery, 2016), p.3.

27  딕 모리스(Dick Morris), 손지애 · 박소정 옮김, 『나는 이기기 위해 도전한다』(리더스북, 2005/
    2007), 59~63, 124~127쪽.

28  데이비드 브록(David Brock), 한승동 옮김, 『우익에 눈먼 미국: 어느 보수주의자의 고백』(나무와숲,
    2002); 박찬수, 「보수로 가는 미국 사회 (3) 편지로 뿌린 보수 씨앗 '뿌리내린 40년'」, 『한겨레』,
    2005년 1월 12일.

29  칼 번스타인(Carl Bernstein), 조일준 옮김, 『힐러리의 삶』(현문미디어, 2007), 750~753쪽.

30  엘런 피츠패트릭(Ellen Fitzpatrick), 김경영 옮김, 『가장 높은 유리천장 깨기: 미국 대선에 도전한 세
    여성의 이야기』(글항아리, 2016), 228~230쪽; 에드워드 클라인(Edward Klein), 서영조 옮김, 『힐
    러리의 진실』(행간, 2005/2006), 302~303쪽; Jeff Gerth & Don Van Natta Jr., 『Her Way:
    The Hopes and Ambitions of Hillary Rodham Clinton』(New York: Back Bay Books, 2007/
    2008), p.8.

31  딕 모리스(Dick Morris), 손지애 · 박소정 옮김, 『나는 이기기 위해 도전한다』(리더스북, 2005/
    2007), 107~109쪽; Jeff Gerth & Don Van Natta Jr., 『Her Way: The Hopes and Ambitions
    of Hillary Rodham Clinton』(New York: Back Bay Books, 2007/2008), pp.240~248.

32  존 하일먼(John Heilmann) · 마크 핼퍼린(Mark Halperin), 정병선 옮김, 『게임 체인지: 오바마는
    힐러리를 어떻게 이겼는가』(컬처앤스토리, 2010/2011), 36~37쪽; 박혜윤 · 이기홍, 「힐러리 회고록
    "클린턴 불륜 고백에 죽이고 싶었다"」, 『동아일보』, 2003년 6월 5일.

33  이미숙, 「클린턴 부부는 '걸어다니는 기업'」, 『문화일보』, 2003년 6월 14일; 김승일, 「클린턴 "입"으
    로 950만 弗 수입」, 『한국일보』, 2003년 6월 16일.

34  존 하일먼(John Heilmann) · 마크 핼퍼린(Mark Halperin), 정병선 옮김, 『게임 체인지: 오바마는
    힐러리를 어떻게 이겼는가』(컬처앤스토리, 2010/2011), 40~44쪽.

35  정철훈, 「클린턴 자서전 '나의 인생' 시판」 "訪北, 아라파트가 반대해 포기"」, 『국민일보』, 2004년
    6월 23일.

36  래리 킹(Larry King), 정미나 옮김, 『래리 킹, 원더풀 라이프』(청년정신, 2009), 376쪽.

37  존 하일먼(John Heilmann) · 마크 핼퍼린(Mark Halperin), 정병선 옮김, 『게임 체인지: 오바마는
    힐러리를 어떻게 이겼는가』(컬처앤스토리, 2010/2011), 44~46쪽.

38  Ronald Brownstein, 『The Second Civil War: How Extreme Partisanship Has Paralyzed
    Washington and Polarized America』(New York: Penguin Books, 2007), p.337; Theodore
    Hamm, 『The New Blue Media: How Michael Moore, MoveOn.org, Jon Stewart and
    Company Are Transforming Progressive Politics』(New York: The New Press, 2008),
    pp.x~xiii; Christian Crumlish, 『The Power of Many: How the Living Web Transforming
    Politics, Business, and Everyday Life』(San Francisco, CA: SYBEX, 2004), p.31;
    「MoveOn.org」, 『Wikipedia』; 이미숙, 「'큰손' 소로스 부시 때리기」, 『문화일보』, 2004년 10월 30
    일; 강준만, 『미국사 산책 16: 제국의 그늘』(인물과사상사, 2010), 41쪽.

39  Sidney Blumenthal, 『The Strange Death of Republican America: Chronicles of a
    Collapsing Party』(New York: Union Square Press, 2008), p.292.

40  「"美 신문 이념의 망치 거둘 때"」, 『서울신문』, 2004년 12월 1일.

41  하윤해, 「美 대선 승자와 패자/칼 로브 · 힐러리 '웃고' 소로스 · 조그비 '울고'」, 『국민일보』, 2004년
    11월 6일.

42  존 하일먼(John Heilmann) · 마크 핼퍼린(Mark Halperin), 정병선 옮김, 『게임 체인지: 오바마는
    힐러리를 어떻게 이겼는가』(컬처앤스토리, 2010/2011), 72~75쪽.

43  오화석, 「미국 전쟁 비용 200조 원 날렸다」, 『매일경제』, 2006년 3월 17일, A11면.

44 존 하일먼(John Heilmann)·마크 핼퍼린(Mark Halperin), 정병선 옮김, 『게임 체인지: 오바마는 힐러리를 어떻게 이겼는가』(컬처앤스토리, 2010/2011), 80~82쪽.

45 존 하일먼(John Heilmann)·마크 핼퍼린(Mark Halperin), 정병선 옮김, 『게임 체인지: 오바마는 힐러리를 어떻게 이겼는가』(컬처앤스토리, 2010/2011), 83~90쪽; 에드워드 클라인(Edward Klein), 서영조 옮김, 『힐러리의 진실』(행간, 2005/2006), 288~289; Dinesh D'Souza, 『Hillary's America: The Secret History of the Democratic Party』(Washington, DC: Regnery, 2016), p.25.

46 Kathleen Geier, 「Hillary Clinton, Economic Populist: Are You Fucking Kidding Me?」, Liza Featherstone, ed., 『False Choices: The Faux Feminism of Hillary Rodham Clinton』(New York: Verso, 2016), pp.31~32; Megan Erikson, 「Waging War on Teachers」, Liza Featherstone, ed., 『False Choices: The Faux Feminism of Hillary Rodham Clinton』(New York: Verso, 2016), p.66; 이정은, 「미(美) 민주당 '월마트 때리기'」, 『동아일보』, 2006년 8월 31일, A17면.

47 존 하일먼(John Heilmann)·마크 핼퍼린(Mark Halperin), 정병선 옮김, 『게임 체인지: 오바마는 힐러리를 어떻게 이겼는가』(컬처앤스토리, 2010/2011), 137~143쪽; Jeff Gerth & Don Van Natta Jr., 『Her Way: The Hopes and Ambitions of Hillary Rodham Clinton』(New York: Back Bay Books, 2007/2008), pp.326~327; Dinesh D'Souza, 『Hillary's America: The Secret History of the Democratic Party』(Washington, D.C.: Regnery, 2016), p.2.

48 존 하일먼(John Heilmann)·마크 핼퍼린(Mark Halperin), 정병선 옮김, 『게임 체인지: 오바마는 힐러리를 어떻게 이겼는가』(컬처앤스토리, 2010/2011), 144~1463쪽; Jeff Gerth & Don Van Natta Jr., 『Her Way: The Hopes and Ambitions of Hillary Rodham Clinton』(New York: Back Bay Books, 2007/2008), pp.301~302.

49 김정선, 「"힐러리, 월마트 사외이사 경력 누락" NYT 폭로」, 『경향신문』, 2007년 5월 21일.

50 칼 번스타인(Carl Bernstein), 조일준 옮김, 『힐러리의 삶』(현문미디어, 2007); Jeff Gerth & Don Van Natta Jr., 『Her Way: The Hopes and Ambitions of Hillary Rodham Clinton』(New York: Back Bay Books, 2007/2008), p.54; 이석호, 「"힐러리, 불리한 신간서적 입수 언론에 흘려 김 빼기 작전": '권력욕에 이혼 거부', '대권 20년 계획' 내용 논란」, 『조선일보』, 2007년 5월 28일.

51 Jeff Gerth & Don Van Natta Jr., 「Afterword to the Paperback Edition」, 『Her Way: The Hopes and Ambitions of Hillary Rodham Clinton』(New York: Back Bay Books, 2007/2008), pp.347~351.

52 배리 리버트(Barry Libert)·릭 포크(Rick Faulk), 박미남 옮김, 『오바마 주식회사』(지식의날개, 2009), 127쪽.

53 존 하일먼(John Heilmann)·마크 핼퍼린(Mark Halperin), 정병선 옮김, 『게임 체인지: 오바마는 힐러리를 어떻게 이겼는가』(컬처앤스토리, 2010/2011), 220~226쪽.

54 존 하일먼(John Heilmann)·마크 핼퍼린(Mark Halperin), 정병선 옮김, 『게임 체인지: 오바마는 힐러리를 어떻게 이겼는가』(컬처앤스토리, 2010/2011), 234~235쪽.

55 이순녀, 「'오프라바마'의 위력」, 『서울신문』, 2007년 12월 14일.

**제8장 "유리천장엔 1,800만 개의 틈이 생겼습니다"**

1 엘런 피츠패트릭(Ellen Fitzpatrick), 김경영 옮김, 『가장 높은 유리천장 깨기: 미국 대선에 도전한 세 여성의 이야기』(글항아리, 2016), 6~7쪽.

2   서수민, 「"흑인은 되고 여성은 왜 안 되나": '미 페미니즘 대모' 스타이넘 '안티 힐러리' 담론에 쓴소리」, 『한겨레』, 2008년 1월 11일.

3   존 하일먼(John Heilmann)·마크 핼퍼린(Mark Halperin), 정병선 옮김, 『게임 체인지: 오바마는 힐러리를 어떻게 이겼는가』(컬처앤스토리, 2010/2011), 261쪽; 류재훈, 「오바마 돌풍…'변화'의 강풍」, 『한겨레』, 2008년 1월 5일.

4   김재영, 「[USA 대선 2008] "이렇게 안 맞을 수가"…여론조사기관 망신」, 『동아일보』, 2008년 1월 10일.

5   최지영, 「미 대선 '눈물의 정치학'」, 『중앙일보』, 2008년 1월 10일.

6   정상환, 『검은 혁명: 자유와 평등을 향하여, 쿤타 킨테에서 버락 오바마까지』(지식의숲, 2010), 384~385쪽; 존 하일먼(John Heilmann)·마크 핼퍼린(Mark Halperin), 정병선 옮김, 『게임 체인지: 오바마는 힐러리를 어떻게 이겼는가』(컬처앤스토리, 2010/2011), 277~293, 320~329쪽; Karen Blumenthal, 『Hillary Rodham Clinton: A Woman Living History』(New York: Feiwel and Friends, 2016), p.326.

7   존 하일먼(John Heilmann)·마크 핼퍼린(Mark Halperin), 정병선 옮김, 『게임 체인지: 오바마는 힐러리를 어떻게 이겼는가』(컬처앤스토리, 2010/2011), 335쪽; 김정안, 「오바마, 클린턴에 압금…"힐러리 부통령 NO"」, 『동아일보』, 2008년 11월 11일; 전병근, 「2008년 美 대선 막후 스토리 책 '게임체인지'에 미(美) 발칵」, 『조선일보』, 2010년 1월 13일.

8   존 하일먼(John Heilmann)·마크 핼퍼린(Mark Halperin), 정병선 옮김, 『게임 체인지: 오바마는 힐러리를 어떻게 이겼는가』(컬처앤스토리, 2010/2011), 336쪽.

9   하태원, 「"영혼을 흔드는 연설의 연금술사": 타고난 웅변가 오바마」, 『동아일보』, 2008년 2월 20일.

10  존 하일먼(John Heilmann)·마크 핼퍼린(Mark Halperin), 정병선 옮김, 『게임 체인지: 오바마는 힐러리를 어떻게 이겼는가』(컬처앤스토리, 2010/2011), 336~338쪽; 이기홍, 「힐러리 '키친 싱크 정치' 논란: 표절 의혹 등 수단-방법 안 가리고 오바마 때리기」, 『동아일보』, 2008년 3월 8일.

11  안민호, 「美 대선 '오바마니아' 진원지는 인터넷」, 『동아일보』, 2008년 3월 11일.

12  정성희, 「정치광고」, 『동아일보』, 2008년 3월 13일.

13  존 하일먼(John Heilmann)·마크 핼퍼린(Mark Halperin), 정병선 옮김, 『게임 체인지: 오바마는 힐러리를 어떻게 이겼는가』(컬처앤스토리, 2010/2011), 354쪽; Cynthia Levinson, 『Hillary Rodham Clinton: Do All the Good You Can』(New York: Balzer + Bray, 2016), pp.228~229.

14  김순배, 「오바마 '노동계층 비하' 곤욕」, 『한겨레』, 2008년 4월 14일.

15  존 하일먼(John Heilmann)·마크 핼퍼린(Mark Halperin), 정병선 옮김, 『게임 체인지: 오바마는 힐러리를 어떻게 이겼는가』(컬처앤스토리, 2010/2011), 363~366쪽; 김성수, 『오바마의 신화는 눈물이었다: 오바마 신화의 탄생, 현장 100일의 리포트』(열린책들, 2009), 182~187쪽.

16  정재홍, 「"오바마 부상 뒤엔 문학적 재능 있었다"」, 『중앙일보』, 2008년 5월 19일.

17  김민구, 「[미(美) 민주당 대선 후보 오바마] 대중 소통 달인, 미국(美國) 변화에도 달인 될까」, 『조선일보』, 2008년 6월 5일.

18  고태성, 「[2008 미국의 선택] 오바마 민주 대선 후보 사실상 결정」, 『한국일보』, 2008년 5월 22일; 김창진, 「미 대통령 선거는 경매다」, 『한겨레21』, 제717호(2008년 7월 2일); 김창준, 「김창준의 숨겨진 정치 이야기」 〈19〉 미국의 로비스트」, 『한국일보』, 2008년 8월 6일.

19  정재홍, 「"오바마 정치적 성공 뒷받침한 건 시적 감수성과 마키아벨리적 술수"」, 『중앙일보』, 2008년 6월 6일.

20  이상일, 「"날 위해 한 것처럼 오바마 위해 뛰어달라": 힐러리 승복 현장 르포」, 『중앙일보』, 2008년 6월 9일.

21 존 하일먼(John Heilmann)·마크 핼퍼린(Mark Halperin), 정병선 옮김, 『게임 체인지: 오바마는 힐러리를 어떻게 이겼는가』(컬처앤스토리, 2010/2011), 386, 392, 504쪽.

22 이기홍, 「"오바마라면…" 보수의 변심」, 『동아일보』, 2008년 6월 12일.

23 최우석, 「오바마의 '두 얼굴'」, 『조선일보』, 2008년 6월 26일.

24 정인환, 「흑인 대통령, 그 거대한 분수령」, 『한겨레21』, 제726호(2008년 9월 1일).

25 존 하일먼(John Heilmann)·마크 핼퍼린(Mark Halperin), 정병선 옮김, 『게임 체인지: 오바마는 힐러리를 어떻게 이겼는가』(컬처앤스토리, 2010/2011), 545~546쪽; 이혜운, 「페일린 구애(求愛)에…어떡하나 힐러리」, 『조선일보』, 2008년 9월 16일.

26 김정욱, 「돈·인재·언론, 오바마 품으로 모인다」, 『중앙일보』, 2008년 10월 22일.

27 티모시 P. 카니(Timothy P. Carney), 이미숙 옮김, 『백인 오바마: 오바마는 어떻게 거대기업의 편이 되었나』(예문, 2009/2010), 27~28쪽.

28 이기홍, 「美 주류 언론 '리버럴 편향' 두드러졌다」, 『동아일보』, 2008년 11월 4일.

29 Nancy Gibbs, 「This Is Our Time」, 『Time』, November 17, 2008, pp.22~27.

30 하태원, 「'독대-인사권 보장한다' 오바마 통 큰 포용」, 『동아일보』, 2008년 11월 24일; 힐러리 로댐 클린턴(Hillary Rodham Clinton), 김규태·이형욱 옮김, 『힘든 선택들』(김영사, 2014/2015), 45쪽.

31 도리스 컨스 굿윈(Doris Kearns Goodwin), 이수연 옮김, 『권력의 조건: 라이벌까지 끌어안은 링컨의 포용 리더십』(21세기북스, 2005/2007); 변희원, 「오바마, 링컨처럼 '통합정치' 이룰까」, 『조선일보』, 2008년 11월 17일.

32 이상일, 「오바마의 리더십 스타일 보니…명문대 출신 선호 '우등생 정치'」, 『중앙일보』, 2008년 12월 3일.

33 하태원, 「'오월동주' 오바마-힐러리…득일까 실일까」, 『동아일보』, 2008년 12월 2일.

34 조너선 앨런(Jonathan Allen)·에이미 판즈(Amie Parnes), 이영아 옮김, 『힐러리 로댐 클린턴』(와이즈베리, 2014/2015), 16~19, 122쪽.

**제9장 "여성의 야망과 포부 실현을 막는 '유리 천장'을 없애자"**

1 최상연, 「지지율 80% 역대 최고 '허니문' 신기록 세울까」, 『중앙일보』, 2009년 1월 21일.

2 티모시 P. 카니(Timothy P. Carney), 이미숙 옮김, 『백인 오바마: 오바마는 어떻게 거대기업의 편이 되었나』(예문, 2009/2010), 20쪽.

3 하태원, 「美 공화당 리더는 '라디오 스타' 림보?」, 『동아일보』, 2009년 3월 5일.

4 김순배, 「'오바마 천적' 자처한 림보 공화당에 득 될까 해 될까」, 『한겨레』, 2009년 3월 6일.

5 조너선 앨런(Jonathan Allen)·에이미 판즈(Amie Parnes), 이영아 옮김, 『힐러리 로댐 클린턴』(와이즈베리, 2014/2015), 91~97, 120~121쪽.

6 CSIS(국제전략문제연구소) 스마트파워위원회, 홍순식 옮김, 『스마트 파워』(삼인, 2009); 하영선, 「'스마트 파워'론과 대통령 선거」, 『조선일보』, 2007년 11월 16일.

7 캐런 블루멘탈(Karen Blumenthal), 김미선 옮김, 『프레지던트 힐러리: 세상을 변화시키고 싶은 꿈과 열망의 롤모델』(움직이는서재, 2016), 235~236쪽; 강인선, 「클린턴 美 국무, 梨大를 찾은 이유…」, 『조선일보』, 2009년 2월 28일.

8 이하원, 「"오바마는 애송이"라던 클린턴이…」, 『조선일보』, 2009년 5월 9일.

9 장명수, 「클린턴의 '5분'」, 『한국일보』, 2009년 8월 14일.

10 정의길, 「클린턴 '아프리카 순방 꼬이네'」, 『한겨레』, 2009년 8월 14일.

11 이용수, 「"클린턴 국무 입방정이 오바마 정부에 부담 줘"」, 『조선일보』, 2009년 11월 18일.

12 신정선, 「"대통령 임기 제한 없었다면 관에 실려 백악관 떠났을 것"」, 『조선일보』, 2009년 11월 4일.

13 류재훈, 「돌아온 구원투수 빌 클린턴 '등판'」, 『한겨레』, 2010년 6월 12일.

14 김태언, 「클린턴 딸 '첼시' 결혼식 비용만 최대 300만 달러」, 『뉴시스』, 2010년 7월 30일.

15 박성희, 「결혼, 첼시처럼? 아니 저커버그처럼!」, 『한국경제』, 2012년 5월 29일.

16 김정욱, 「미 국민 64% "힐러리 가장 좋다"」, 『중앙일보』, 2010년 10월 19일.

17 김민구, 「"클린턴의 민주당 지원은 힐러리 위한 것"」, 『조선일보』, 2010년 10월 19일.

18 조너선 앨런(Jonathan Allen)·에이미 판즈(Amie Parnes), 이영아 옮김, 『힐러리 로댐 클린턴』(와이즈베리, 2014/2015), 238~239쪽; 장경민, 「'적과의 동침' 택한 오바마의 통 큰 결단」, 『중앙일보』, 2010년 12월 21일.

19 조너선 앨런(Jonathan Allen)·에이미 판즈(Amie Parnes), 이영아 옮김, 『힐러리 로댐 클린턴』(와이즈베리, 2014/2015), 287~288쪽.

20 조너선 앨런(Jonathan Allen)·에이미 판즈(Amie Parnes), 이영아 옮김, 『힐러리 로댐 클린턴』(와이즈베리, 2014/2015), 296쪽.

21 조너선 앨런(Jonathan Allen)·에이미 판즈(Amie Parnes), 이영아 옮김, 『힐러리 로댐 클린턴』(와이즈베리, 2014/2015), 10~11쪽.

22 조너선 앨런(Jonathan Allen)·에이미 판즈(Amie Parnes), 이영아 옮김, 『힐러리 로댐 클린턴』(와이즈베리, 2014/2015), 365~370, 431~432, 450~451쪽; 뉴스큐레이션팀, 「[세계 파워 우먼 (3)] 패기 넘치는 리더로 쉴 새 없이 달려온 '힐러리 클린턴'」, 『조선닷컴』, 2016년 6월 10일.

23 임민혁, 「티파티, 최악의 한 해」, 『조선일보』, 2012년 12월 31일.

24 캐런 블루멘탈(Karen Blumenthal), 김미선 옮김, 『프레지던트 힐러리: 세상을 변화시키고 싶은 꿈과 열망의 롤모델』(움직이는서재, 2016), 236쪽; 정종훈, 「강연 한 번에 1억 원…비싸지는 힐러리 '입'」, 『중앙일보』, 2013년 2월 21일.

25 정시행, 「소개란에 아내·엄마·개 주인 그리고 TBD(To Be Determined·추후 결정)…12시간 만에 팔로어 30만 명 몰려: 트위터로 네티즌과 소통 시작한 힐러리」, 『조선일보』, 2013년 6월 12일.

26 조너선 앨런(Jonathan Allen)·에이미 판즈(Amie Parnes), 이영아 옮김, 『힐러리 로댐 클린턴』(와이즈베리, 2014/2015), 451~452쪽.

27 김기용, 「힐러리 "유리천장 깨자"…대선 출마 신호탄?」, 『동아일보』, 2013년 11월 4일.

28 김창금, 「힐러리 '생계형 억대 강연' 역풍」, 『한겨레』, 2014년 6월 12일; 윤정호·이준호, 「1시간에 2억 원 버는 힐러리…뭇매 맞는 '고액 강연'」, 『조선일보』, 2014년 6월 30일.

29 정지섭, 「클린턴, 최고 부자 美 대통령」, 『조선일보』, 2014년 6월 14일; 윤정호·이준호, 「1시간에 2억 원 버는 힐러리…뭇매 맞는 '고액 강연'」, 『조선일보』, 2014년 6월 30일.

30 「美 NBC 기자 된 클린턴 딸 첼시, '방송 1초당 45만 원?'… '취업 특혜' 논란」, 『조선일보』, 2014년 6월 17일.

31 손원제, 「한풀 꺾인 힐러리 열풍」, 『한겨레』, 2014년 6월 19일.

32 윤정호·이준호, 「1시간에 2억 원 버는 힐러리…뭇매 맞는 '고액 강연'」, 『조선일보』, 2014년 6월 30일; 이순흥, 「힐러리, 이번엔 대학 강연 '슈퍼甲' 구설」, 『조선일보』, 2014년 7월 18일.

## 제10장 "평범한 미국인들을 위한 챔피언이 되고 싶다"

1 정건희, 「힐러리, 국무장관 때 개인 메일만 사용… '연방법 위반'」, 『국민일보』, 2015년 3월 3일; 남지원, 「힐러리 국무장관 시절 개인 이메일 사용 '논란'」, 『경향신문』, 2016년 3월 4일.

2 장진모, 「힐러리 발목 잡은 'e메일 스캔들'」, 『한국경제』, 2015년 3월 23일.

3    Dinesh D'Souza, 『Hillary's America: The Secret History of the Democratic Party』 (Washington, D.C.: Regnery, 2016), pp.225~228.

4    이승헌, 「달라진 힐러리? 대선 출마 동영상 '시작합니다'서 낮은 자세로…」, 『동아일보』, 2015년 4월 14일; 이승헌, 「"미국인들의 챔피언 되고 싶다"」, 『동아일보』, 2015년 4월 14일; 최정은, 「힐러리, 대선 출마 선언 SNS 통해 한 이유?」, 『시크뉴스』, 2015년 4월 13일.

5    배상희, 「'대권 도전' 힐러리의 첫 화두 '소득 불평등'…진보 노선 전향 신호?」, 『아주경제』, 2015년 4월 14일.

6    김민정, 「대선 출마 선언 힐러리, 멕시코 음식점 '치폴레' 첫 방문지로 택한 까닭」, 『조선일보』, 2015년 4월 16일.

7    심인성 · 박성제, 「미 공화, 출마 선언 힐러리 집중 포화…민주는 엄호」, 『연합뉴스』, 2015년 4월 13일.

8    강건택, 「뉴욕에 '안티 힐러리' 길거리 그림 등장」, 『연합뉴스』, 2015년 4월 13일.

9    Marc Shapiro, 『Trump This! The Life and Times of Donald Trump: An Unauthorized Biography』(Riverdale, NY: Riverdale Avenue Books, 2016), pp.127~129; Gwenda Blair, 『Donald Trump: The Candidate』(New York: Simon & Schuster, 2015), p. 132; 이윤영, 「미 대선 출마 트럼프 막말에 멕시코 발끈」, 『연합뉴스』, 2015년 6월 17일; 이소라, 「美 대선 후보자 도널드 트럼프, 부통령으로 '오프라 윈프리' 언급」, 『이코노믹리뷰』, 2015년 6월 18일.

10   이상렬, 「"나는 진보" 미국인 역대 최다…그들이 내년 대선 판 흔든다」, 『중앙일보』, 2015년 7월 10일.

11   「[사설] 미국 대선에서 무소속 샌더스 돌풍이 의미하는 것」, 『경향신문』, 2015년 7월 8일.

12   박현, 「클린턴 공약 1호 이익 공유제…정글자본주의 해독제?」, 『한겨레』, 2015년 7월 27일; 박병률, 「미 대선 이슈 '소득 불평등'…한국도 총선 '핵심 이슈' 예약」, 『경향신문』, 2015년 11월 27일.

13   이용인, 「미국 대선은 '슈퍼 부자'들이 지배한다」, 『한겨레』, 2015년 8월 3일.

14   윤정호, 「트럼프, 당신 혹시 엑스맨?」, 『조선일보』, 2015년 8월 7일; 김현기, 「클린턴 대통령 만들려 자폭 막말? 밀약설 도는 트럼프」, 『중앙일보』, 2015년 12월 11일; Marc Shapiro, 『Trump This! The Life and Times of Donald Trump: An Unauthorized Biography』(Riverdale, NY: Riverdale Avenue Books, 2016), pp.117~118, 137.

15   윤정호, 「17명이 모였다…오직 1명, 트럼프만 보였다」, 『조선일보』, 2015년 8월 8일.

16   이용인, 「샌더스, 미 민주 경선서 힐러리 추월」, 『한겨레』, 2015년 8월 14일.

17   손제민, 「더 강해진 진보의 열망」, 『경향신문』, 2015년 8월 14일.

18   이용인, 「"그는 중산층 위한 사람" 무명 샌더스에 민심이 답했다」, 『한겨레』, 2015년 8월 27일.

19   채병건, 「미국 속내 '배설'…백인 보수층 사로잡은 트럼프 스타일」, 『중앙일보』, 2015년 8월 31일.

20   김현기, 「"쿠드스 압니까" 사회자 질문에 트럼프 "쿠르드는 말이죠"」, 『중앙일보』, 2015년 9월 7일.

21   윤정호 · 권순완, 「힐러리, 망가져야 산다」, 『조선일보』, 2015년 9월 12일; 전석운, 「"I'm sorry"…다급해진 힐러리, 결국 사과」, 『국민일보』, 2015년 9월 10일; 채병건, 「유세 도중 밧줄 쳐 접근 차단…취재진에 '선' 그은 힐러리」, 『JTBC』, 2015년 7월 7일.

22   이용인, 「"당신이 세계 최고의 보스", "인터뷰 사진 대단하다" 클린턴 참모는 낯 뜨거운 아부」, 『한겨레』, 2015년 11월 2일; 김현기, 「"힐러리, 당신이 세계 최고의 보스입니다"」, 『중앙일보』, 2015년 11월 2일; 김화영, 「'세계 최고의 보스' · '환상적 만남'…힐러리에 쓴소리 없었다」, 『연합뉴스』, 2015년 11월 1일.

23   김현기 · 성호준, 「트럼프, 힐러리 향해 "오바마에게 X됐다"」, 『중앙일보』, 2015년 12월 24일; 윤정호, 「갈 데까지 간 트럼프…美는 어떤 선택할까」, 『조선일보』, 2015년 12월 24일; 심인성, 「힐러리-트럼프 이미 본선 다툼? 서로 '성차별 애호가' 설전」, 『연합뉴스』, 2015년 12월 29일; Marc Shapiro, 『Trump This! The Life and Times of Donald Trump: An Unauthorized Biography』(Riverdale, NY: Riverdale Avenue Books, 2016), pp.158~159.

24  이지예, 「트럼프, "이번 대선은 전쟁이야!"…힐러리 부부 '맹공'」, 『뉴시스』, 2015년 12월 31일.

25  고미혜, 「FT가 전망한 2016년…"힐러리 美 대통령 될 것"」, 『연합뉴스』, 2015년 12월 31일.


**제11장 "모든 미국인을 위한 대통령이 되겠다"**

1   채병건, 「美 대선의 배우자 경쟁… '부인 미모' 트럼프, '열성 부인' 크루즈」, 『중앙일보』, 2016년 1월 6일.

2   윤정호, 「힐러리 뇌진탕 재발說」, 『조선일보』, 2016년 1월 10일; 뉴스큐레이션팀, 「[세계 파워 우먼 (3)] 패기 넘치는 리더로 쉴 새 없이 달려온 '힐러리 클린턴'」, 『조선닷컴』, 2016년 6월 10일.

3   강남규, 「부유세·월가혁신·빈민구제…거침없는 '민주적 사회주의'」, 『중앙일보』, 2016년 2월 5일.

4   채병건, 「'I'로 되돌아간 클린턴…샌더스 'We' 화법의 승리」, 『중앙일보』, 2016년 2월 12일.

5   윤정호, 「샌더스·트럼프 압승…美 주류 정치권엔 끔찍한 밤」, 『조선일보』, 2016년 2월 11일; 홍주희, 「사회주의자·극우의 약진… '유럽형 정치' 미국 대선 장악」, 『중앙일보』, 2016년 2월 12일.

6   채병건, 「'흙수저' 샌더스 '금수저' 트럼프, 닮은 점 많은 극과 극」, 『중앙일보』, 2016년 2월 15일; J. M. Carpenter, 『Stumped: How Trump Triumphed: The Open Secrets of Donald Trump's Gravity-Defying Political Domination and How You Can Use Them(pamphlet)』(2016), p.83.

7   채병건, 「'I'로 되돌아간 클린턴…샌더스 'We' 화법의 승리」, 『중앙일보』, 2016년 2월 12일.

8   김은정, 「美 여대생 "73세 샌더스 너무나 열정적…록스타 같아"」, 『조선일보』, 2016년 2월 15일.

9   부형권, 「여대생 힐러리 vs 할머니 힐러리」, 『동아일보』, 2016년 2월 29일.

10  김현기, 「진보 경제학자들도 "샌더스 공약, 동화 같은 얘기"」, 『중앙일보』, 2016년 2월 17일.

11  권재현, 「샌더스, '서부 트리오' 깜짝 3연승…압도적 표차로 힐러리 따돌려」, 『동아일보』, 2016년 3월 28일.

12  이동휘, 「'별명짓기 달인' 트럼프? 유세장서 "부정직한 힐러리", "거짓말쟁이 테드" 반복 언급」, 『조선일보』, 2016년 4월 19일.

13  심인성, 「'고액 강연' 힐러리 "전용기 유세 트럼프 일반인과 동떨어진 사람"」, 『연합뉴스』, 2016년 4월 26일; 김신회, 「힐러리, 1,500만 원 '아르마니' 입고 '불평등' 연설」, 『머니투데이』, 2016년 6월 7일; 박효재, 「힐러리, 1,400만 원짜리 아르마니 재킷 입고 소득 불평등 얘기했다가…」, 『경향신문』, 2016년 6월 9일; Kathleen Geier, 「Hilary Clinton, Economic Populist: Are You Fucking Kidding Me?」, Liza Featherstone, ed., 『False Choices: The Faux Feminism of Hillary Rodham Clinton』(New York: Versom 2016), pp.29~45.

14  김경윤, 「트럼프, '르윈스키 성추문' 언급하며 힐러리에 공세」, 『연합뉴스』, 2016년 5월 8일; 정지원, 「[2016 美 대선] 트럼프 "힐러리, 비열하고 못됐다" 對 힐러리 "여성 경멸 지나치다"…美 대선 인신공격 난무」, 『파이낸셜뉴스』, 2016년 5월 8일.

15  윤정호, 「"힐러리가 만약 진다면…비호감 이미지 때문일 것"」, 『조선일보』, 2016년 5월 18일.

16  뉴스큐레이션팀, 「[세계 파워 우먼 (3)] 패기 넘치는 리더로 쉴 새 없이 달려온 '힐러리 클린턴'」, 『조선닷컴』, 2016년 6월 10일.

17  윤정호·이벌찬, 「트럼프 氣勢 좋아도…선거인단 판세는 힐러리 편」, 『조선일보』, 2016년 5월 25일; 김현기, 「힐러리 삼면초가」, 『중앙일보』, 2016년 5월 25일.

18  정의길, 「과거 스캔들 들추고 재산 형성 과정 공격하고…시동 걸린 미국 '진흙탕 대선'」, 『한겨레』, 2016년 5월 26일.

19  윤정호, 「'클린턴 부부 살인 의혹'까지 꺼낸 트럼프」, 『조선일보』, 2016년 5월 26일.

20 김현기, 「클린턴 "미국서 가장 높고 단단한 유리천장 깼다"」, 『중앙일보』, 2016년 6월 9일; 윤정호, 「힐러리 "역사적 이정표에 도달했다" 승리 선언」, 『조선일보』, 2016년 6월 9일.

21 김현기, 「오바마, 전국 돌며 클린턴 지원 유세한다」, 『중앙일보』, 2016년 6월 11일; 이승헌, 「오바마 '힐러리 지지' 공식 선언…힐러리 "세상 다 얻은 것 같다"」, 『동아일보』, 2016년 6월 11일.

22 윤정호, 「흑인·젊은층 공략 지원군 가세…힐러리, 날개 달았다」, 『조선일보』, 2016년 6월 11일; 손제민, 「'클린턴과 함께' 뭉치는 민주」, 『경향신문』, 2016년 6월 11일.

23 윤정호, 「美 공화당 거물 아미티지 "트럼프는 공화당원 아냐…힐러리 지지"」, 『조선일보』, 2016년 6월 18일.

24 윤정호, 「애플 "공화 전당대회에 한 푼도 지원 안 하겠다"」, 『조선일보』, 2016년 6월 20일.

25 채병건, 「애플·포드의 복수? "트럼프 후원 안 한다"」, 『중앙일보』, 2016년 6월 20일.

26 이용인, 「클린턴·트럼프 '집안 단속' 만만치 않네」, 『한겨레』, 2016년 6월 20일.

27 채병건, 「법무장관과 몰래 회동…표 깎아먹은 남편 클린턴」, 『중앙일보』, 2016년 7월 2일.

28 김남권, 「힐러리 최대 난제는 '신뢰 회복'…'거짓말쟁이' 이미지 극복할까」, 『연합뉴스』, 2016년 7월 4일.

29 김현기, 「클린턴 'e메일 족쇄' 풀린 날…오바마와 공동 유세」, 『중앙일보』, 2016년 7월 7일.

30 윤정호, 「에어포스원 얻어 탄 힐러리, 백악관 가는 길 '쾌청'」, 『조선일보』, 2016년 7월 7일.

31 강영두, 「극렬 지지자들 "힐러리 목을 매달아라"…트럼프 유세장 과격화」, 『연합뉴스』, 2016년 7월 7일; 이용인, 「'힐러리의 날'이었지만…」, 『한겨레』, 2016년 7월 7일.

32 이용인, 「샌더스, 클린턴 지지 공식 선언… '441일 드라마' 명장면 6가지」, 『한겨레』, 2016년 7월 14일; 손제민, 「샌더스의 2가지 성취…최저시급 15달러, 소액 기부 27달러」, 『경향신문』, 2016년 7월 14일; 강남규, 「"월가 탐욕에 대항" 미 민주당 정강에 '샌더스 파워'」, 『중앙일보』, 2016년 7월 15일.

33 이선기, 「샌더스, 힐러리 공식 지지 선언…트럼프 맹비난」, 『시사포커스』, 2016년 7월 13일.

34 채병건, 「트럼프, 밀리는 줄 알았는데…경합주 3곳서 역전·동률」, 『중앙일보』, 2016년 7월 15일; 윤정호, 「힐러리 이메일 스캔들 후유증」, 『조선일보』, 2016년 7월 15일.

35 채병건, 「AR-15 소총 들고온 백인…거대한 참호로 변한 클리블랜드」, 『중앙일보』, 2016년 7월 19일; 윤정호, 「대회장 주변 당당히 총 든 시민…경찰·州방위군 긴장」, 『조선일보』, 2016년 7월 19일; 손제민, 「세상에서 가장 위험한 전당대회…"부디 살아서 돌아가시오"」, 『경향신문』, 2016년 7월 19일.

36 김현기, 「트럼프, 아메리카니즘 선언」, 『중앙일보』, 2016년 7월 23일; 김현기, 「트럼프 "LGBT 보호할 것"…160년 공화당 스타일 바꿨다」, 『중앙일보』, 2016년 7월 23일; 김현기·정종문, 「이방카 "미국 경제에 적합한 단 한 분" WP "그녀, 홈런 쳤다"」, 『중앙일보』, 2016년 7월 23일; 이용인, 「트럼프 연설, 미국인 분노 자극했다」, 『한겨레』, 2016년 7월 23일; 윤정호, 「76분간 토해낸 아메리카니즘…"I am your voice"에 열광」, 『조선일보』, 2016년 7월 23일; 오윤희, 「눈도 마음도 홀린 이방카」, 『조선일보』, 2016년 7월 23일; 윤정호, 「지지율 1%였던 막말꾼, 大選 후보 쟁취 드라마 쓰다」, 『조선일보』, 2016년 7월 23일; 윤정호, 「'트럼프의 도박' 앞에 선 韓美 동맹」, 『조선일보』, 2016년 7월 23일; 정의길, 「공화당은 트럼프에게 '접수'됐나, '납치'됐나?」, 『한겨레』, 2016년 7월 23일; 김정은, 「트럼프, 미군 철수 위협 반복…"나토 동맹국도 무조건 방어 안 해"」, 『연합뉴스』, 2016년 7월 22일.

37 이동현, 「노동자 가정 출신 케인…러스트벨트 공략에 강점」, 『중앙일보』, 2016년 7월 25일.

38 윤정호, 「"자수성가 진보주의자" vs "월가에 포획된 부패 인물"」, 『조선일보』, 2016년 7월 25일.

39 마이클 무어(Michael Moore), 「트럼프가 승리할 5가지 이유」, 『허핑턴포스트코리아』, 2016년 7월 25일.

40 김현기, 「전국위 간부들 '힐러리 편들기' 드러나…샌더스 측 분통」, 『중앙일보』, 2016년 7월 25일; 윤정호, 「유리천장 깬 힐러리, 美 독립선언 채택 聖地서 출정식」, 『조선일보』, 2016년 7월 25일.

41  김현기, 「클린턴 캠프 "트럼프 도우려는 러시아가 e메일 폭로 배후"」, 『중앙일보』, 2016년 7월 26일.

42  이용인, 「샌더스 비방 이메일 공개 파문…슐츠 민주당 전국위 의장 사퇴」, 『한겨레』, 2016년 7월 26일.

43  채병건, 「클린턴과 8년 앙숙 미셸 "우리 친구, 그녀와 함께 가겠다"」, 『중앙일보』, 2016년 7월 27일.

44  채병건, 「"아내는 날 결코 떠난 적 없다, 여러분을 떠나지 않을 것"」, 『중앙일보』, 2016년 7월 28일.

45  윤정호, 「오바마 "힐러리 나보다 훌륭, 美 하나로 뭉칠 후보"」, 『조선일보』, 2016년 7월 29일; 채병건, 「오바마 "힐러리, 나보다 빌보다도 훌륭한 자질 갖췄다"」, 『중앙일보』, 2016년 7월 29일.

46  홍주희, 「첼시 "엄마는 나의 영웅…행동하는 사람"」, 『중앙일보』, 2016년 7월 30일.

47  윤정호, 「夫婦 대통령 꿈에 다가선 '45년 커플'」, 『조선일보』, 2016년 7월 30일; 채병건, 「클린턴 "동맹과 함께하면 더 강해진다"」, 『중앙일보』, 2016년 7월 30일.

48  윤정호, 「힐러리도 '전당대회 효과'…트럼프에 재역전」, 『조선일보』, 2016년 7월 30일.

49  윤정호, 「이번엔 무슬림 전사자 부모 모욕…트럼프 또 '자살골'」, 『조선일보』, 2016년 8월 2일; 백민정, 「애국주의 건드린 트럼프…NYT "인종 차별 이어 중대 고비"」, 『중앙일보』, 2016년 8월 2일; 정환보, 「트럼프, 끝 모를 인종·종교 막말」, 『경향신문』, 2016년 8월 2일; 윤정호, 「'美國의 자부심' 건드린 트럼프, 대선 최대 위기」, 『조선일보』, 2016년 8월 3일.

50  윤정호, 「'美國의 자부심' 건드린 트럼프, 대선 최대 위기」, 『조선일보』, 2016년 8월 3일.


**제12장 "나를 차갑고 무감정하다고 여기는 사람들을 이해한다"**

1  윤정호, 「'美國의 자부심' 건드린 트럼프, 대선 최대 위기」, 『조선일보』, 2016년 8월 3일.

2  김현기·이기준, 「공화당 의원이 첫 클린턴 지지 선언」, 『중앙일보』, 2016년 8월 3일; 이승헌, 「WP "금지선 넘은 트럼프, 매카시의 길 갈 수도"」, 『동아일보』, 2016년 8월 3일.

3  손제민, 「트럼프 막말 퍼레이드에 "트럼프, 정신병자 아닌가?"」, 『경향신문』, 2016년 8월 3일; 김남권, 「무슬림 비하·親러시아·성희롱 대처…트럼프, 입만 열면 자책골」, 『연합뉴스』, 2016년 8월 3일.

4  손제민, 「트럼프 막말 퍼레이드에 "트럼프, 정신병자 아닌가?"」, 『경향신문』, 2016년 8월 3일; 김남권, 「무슬림 비하·親러시아·성희롱 대처…트럼프, 입만 열면 자책골」, 『연합뉴스』, 2016년 8월 3일.

5  윤동영, 「트럼프 말썽 언행은 정치 전술 아니라 성격장애·수면박탈 탓?」, 『연합뉴스』, 2016년 8월 3일; 이지영, 「트럼프의 계속되는 돌발 행동과 막말, 잠 부족해 충동 억제 못하기 때문이죠」, 『중앙일보』, 2016년 9월 10일.

6  황금비, 「도널드 트럼프 정신감정 해야 하나 말아야 하나」, 『한겨레』, 2016년 8월 9일.

7  김현기·이기준, 「공화당 의원이 첫 클린턴 지지 선언」, 『중앙일보』, 2016년 8월 3일; 손제민·최우규, 「[미 대선판 공화당 '이상기류'] 아군과 싸우는 '독불장군'」, 『경향신문』, 2016년 8월 4일.

8  윤정호, 「트럼프 입 때문에 공화당 內戰」, 『조선일보』, 2016년 8월 4일; 손제민·최우규, 「[미 대선판 공화당 '이상기류'] 아군과 싸우는 '독불장군'」, 『경향신문』, 2016년 8월 4일.

9  이용인, 「"트럼프, 핵무기 있는데 사용하면 왜 안 되느냐고 세 번 물어"」, 『한겨레』, 2016년 8월 4일; 이동경, 「전 CIA 국장 "트럼프 집권하면 미군이 명령 거부할 수 있다"」, 『연합뉴스』, 2016년 2월 28일.

10  백민정, 「트럼프 잇단 헛발질로 추락…클린턴, 다시 두 자릿수 우세」, 『중앙일보』, 2016년 8월 5일; 윤정호, 「무너지는 트럼프」, 『조선일보』, 2016년 8월 5일; 황금비, 「미 공화당 '자중지란' 끝이 안 보이네」, 『한겨레』, 2016년 8월 5일.

11  한미희, 「궁지 몰린 트럼프, 사흘 만에 꼬리 내려…'라이언 지지'」, 『연합뉴스』, 2016년 8월 6일.

12  이용인, 「미 공화 의원들 '대통령은 힐러리가 되니, 의원은 우리 뽑아달라'」, 『한겨레』, 2016년 8월 8일.

13  채병건, 「트럼프 몰락? 미국 대선 끝난 게 아니다」, 『중앙일보』, 2016년 8월 6일.

14  이상렬, 「레이건 때처럼… '클린턴 리퍼블리컨' 유력 인사만 50명」, 『중앙일보』, 2016년 8월 12일; 이용인, 「미국 대선 흔드는 '클린턴 공화당원'」, 『한겨레』, 2016년 8월 12일.

15  심인성, 「트럼프 '수정헌법 2조 지지자에 힐러리 생명 위협 교사' 진위 공방」, 『연합뉴스』, 2016년 8월 10일; 김현기, 「총기 규제하려는 힐러리 당선 땐 여러분들은 아무것도 할 수 없어, 총기 소유 지지자들 있긴 하지만…」, 『중앙일보』, 2016년 8월 11일; 정의길, 「트럼프, '총으로 클린턴 막아야' 시사 발언」, 『한겨레』, 2016년 8월 11일.

16  문재연, 「'괴벨스 판박이' 트럼프의 선동 기술…트럼프의 "어떤 사람들" 화법」, 『헤럴드경제』, 2016년 8월 11일; 황인찬·부형권, 「툭하면 논란 부르는 트럼프 화법 분석해보니…」, 『동아일보』, 2016년 8월 11일.

17  황인찬·부형권, 「툭하면 논란 부르는 트럼프 화법 분석해보니…」, 『동아일보』, 2016년 8월 11일.

18  정진탄, 「트럼프 "좋은 기질로 여기까지 오게 돼"…지지 거부자 비난」, 『뉴스1』, 2016년 8월 10일.

19  정환보, 「[2016 미국의 선택] "트럼프·오 마이 갓" '클린턴, 등 뒤에서 찌를 듯'」, 『경향신문』, 2016년 8월 12일.

20  이지예, 「힐러리, 트럼프에 "말 한마디가 엄청난 결과 낳는다"」, 『뉴시스』, 2016년 8월 11일.

21  김정은, 「NYT 칼럼니스트 "트럼프, 역겨운 인간"… '위협 교사' 발언 맹비난」, 『연합뉴스』, 2016년 8월 11일.

22  김덕한, 「'클린턴 리퍼블리컨' 증가…트럼프 大敗 조짐」, 『조선일보』, 2016년 8월 12일.

23  이상렬, 「레이건 때처럼… '클린턴 리퍼블리컨' 유력 인사만 50명」, 『중앙일보』, 2016년 8월 12일; 이용인, 「미국 대선 흔드는 '클린턴 공화당원'」, 『한겨레』, 2016년 8월 12일.

24  김덕한, 「공화 일부 "트럼프 버리고 상·하원 선거라도 건지자"」, 『조선일보』, 2016년 8월 13일.

25  김남권, 「트럼프 "11월 이후 긴 휴가 보낼 수도"…패배 가능성 시사?」, 『연합뉴스』, 2016년 8월 12일.

26  김현기, 「빌 클린턴 "힐러리 e메일 수사 발표는 헛소리"」, 『중앙일보』, 2016년 8월 15일.

27  임미현, 「트럼프 "난 힐러리 아니라 사기꾼 언론과 싸움 중"」, 『노컷뉴스』, 2016년 8월 15일; 「트럼프 "망해가는 NYT가 소설 쓴다…취재 자격 박탈" 협박」, 『헤럴드경제』, 2016년 8월 15일.

28  채병건, 「언론 집중포화에 트위터 의존하는 트럼프」, 『중앙일보』, 2016년 8월 16일.

29  김덕한, 「트럼프의 언론 탓 "편파적 보도 없었다면 힐러리 20% 앞섰을 것"」, 『조선일보』, 2016년 8월 16일.

30  김현기, 「미국 대선은 게임 오버? 선거 분석 기관 "선거전은 끝났다"」, 『중앙일보』, 2016년 8월 17일.

31  김형원, 「트럼프 "사상 검증 마친 이민자만 입국 허용"」, 『조선일보』, 2016년 8월 17일.

32  박영환, 「대선 지지율 곤두박질쳐도…트럼프는 '마이웨이'」, 『경향신문』, 2016년 8월 18일.

33  김덕한, 「트럼프, '가장 위험한 정치 공작가'를 캠프 首腦으로」, 『조선일보』, 2016년 8월 19일; 김현기, 「트럼프 "막말 후회하고 뉘우친다"」, 『중앙일보』, 2016년 8월 20일; 김형원, 「트럼프 "적절치 못한 표현 쓴 것 후회" 처음 사과」, 『조선일보』, 2016년 8월 20일; 이용인, 「궁지 몰린 트럼프 "상처 준 발언 후회"…막말 첫 사과」, 『한겨레』, 2016년 8월 20일.

34  이용인, 「백인 90% 이상 밀집 지역 가서 "흑인들은 나를 찍어달라" 외친 트럼프」, 『한겨레』, 2016년 8월 23일.

35  윤정호, 「"막말도 거짓말도 질린다"… 美 대선 힐러리 대세론 흔들」, 『조선일보』, 2016년 8월 24일; 손제민, 「"중동 로비 창구로 재단 활용" 클린턴, 또 이메일 파문」, 『경향신문』, 2016년 8월 24일.

36  채병건, 「트럼프 "클린턴, IS 대적하기에 정력 부족"」, 『중앙일보』, 2016년 8월 25일.

37  오윤희, 「봐, 멀쩡하지? TV서 피클병 뚜껑 딴 힐러리」, 『조선일보』, 2016년 8월 24일.

38  채병건, 「트럼프 "클린턴, IS 대적하기에 정력 부족"」, 『중앙일보』, 2016년 8월 25일.

39  김현기, 「"뇌진탕 때문에…기억 안 난다" 39번 말한 클린턴」, 『중앙일보』, 2016년 9월 5일; 윤정호, 「클린턴, 39번이나 "기억나지 않는다"」, 『조선일보』, 2016년 9월 5일.

**40** Kathleen Geier, 「Hillary Clinton, Economic Populist: Are You Fucking Kidding Me?」, Liza Featherstone, ed., 『False Choices: The Faux Feminism of Hillary Rodham Clinton』(New York: Verso, 2016), pp.32~34; Dinesh D'Souza, 『Hillary's America: The Secret History of the Democratic Party』(Washington, D.C.: Regnery, 2016), p.3; 윤정호, 「거액 낸 우크라 갑부, 힐러리 집까지 초대 돼」, 『조선일보』, 2016년 8월 26일.

**41** 윤정호, 「기울었나 했더니…美 대선, 노동절 앞두고 대혼전」, 『조선일보』, 2016년 9월 5일.

**42** 박성제, 「'돈에 친절한' 클린턴…2주 새 22번이나 갑부들 만났다」, 『연합뉴스』, 2016년 9월 5일; 윤정호, 「허걱! 클린턴과 기념 가족사진 찍는 값 1,110만 원」, 『조선일보』, 2016년 9월 6일; 이수민, 「"힐러리, ISS에 가만히 앉아 트럼프 자멸하길 기다리는 꼴"…이유 있는 힐러리의 자살골」, 『헤럴드경제』, 2016년 9월 5일; 박영환, 「클린턴은 언론기피증?」, 『경향신문』, 2016년 9월 6일.

**43** 윤정호, 「"트럼프 당선 IS 희망사항" vs "클린턴 재단은 범죄 기업"」, 『조선일보』, 2016년 9월 10일.

**44** 윤정호, 「노동절 표심 뚜껑 열어보니…클린턴, 아슬아슬 리드」, 『조선일보』, 2016년 9월 12일; 황금비, 「'비호감' 경쟁? 클린턴도 막말 논란」, 『한겨레』, 2016년 9월 12일.

**45** 채병건, 「69세 클린턴 건강 이상설…무릎 꺾이며 고꾸라질 뻔」, 『중앙일보』, 2016년 9월 13일; 윤정호, 「클린턴, 실신한 듯 부축 받고도 휘청…"폐렴 걸렸다"」, 『조선일보』, 2016년 9월 13일; 신정록, 「힐러리 졸도, 美 대선 안이한 예측 말라」, 『조선일보』, 2016년 9월 13일; 박영환, 「다리 휘청거린 클린턴, 지지율도 '휘청'」, 『경향신문』, 2016년 9월 13일.

**46** 이용인, 「'클린턴 휘청' 후폭풍…지나친 '비밀주의' 비판 · 우려」, 『한겨레』, 2016년 9월 14일; 윤정호, 「폐렴 숨겼던 클린턴 "대수롭지 않게 여겨 안 알렸다"」, 『조선일보』, 2016년 9월 14일.

**맺음말 힐러리를 위한 변명**

**1** Karen Blumenthal, 『Hillary Rodham Clinton: A Woman Living History』(New York: Feiwel and Friends, 2016), p.237.

**2** 길 트로이(Gil Troy), 정성희 옮김, 『세계 최고의 여자 힐러리론』(늘봄, 2006/2008).

**3** Ronald Brownstein, 『The Second Civil War: How Extreme Partisanship Has Paralyzed Washington and Polarized America』(New York: Penguin Books, 2007), pp.13, 221.

**4** 칼 번스타인(Carl Bernstein), 조일준 옮김, 『힐러리의 삶』(현문미디어, 2007), 144쪽.

**5** 데이비드 거겐(David Gergen), 서울택 옮김, 『CEO 대통령의 7가지 리더십: 리처드 닉슨에서부터 빌 클린턴까지』(스테디북, 2000/2002), 432쪽; 칼 번스타인(Carl Bernstein), 조일준 옮김, 『힐러리의 삶』(현문미디어, 2007), 142쪽.

**6** 강인선, 「미국, 백인들의 잔치는 끝났다」, 『조선일보』, 2016년 7월 30일.

**7** Camille Paglia, 『Vamps & Tramps: New Essays』(New York: Vintage Books, 1994), pp.176~177.

**8** 엘리자베스 콜버트(Elizabeth Kolbert), 「기대라는 이름의 횡포: 왜 여성 정치인에게만 높은 도덕성을 요구하는가?」, 수전 모리슨(Susan Morrison) 엮음, 유숙렬 · 이선미 옮김, 『힐러리 미스터리』(미래인, 2008), 25~26쪽.

**9** 데버러 태넌(Deborah Tannen), 「이중구속: 너무 여성적이어도, 너무 남성적이어도 안 되는 딜레마」, 수전 모리슨(Susan Morrison) 엮음, 유숙렬 · 이선미 옮김, 『힐러리 미스터리』(미래인, 2008), 139쪽.

**10** 이영민, 「셰릴 샌드버그 "여성이 정체하면 기업도 정체한다"」, 『머니투데이』, 2015년 10월 3일.

**11** 권태호, 「한국은 미국보다 4년 먼저 여성 대통령 나왔다」, 『한겨레』, 2016년 8월 1일.

12  캐서 폴릿(Katha Pollitt), 「힐러리 로튼: 야망 있는 여자는 왜 욕을 먹는가?」, 수전 모리슨(Susan Morrison) 엮음, 유숙렬 · 이선미 옮김, 『힐러리 미스터리』(미래인, 2008), 31~34쪽.

13  캐서 폴릿(Katha Pollitt), 「힐러리 로튼: 야망 있는 여자는 왜 욕을 먹는가?」, 수전 모리슨(Susan Morrison) 엮음, 유숙렬 · 이선미 옮김, 『힐러리 미스터리』(미래인, 2008), 31~34쪽.

14  주디스 서먼(Judith Thurman), 「페미니스트 아이러니: 힐러리의 능력을 정말 믿을 수 있나?」, 수전 모리슨(Susan Morrison) 엮음, 유숙렬 · 이선미 옮김, 『힐러리 미스터리』(미래인, 2008), 87쪽.

15  데이비드 거겐(David Gergen), 서율택 옮김, 『CEO 대통령의 7가지 리더십: 리처드 닉슨에서부터 빌 클린턴까지』(스테디북, 2000/2002), 433쪽.

16  Rebecca Bohanan, 「당장 그만둬야 할 힐러리 클린턴에 대한 성차별적 말 5가지」, 『허핑턴포스트코리아』, 2016년 8월 1일.

17  길 트로이(Gil Troy), 정성희 옮김, 『세계 최고의 여자 힐러리론』(늘봄, 2006/2008), 189쪽.

18  데이비드 브룩스, 「[The New York Times] 왜 힐러리는 트럼프 못지않게 비호감인가」, 『중앙일보』, 2016년 6월 8일.

19  Rebecca Bohanan, 「당장 그만둬야 할 힐러리 클린턴에 대한 성차별적 말 5가지」, 『허핑턴포스트코리아』, 2016년 8월 1일.

20  전세화, 「오바마의 승리는 스타일의 승리」, 『주간한국』, 2008년 12월 2일; 이태훈, 「"힐러리의 뚱뚱한 엉덩이가 이 책상에…"」, 『조선일보』, 2009년 9월 17일.

21  Diana Johnstone, 『Queen of Chaos: The Misadventures of Hillary Clinton』(Petrolia, CA: CounterPunch Books, 2015), pp.ii~iii.

22  Diana Johnstone, 『Queen of Chaos: The Misadventures of Hillary Clinton』(Petrolia, CA: CounterPunch Books, 2015), pp.1, 16.

23  마이클 무어(Michael Moore), 「트럼프가 승리할 5가지 이유」, 『허핑턴포스트코리아』, 2016년 7월 25일.

24  하워드 파인만, 「트럼프가 대선에서 승리할 수도 있는 이유 7가지」, 『허핑턴포스트코리아』, 2016년 5월 4일.

25  김광기, 「힐러리가 되면 안 되는 이유」, 『경향신문』, 2016년 3월 14일.

26  안병진, 『미국의 주인이 바뀐다: 건국 이후 첫 주류 교체와 미국 문명의 새로운 패러다임』(메디치, 2016), 62~63쪽.

27  토마스 프랭크(Thomas Frank), 김병순 옮김, 『왜 가난한 사람들은 부자를 위해 투표하는가: 캔자스에서 도대체 무슨 일이 있었나』(갈라파고스, 2004/2012), 324쪽; Andrew Gelman et al., 『Red State, Blue State, Rich State, Poor State: Why Americans Vote the Way They Do』(Princeton, NJ: Princeton University Press, 2008), pp.145, 183.

28  David Callahan, 『Fortunes of Change: The Rise of the Liberal Rich and the Remaking of America』(Hoboken, NJ: John Wiley & Sons, 2010), pp.31~32; Andrew Gelman et al., 『Red State, Blue State, Rich State, Poor State: Why Americans Vote the Way They Do』(Princeton, NJ: Princeton University Press, 2008), p.24.

29  크리스티아 프릴랜드(Chrystia Freeland), 박세연 옮김, 『플루토크라트: 모든 것을 가진 사람과 그 나머지』(열린책들, 2012/2013), 405쪽.

30  우태희, 『오바마 시대의 세계를 움직이는 10대 파워』(새로운제안, 2008), 308~309쪽.

31  김성훈, 「샌더스도 집이 세 채…6억짜리 별장 구입에 논란 일어」, 『헤럴드경제』, 2016년 8월 11일; 신보영, 「별장 구입 샌더스에 "위선자" 비난 쇄도」, 『문화일보』, 2016년 8월 12일; 신지홍, 「'사회주의자' 샌더스 별장 구입에 "집만 3채 위선자" 비난 쇄도」, 『연합뉴스』, 2016년 8월 12일.

32  김현기, 「속 미국 대선 관전기 1」, 『중앙일보』, 2016년 8월 16일.

33 안병진, 『미국의 주인이 바뀐다: 건국 이후 첫 주류 교체와 미국 문명의 새로운 패러다임』(메디치, 2016), 210~215쪽; 안창현, 「"미국은 이미 문명 전환기에 접어들었다"」, 『한겨레』, 2016년 7월 22일.

34 샐리 베델 스미스(Sally Bedell Smith), 김태훈 옮김, 『정치를 사랑하다: 클린턴 부부의 아직 끝나지 않은 도전』(에버리치홀딩스, 2007/2009), 584쪽.

35 밥 우드워드(Bob Woodward), 임홍빈 옮김, 『대통령의 안방과 집무실』(문학사상사, 1994/1995), 122쪽; 빌 클린턴(Bill Clinton), 정영목 · 이순희 옮김, 『빌 클린턴의 마이 라이프 1』(물푸레, 2004), 592, 643쪽.

36 밥 우드워드(Bob Woodward), 임홍빈 옮김, 『대통령의 안방과 집무실』(문학사상사, 1994/1995), 293쪽.

37 칼 번스타인(Carl Bernstein), 조일준 옮김, 『힐러리의 삶』(현문미디어, 2007), 317쪽.

38 케빈 필립스(Kevin P. Phillips), 오삼교 · 정하용 옮김, 『부와 민주주의: 미국의 금권정치와 거대 부호들의 정치사』(중심, 2002/2004), 20, 537쪽.

39 하워드 진(Howard Zinn), 문강형준 옮김, 『권력을 이긴 사람들』(난장, 2007/2008), 46쪽; 케빈 필립스(Kevin P. Phillips), 오삼교 · 정하용 옮김, 『부와 민주주의: 미국의 금권정치와 거대 부호들의 정치사』(중심, 2002/2004), 508쪽.

40 케빈 필립스(Kevin P. Phillips), 오삼교 · 정하용 옮김, 『부와 민주주의: 미국의 금권정치와 거대 부호들의 정치사』(중심, 2002/2004), 507~508쪽.

41 존 스페이드(Jon Spayde) · 제이 월재스퍼(Jay Walljasper), 원재길 옮김, 『틱낫한에서 촘스키까지: 더 실용적이고 창조적인 삶의 전망 61장』(마음산책, 2001/2004), 232~233쪽.

42 정성희, 「딸과 진보성」, 『동아일보』, 2009년 5월 26일.

43 권태호, 「한국은 미국보다 4년 먼저 여성 대통령 나왔다」, 『한겨레』, 2016년 8월 1일.

44 길 트로이(Gil Troy), 정성희 옮김, 『세계 최고의 여자 힐러리론』(늘봄, 2006/2008), 261쪽.

45 하워드 진(Howard Zinn), 이아정 옮김, 『오만한 제국: 미국의 이데올로기로부터 독립』(당대, 2001), 111쪽.

46 딕 모리스(Dick Morris), 홍대운 옮김, 『신군주론』(아르케, 1999/2002), 204쪽.

47 로버트 윌슨(Robert Wilson) 편, 허용범 옮김, 『대통령과 권력』(나남, 2002), 23~24쪽.

48 로버트 새뮤얼슨(Robert Samuelson), 「대통령 능력에 대한 환상」, 『뉴스위크』(한국판), 2004년 9월 15일.

49 제임스 맥그리거 번스(James MacGregor Burns), 조중빈 옮김, 『역사를 바꾸는 리더십』(지식의날개, 2006), 39쪽.

# 힐러리 클린턴

ⓒ 강준만, 2016

초판 1쇄  2016년 10월 20일 찍음
초판 1쇄  2016년 10월 25일 펴냄

지은이 | 강준만
펴낸이 | 강준우
기획 · 편집 | 박상문, 박효주, 김환표
디자인 | 최진영, 최원영
마케팅 | 이태준, 박상철
인쇄 · 제본 | 대정인쇄공사

펴낸곳 | 인물과사상사
출판등록 | 제17-204호 1998년 3월 11일

주소 | (121-839) 서울시 마포구 서교동 392-4 삼양E&R빌딩 2층
전화 | 02-325-6364
팩스 | 02-474-1413
www.inmul.co.kr | insa@inmul.co.kr

ISBN  978-89-5906-414-4  03300
값 20,000원

이 도서의 국립중앙도서관 출판시도서목록(CIP)은 서지정보유통지원시스템 홈페이지(http://seoji.nl.go.kr)와
국가자료공동목록시스템(http://www.nl.go.kr/kolisnet)에서 이용하실 수 있습니다.
(CIP제어번호 : CIP2016024472)